高等院校思想政治理论课辅助教材
研究生入学考试政治课辅导教材

高校思想政治理论课
疑点·难点·热点问题解析

(第五版)

主　编　曹顺仙

副主编　牛庆燕　郭兆红　薛桂波　胡华强

王金玉　乔永平　荆世杰

西安电子科技大学出版社

内容简介

本书为高等院校思想政治理论课的配套教学辅导用书，结合国家2018年新版教材编写而成。

全书包括四部分，与四门政治理论课对应，具体为：第一部分“中国近现代史纲要”，第二部分“思想道德修养与法律基础”，第三部分“马克思主义基本原理”，第四部分“毛泽东思想与中国特色社会主义理论体系概论”。各部分通过30个问题的分析解答阐述思想政治理论课的疑点、难点、热点问题。附录部分为2014—2018年全国考研试题与参考答案。

本书已出版过四次。此次修订基于高校思想政治理论课4门必修课因教材修订而带来的教学重点、难点的变化，以及教育部教学指导委员会关于思想政治理论课重点、难点问题解答的通知，并特别注重以学生为中心，提炼了师生们对一些原有选题和新的热点问题的认识。此次修改覆盖全书，并新增了近年的研究生入学考试真题及答案。

本书不仅可作为高等院校思想政治理论课的配套教学辅导用书，还可供教师教学参考，也可供考研复习之用。

图书在版编目（CIP）数据

高校思想政治理论课疑点·难点·热点问题解析 / 曹顺仙主编 . —5 版 . —西安：西安电子科技大学出版社，2019.7

ISBN 978-7-5606-5389-1

Ⅰ . ①高…　Ⅱ . ①曹…　Ⅲ . ①高等学校－思想政治教育－教学研究－中国　Ⅳ . ① G641

中国版本图书馆 CIP 数据核字 (2019) 第 122769 号

策划编辑　李惠萍
责任编辑　李惠萍
出版发行　西安电子科技大学出版社（西安市太白南路 2 号）
电　　话　（029）8824288588201467　　邮编　710071
网　　址　www.xduph.com　　电子邮箱　xdupfxb001@163.com
经　　销　新华书店
印刷单位　陕西天意印务有限责任公司
版　　次　2019 年 7 月第 5 版　　2019 年 7 月第 4 次印刷
开　　本　787 毫米 × 1092 毫米　1/16　印　张　19
字　　数　447 千字
印　　数　14501 ~ 19500 册
定　　价　47.00 元

ISBN 978-7-5606-5389-1/G

XDUP 5691005-4

基金资助

● 2017年教育部高校示范马克思主义学院和优秀教学科研团队建设项目（17JDSZK115）：双主体“问题+”复合教学模式的建构。

● 2018年度江苏高校哲学社会研究重点项目（2018SJZDI026）：基于生态哲学的高质量发展“江苏方案”研究。

● 2018年南京林业大学教育成果培育工程一期项目。

序

思想政治理论课教学如何紧密结合国际形势的新变化，紧密结合我国改革开放和现代化建设的新实践，紧密结合大学生学习、生活和思想政治状态的新特点，这是一个常说常新的难题。

当前，世界和中国的形势正在发生重大而深刻的变化。从国际看，政治多极化和经济全球化的趋势在曲折中发展，世界金融危机凸现，科技进步日新月异，综合国力竞争日趋激烈，世界社会主义运动处于低潮，各种思想文化相互激荡。

从国内看，我国社会主义市场经济体制改革不断深化，社会经济成分、组织形式、就业方式、利益关系和分配方式日益多样化，人们思想活动的独立性、选择性、多变性、差异性明显增强。

这种变化给思想政治理论课教学带来一系列重大影响，对思想政治理论课教学提出了严峻的挑战。

实践证明，加强对思想政治理论课教学中的重大理论和现实问题进行研究，加大对大学生关心的思想热点、难点问题的研究，进行深入浅出和通俗易懂的阐释，引导大学生更好更深入地学习，是使教学有较高的理论深度、较强的现实感和鲜明的针对性，提高教学实效性和课堂吸引力的有效途径。这是思想政治理论课教学面临的时代任务，是每一位思想政治理论课教师担负的历史责任。

思想政治理论课教学中的热点、难点问题，往往是思想政治理论课教学中被广大师生普遍关注但又难以解答的重大问题。这些问题仅仅依靠现有的教材还远远不能满足教学的需要。对此，需要进行深入研究。同时，实践在不断地发展，形势和政策在不断地变化，作为思想政治理论课教科书，由于篇幅的限制，不可能将社会生活中出现的所有热点、难点问题都加以深刻分析和解答，这也需要编写专门的解答热点、难点问题的教学辅助材料，以便进行有效的补充。

非常可喜的是，本书根据2014年教育部高校思想政治理论课指导委员会《关于征集高校思想政治理论课重点难点问题解答的通知》精神，结合国家2018年思想政治理论课教材的修订，精选了在教学实践中遇到的若干理论和实际问题，在认真研究的基础上，努力集中各方智慧，吸收理论界和实际工作者的最新研究成果，运用最新素材和大学生身边的鲜活事例来说明深刻的思想政治理论课中的一些道理，对思想政治理论课教学中遭遇的重点、难点、疑点和热点问题予以深入的分析和解答，达到了理清思路、提高认识、解疑释惑、统一思想的目的。本书是思想政治理论课研究的一个新成果，它的再版一定能对思想政治理论课的教、学、研起到积极的推进作用。

王国聘

2019年5月7日

目　录

第一部分　中国近现代史纲要

第二部分　思想道德修养与法律基础

第三部分　马克思主义基本原理

第四部分　毛泽东思想与中国特色社会主义理论体系概论

附录　2014—2018年全国考研试题与参考答案

第一部分

中国近现代史纲要

一、怎样认识近代中国社会的性质?

虞卓

近代中国社会的性质是半殖民地半封建社会。“半殖民地”这一概念是列宁首先提出来的。1915年他在《社会主义与战争》中首次提出中国为半殖民地国家;1916年以后又在《帝国主义是资本主义的最高阶段》中进一步阐述:帝国主义时代的国家不仅有殖民地占有国、殖民地，还有各种附属国，其中包括“形式上是独立的，实际上却被财政和外交方面的附属关系的罗网包围着”的半殖民地国家，如中国等。他指出殖民地、半殖民地是帝国主义时代的产物。

“半封建”这一概念最早见于恩格斯的《德国的革命与反革命》一书(1851年)，书中分析认为德国1848年革命前的状况，是“半封建半官僚的君主专制的压迫”。后来，列宁在《中国的民主主义和民粹主义》(1912年)中将这一概念用于分析中国社会，说中国是“落后的、半封建的农业国家”。特征是“农业生活方式和自然经济占统治地位，同时在农民身边已有一个资产阶级成长起来并在向上发展”。

半殖民地半封建社会，是近代以来中国在帝国主义势力的入侵及其与中国封建主义势力相结合的条件下，逐步形成的一种从属于资本主义世界体系的畸形的社会形态。它既不同于鸦片战争前的封建社会，又不同于一般的资本主义社会，也不同于受某一个帝国主义国家直接支配的殖民地。

“半封建”的“半”字，在这里绝非一个精确的数量概念。半封建是指社会形态中封建制度已遭瓦解破坏，资本主义已经产生，社会形态介于封建制和资本主义之间。经济上封建的生产关系和资本主义经济形式并存。中国已不完全是一个纯粹的农业社会了，已开始产生并逐渐形成了新的生产方式。这并不是说近代中国的经济结构一半是封建经济，而另一半是资本主义经济。它所表明的，只是一种性质的变化。

“半殖民地”一词是与“殖民地”和“主权国家”相对的概念。这里的“半”字，也并不是说近代中国的主权丧失了一半，保留了一半。而是说，由于列强的侵略，中国表面上虽然还保有一个自己的政府，但实际上国家的经济、政治由帝国主义操控。所以，“半殖民地”一词总的来看，是个政治范畴的概念。“半封建”则属于经济范畴。前者是说，就国家主权而言，中国和他国的殖民地已相差无几，只不过在形式上还存在自己的政府而已，可以称为“半殖民地、半主权国家”。后者则是说，从经济结构看，近代中国已经有了新的生产力和新的生产关系，可以定义为“半封建、半资本主义”。

从1840年的鸦片战争到1949年中华人民共和国成立前，中国社会是半殖民地半封建社会。帝国主义入侵后，中国的封建经济逐步解体，资本主义经济得到一定发展;国家形式上保持独立和主权，而实际上政治、经济都被帝国主义所控制。从社会经济看，封建的自然经济由于资本主义入侵而开始遭到破坏，但封建剥削制度仍然是广大农村占统治地位的经济制度;城市资本主义开始发展，占优势的是帝国主义和官僚买办资本，民族资本主义经济有所发展，但受着帝国主义、官僚资本主义和封建主义的压迫。从政治上看，国家形式上仍保持独立和主权，但领土已不完整，外国可以设租界，成为“国中国”，国家的政治、经济大权都受帝国主义的控制，成为半殖民地国家。

中国半殖民地半封建社会的基本特征如下：

第一，帝国主义侵略势力不但逐步操纵了中国的财政和经济命脉，而且逐步控制了中国的政治，日益成为支配中国的决定性力量。帝国主义通过不断发动侵华战争，迫使清政府签订一系列丧权辱国的不平等条约。他们操纵了中国的财政、经济、军事、文化，使本来已经落后的经济文化更加落后，成为阻碍近代中国独立发展的决定性因素，也是近代中国一切灾难和祸害的总根源。

第二，中国的封建势力日益衰败并同外国侵略势力相勾结，成为帝国主义压迫、奴役中国人民的社会基础和统治工具。中国封建势力和帝国主义侵略势力狼狈为奸，是近代中国最反动、最腐朽的力量。

第三，帝国主义列强的入侵，使封建自给自足的自然经济虽遭破坏，但封建剥削制度的根基依然保持着，并同买办资本和高利贷资本的剥削结合在一起，在中国的社会经济生活中占据着显著的优势，成为近代中国最主要的经济形式。近代中国民族资本主义虽然有了一定的发展，但始终没有成为中国社会主要经济形式。中国新兴的民族资本主义经济在帝国主义、封建主义的压迫下，发展缓慢，力量薄弱，而且大部分与外国帝国主义和本国封建主义都有着千丝万缕的联系。

第四，帝国主义列强的争夺和间接统治使中国长期处于不统一状态。帝国主义列强在中国划分势力范围和实行分而治之的政策，中国的政治、经济和文化的发展呈现出极端的不平衡。

第五，中国的广大群众尤其是工农群众不仅受帝国主义和封建主义的双重压迫，而且受官僚买办资产阶级的剥削和压迫。广大人民特别是农民日益贫困化以致大批破产，过着饥寒交迫和毫无政治权力的生活，中国人民的贫困和不自由的程度是世界上所罕有的。

二、近代中国社会的主要矛盾和主要任务是什么?

虞卓

帝国主义和中华民族的矛盾（简称为民族矛盾），封建主义和人民大众的矛盾（简称阶级矛盾）是中国近代社会的两大主要矛盾；而帝国主义和中华民族的矛盾，又是各种社会矛盾中最主要的矛盾。这两大矛盾在中国近代的不同历史阶段，其尖锐程度不同，并且互相之间紧密结合，不可截然分开。

首先，封建主义和人民大众的矛盾仍然是近代中国社会的主要矛盾。一方面，从土地制度来看，地主土地私有制始终占统治地位，农民依然受着地主的压迫与剥削，地主阶级和农民阶级的矛盾始终存在着，而且有时还很突出。为何不把国内矛盾表述为地主阶级和农民阶级的矛盾？这是因为近代中国社会的经济结构和阶级关系都发生了很大变化。从经济结构来看，在自然经济之外又出现了帝国主义经济、民族资本主义经济，近代后期又出现了官僚资本主义经济和新民主主义经济。从阶级关系来看，则出现了无产阶级、民族资产阶级和官僚资产阶级。因此，近代中国社会的阶级矛盾也复杂化了。在地主阶级与农民阶级矛盾之外又出现了无产阶级与资产阶级的矛盾以及民族资产阶级与大地主、大买办、官僚资产阶级的矛盾。地主阶级和农民阶级的矛盾只是封建主义同人民大众矛盾中的一部分。因而，用地主阶级和农民阶级的矛盾来表述，就无法涵盖近代中国社会的国内矛盾。

其次，帝国主义和中华民族的矛盾是近代中国社会中最主要的矛盾。两大主要矛盾发展是不平衡的。可以这样说：当列强发动大规模侵华战争时，帝国主义和中华民族的矛盾是最主要的矛盾。也正是如此，才有清政府的对外宣战、爱国官兵的英勇抵抗、人民群众自发的反抗外来侵略的斗争，才有国共两党的二次携手、抗日民族统一战线的形成。而当列强改变侵华手段与方式，使用经济、政治而非军事的手段和以间接的“以华治华”而非直接的殖民统治的方式时，封建主义和人民大众的矛盾最突出。如太平天国运动时期、北洋军阀统治时期、国共十年对峙时期、解放战争时期。总之，近代中国的半殖民地半封建的社会性质决定了中国社会的主要矛盾，而两大矛盾地位的变化则影响着近代中国历史发展的进程。

民族矛盾和阶级矛盾，这社会两大矛盾互相转化，轮番起主导作用。先是民族矛盾，主要是英国帝国主义和中华民族的矛盾居主导地位；后是阶级矛盾，即封建主义和中国人民大众的矛盾占主导地位。19世纪60年代至1901年，是半殖民地半封建社会完全形成时期，社会的主要矛盾是帝国主义和中华民族的矛盾。19世纪末20世纪初，主要资本主义国家向帝国主义过渡完成，同时加强了对中国的资本输出，掀起了瓜分中国的狂潮。列强强占以重要港口为中心的“租借地”，划分“势力范围”。此时的清政府已丧失抵抗能力。面对列强的侵略和瓜分，中国社会各阶级、各种政治力量都作出了反应。广大爱国官兵为捍卫国家的独立、民族的尊严，前赴后继，奋起抵抗。

近代中国社会的性质决定了中国革命的主要对象是外国帝国主义和本国封建主义，革命的主要任务就必然是反帝反封建。由于两大矛盾的作用，决定了近代中国的历史主题，这个历史主题就是要推翻外国帝国主义、本国封建主义和官僚资本主义的压迫与统治，争取民族解放、国家富强、社会进步和人民幸福。简言之，近代中国的根本任务，就是彻底反帝反封建和实现国家近代化。前者是后者的前提，后者是前者的最终目标。

三、近代中国社会阶级关系有哪些变动?

虞 卓

鸦片战争以前，中国是封建社会，社会经济的单一化使社会阶级的构成比较简单，主要是地主阶级和农民阶级。

鸦片战争后，地主士大夫阶层中部分人开始向西方学习，学习西方的思潮兴起。洋务派形成，并发起了洋务运动。但洋务运动未能挽救清王朝沦为半殖民地半封建社会的命运，清政府和清封建地主阶级逐渐沦为帝国主义侵华的工具。

小农经济逐步瓦解，农民生活在水深火热当中，中华民族与帝国主义的矛盾不断升级，成为社会的主要矛盾。农民阶级开始了救亡图存的运动，太平天国、义和团等不断抵抗外来侵略，显示了中华民族的气魄。农民运动失败后，农民阶级仍然支持其他阶级的改革和革命，尤其在新民主主义革命时期成为无产阶级的天然同盟。

随着外国资本主义的入侵，中国出现了买办资产阶级。买办资产阶级，一般指殖民地半殖民地国家中，依附于帝国主义势力并直接为其服务的大资产阶级。买办资产阶级适应帝国主义侵略掠夺的需要，为帝国主义所豢养，是帝国主义剥削和压迫本国人民的工具和奴才，是帝国主义在殖民地和半殖民地国家的重要社会支柱。它不仅依附于帝国主义，同时又与本国封建官绅相勾结，损害民族利益，残酷压榨本国劳动人民，是殖民地半殖民地国家中最反动生产关系的代表，严重阻碍生产力的发展和社会的进步，在民族民主革命中是极端的反革命派，是革命的主要对象之一。

在帝国主义干涉中国革命的过程中，又先后出现了封建军阀和官僚资产阶级对中国的统治。官僚资产阶级亦称大资产阶级，称大资产阶级是因为资本额比一般资产阶级（民族资产阶级）要大，称官僚资产阶级是因为他们具有官僚的、买办的、封建的和垄断的特点，也是革命的对象。买办资产阶级与官僚资产阶级是外国资本主义侵略中国并和中国封建主义相勾结而产生的怪胎，具有极为浓厚的封建主义的色彩，他们和封建地主阶级、封建军阀一起对中国人民实行政治、经济、文化等各方面的封建主义的统治，共同构成了中国近代史上的“封建主义”。

与此同时，伴随着中国半殖民地半封建化的进程，伴随着中国社会经济的发展演变及民族资本主义经济的产生，民族资产阶级及其知识分子走上了中国社会历史的舞台。

民族资产阶级指的是半殖民地半封建社会下自身的经济发展与外国资本主义没有太多联系，资本相较于官僚资产阶级或买办资产阶级势力较弱的一类资产阶级团体。制约中国资本主义自身发展的自然经济，在鸦片战争中被外国资本主义的商品输出逐步瓦解，扩大了商品及劳动力市场，为资本主义的发展提供客观条件及可能。中国社会自身也在酝酿着资本主义生产关系，这为资本主义的发展提供了主观动力。

十九世纪六七十年代，中国的部分地主或商人开始引入大机器生产方式，以契约工人作为劳动力，投资于近代企业。这样的企业具有基本的资本主义生产特征，分散于上海、广东、天津等沿海地区，有别于洋务派开办的民用企业，这便是最早的民族资产阶级。“马关条约”签订后，清政府为了解决财政危机，扩大税源，遂放宽民间设厂的限制，民族资本主义迅速发展。中华民国建立后，南京临时政府颁布法令，奖励实业发展。由于没有了封建专制的阻碍，恰逢第一次世界大战，资本主义列强无暇东顾，加上民族资产阶级自身地位的提高，中国民族资本主义迎来了短暂的春天。在半殖民地半封建社会中成长的民族资产阶级，在自身经济实力的发展上依赖于外国资本主义，也被资本主义列强的商品输出所遏制；本国的自然经济与统治者是限制民族资产阶级成长的内因。这些条件使民族资产阶级没有与外国资本主义一样强大的经济实力，决定了民族资本主义的两面性，并自始至终存在着民族资产阶级的两重性，即革命性与妥协性。反对外国资本主义与本国封建统治者的双重压迫，具有革命性；生产发展依赖于外国资本主义与本国封建统治者，具有妥协性。民族资产阶级生长于半殖民半封建社会，希望将社会改变为适合资本主义发展的社会，但自身资金少、规模小、技术力量薄弱，既不敢也无力推动社会变革。

中国的民族资产阶级在民族矛盾上升中逐渐形成，并随着民族矛盾的激化而不断成熟。资产阶级从洋务运动中分离出来之后即走上了反封建的斗争之路，先是维新派的改革，后是革命派的革命，一波壮于一波。但是资产阶级一直不敢放手发动群众，直到孙中山革命生涯的晚期，才提出了三大政策，走上了联俄、联共、扶助农工的道路。按照社会发展的一般规律，在中国近代，资产阶级应该顺理成章地成为新生产力的代表。但是由于中国半殖民地半封建社会的国情，由于中国民族资产阶级的弱点，它没有能够成长为新生产力的代表，没有能够承担它的历史使命。无产阶级开始作为独立的阶级登上了中国的历史舞台。

工业无产阶级也伴随着外国资本主义的入侵产生了。他们和中国社会原有的农民阶级、小商品生产者一样，都受到封建主义的剥削和压迫，经济上举步维艰，面临破产或逐渐破产；政治权利毫无保障。中国的无产阶级首先诞生于帝国主义在华建立的工厂中，继而是洋务企业、民族资本主义企业，并随着资本主义的发展逐渐壮大。无产阶级登上历史舞台后积极进行民主革命，建立各种统一战线，和一切可以联合的民主力量一起进行反帝反封建的斗争，直至民主革命胜利。无产阶级领导的新民主主义革命改变了中国的面貌，使中国走向了独立自主、民主和谐的富强之路，并彻底改变了近代中国的阶级构成和阶级关系格局。

四、为什么说帝国主义的侵略和封建主义的统治是近代中国一切灾难和祸害的根源?

虞 卓

帝国主义和封建势力相互勾结，不仅改变了中国近代社会的性质，打断了中国历史发展的正常进程，而且使人民长期生活在水深火热之中。

(1) 帝国主义对中国的侵略是近代中国社会基本矛盾和各种社会矛盾产生的主要根源，也是近代中国社会落后贫困的根本原因。帝国主义侵略中国有多种方式，最直接和赤裸裸的方式是军事侵略。他们倚仗坚船利炮，或者进行武力威胁，或者发动侵略战争，甚或出兵干涉中国内政以及镇压中国革命。这种军事侵略逐步扩大并不断升级，使帝国主义和中华民族的矛盾上升为中华民族必须面对的最主要矛盾。

帝国主义列强为了统治中国，在政治上采取的主要侵略方式是控制中国政府，操纵中国的内政外交，把中国的当权者变成自己的代理人和驯服工具。通过又打又拉的手法，强迫清政府签订了《南京条约》《天津条约》《北京条约》《辛丑条约》等，使清政府完全成为洋人统治中国的工具。

帝国主义列强对中国进行经济侵略的方式：首先，通过签订不平等条约获得巨额战争赔款和攫取种种经济特权，不断扩大对中国的商品倾销和资本输出，以便把中国纳入资本主义殖民经济体系。如到 1895 年，通过一系列不平等条约强迫中国陆续开放通商口岸达 40 多处。在这些通商口岸里，外国人享有种种特权，控制当地的工商、金融业，甚至设立租界，使通商口岸成为帝国主义对华进行经济侵略的基地。其次，剥夺中国的海关自主权。通过“协定关税”把进口税率压低到 5% 左右。从 19 世纪 50 年代起，外国人还逐步控制了中国海关的行政权。中国海关不仅不能起到抵制外国商品倾销、保护民族经济的作用，反而成为外国对华经济侵略的一个重要工具。再次，西方列强凭借各种特权，把中国变成了他们倾销商品的市场和取得廉价原料的基地，使中国对外贸易从1865年开始出现入超，并越来越严重。他们利用不平等条约赋予的特权，在中国办工厂、开银行、修铁路、开矿山等，控制了中国的经济命脉，攫取了高额利润，压制了中国民族资本主义的发展。

帝国主义对中国进行的文化渗透，有许多是在传教的名义下进行的。部分西方传教士直接参与了对中国的侵略活动，如担任外国侵略军的向导、翻译，起草不平等条约，甚至公开参与抢劫和屠杀等。自19世纪60年代以后，大批传教士来到中国，甚至深入内地、边疆和少数民族地区。他们中的一些人，采用欺骗讹诈、强迫捐献、低价收买、强占垦地等手段，霸占土地、建造教堂、剥削佃户。有的还包揽诉讼、包庇不法教徒，或者强迫中国教民抛弃传统习俗，甚至公开干涉中国内政。

总之，帝国主义的入侵，一方面加速了中国自然经济的瓦解，另一方面又阻碍了中国民族经济的发展，使中国在经济上丧失了独立性，成为列强的经济附庸。正是帝国主义和中国封建主义的联合统治，导致了近代中国经济的落后和人民的贫困。据不完全统计，从鸦片战争到八国联军战争，外国侵略者同中国订立的不平等条约(包括各种损害中国权益的章程、合同或专条)约有300个。通过这些战争和不平等条约，列强从中国先后勒索赔款达1亿多两白银，强迫中国开放通商口岸约达50处，除割让香港、台湾、澎湖列岛等沿海岛屿外，沙俄还在中国东北和西北吞并多达150万平方公里的土地；英、法、美、日、俄、德、比、意、奥等国先后在中国17市分别开辟数十处租界；中国的海关已完全被外国人掌握；外国的舰船不但可以任意进出中国沿海口岸，并已取得内河航行权；列强垄断中国的内外交通，控制中国对外贸易，操纵中国的经济命脉。列强还在中国划分势力范围，在战略要地派驻军队，直接控制中国的政治和军事；此外，他们还利用开办学校、发行报纸、传教和举办慈善事业等方式进行精神渗透和文化控制。帝国主义势力深入到政治、军事、经济、文化等各个领域，阻碍了近代中国的独立发展。

(2) 鸦片战争前的中国，清朝的封建统治已经十分腐朽，阶级矛盾日益激化，社会危机与日俱增，中国的封建社会已经走到它的尽头。

经济上，以农业和家庭手工业相结合的自给自足的自然经济仍占统治地位，地主阶级的土地占有制依然是清朝封建统治的经济基础。皇帝和皇室是全国最大的地主。

政治上，在高度集权的君主专制制度下，政治日益黑暗，贪污贿赂成风。官吏饱食终日，无所用心，昏庸腐朽。与政治腐败相联系的是军令废弛，军力衰败。总数达近百万人的清军已经丧失了保卫国家、抵御侵略的能力。

思想文化上，满族贵族实行封建文化专制主义政策。一方面，极力提倡程朱理学，鼓吹忠君孝悌，以八股取士的制度笼络汉族知识分子；另一方面，严禁结党，大兴文字狱，其凶狠残忍超过清代以前的任何封建王朝。

在对外关系上，清朝实行闭关锁国政策，长期限定广州一口通商，并实行行商制度，严重阻碍对外贸易和经济的发展，也使国人故步自封、夜郎自大，妨碍中国人了解和学习世界先进思想文化和科学技术。

中国的封建势力，对外投靠帝国主义，对内残酷统治人民，完全变成帝国主义在中国统治的社会基础和工具，是近代中国最反动、最黑暗的势力。

(3) 帝国主义则成为中国封建势力维护其统治的靠山和后台。他们联合起来，利用庞大的国家机器，严密地统治中国，镇压一切人民革命和社会进步运动，残酷地掠夺和压迫广大人民，阻碍近代中国经济社会发展和政治进步，成为近代中国灾难和祸害的根源。

五、近代中国反侵略战争失败的根本原因和教训是什么?

虞 卓

毛泽东在总结近代中国反侵略战争失败的原因时说:“其原因：一是社会制度腐败，二是经济技术落后。”可见，毛泽东认定腐败是第一位的失败原因。邓小平也说:“从鸦片战争起，中国由于清王朝的腐败，受到列强侵略奴役，变成了一个半殖民地半封建国家。”他更突出强调腐败与被奴役之间的关系。因此，近代中国反侵略战争的失败，首先是因为清政府的腐败无能。清王朝统治者从皇帝到权贵，大都昏庸愚昧，不了解世界大势，不懂得御敌之策。由于政治腐败、经济落后和文化保守，清朝统治阶级封闭自守，妄自尊大，骄奢淫逸，盲目进攻；统治者和清军指挥人员在战争面前完全没有应变的能力和心态，不适应近代战争。不少将帅贪生怕死，临阵脱逃，有的甚至出卖国家和民族的利益。清政府尤其害怕人民群众，担心人民群众动员起来会危及自身统治，所以不敢发动和依靠人民群众的力量。清朝统治集团在对外战争中妥协退让、求和投降的一系列做法，使反侵略战争节节失败。

其次，失败的具体原因是国家实力，特别是经济技术以及作战能力的落后。导致近代中国经济技术落后的原因之一是清王朝的闭关锁国政策，这一政策使国家中断了正常的对外经济文化交流，跟不上世界形势，致使发展缓慢。闭关锁国还助长了统治阶级妄自尊大的心理，自诩天朝上国，盲目排外，不思进取。中国当时的教育还是以科举为核心的，视西方科技为“奇技淫巧”，其结果是导致西方近代科学和技术无法传入我国，全面落后于世界。经济技术的落后直接造成军事装备的落后，军队指挥员不了解近代军事战术，从而造成军队素质和战斗力的低下。鸦片战争前夕，清朝的八旗兵和绿营兵编制上虽有八九十万人，但缺额甚多，武器落后，其装备水平与清朝早期相比反而有所退步。而且军令废弛，缺乏训练，军纪败坏，国防力量十分虚弱。

19 世纪中叶，西方列强经过工业革命后经济与技术迅速发展，把封建的中国远远甩在了后面。以鸦片战争为例，就武器装备来看，清军主要使用刀、矛、弓箭等冷兵器，而英国军队普遍使用步枪，英国的大炮也比中国的功能多、杀伤力强；就军队素质和战斗力来看，清军军官不谙近代军事指挥，而英军则训练有素、指挥统一，海军、步兵、炮兵、工兵各兵种协同作战，战斗力较强；在作战方法上，英法联军注意水陆协同作战，以强大炮火掩护陆军登陆，陆上战斗采取散兵战术，而清军则故步自封，墨守成规，忽视陆地纵深设防，不懂散兵战术，所以一败再败。不过，经济技术落后虽是反侵略战争失败的重要原因，但并不表明经济技术落后就一定在反侵略战争中失败。

中国近代历次反侵略战争失败的教训：一是落后就要挨打。不推翻腐朽的半殖民地半封建社会，要想广泛地动员和组织人民群众，取得反侵略战争的胜利是根本不可能的。也就是说，在近代中国，要争取国家独立和民族富强，必须改变帝国主义、封建主义联合统治的半殖民地半封建的社会制度。因此，反对帝国主义侵略，推翻腐朽的封建专制制度，是历史赋予中国人民的两大任务。另外，要取得反侵略战争的胜利就必须在科学技术方面奋起直追，需要进行现代化建设。但现代化建设的前提是民族独立和人民解放，不推翻帝国主义对中国的反动统治，就没有进行现代化的前提和条件，难以使国家真正强大起来。二是切忌实行“闭关锁国”政策。“闭关锁国”的含义是指清政府严格限制对外交往和贸易的政策。从长远看，“闭关锁国”政策“不利于中华民族同世界各民族的正常交往；不利于中国人民了解世界、走向世界；不利于学习世界各民族优秀的思想文化和先进的科学技术，以取长补短”。

因此，邓小平指出：“任何国家要发展起来，闭关自守就不可能。我们吃过这个苦头，我们的老祖宗吃过这个苦头，如果从明朝中叶算起，到鸦片战争，有三百多年的闭关自守。如果从康熙算起，也有近二百年的闭关自守，把中国搞得贫穷落后，愚昧无知。”当今世界是开放的世界，每一个国家和民族的发展都离不开世界。我们应该坚持不懈地搞改革开放，扩大对外交流，在交往过程中积极学习别国的长处，不断地发展提高自己。

六、如何认识太平天国运动？

虞卓

太平天国运动是中国近代史上规模最大、水平最高的农民革命战争。它的斗争锋芒直指国内封建统治者，同时也打击外国资本主义侵略者，揭开了旧民主主义革命的序幕，达到了旧式农民起义的最高峰。太平天国运动发生在中国已开始沦为半殖民地半封建社会的历史阶段，反对外国侵略和封建主义是中国革命的主要任务。由于当时中国资本主义生产方式尚在萌芽，新兴的政治力量尚未形成，因此担负反帝反封建革命任务的依然是农民阶级。

太平天国运动是过去任何农民战争都不能比拟的。它具有过去农民战争所没有的特点。首先，它的规模之大、时间之长、斗争之激烈，在农民战争史上是罕见的；其次，它具有较为明确而系统的理论和纲领。它颁布的《天朝田亩制度》，把千百年来农民阶级反抗封建剥削、迫切要求土地的愿望以及对理想社会的追求，变成系统的、明确的纲领，达到了历史上农民战争前所未有的最高水平。后期颁布的纲领性文件《资政新篇》，则是中国近代史上第一个比较系统的发展资本主义的方案。最后，太平天国组织之严密也是空前的。

太平天国起义虽然失败了，但它具有不可磨灭的历史功绩和重大的历史意义。

其一，太平天国运动所颁布的《天朝田亩制度》《资政新篇》是农民阶级的伟大创造，给予了农民阶级一定的物质利益，反映了农民阶级渴望自由、平等的强烈愿望。《天朝田亩制度》是中国农民战争史上第一次提出的涉及政治、军事、经济等方面的纲领性文件，也是历史上农民起义者第一个有关分配土地的具体方案，体现了平等思想，起到了一定的促进作用。《资政新篇》批判了“重本抑末”思想，尊重科学技术，提倡兴办企业，主张工商谋利，鼓励私人资本等，它是顺应历史潮流的资产阶级性质的纲领。

其二，定都天京后，积极地实施对外贸易政策，并开展正常的对外贸易。对外贸易方针是积极开放、平等互利、独立自主，与清政府闭关自守、投降媚外、丧权辱国等情况形成鲜明对比。它反对鸦片输入的态度也很强硬。

其三，初步担负起反帝反封建的任务。从金田起义揭竿而起，就把斗争矛头指向清王朝。在意识形态方面，把矛头指向了封建王朝的精神支柱——孔孟之道，反对封建等级制度，提倡平等思想。太平天国的反封建斗争，沉重打击了清朝统治者。至于反帝斗争，旗帜也非常鲜明。洋枪队头子华尔、法国提督卜罗德死在太平天国战士的刀下。1862 年，有一个外国侵略者来南京向洪秀全建议，协力击败清军之后，平分中国。洪秀全当即严词驳斥："我争中国，意欲全图；事成平分，天下失笑；不成之后，引鬼入邦。"这充分体现了其爱国主义立场。

其四，加速了清王朝和整个封建制度的衰落与崩溃，清朝的统治更加风雨飘摇。太平天国起义沉重打击了封建统治阶级，强烈震撼了清政府的统治根基，加速了清王朝的衰败过程。太平天国起义是旧式农民战争的最高峰，具有不同于以往农民战争的新的历史特点。还冲击了孔子和儒家经典的正统权威，在一定程度上削弱了封建统治的精神支柱。

其五，在 19 世纪中叶的亚洲民族解放运动中，太平天国起义是其中时间最久、规模最大、影响最深的一次，它和伊朗、印度尼西亚、印度等国人民的反殖民主义斗争汇合在一起，共同打击了西方殖民主义者的殖民统治。

太平天国失败的直接原因是由于其领导人在政治上、军事上犯了一系列严重的错误，其根本原因则是由于农民阶级本身有一定的历史局限性和阶级局限性。他们虽反抗地主，却不能也不懂得怎样去消灭地主阶级。他们虽有强烈的推翻封建政权的要求，但却不懂得去推翻作为封建政权的基础——封建剥削制度。马克思、恩格斯在分析德国农民战争的失败原因时就指出："中世纪所有的大规模的起义都是从乡村中爆发的，但是由于农民的分散性以及由此而来的极端落后性，这些起义也毫无结果。""农民和小资产者一样，也是一个没有办法的阶级，不过他们有一点胜过小资产者，即他们比小资产者有勇气。可是在历史上他们却完全不能从事任何首创活动，甚至他们从农奴制的铁链下解放出来也都是在资产阶级的保护之下实现的。"

农民阶级也不是新的生产力和生产关系的代表，无法克服小生产者所固有的阶级局限性，因而无法从根本上提出完整的正确的政治纲领和社会改革方案。同时，他们缺乏用科学的方法总结革命经验以及用这些经验来指导革命实践的能力。太平天国颁布过《天朝田亩制度》和《资政新篇》，但却始终提不出一个切实可行而又能动员广大群众尤其是广大农民的纲领，从而把战争引向胜利。农民阶级自身的局限性还使它无法制止和克服领导集团自身腐败现象的滋长，也无法长期保持领导集团的团结，削弱了太平天国的向心力和战斗力。

太平天国是以宗教来组织发动群众的。拜上帝教在开始时起过动员和组织群众的重大作用，但它不能解决革命发展中不断出现的大量新问题、新矛盾，也不能及时地、适当地总结经验，避免重犯错误，提高革命水平。因此，在太平天国史上同样性质的错误往往一再重复，得不到及时纠正。

太平天国也没能正确对待儒学，从而造成依附在传统儒学之上的大批知识分子与太平军的尖锐对立。曾国藩也以传统文化的卫道士振臂高呼，组织了与太平军针锋相对的湘、淮军集团，成为太平军的死敌。同时，它对西方侵略者还缺乏理性的认识。有时盲目排外，有时对帝国主义又抱有幻想。

从客观方面看，中外反动势力勾结起来，联合镇压太平天国，也造成了太平天国的极大被动，是其失败的一个主要原因。1861 年，慈禧太后授权曾国藩统辖苏、浙、皖、赣四省军务对付太平军；派李鸿章率领淮军伙同英国人戈登指挥的“常胜军”进攻苏州、常州；派左宗棠率领湘军的一部进攻浙江。英法侵略者组织中外混合的反动武装，协助左宗棠。这样太平天国所要对付的敌人，不但有掌握全国政权、作为封建势力中心的清朝统治者，而且还有外国侵略者。敌人的力量空前强大。

太平天国农民战争失败的主要经验教训是：太平天国起义及其失败表明，在半殖民地半封建的中国，农民具有伟大的革命潜力，但由于受阶级和时代的局限，它自身不能领导中国革命走向胜利，单纯的农民战争也不可能完成争取民族独立和人民解放的历史重任。在策略上，在反封建的同时，还要反对帝国主义列强，只有既反封建，又反对帝国主义列强，才能完成救国救民的任务。后来的中国革命正是吸取了太平天国、辛亥革命等的失败教训，才取得了最后胜利。太平天国运动虽留下了诸多缺憾与不足，但其对天下兴亡、民族生存的关怀以及敢于向腐朽的封建势力挑战的勇气，都永远激励着中国人民。

七、如何正确评价洋务运动？

申长富

经过鸦片战争和太平天国农民运动的洗礼后，统治阶级内部围绕着如何解决一系列内忧外患的问题分裂为两大派别，即“洋务派”与“顽固派”。洋务派主张利用西方先进生产技术，强兵富国，摆脱困境，利用资本主义发达的工商业的手段来维护清朝的封建统治。19 世纪 60 年代至 90 年代，洋务派在全国各地掀起了“师夷长技以制夷”的改良运动——“洋务运动”。

洋务派认为，只要在封建制度中加进一些西洋先进技术，可以镇压人民，可以自主自强，封建统治便可长治久安，并认为筹办洋务，必定能得到列强的支持。

当时洋务派在中央主要有奕䜣，地方主要有曾国藩、李鸿章、张之洞、左宗棠等为代表。当政的慈禧明白，在内外交困的形势下，要保持清朝的统治地位，必须依靠拥有实力并得到外国侵略者赏识的洋务派。所以，她暂时采取了支持洋务派的策略。在中央，推动洋务运动的中央机构是总理衙门。

洋务运动前期，洋务派以“自强”为旗号，采用西方先进生产技术，创办了一批近代军事工业。而在洋务运动后期，洋务派为解决军事工业资金、燃料、运输等方面的困难，打出“求富”的旗号，兴办了一批民用工业。简单而言，洋务运动的主要内容包括以下几个方面：

① 以“自强”为口号创办军事工业；

② 以“求富”为口号，创办民用工业；

③ 创办近代海军；

④ 创办新式学校，选送留学生。

洋务运动自第二次鸦片战争结束后开始，历经 30 余年 (1861 开始到 1895 年中日甲午战争结束)，在洋务派的努力下，这 30 多年使得中国社会和中国人发生了巨大的变化，使中国一度有机会跻身于世界强国之林。但随着甲午战争的硝烟散去，中国被日本打败，清廷面对来自朝野内外的责问不得不找出一个替罪羊来，于是洋务派和洋务运动变成了甲午战败的罪魁祸首，打开的国门再次重重地关上。

洋务运动在当时的中国，其失败命运是不可避免的。第一，在不触动腐朽的封建制度的前提下，洋务派试图利用西方资本主义的某些长处来维护封建专制统治，即“中体西用”，这种手段和基础的矛盾，使洋务运动注定是不可能成功的。同时，洋务运动处处受到顽固派的阻挠和破坏，从而加大了洋务运动开展的阻力。第二，洋务派本身的阶级局限性，决定了他们既是近代工业的创办者和经营者，也是其摧残者和破坏者，其封建衙门和官僚式的体制，必定导致洋务企业的失败。第三，洋务运动的目的之一是抵御外侮，但洋务派在主持外交活动中，坚持“外须和戎”，对外妥协投降，他们所创办的近代企业有抵御外侮和“稍分洋人之利”作用，但却不能改变中国半殖民地半封建社会地位。甲午战争，洋务派标榜的“求强”、“求富”目标未能实现，洋务运动基本失败。

洋务运动失败的根本原因，就在于腐朽的清朝统治阻碍着先进生产力的发展，新的生产力是不可能在封建主义的外壳中发展起来的。

洋务派虽然把“平中国”和“敌外国”相提并论，但在主观上并不希望中国出现资本主义，甚至在其创办民用工业之时，一再表示不允许私人创办同类企业，对资本主义的产生起到一定的阻碍作用。但由于洋务派在中国封建制度下，引进了同封建生产关系所不相容的新的生产力——西方先进的科学技术，必然在客观上加速了封建生产关系的瓦解，从而刺激了中国民族资本主义的产生，这是不以洋务派的主观意志为转移的。洋务派办民用工业，为了解决资金问题，采取“官督商办”和“官商合办”的方式，吸收私人资本。这“商股”部分即是民族资本主义因素。从1870年代开始，更有一批官僚、地主、商人，直接投资于近代民用工业，终于使中国有了一点先进的生产能力，促进民族资本主义的产生，也就促进了资产阶级的出现和无产阶级队伍的扩大。

此外，洋务派同顽固派的论争及其对顽固派的不彻底的批判，多少动摇了恪守祖训的传统及纲常名教的绝对权威地位，对于学习西方，开了好的风气。又由于洋务派组织翻译了不少外国科技书籍，派遣不同年龄和资历的留学生，因而培养了一批外交和科技人才，而介绍西方社会科学知识，对于促进民主思想的传播，也起到开一代风气的拓荒作用。在此基础上，十九世纪七八十年代，从洋务官僚中分化出一批我国早期资产阶级改良主义者。

当然，我们也应看到洋务民用工业的兴办，部分地抵制了外国经济势力的扩张。如1872年李鸿章创办轮船招商局，使“内江外海之利，不致为洋人尽占”，3年多时间，外轮在华获利减少1300多万两黄金；湖北织布官局开办后，江汉关进口洋布每年减少10万多匹。

八、怎样看待近代先进的中国人求富求强的努力？

虞 卓

一部中国近代史，虽然充满屈辱与悲愤，但也是一部分先进中国人不断走向世界，学习西方，求富求强，走向近代化的过程。梳理历史的脉络，我们可以看到近代中国人寻求救国救民真理的历程之坎坷。

1.“中体西用”时期——器物层次的求富求强

鸦片战争后，一批先进思想家在国家面临危亡之际，冲破传统文化束缚，放眼世界，向西方寻求国家富强的道路。他们的思想代表了鸦片战争后中国社会的新思潮。如同其他面临着近代西方挑战的民族一样，渴望富强的中国人首先看到的是西方的坚船利炮，这种选择无疑与中国对世界和自身的认知能力有关。中国人最初只承认“技不如人”，即生产技术落后于西方，而意识形态优于西方诸强。因此中国向西方学习的第一个阶段是对西方意识形态的不服气与对西方工业化骄人成绩的叹服，因而提出“师夷长技”，在器物技术上学习西方，但在其他主要方面(如制度及意识形态)仍坚持自大态度。其代表人物有林则徐、魏源、徐继畬、姚莹等。林则徐、魏源从鸦片战争的亲身经历和对战争失败原因的总结中，发出了“师夷长技以制夷”的号召，从而揭开了中国学习西方、走向近代化的序幕。林则徐设立译馆，编译外国书报；积极仿制西方战舰，还提出建设一支新式海军的主张，迈出了“师夷长技”的第一步，成为“开眼看世界的第一人”。魏源编写《海国图志》一书，阐述了“师夷长技以制夷”的光辉思想。“开眼看世界”的林则徐和主张“师夷长技以制夷”的魏源是向西方学习的先驱。但真正把“师夷长技”付诸实践的是20年后的洋务派。

1861 年 1 月，总理各国通商事务衙门在北京成立，开始了所谓洋务运动。主张学习西方的人，以曾国藩、李鸿章、郑观应、张之洞等人为代表，面对“数千年未有之变局，数千年未有之强敌”，他们以采西学、图自强为武器，主张变革社会，走近代化的工业道路，开始引进西方生产技术和机器设备，兴办近代军事工业、民用工业和新式海陆军。在经济上创办近代产业；在文教上创办新式学堂，派留学生出国深造。

洋务运动虽然没有使中国富强，但引进了西方先进的科学技术，使中国出现了第一批近代企业，客观上为民族资本主义的产生和发展起到了促进作用，为中国的近代化开辟了道路。然而，洋务运动发生在中国近代社会新旧交替的历史阶段，是封建统治者的自救运动，洋务派的主观目的是维护封建统治，而不是把中国引向资本主义，注定了它必然失败的命运。1894 年 7 月至 1895 年 4 月的中日甲午战争，北洋水师全军覆没。战争的惨败使得洋务运动的丰功伟绩“灰飞烟灭”，彻底毁灭了中国人刚刚树立起的一点信心，同时也标志着“中体西用”完美构想的彻底失败。

2. 改良和革命时期——制度层次的求富求强

甲午一战，堂堂大清帝国竟败给了后起的日本，引发了人们的反省和深思，先进的中国人痛切地感到仅学习西方的科学技术并不能救中国。他们进一步探寻西方国富民强的本源，终于看到了隐藏在“器”“技”现象后面的制度的差异，终于知道要使“人尽其才”“地尽其利”“物尽其用”“货畅其流”，关键在于采用资本主义的经济制度和政治制度。因此，他们提出要学习西方的制度文化，以政治民主化推进经济近代化。1895 年的“公车上书”标志着中国近代化行程已推进到了政治层次。以康有为、梁启超为代表的维新派主张仿效西方建立一种“通民情、参民政”的政治制度，发起了一场维新变法运动。

维新人士从挽救民族危机、救亡图强入手，大力提倡“新学”、“西学”，极力宣传“天演论”、民约论，宣扬学习西方的政治制度，创建中国的新文化，“破除千百年自尊自愚的恶习”。然而，这场由中国社会上层的激进人士推动的社会变革运动——维新变法运动并没有取得最后的成功。“百日维新”的被扼杀，标志着中国社会变革的上层推动模式的失败。

从此以后，中国社会变迁被迫走上了暴力革命这条路。踏着“戊戌六君子”的血迹继续向西方寻求救国真理的以孙中山为代表的资产阶级革命派，汲取改良失败的教训，终于在辛亥革命中以革命的手段推翻了清政府，建立了中华民国，以民主共和取代了两千多年的封建帝制，为在中国发展资本主义、实践近代化提供了良好的机遇。然而辛亥革命胜利果实不幸被袁世凯窃取，政权落入北洋军阀手中。北洋政府对外出卖国家主权，对内践踏民主，独裁专制，横征暴敛，鱼肉百姓，中华民国成了一块徒有其名的招牌。

3. 文化启蒙时期——思想行为层次的求富求强

残酷的现实迫使先进的中国人对此前的近代化过程再次进行深刻的反思。面对辛亥革命后严峻的政治现实，经过苦苦思索，他们认为，辛亥革命之所以失败，民主共和之所以得而复失，是因为国民精神没有得到解放和提高，没有认真进行民主共和的思想教育，没有深入批判根深蒂固的专制主义以及与之相适应的旧道德、旧文化、旧风俗，没有使民主共和深入人心。他们意识到：没有文化观念的更新，便没有政治民主化；没有政治民主化，也就没有经济近代化。于是，1915年，《青年杂志》创办，1916年改为《新青年》。以陈独秀、李大钊、胡适为代表的平民知识分子登上历史舞台，凭借着广收并蓄的与“中学”时有冲突的“西学”知识以及一颗颗赤子之心、报国之心，在中国掀起了一场声势浩大的彻底的反封建专制及其政治思想的资产阶级思想启蒙运动——新文化运动。他们高举民主与科学两面大旗，喊出“打倒孔家店”的口号，以雷霆万钧之力、排山倒海之势向统治中国两千多年的封建礼教、礼法、旧伦理、旧政治、旧文学进行了猛烈的抨击。

新文化运动极大地破除了自由探索的各种桎梏，真正终结了专制主义以及与之相适应的旧道德、旧文化、旧风俗在中国的主流地位。同时，国外的思想源源不断地输入，在中国激起了“主义”的狂潮，形成了一个各种新思想百家争鸣的局面。最终，使社会主义思想传播开来，并成为先进中国人的自觉选择。

九、近代中国的民族意识是如何觉醒的?

虞 卓

民族意识，即民族共同心理素质，它是民族特征之一，亦称“民族性格”。指各民族在形成和发展过程中凝结起来的表现在民族文化特点上的心理状态。民族共同心理素质通过民族的物质文化和精神文化的特点表现出来。例如建筑的艺术和风格，住宅的安排和使用，语言、文字、音乐、舞蹈、戏曲、饮食、服饰的特点以及社会风尚、节日和民族传统等，都表现出一个民族的性格、情操和爱好。民族的共同心理素质是不能离开民族文化而存在的。

任何一个民族的人们都热爱本民族的历史和优良的文化传统，习惯于本民族的习俗、生活方式，并关切它们的存在和发展，这种表现通常称为民族感情。在阶级社会里，由于民族内部存在剥削阶级和被剥削阶级，因而在民族意识和民族感情中渗透着不同的阶级意识因素。

19世纪中叶，帝国主义列强的铁蹄踏碎了清王朝“天朝上国的迷梦”，也唤醒了中国人保家卫国的强烈民族意识，民族主义情愫以各种方式在不同社会群体身上表现出来。鸦片战争的失败，在死水一潭的中国封建社会激起轩然大波。严酷的现实，引起了有识之士的反省：“数千年未有之变局”的造成，和中国的落后是分不开的，大刀长矛抵挡不住外国坚船利炮的轰击。

鸦片战争以后，先进的中国人开始睁眼看世界了，近代的民族意识也逐渐萌生。洪秀全领导的太平天国运动是民族意识最早的萌芽。他试图借助西方宗教，让列强来认同平等的民族地位，但最终还是失败了。此后，清朝政府的国家概念日渐明确，但是没有处理好与之相伴的民族概念。到了义和团运动时，面对民间自发产生的民族认同感，清政府的态度显示出犹豫和摇摆。一方面它希望利用这种民族认同，维护国家的利益，另一方面又担心这种民族认同，会伤及它的统治。

中日甲午战争以后，当中华民族面临生死存亡的关头时，中国人才开始有了普遍的民族意识的觉醒。维新的主将之一梁启超认为“吾国四千余年大梦之唤醒，实自甲午战败割台湾偿二百兆以后始也”。严复是宣传资产阶级政治学说的著名思想启蒙家。他翻译了英国著名生物学家赫胥黎的《天演论》，认为“物竞天择，适者生存”的生物进化规律同样适用于解释人类历史的发展，他指出根据这个规律：中国如果拒绝变革，就将被先进的西方民族所淘汰。《马关条约》签订后，严复发出了“救亡”的呼喊。在此后的半个世纪中，“救亡图存”成为中华民族最响亮的旋律。康有为在1898年4月的保国会演说中，提及“吾中国四万万人，无贵无贱，当今日在覆屋之下，漏舟之中……为奴隶，为牛马，为犬羊听人驱使，听人宰割，此四千年中二十朝未有之奇变”。中国人的民族意识开始觉醒。

1902年，义和团运动失败后不久，梁启超在一篇文章中第一次明确提出“中华民族”的概念。与此同时，中国的概念也开始走向现代。此后数年间，梁启超、杨度、章太炎等人多次提出“中华民族”的概念。但是，基于当时比较狭隘的认识，上述诸人提出的“中华民族”都是指汉族。孙中山当年提出“驱逐鞑虏，恢复中华”的革命目标，也是受到同一思潮的影响。这一思潮的源头，就是西方以血缘为基础的民族主义。但以孙中山为代表的资产阶级革命派直接喊出“振兴中华”的口号，民族主义也成为三民主义之一，是对中国民族意识觉醒的重大贡献。

辛亥革命后，黄兴等人很快意识到，纯粹以血缘划分的民族概念非常狭隘，于是，“中华民族”的概念首先变为汉、满、蒙、回、藏的五族共存概念，民国时期的一首国歌也以“五族”为号召。一些有先见之明的地方官员，也以地方法规的方式，禁止商人和官文中出现“大汉”的字样，以示民族大同，化解种族对立。1917年，李大钊针对日本人提出的以日本民族为中心的“大亚细亚主义”，明确提出“新中华民族主义”的自觉，从理论上将“中华民族”涵盖到本国境内的所有民族。辛亥革命后的新文化运动明确提倡民主、科学，打击了封建思想文化的权威地位，破除了封建教条对人们思想的严重束缚，是一场民主主义的思想启蒙运动。

此后不久，五四运动爆发，知识分子理论上的“中华民族”和“中国”的概念深入人心，成为每一个中国人自我认同、民族意识崛起的契机。五四运动后不久，梁启超也改变了自己过去的看法，将“中华民族”的概念扩大为所有民族的共同体。梁启超还富有远见地指出，西方社会自大航海以来，各国崛起的重要因素之一就是民族主义。

先进的中国人为了挽救民族危机，向西方寻求真理，给后人留下了理性的反思和深刻的思想启迪。这些斗争和探索，使中华民族燃烧起了新的希望，标志着中华民族的进一步觉醒。

十、三民主义的主要内容是什么？有什么局限？

申长富

三民主义是孙中山所倡导的民主革命的纲领。1905 年在《民报》发刊词中，孙中山把同盟会的纲领阐发为“民族”“民权”“民生”三大主义，简称“三民主义”。民族主义就是推翻满洲贵族的专制统治，反对民族压迫；民权主义即“建立民国”，就是推翻君主专制政体，建立国民的政府；民生主义即“平均地权”，就是国家核定地价，征收地租税，同时逐步向地主收买土地。后来，孙中山又提出“土地国有”政策。三民主义反映了中国旧民主主义革命时期的社会基本矛盾，概括了客观历史进程提出的三大斗争任务；同时三民主义也是孙中山领导辛亥革命的指导思想，推动了革命运动的发展。

1894 年(清光绪二十年)，孙中山在檀香山建立兴中会。这个资产阶级革命民主派的最早的组织的入会誓词是：“驱除鞑虏，恢复中国，建立合众政府”。该誓词同《兴中会章程》中救亡图存、振兴中华的内容，成为民族主义和民权主义的简要表述。次年，孙中山在广州起义流产后逃亡国外期间，认真研读了资产阶级社会政治学说，实地考察了资本主义社会制度，“始知徒致国家富强、民权发达如欧洲列强者，犹未能登斯民于极乐之乡也。是以欧洲志士，犹有社会革命之运动也。余欲为一劳永逸之计，乃采取民生主义，以与民族、民权问题同时解决，此三民主义之主张所由完成也”。通过后来的革命实践，三民主义得到丰富和发展。在同盟会的政纲中，三民主义被完整地表述为“驱除鞑虏，恢复中华，创立民国，平均地权”四句话。

民族主义是孙中山领导旧民主主义革命的一面旗帜。它反映了近代中国社会错综复杂的民族矛盾——既有帝国主义同中华民族的矛盾，又有以满洲贵族为首的清朝统治集团同汉族及其他少数民族的矛盾，而帝国主义和清朝统治集团正日益勾结起来。因此，“驱除鞑虏，恢复中华”，始终是资产阶级革命派在清末的战斗口号。争取民族的独立和解放，必须“先倒满洲政府”。

民权主义是三民主义的核心。它反映了近代中国社会的又一个主要矛盾，即封建主义和人民大众的矛盾。民权主义的基本内容是：揭露和批判封建专制主义，指出封建的社会政治制度剥夺了人权，因而，决非“平等的国民所堪受”；必须经由“国民革命”的途径推翻封建帝制，代之以“民主立宪”的共和制度，结束“以千年专制之毒而不解”的严重状态。与这种“国体”的“变革”相适应，关于政体的擘划也构成民权主义的重要内容。

民生主义是孙中山的“社会革命”纲领，它希望解决的课题是中国的近代化，即发展资本主义经济，使中国由贫弱至富强；同时还包含着关怀劳动人民生活福利的内容以及对资本主义社会经济溃疡的批判和由此产生的“对社会主义的同情”。孙中山把民生主义的主要内容归结为土地与资本两大问题。“平均地权”——“土地国有”是孙中山的土地方案。发展社会经济的途径则是“节制资本”和发展“国家社会主义”，即将“不能委诸个人及有独占性质”的“大实业”(如铁路、电气和水利等)“皆归国有”，因为这既可“防资本家垄断之流弊”，又得以“合全国之资力”。民生主义实质上是最大限度发展资本主义的方案，虽然它涂上了主观社会主义的色彩。

三民主义存在着历史的局限，主要表现为缺乏明确的、彻底的反帝反封建内容。如在民族主义中，没有从正面鲜明地提出反对帝国主义的主张；也没有明确地把汉族军阀、官僚、地主作为革命对象，从而给了这部分人后来从内部和外部破坏革命以可乘之机。再如民权主义虽然强调了要建立民主共和国，却忽略了广大劳动群众在国家中的地位，因而难以使人民的民主权利得到真正的保证。关于民生主义，孙中山的“平均地权”脱离了中国的实际，它没有触动封建土地所有制，不能满足广大农民的土地要求，在革命中难以成为发动广大工农群众的理论武器。

尽管如此，三民主义批判地承袭了中国农民战争和维新运动的积极内容，从西方汲取了民主主义思想素材，成为中国近代社会中具有比较完全意义的民主革命纲领。三民主义反映了半殖民地半封建社会的主要矛盾，表达了人民群众争取独立、民主和富强的愿望，标志着旧民主主义革命在更完整意义上的开始，在当时的历史条件下产生过重大的积极作用。

当中国革命历程进入新民主主义革命阶段时，孙中山接受了中国共产党和国际无产阶级的帮助，“适乎世界之潮流，合乎人群之需要”，确立了联俄、联共、扶助农工的三大政策，把旧三民主义发展为新三民主义，表现了资产阶级革命民主派在新的革命阶段的进步性，并成为第一次国共合作的政治思想基础。

十一、新文化运动与五四运动的联系和区别是什么?

申长富

1915 年 9 月，由陈独秀、李大钊倡导和发起的新文化运动，从历史进程讲，是属于旧民主主义的；从其性质讲，是近代中国历史上出现的一次伟大的思想解放运动。而五四运动是继苏联十月革命之后，发生在中国的一场彻底的、不妥协的反帝反封建的爱国运动。从参加这两次运动的人员组成和规模来看，新文化运动只局限于思想文化界，参加的人员主要是从事文化思想教育的、具有资产阶级民主思想的知识分子。而五四运动其规模遍及全社会、影响海内外，参加的人员十分广泛，有知识分子、爱国学生、商人和刚刚觉醒的广大工人阶级及其他爱国群众。

新文化运动的主要历史作用在于启封建之蒙，把人们的思想从几千年来的封建主义思想桎梏中解放出来。它把斗争的锋芒直指封建儒家思想的核心——“三纲五常”，这在中国历史上可以说是破天荒的第一次。作为思想解放运动，它可以同欧洲 15 世纪的文艺复兴和 18 世纪的启蒙运动相媲美。

中国资产阶级革命失败的惨痛教训和欧洲资产阶级革命成功的经验证明，一场大的社会变革，必须要有一次思想解放运动作为前导、如果没有这个前导，社会变革就不易实现，即使实现了，也不能巩固和发展。欧洲资产阶级革命之所以能够成功，正是由于有文艺复兴、启蒙运动这样声势浩大的思想解放运动作为前导；而中国资产阶级革命正因为缺乏这个前导，所以辛亥革命后，才有袁世凯称帝、张勋复辟的历史闹剧，特别是在袁世凯“帝制”舆论的渲染下，不少国会议员和愚昧的民众摇旗呐喊：中国要“帝制”，不要“共和”。由此可见，封建主义的思想如不彻底革除，即使封建制度被摧垮了，一旦遇到与其相适应的政治气候它就要死灰复燃。

辛亥革命推翻了清王朝，结束了统治中国长达两千多年的封建帝制，建立了共和制，但人们的思想却依然停留在几千年来形成的封建主义基础上，辛亥革命没有动摇封建主义的思想根基，孔孟之道的精神枷锁仍然紧紧地禁锢着人们的头脑。针对上述现实，新文化的启蒙思想家们，举起了“民主”与“科学”两大旗帜，在中国社会掀起了一场思想解放运动。要民主、废封建；树科学、破迷信成为当时的时代潮流。它为近代中国政治、经济革命开辟了道路，为后来马克思主义在中国传播扫清了思想上的障碍。同时，也为五四运动创造了条件。

在五四运动之前，新文化运动的性质仍然属于旧民主主义的。它所要求的“民主”是资产阶级的民主；它所提倡的“科学”是资产阶级的代表所需要的自然科学。正如毛泽东在《新民主主义论》中所说的，“在五四运动以前，中国文化战线上的斗争是资产阶级的新文化和封建阶级的旧文化的斗争。在五四运动以前，学校与科举之争，新学与旧学之争，都带有这种性质。那时的所谓学校、新学、西学，基本上都是资产阶级代表们所必需的自然科学和资产阶级的社会政治学说(基本上是说那中间还夹杂了许多中国的封建余毒在内)”。

1919年的五四运动，是具有民主革命思想的知识分子和爱国的青年学生在十月革命的感召和马克思主义指导下掀起的一场彻底的、不妥协的反帝反封建的群众运动，它是中国新民主主义革命在马克思主义的指导下的第一次伟大实践。在五四运动前，中国反帝反封建斗争虽然不断，但从未像五四运动那样深刻和彻底。

五四运动在马克思主义指导下，把反帝反封建斗争同爱国紧密地结合在一起，从而揭开了中国新民主主义革命的序幕。从民主革命进程来看，五四运动属于新民主主义革命范畴。如果说新文化运动是中国近代史上一次伟大的思想解放运动，它的历史功绩主要在于帮助人们冲破几千年来的封建主义精神枷锁，从而摆脱愚昧走向觉醒，那么五四运动的主要历史意义在于：在中国第一次把马克思主义理论同中国民主革命实践结合起来，用马克思主义作为理论武器来指导中国民主革命运动向前发展。

五四运动促进了马克思主义的广泛传播。五四运动是在俄国十月革命和马克思主义影响下爆发的，同时它又促进了马克思主义在中国的广泛传播。特别是五四运动以来，经过三次大论战，使马克思主义更加深入人心。随着马克思主义的广泛传播，愈来愈多的曾经信仰其他非马克思主义思想的知识分子、青年学生开始转变立场，接受马克思主义，成为坚强的马克思主义战士。

五四运动也为中国共产党的成立在思想上、组织上作了准备。中国共产党的创始人，大都是在五四运动中冲锋陷阵、具有共产主义思想的先进分子。他们不仅在各地工人群众中广泛宣传马克思主义，而且把马克思主义同工人运动紧密结合起来。在他们的宣传和组织下，各地共产主义小组如同雨后春笋，迅速建立起来，为中国共产党的成立创造了日趋成熟的条件。

五四运动是在新文化运动的基础上发生的，而且五四运动的主要骨干，大多是新文化运动的主帅和主将。从反封建意义上讲，五四运动继承发扬了新文化运动的优秀成果，新文化运动主要从思想文化领域对封建主义进行抨击，而五四运动则主要通过革命行动，即用暴力手段，给帝国主义和封建势力以沉重的打击。

十二、简述中国早期信仰马克思主义者的主要类型及代表人物

申长富

中国早期信仰马克思主义的人物，主要有以下三种类型：

(1) 新文化运动的思想领袖，其代表人物有李大钊和陈独秀。

在中国大地上率先举起马克思主义思想旗帜的是李大钊。李大钊(1889—1927年)，字守常，河北省乐亭县人。十月革命之后，他独具慧眼，首先指出这个革命开辟了人类历史的新纪元。他预言“将来的环球，必是赤旗的世界”。1919年9月、11月，他写了《我的马克思主义观》一文，系统阐释了马克思主义。这篇文章的发表，表明李大钊已经成为马克思主义者了。

陈独秀(1879—1942年)，安徽怀宁(今属安庆市)人。1915年9月，陈独秀在上海创办并主编《青年杂志》(一年后改名《新青年》)，掀起了以“民主”和“科学”为核心的新文化运动。1918年12月与李大钊等创办《每周评论》。他以《新青年》《每周评论》和北京大学为主要阵地，积极提倡民主与科学，提倡文学革命，反对封建的旧思想、旧文化、旧礼教，成为新文化运动的倡导者和主要领导人之一。1919年五四运动后期，他开始接受和宣传马克思主义。1920年初他潜往上海，在共产国际的帮助下，首先成立上海的共产党早期组织，同时与其他各地的先进分子联系，发起成立中国共产党，成为主要创始人之一。同年夏，他明确地表示了对于马克思主义的信仰，并开始公开宣传马克思主义，批判资产阶级民主主义。由于陈独秀在当时思想文化界的巨大名声，他宣告自己信仰社会主义这个行动，在相当大的程度上壮大了社会主义思潮的声势，推广了社会主义思想的影响。1921年7月在上海举行的中共第一次全国代表大会上，他虽然没有出席，但被选为中央局书记。从一大到五大，均被选为中央委员，先后任中央局书记、中央局执行委员会委员长、中央总书记等职务，是中国共产党早期的主要领导人。

(2) 五四爱国运动的左翼骨干，其代表有毛泽东等。

毛泽东(1893—1976年)，字润之，生于湖南湘潭韶山冲。毛泽东是湖南学生的领袖人物。后来，他在同美国记者斯诺谈话时回忆说：“我第二次到北京期间，读了许多关于俄国情况的书。我热心地搜寻那时候能找到的为数不多的用中文写的共产主义书籍。有三本书特别深地铭刻在我的心中，建立起我对马克思主义的信仰。我一旦接受了马克思主义是对历史的正确解释以后，我对马克思主义的信仰就没有动摇过。”这三本书是：《共产党宣言》，马克思、恩格斯著；《阶级斗争》，考茨基著；《社会主义史》，柯卡普著。毛泽东说：

“到了1920年夏天，在理论上，而且在某种程度的行动上，我已成为一个马克思主义者，而且从此我也认为自己是一个马克思主义者了。”

杨匏安(1896—1931年)，广东中山人。杨匏安是中国最早转向马克思主义立场的爱国青年之一。1919年杨匏安在广州积极参加了“五四运动”。同年11月11日至12月4日，《广东中华新报》连续19天刊登了他的长篇文章《马克思主义》(该文对马克思主义的唯物史观、剩余价值理论和阶级斗争学说作了比较确切的阐述。它的发表几乎与李大钊的《我的马克思主义观》同时，可以说是该文的姊妹篇)。他是最早把马克思主义传播到中国的先驱者之一，曾有“北李(大钊)南杨”之说。在中共中央党史研究室著、胡绳主编的《中国共产党的七十年》里，叙述中国早期马克思主义的思想运动时，首先提到了李大钊的贡献，其次也提到杨匏安的贡献，认为他对马克思主义在中国的早期传播“起过重要的作用”。1921年春末夏初，他加入中国共产党，是广东最早的一批党员之一，先后参加过党的三大、五大和八七会议，等等，积极从事党的编译工作，宣传马克思主义。1931年7月被国民党反动派逮捕，蒋介石亲自出面劝降，杨匏安不为所动。敌人改为严刑逼供，他咬紧牙关，只字不吐，最后壮烈牺牲，年仅36岁。他以自己的行动，表现了他早年在诗中所称颂的“借次清霜坚傲骨”的可贵品格。

蔡和森(1895—1931年)，湖南双峰县永丰镇(原属湘乡县)人。中国共产党早期的著名领导人之一，毛泽东青年时代的学友和战友。

此外，还有天津爱国学生的领袖周恩来(1898—1976年)，他在欧洲特别是在法国勤工俭学时也确立了马克思主义的政治信仰。

(3) 一部分老同盟会会员、辛亥革命时期的活动家。

例如，董必武(1886—1975年)，湖北黄安(今红安)人，他是中国共产党的重要领导人之一，也是新中国法制工作的奠基人之一。林伯渠(1886—1960年)，湖南临澧人，著名的无产阶级革命家、教育家。吴玉章(1878—1966年)，四川荣县人，他后来成为杰出的无产阶级革命家、教育家，马克思主义历史学家和语言文字学家等。

这些早期的马克思主义者，是在学习苏联十月革命成功的经验、总结辛亥革命失败的教训的基础上，逐渐转向信仰马克思主义的。比如，吴玉章曾回忆说：“通过十月革命和五四运动的教育，必须依靠下层人民，必须走俄国人的道路，这种思想在我头脑中日益强烈、日益明确了。”之后，他成了一名忠诚的共产主义战士。

中国早期马克思主义者的队伍，主要就是由以上三部分人构成。其中李大钊、陈独秀属于先驱者，毛泽东等五四运动的左翼骨干则是其主体部分。

十三、什么是民主革命？新旧民主主义革命的不同特点是什么？

申长富

对于中国革命性质的分析，毛泽东指出，“既然中国社会还是一个殖民地、半殖民地、半封建的社会，既然中国革命的敌人主要的是帝国主义和封建势力，既然中国革命的任务是为了推翻这两个主要敌人的民族革命和民主革命，而推翻这两个敌人的革命，有时还有资产阶级的参加，即使大资产阶级背叛革命成了革命的敌人，革命的锋芒也不是向着一般的资本主义和资本主义的私有财产，而是向着帝国主义和封建主义，所以，中国革命的性质，不是无产阶级社会主义的，而是资产阶级民主主义的”。

但中国的资产阶级民主革命与西方国家不一样，它分为两个阶段，即旧民主主义革命和新民主主义革命。

所谓旧民主主义革命，即旧式的一般的资产阶级民主主义革命，是指由资产阶级领导的、反对封建专制制度和封建政权，以建立资产阶级专政的共和国和资本主义社会制度为目的的革命。鸦片战争以来，中国人民为了反对帝国主义和封建主义，进行了不屈不挠的斗争，为救亡图存作出了艰辛的探索和可贵的努力。从鸦片战争到五四运动，是中国的旧民主主义革命阶段。

在旧民主主义革命阶段，先后有农民阶级（太平天国运动、义和团运动）、资产阶级（戊戌变法、辛亥革命）登上历史舞台，为挽救中华民族的危亡，前赴后继，作出了自己的努力。但由于农民阶级不代表先进的生产方式，而是落后的小生产者，这就决定了他们的自私性、狭隘性、分散性和保守性，因此，没有先进阶级领导的单纯的农民战争，是不可能完成中国近代反帝反封建的革命任务的。而中国的资产阶级在中国近代尽管是先进的社会生产力和生产方式的代表，但由于先天的不足，在具有革命性的同时，具备了妥协性和软弱性，与帝国主义和封建主义有着千丝万缕的联系，因而缺乏彻底的反帝反封建的革命纲领，加之其脱离群众，没有坚强的领导核心，这也决定了资产阶级无法完成中国近代的反帝反封建的革命任务。

1919年“五四运动”的爆发标志着中国的民主革命进入了一个新的阶段，即新民主主义革命阶段。

所谓新民主主义革命，即新式的特殊的资产阶级民主主义的革命，是指由无产阶级领导的、革命性质仍然是反对帝国主义反对封建专制的资产阶级性的民主革命，但目的不是建立资产阶级专政的共和国，而是建立无产阶级领导的、工农联盟为基础的、几个革命阶级联合专政的人民共和国。革命胜利后的社会既不是资本主义社会，也不是社会主义社会，而是新民主主义社会。这种革命就是新民主主义革命。中国从1919年五四运动开始到1949年中华人民共和国建立这30年，在中国共产党领导下的反帝反封建反官僚资本主义的革命，就是新民主主义革命。

新民主主义革命的指导思想是马克思主义，其产生和发展的社会历史条件有以下四个方面：

第一，国际环境：俄国十月革命改变了整个世界历史的方向，划分了整个世界历史的时代，世界已进入了帝国主义和无产阶级革命的时代。这就使中国革命有了新的国际环境。这是转变的时代条件。

第二，经济条件：中国民族资本主义工商业的发展。1914—1918年，第一次世界大战期间，因欧美各帝国主义国家忙于互相厮杀，无暇顾及中国，且欧美各国需从中国进口原材料和农产品等因素的影响，使中国民族资本主义工商业发展进入“黄金时期”。

第三，政治条件：中国工人阶级的成长和工人运动的发展。随着中国民族资本主义工商业的发展及欧战结束后外资企业的增加，中国工人阶级队伍也随之壮大；到了五四运动后期，中国工人阶级以独立的姿态登上了政治舞台，成为运动的主力军。工人阶级的壮大，开始形成一支强大的、最富有革命性的新的社会力量。

第四，思想条件：新文化运动的开展，民主主义思想的深入；俄国十月革命的影响，五四运动的爆发与发展；马克思主义在中国的广泛深入传播。

所以，当时的国际环境、经济条件、政治条件和思想条件都使中国革命必然要由旧民主主义革命向新民主主义革命转变。

新民主主义革命经历了北伐战争 (1924—1927 年)、土地革命战争 (1927—1937 年)、抗日战争 (1937—1945 年) 和全国解放战争 (1945—1949 年) 这四个历史阶段。

毛泽东的新民主主义革命理论科学地回答了中国革命的性质问题，以独创性的内容和鲜明的中国特色，发展了马克思主义。新民主主义革命理论突破了世界近代史上的革命要么是资产阶级民主革命，要么是社会主义革命两种模式，创造了第三种革命类型，解决了在半殖民地半封建社会的落后国家，无产阶级领导资产阶级民主革命、实现民族独立和人民解放的新课题；新民主主义社会理论关于中国革命分两步走，以新民主主义社会和国家为中间站实现向社会主义转变的构想，解决了经济落后国家在夺取政权后，如何建设新国家，创造条件，以最小的代价和平地实现由新民主主义向社会主义转变的难题，发展了马克思主义的不断革命论和革命转变论。这就从根本上解决了在半殖民地半封建社会里如何进行共产主义运动，如何在中国实现社会主义的道路问题，为从半殖民地半封建社会到社会主义社会架起一座桥梁，打开一个通道。

新民主主义革命新在哪里，新旧民主主义革命有哪些不同点呢？毛泽东认为主要有以下四点：

第一，革命的领导不同了。旧民主主义革命的领导阶级是民族资产阶级，新民主主义革命的领导阶级是无产阶级。

第二，指导思想不同了。旧民主主义革命以资产阶级民主主义思想作指导，新民主主义革命以马克思列宁主义作指导。

第三，革命的前途不同了。旧民主主义革命的前途是建立资本主义社会和资产阶级民主、共和国，新民主主义革命的前途是建立新民主主义社会和新民主主义共和国，并过渡到社会主义社会。

第四，与世界革命的关系不同了。旧民主主义革命属于旧的世界资产阶级民主主义革命的范畴；而新民主主义革命从革命的阵线来说，属于世界无产阶级社会主义革命的一部分。

除了这四个不同的方面外，一般认为还应存在以下区别：

第一，革命发展和群众发动的深度、广度不同。旧民主主义革命的纲领不彻底，群众发动不充分，土地问题不能彻底解决；新民主主义革命提出了彻底的革命纲领，广泛发动群众，解决了民主革命的中心问题，即土地问题。

第二，结果不同。旧民主主义革命有胜利的一面，但最终果实被窃取，革命任务没有完成，社会性质没有改变，从这一意义上看是最终遭到了失败；新民主主义革命的胜利成为社会主义的必要准备。社会主义是新民主主义革命的必然结果。

十四、为什么帝国主义、封建主义和官僚资本主义是新民主主义革命的对象?

申长富

中国共产党诞生前，对于革命的对象问题一直比较模糊。农民阶级领导的太平天国革命将斗争锋芒直指满清王朝，可是却将洋人当做“洋兄弟”；农民阶级领导的义和团运动举起反帝大旗，却提出了“扶清灭洋”的口号，将封建统治者看做朋友；资产阶级领导的辛亥革命推翻了封建皇帝，却并不反对帝国主义。

中国革命的对象问题一直到中国共产党诞生以后，到党的二大才第一次明确提出反帝、反封建是中国民主革命的任务。1939年10月，毛泽东在《中国革命和中国共产党》一文中，首次明确提出了“新民主主义革命”这个科学的概念，从理论和实际的结合上对新民主主义革命的对象、任务、动力和前途等问题，作了全面而深刻的论述，并把新民主主义革命概括为“无产阶级领导下的人民大众的反帝反封建的革命”。1948年毛泽东《在晋绥干部会议上的讲话》第一次明确地把官僚资本主义列为新民主主义革命的对象。至此，中国共产党对新民主主义革命对象的认识达到成熟，即理解新民主主义革命的对象是帝国主义、封建主义、官僚资本主义。

在中国新民主主义革命的三个对象里，毛泽东指出帝国主义是中国人民第一个和最凶恶的敌人。为什么帝国主义是中国革命的首要对象？因为帝国主义直接阻碍了中国的经济发展和政治进步。帝国主义列强侵入中国的目的，绝不是把封建的中国变成资本主义的中国，而是要把中国变成他们的半殖民地和殖民地。

1. 帝国主义直接阻碍了中国的经济发展和政治进程

鸦片战争前，中国是一个独立的封建国家。鸦片战争后，中国一步一步地沦为了一个半殖民地半封建的国家。导致近代中国沦为半殖民地半封建社会的根本原因是帝国主义的侵略。政治上，帝国主义侵犯中国主权，破坏中国独立，扶植中国封建势力和买办势力作为他们统治中国的支柱。经济上，中国被迫向帝国主义国家支付大量战争赔款；帝国主义通过不平等条约控制了中国的经济命脉，包括中国的铁路、航运、海关、贸易，垄断了中国的金融和财政。思想文化上，帝国主义在思想上、精神上对中国人民进行奴役。帝国主义侵略中国的目的，绝不是为了给中华民族带来文明与发展，绝不是要把封建的中国变为资本主义的中国，而是要把中国变成他们的殖民地和半殖民地，阻碍中国的自主发展，防止出现一个摆脱他们控制以至与他们竞争的新型资本主义国家。在这样的社会背景下，中国的资本主义便无从发展，中国社会的正常发展进程被迫中断。

2. 帝国主义勾结中国的封建反动势力共同压迫中国人民

正是由于帝国主义的支持，中国的反动势力才得以苟延残喘。因此帝国主义的侵略严重束缚了中国社会生产力的发展，成为中国经济和社会进步的最大障碍。在这种情况下，中国人民必然把斗争的矛头首先指向帝国主义，争取民族独立，完成民族革命的任务。

封建主义是中国社会进步的主要障碍，也是中国革命的对象。封建主义是帝国主义统治中国的主要支柱和中国封建军阀实行专制统治的社会基础，是经济现代化和政治民主化的主要障碍，是中华民族前进道路上的拦路虎，是阻碍中国社会进步的反动力量。中国革命就是要从根本上消灭封建主义、消灭地主阶级，为中国的现代化和政治民主化创造条件。

(1) 根深蒂固的封建剥削制度的残酷性以及封建主义同帝国主义的勾结，严重束缚了中国社会生产力的发展。在帝国主义侵略中国的过程中，清政府以及后来的封建军阀成为帝国主义的帮凶和走狗。中国封建主义与专制主义紧密结合，代表中国最落后、最反动的生产关系。帝国主义列强发动旨在变中国为殖民地的侵略战争以后，中国封建势力对外妥协，对内镇压。随着中国半殖民地、半封建化程度的加深，中国封建势力与帝国主义完全勾结在一起，成为帝国主义统治中国人民的工具。

(2) 无论是清王朝，还是北洋军阀、国民党新军阀统治时期，封建地主阶级始终完全控制着广大农村的基层政权。晚清时期，以慈禧和李鸿章为代表的封建势力与帝国主义签订了对中国伤害最为深重的《马关条约》和《辛丑条约》，损害了中国人民的利益，成为帝国主义的帮凶。清政府倒台以后，袁世凯、段祺瑞等封建军阀上台，为了巩固自己的势力，它们各自寻找帝国主义作为自己的靠山，以出卖中国人民的利益换取帝国主义的支持。例如袁世凯与日本帝国主义签订《二十一条》，以换取日本对他称帝的支持。蒋介石取代北洋军阀上台以后，与美英等国签订若干卖国条约，取得美英帝国主义的支持。以蒋介石为代表的政府推行封建法西斯主义，实行独裁统治，镇压中国革命，把中国人民推向灾难的深渊，成了帝国主义统治中国人民的工具。

因此，反对封建主义，从根本上说，就是在经济上消灭以地主土地占有制为主要特征的封建剥削制度；在政治上推翻帝国主义在中国的代理人和地主买办势力的集中代表——封建军阀的专制统治；解放被束缚的生产力，为中国的经济现代化和政治民主化开辟道路。中国人民反对帝国主义是为了扫除中国封建制度的靠山，完成民主革命的任务；中国人民反对封建主义是为了扫除帝国主义的基础，完成民族革命的任务。反帝反封建就成为近代中国的两大任务。

官僚资本主义也是新民主主义革命的对象。中国资本主义分为官僚资本主义和民族资本主义两部分，中国资产阶级分为官僚资产阶级和民族资产阶级两部分。在旧中国，民族资本主义是一种比较进步的生产关系，民族资产阶级是新民主主义革命的动力之一。而官僚资产阶级依附于帝国主义并为帝国主义服务，是革命的对象。

新民主主义革命不是一般地反对资本主义和资产阶级，反对官僚资本主义并非因为它是资本主义，而是因为官僚资本主义同外国帝国主义、本国地主阶级和旧式富农结合着，具有垄断性、封建性和买办性。它垄断了全国的经济命脉。这个垄断资本主义和国家政权结合在一起，成为国家垄断资本主义，严重地阻碍着中国经济与社会的发展。以蒋、宋、孔、陈四大家族为代表的大资产阶级依靠反动政权积聚起巨额的垄断资本，这就是官僚资本。掌握官僚资本的阶级就是官僚资产阶级。四大家族控制了以四行二局(中央银行、中国银行、交通银行、中国农民银行、中央信托局、邮政储金汇业局)为中心的全国金融，享有种种金融特权。他们通过币制改革、发行公债等手段，掠夺了人民大量财富。四大家族积聚的财富在 100 亿～ 200 亿美元，官僚资本占全国资本总额的 70%。国家财富落到以四大家族为首的少数人手里，造成中国民穷财尽，官僚资本和官僚资产阶级成为社会生产力发展的严重障碍，所以，没收官僚资本、消灭官僚资产阶级是中国新民主主义革命的又一项重要任务。

十五、中国共产党人是如何探索和开辟中国革命新道路的？

申长富

国共合作的国民革命军取得北伐节节胜利后，国民党占统治地位的右派势力开始“分共”，并通过继续北伐建立起对全国的统治。国民党所实行的是代表地主阶级、大资产阶级利益的一党专政和军事独裁体制，中国半殖民地半封建的社会性质依然。在严酷镇压共产党人的白色恐怖形势下，中国革命转入低潮。

中国的革命到底应该走一条什么样的道路？如何才能使中国的革命到达胜利的彼岸？半殖民地半封建中国的特殊国情对中国的革命者提出了一个全新的课题。这是中国革命中一个最基本的问题，关键在于能不能真正认识到中国国情的特殊性，能不能真正认识中国革命战争发展的特殊规律。在经历了许多次痛苦的失败和艰难的探索之后，以毛泽东为代表的一批共产党人首先摆脱了城市中心论的习惯性思维。他们认识到，由于中国国情的特殊，共产党的任务，基本不是经过长期合法斗争以进入起义和战争的，也不是先占城市后取乡村，而是走相反的道路。这一条相反的道路，即中国共产党创立的农村包围城市、武装夺取政权的适合近代中国特殊国情的特殊革命道路，毛泽东等人在其中做出了重大的贡献。

毛泽东不仅在秋收起义的实践中首先把革命的进攻方向指向了农村，而且从理论上阐明了武装斗争的极端重要性和农村应当成为党的工作中心的思想。

早在 1928 年 10 月和 11 月，毛泽东就写了《中国的红色政权为什么能够存在？》和《井冈山的斗争》两篇文章，明确地指出，以农业为主要经济的中国革命，以军事发展暴动是一种特征；同时，他还科学地阐述了共产党领导的土地革命、武装斗争与根据地建设这三者之间的辩证统一关系，强调工农武装割据的思想，是共产党和割据地方的工农群众必须具备的一个重要思想。1930 年 1 月，毛泽东在《星星之火，可以燎原》中进一步指出红军、游击队和红色区域的建立与发展，是半殖民地中国在无产阶级领导之下的农民斗争的最高形式，是半殖民地农民斗争发展的必然结果，并且无异议地是促进全国革命高潮的重要因素。阐明了在半殖民地的中国，只有农民斗争得不到工人的领导而失败，没有农民斗争的发展超过工人的实力而不利于革命本身的。至此，中国共产党关于把党的工作重点放在农村，开展工农武装割据，实行农村包围城市，最后夺取城市和全国政权的革命道路的理论初步形成。

以毛泽东为主要代表的中国共产党人同当时党内盛行的把马克思主义教条化、把共产国际决议和苏联经验神圣化的错误倾向作坚决斗争，科学地概括了大革命失败后中国共产党领导的红军和根据地斗争的经验，系统地提出了农村包围城市、武装夺取政权的理论。1930 年 5 月，毛泽东写了《反对本本主义》一文，针对当时党内盛行的把马克思主义教条化，把苏联经验神圣化的错误倾向，指出：我们的斗争需要马克思主义，但马克思主义的理论必须同中国的实际情况相结合，没有调查，就没有发言权。毛泽东强调指出：离开实际调查就要产生唯心的阶级估量和唯心的工作指导，那么，它的结果，不是机会主义，便是盲动主义。《反对本本主义》为中国共产党正确解决中国式的武装夺取政权的道路问题奠定了思想基础。

农村包围城市、武装夺取政权理论的提出，标志着中国化的马克思主义，即毛泽东思想的初步形成。

农村包围城市道路理论在中国革命的实践中产生，又在实践中指导中国革命取得了胜利。1936 年以后是道路理论达到成熟和发展的阶段。毛泽东在 1936 年至 1939 年先后撰写了《中国革命战争的战略问题》《战争和战略问题》《中国革命和中国共产党》《〈共产党人〉发刊词》等著作，标志道路理论的完整确立并达到成熟。这一理论的产生与成熟具有伟大的理论和现实意义。

(1) 实现了中国革命由城市向农村的历史性转变，保存和发展了革命力量。国民革命失败以后，以毛泽东为代表的中国共产党人，坚持从实际出发，在敌强我弱的情况下，及时调整战略进攻方向，开辟了农村革命根据地，在实践上实现了党的工作重心由城市向农村的历史性转变。这种转变不仅避免了过早与强敌进行盲目决战，减少了不必要的损失，有效地保存了革命力量，而且大大发展了革命力量。

(2) 提示了中国革命的发展规律，指导中国革命取得了最后胜利。以毛泽东为代表的中国共产党人，从中国的独特国情出发，揭示了中国革命的发展规律，即中国革命的道路不能是先城市后农村，而只能是先农村后城市，以农村包围城市，最后夺取城市。在这种新的革命道路理论的指导下，不仅在土地革命战争期间保存和发展了革命力量，而且取得了抗日战争和解放战争的最后胜利。

(3) 丰富和发展了马克思主义关于暴力革命的学说，为殖民地半殖民地国家的人民解放斗争提供了重要经验。马克思主义认为，无产阶级必须用暴力革命推翻资产阶级，夺取政权，建立自己的政治统治。但是，对于殖民地半殖民地国家的无产阶级革命，应该以什么样的道路和方式贯彻这一基本原则，马克思、恩格斯和列宁并没有作出具体的结论。这需要各国共产党人从本国的实际出发，独立自主地来解决这一重大理论问题。

以毛泽东为代表的中国共产党人开辟的农村包围城市、武装夺取政权的革命道路，既坚持了马克思主义的暴力革命原则，又在总结中国革命经验的基础上丰富和发展了这一原则。中国革命新道路的开辟，是马克思列宁主义普遍原理与中国革命具体实践相结合的光辉典范，是毛泽东思想形成的重要标志。

十六、20 世纪 30 年代前后，中国共产党内为什么连续出现“左”倾错误？

申长富

1927 年大革命失败后，在共产党内，出于对国民党屠杀政策的仇恨和对陈独秀右倾投降主义的愤怒，“左”倾冒险情绪很快发展起来。1927 年 11 月，在瞿秋白主持下，中共中央召开临时政治局扩大会议，通过了《中国现状与共产党的任务决议案》等文件，主观地认为“革命潮流始终并不是低落的，而是高涨的”，坚持“城市中心，开展城市工人暴动”，这标志“左”倾机会主义第一次在党中央取得了统治地位。

1930 年前后，随着红军和革命根据地的迅速发展。“左”倾思想和政策又恶性发作起来。1930 年 6 月 11 日，李立三主持中央政治局会议，通过了《新的革命与一省或几省的首先胜利》的决议，使以冒险主义为特征的“左”倾错误再次统治了中央领导机关。李立三否认当时仍然是敌强我弱的基本情况，混淆民主革命和社会主义革命的界限，反对“工农武装割据”和以农村包围城市的思想，主张城市中心论，并制定了一个以武汉为中心的全国总暴动和集中红军进攻中心城市的计划，结果使革命受到严重挫折。同年 9 月 24 日，在瞿秋白、周恩来主持下，党召开了六届三中全会，指出了李立三的错误，改选了中央政治局，从而结束了李立三“左”倾冒险主义的错误。

党的六届三中全会虽然结束了李立三“左”倾冒险主义在党中央的统治，但“左”倾思想和政策并未得到彻底纠正，致使“左”倾机会主义再次威胁党的领导。王明从苏联回国后，打着“执行国际路线”“反对立三路线”“反对调和主义”的旗号，在共产国际代表米夫支持下，发表《两条路线——拥护国际路线，反对立三路线》(即《为中共更加布尔什维克化而斗争》) 的小册子，成为王明“左”倾机会主义的纲领性文件。1931 年 1 月 7 日，通过党的六届四中全会，以王明为代表的“左”倾机会主义者控制了中央的领导权，再次威胁党的领导。“左”倾机会主义在党内占据了统治地位，给中国革命带来了严重损失，丢失了绝大多数革命根据地，红军部队人数大幅减员，中央红军被迫撤离中央革命根据地进行长征。直至 1935 年 1 月召开的遵义会议，才结束了这次“左”倾错误，在危急关头挽救了中国革命。

这一时期党内连续出现“左”的错误，而且一次比一次严重，这种现象的出现，绝不是偶然的。中国共产党在六届七中全会所制定的《关于若干历史问题的决议》和十一届六中全会所拟定的《关于建国以来党的若干历史问题的决议》对其原因都曾作出过分析，主要论述如下：

(1) 大革命失败以后，由于对国民党屠杀政策的仇恨和对陈独秀投降主义的愤怒而加强起来的小资产阶级革命急性病也反映到党内，使党内“左”倾情绪也很快地发展起来。这种“左”倾情绪在 1927 年 8 月 7 日党中央紧急召开的“八七会议”上已经开始。

(2)“八七会议”在组织上开始了宗派主义的过火的党内斗争，过分地或不适当地强调了领导干部的单纯工人成分的意义，并造成了党内相当严重的极端民主化状态。这种“左”倾情绪在“八七会议”后继续生长，到了 1927 年 11 月党中央的扩大会议，就形成了“左”倾盲动主义 (即冒险主义) 路线。

(3) 在 20 世纪 20 年代后期和 30 年代前期在国际共产主义运动中和我们党内盛行的把马克思主义教条化，把共产国际和苏联经验神圣化的错误倾向，曾使中国革命几乎陷于绝境。

把这些论述概括一下，党内连续三次“左”倾错误发生的原因不外三个方面：

第一，中国的社会原因和阶级原因。处于半殖民地半封建社会的中国共产党是在小资产阶级包围之中，并且，在党内，小资产阶级出身的党员也占着很大的比重。小资产阶级表现为观察问题的主观性和片面性，党内出现只注重书本知识不注重实际的教条主义和只注重感性知识而轻视理论的经验主义。因此，这些思想比较容易反映到党内来，影响党的思想和路线、政策。

第二，共产国际指导错误的原因。王明等“左”倾教条主义者披着马列主义的外衣，挂着“国际路线”的招牌，并且得到共产国际的支持，具有很强的欺骗性。再加上当时战争环境的限制，全党对马列主义的学习研究不够，马列主义水平较低，识别不了真假马列主义，以致容易上当受骗。

第三，中国共产党自身的原因。那时，全党的马克思主义理论准备不足，理论素养不高，实践经验也很缺乏，对于中国社会的性质、中国革命的特点和规律不了解，对于马克思列宁主义理论和中国革命的实践没有统一的理解，即不善于把马克思列宁主义与中国实际全面地、正确地结合起来。当时，党在纠正“左”倾错误的方法上有缺点，太着重个人责任和组织处理，没有在思想上彻底弄清错误的本质，没有使干部在思想上彻底了解当时犯错误的原因、环境和改正这种错误的详细方法，以致重犯类似的错误。

前事不忘，后事之师。三次“左”倾错误也给了中国共产党人深刻的教训：

第一，纠正“左”倾错误不但要进行政治上的清算，更重要的是要从思想上进行清算，不仅对犯错误者要进行组织处理，更重要的是对全党进行思想教育，具体地分析错误的内容及其危害，说明犯错误的历史根源和思想根源及其改正的办法，以免重犯类似的错误。

第二，要坚持一切从实际出发，实事求是，理论联系实际的马列主义原则，警惕披着马列主义外衣的假马克思主义者，要充分识别“左”倾错误对革命的严重危害，克服党内长期存在的“左”比右好的倾向。党的历史证明：“左”、右倾错误都会给革命造成严重危害和失败。在中国革命中，既要反右又要反“左”，才能使革命沿着正确的轨道发展。

第三，要坚持党的团结，坚持民主集中制原则，党内不容许搞宗派集团，进行宗派活动。

第四，加强党的集体领导，反对家长制作风。

十七、中国共产党成立以来做了哪三件大事？改革开放以来中国取得一切成绩和进步的根本原因是什么？

荆世杰

1840年鸦片战争以来中国170多年的历史，概括地说就是，我们伟大的祖国经历了刻骨铭心的磨难，我们伟大的民族进行了感天动地的奋斗，我们伟大的人民创造了彪炳史册的伟业。鸦片战争以后，中国逐步成为半殖民地半封建社会，列强对中国的侵略步步进逼，封建统治日益腐败，祖国山河破碎、战乱不已，人民饥寒交迫、备受奴役。救亡图存的民族使命迫在眉睫。争取民族独立、人民解放，实现国家富强、人民富裕，成为中国人民必须完成的历史任务。在那个风雨如晦的年代，为改变中华民族的命运，中国人民和无数仁人志士进行了千辛万苦的探索和不屈不挠的斗争。太平天国运动，戊戌变法，义和团运动，不甘屈服的中国人民一次次抗争，但又一次次失败。孙中山先生领导的辛亥革命，结束了统治中国几千年的君主专制制度，对推动中国社会进步具有重大意义，但也未能改变中国半殖民地半封建的社会性质和中国人民的悲惨命运。事实说明，不触动封建根基的自强运动和改良主义，旧式的农民战争，资产阶级革命派领导的革命，照搬西方资本主义的其他种种方案，都不能完成中华民族救亡图存的民族使命和反帝反封建的历史任务。要解放中国发展进步问题，必须找到能够指导中国人民进行反帝反封建革命的先进理论，必须找到能够领导中国社会变革的先进社会力量。1921 年，在马克思列宁主义同中国工人运动相结合的进程中，中国共产党应运而生。中国共产党的诞生，是近现代中国历史发展的必然产物，是中国人民在救亡图存斗争中顽强求索的必然产物。从此，中国革命有了正确的前进方向，中国人民有了强大的精神力量，中国命运有了光明的发展前景。

90 多年来，中国共产党团结带领人民在中国这片古老的土地上，书写了人类发展史上惊天地、泣鬼神的壮丽史诗，集中体现为完成和推进了三件大事。

第一件大事，是紧紧依靠人民完成了新民主主义革命，实现了民族独立、人民解放。经过北伐战争、土地革命战争、抗日战争、解放战争，中国共产党和中国人民进行了 28 年浴血奋战，打败了日本帝国主义的侵略，推翻了国民党的反动统治，建立了中华人民共和国。新中国的成立，使人民成为国家、社会和自己命运的主人，实现了中国从几千年封建专制制度向人民民主制度的伟大跨越，实现了中国的高度统一和各民族的空前团结，彻底结束了旧中国半殖民地半封建社会的历史，彻底结束了旧中国一盘散沙的局面，彻底废除了列强强加给中国的不平等条约和帝国主义在中国的一切特权。中国人从此站立起来了，中华民族发展进步从此开启了新的历史纪元。

第二件大事，是紧紧依靠人民完成了社会主义革命，确立了社会主义基本制度。中国共产党创造性地实现了由新民主主义到社会主义的转变，使占世界人口四分之一的东方大国进入社会主义社会，实现了中国历史上最广泛最深刻的社会变革。我们建立起独立的比较完整的工业体系和国民经济体系，积累了在中国这样一个社会生产力水平十分落后的东方大国进行社会主义建设的重要经验。

第三件大事，是紧紧依靠人民进行了改革开放新的伟大革命，开创、坚持、发展了中国特色社会主义。十一届三中全会以来，中国共产党总结我国社会主义建设经验，同时借鉴国际经验，以巨大的政治勇气、理论勇气、实践勇气实行改革开放，经过艰辛探索，形成了社会主义初级阶段的基本理论、基本路线、基本纲领、基本经验，建立和完善社会主义市场经济体制，坚持全方位对外开放，推动社会主义现代化建设取得举世瞩目的伟大成就。

这三件大事，从根本上改变了中国人民和中华民族的前途命运，不可逆转地结束了近代以后中国内忧外患、积贫积弱的悲惨命运，不可逆转地开启了中华民族不断发展壮大、走向伟大复兴的历史进军，使具有 5000 多年文明历史的中国面貌焕然一新，中华民族伟大复兴展现出前所未有的光明前景。

90 多年来，中国社会发生的变革，中国人民命运发生的变化，其广度和深度，其政治影响和社会意义，在人类发展史上都是十分罕见的。事实充分证明，在近代以来中国社会发展进步的壮阔进程中，历史和人民选择了中国共产党，选择了马克思主义，选择了社会主义道路，选择了改革开放。事实充分证明，中国共产党不愧为伟大、光荣、正确的马克思主义政党，不愧为领导中国人民不断开创事业发展新局面的核心力量。

至于说到改革开放以来我们取得一切成绩和进步的根本原因，归结起来就是：开辟了中国特色社会主义道路，形成了中国特色社会主义理论体系。高举中国特色社会主义伟大旗帜，最根本的就是要坚持这条道路和这个理论体系。

中国特色社会主义道路，就是在中国共产党领导下，立足基本国情，以经济建设为中心，坚持四项基本原则，坚持改革开放，解放和发展社会生产力，巩固和完善社会主义制度，建设社会主义市场经济、社会主义民主政治、社会主义先进文化、社会主义和谐社会，建设富强、民主、文明、和谐的社会主义现代化国家。中国特色社会主义道路之所以完全正确、之所以能够引领中国发展进步，关键在于我们既坚持了科学社会主义的基本原则，又根据我国实际和时代特征赋予其鲜明的中国特色。在当代中国，坚持中国特色社会主义道路，就是真正坚持社会主义。

中国特色社会主义理论体系，就是包括邓小平理论、“三个代表”重要思想以及科学发展观等重大战略思想在内的科学理论体系。这个理论体系，坚持和发展了马克思列宁主义、毛泽东思想，凝结了几代中国共产党人带领人民不懈探索实践的智慧和心血，是马克思主义中国化的最新成果，是当代最宝贵的政治和精神财富，是全国各族人民团结奋斗的共同思想基础。中国特色社会主义理论体系是不断发展的开放的理论体系。《共产党宣言》发表以来的实践证明，马克思主义只有与本国国情相结合、与时代发展同进步、与人民群众同命运，才能焕发出强大的生命力、创造力、感召力。在当代中国，坚持中国特色社会主义理论体系，就是真正坚持马克思主义。

十八、你了解南京大屠杀吗？为什么中日双方应牢记历史，展望未来？

曹顺仙

南京大屠杀指中华民国在南京保卫战中失利、首都南京于 1937 年 12 月 13 日沦陷后，日军在南京及附近地区进行的长达数周的大规模屠杀。在那场长达六周的恐怖活动中，30 万以上的无辜平民和放下武器的士兵遭到屠杀，三分之一以上的街道和建筑物受到损毁，财产损失更是不计其数。南京大屠杀惨案是第二次世界大战中的三个特大惨案之一，是日本帝国主义为用武力迫使“中国畏服”而展开的有计划、有阴谋的罪恶行动。其中日军战争罪行包括抢掠、强奸、对大量平民及战俘进行屠杀等。

1937年7月，日军全面侵华战争爆发，在“速战速决”战略思想的指导下，大举进攻华北，突击上海，目标直指国民党政府所在地南京。国民党军队虽然进行了一定的抵抗，但由于种种原因，战争胜少败多。上海沦陷后不久，南京即被日军占领。

1937 年 12 月 13 日，日本侵略军侵占南京后，在日本华中方面军司令官松井石根和第 6 师师长谷寿夫指挥下，在全城进行了 40 多天的血腥屠杀，使用集体枪杀、活埋、刀劈、火烧等惨绝人寰的方法，杀害中国平民和被俘军人达 30 余万人。

12 月 13 日上午，日军谷寿夫第 6 师由光华门、雨花门入城，随即将马路上的难民当作枪杀目标，马路街巷之内顿时血肉狼藉、尸体纵横。

14 日，日军大部队涌入城内，继续搜杀街巷中的难民；并在中山码头、下关车站等处对聚集江边的难民疯狂射击，枪杀数万人。15 日，中国平民及已解除武装的军人 9000 余人被押往鱼雷营屠杀。16日，日军又从中日双方都承认具有中立地位的“安全区”内搜捕数万青年，绑赴下关煤炭港枪杀，再将尸体推入江中。18日，日军将从南京逃出被拘囚于幕府山下的难民和被俘军人5.7万余人，以铅丝捆绑，驱至下关草鞋峡，先用机枪扫射，复用刺刀乱戳，最后浇以煤油，纵火焚烧，残余骸骨投入长江。令人发指者，是日军少尉向井和野田在紫金山下进行“杀人比赛”。他们分别杀了106和105名中国人后，“比赛又在进行”。此后，又在12月下旬开始的“清街运动”和“难民登记”中使上万人头落地。日军滥杀无辜，手段残酷，令人发指。有的往难民身上先浇汽油，后用枪扫射，枪弹一着人身，火光随之燃起，被弹击火烧之难民，挣扎翻腾，痛苦之极，日军则鼓掌狂笑。有的则把难民杀后割下人头，挑在枪上，漫步街头，嬉笑取乐。

日军除残酷屠杀无辜外，还肆意强奸、轮奸中国妇女。在占领后的一个月中，南京市内就发生2万起左右的强奸事件，连八、九岁的幼女和70多岁的老妪都不能幸免。许多妇女在惨遭蹂躏后又惨遭杀害。

伴随着屠杀和奸淫的是大规模的抢劫和纵火破坏。日军驾驶着汽车，直入各大公司、商店，将各种货物劫运一空。抢劫之后，日军到处放火，致使主要街道的高大建筑物都被烧毁。浩劫之下，昔日繁华的六朝古都成了一座尸体遍地、断壁残垣、满目凄凉的死城。

后来发表的《远东国际法庭判决书》中写道：“日本兵完全像一群被放纵的野蛮人似的来污辱这个城市”，他们“单独的或者二、三人为一小集团在全市游荡，实行杀人、强奸、抢劫、放火”，终致大街小巷都横陈被害者的尸体，“江边流水尽为之赤，城内外所有河渠、沟壑无不填满尸体”。

据1946年2月中国南京军事法庭查证：日军集体大屠杀28案，19万人，零散屠杀，858案，15万人。日军在南京进行了长达6个星期的大屠杀，中国军民被枪杀和活埋者达30多万人。南京大屠杀惨绝人寰！

中华民族在经历这场血泪劫难的同时，中国文化珍品也遭到了大掠夺。据查，日本侵略者占领南京以后，派出特工人员330人、士兵367人、苦工830人，从1938年3月起，花费一个月的时间，每天搬走图书文献十几卡车，共抢去图书文献88万册，超过当时日本最大的图书馆东京上野帝国图书馆85万册的藏书量。

从1937年12月13日南京沦陷至1938年2月5日，日本新任南京守备司令官天谷直次郎到任，这是“南京大屠杀”的最严重阶段。其后日军的暴行并没有因为日本上海派遣军总司令松井石根下令恢复南京秩序而马上停止。

对于南京大屠杀这样的惨案究竟该谁负责？当然，每个直接犯罪者都负有法律和道德的责任。首先，日军士兵和军官在南京大屠杀期间普遍地杀人和强奸。事实上，所有来侵略的日本军官都是“杀人犯”，极少例外。其次，残暴为日本军事训练之核心。日军以严格纪律、打骂、生活干扰、个人尊严之摧残，呆板的阶级制度造成的无条件服从，使下级或士兵接受任何命令，不仅来自上级或直接发号施令者，更认为所有命令皆来自大帝国的最高统帅天皇本人。日军是层层节制，级级服从，迄止日本战败，维持不变。日本重大问题的最后决策权均操于天皇之手。1938年2月26日，裕仁亲自召见松井石根、朝香宫及柳川平助，对于他们攻克南京，予以嘉勉，并各赠一对镶有皇家菊花标志的银瓶为奖。毋庸置疑的是，裕仁对南京大屠杀的责任远超过这三位受奖的现行战犯。最后，“南京大屠杀”的直接责任问题，马吉与田伯烈在东京审判作证时，都认定大屠杀系在南京战地指挥官与东京统帅部完全知悉与同意下进行的。因此，抗战胜利后，指挥南京大屠杀的刽子手松井石根被远东国际军事法庭处以绞刑，谷寿夫被引渡给中国政府处死。

如今，南京大屠杀已经过去七十多年，很多人证和物证也证明那是不容置疑的历史事实。但对待这一惨案的认知和态度并不统一。

在日本，公众对南京大屠杀的认识存在着明显的差异，部分极右分子，认为南京大屠杀是被夸大、甚至是凭空捏造的反日本外交工具，也有人认为否认南京大屠杀是历史修正主义、否认主义的表现。由于日本人对南京大屠杀的意见存在着广泛的分歧，因此，对南京大屠杀的称法也有所区别，如“南京大虐杀”“南京虐杀”及“南京事件”等。对南京大屠杀的认识，是中日外交及人民关系中存在的主要问题之一。

1981 年以来，在日本军国主义复活声中，日本文部省猖獗地篡改历史教科书，否认对华侵略和“南京大屠杀”。同时，如今日本不仅不对本国的战争责任进行彻底追究，还对此采取回避态度，甚至许多政治家和国民不断地否认自身应该承担的责任。靖国神社的阴魂常常困扰着日本的发展。例如，2005 年 10 月 17 日，日本首相小泉纯一郎不顾日本国内外舆论的强烈反对，于上午再次参拜了供奉有甲级战犯牌位的靖国神社。这是小泉 2001 年 4 月就任首相后第 5 次参拜靖国神社。第二次世界大战前，靖国神社既是国家宗教设施，也是军事设施，它从一开始就与军国主义有着密不可分的关系。1978 年，东条英机等 14 名甲级战犯被作为“昭和殉难者”祭祀于靖国神社。因此，包括中国人民在内的亚洲各国人民始终坚决反对日本领导人参拜靖国神社，认为日本领导人的这一举动严重伤害了受害国人民的情感。中国政府一贯认为，只有正确认识和对待历史，坚持“以史为鉴、面向未来”，才有利于中日睦邻友好关系的健康稳定发展，有利于日本取信于亚洲邻国和国际社会，符合日本人民的长远利益。

“南京大屠杀”一直是中日关系的敏感话题。从对该事件的认定到“大屠杀”中的死难者人数，中日双方都存在很大分歧。日方一直试图淡化，甚至抹杀该事件，对死难者人数也是莫衷一是。而中国始终坚持这是不容置疑的史实，要求日本正视历史。大屠杀不仅是对中国人，而且是对人类基本价值的攻击，是毁灭不同民族和国家和谐共处的基础。我们决不容许任何否认战争责任和美化战争谬言的流行。

前事不忘，后事之师。记住南京大屠杀这一事件，就记住了我们国家曾经因为经济落后、政府腐败、人民贫弱而遭受的侵略和屠杀，我们就会更加团结、更加努力地为国家的发展而奋斗！回顾这一惨痛的历史，深刻体会遭受侵略和掠夺的苦难，我们就会更加坚定地走和平发展的道路，运用和平的发展手段，实现和平的发展目标。我们坚信和平、友好、发展是世界各族人民的共同愿望。

十九、如何评价抗日战争期间的正面战场和敌后战场?

曹顺仙

在抗日战争中有两大战场，即中国国民党领导的抗击日本法西斯的正面战场，中国共产党领导的抗日敌后战场。在过去相当长的时间里，国民党领导的抗日正面战场是一个历史禁区，没有谁敢提及这个敏感的历史话题。不过，随着中国共产党的实事求是思想路线的恢复，正确评价国民党正面战场得失成为正视历史的必然。

第二次国共合作实现后，为了共商抗战大计，国民党政府于1937年8月在南京召开了国防会议，并邀请了中国共产党代表参加。周恩来、朱德等出席了此次会议。会议制定了对日作战的战略方针即持久消耗战，将全国划分为五个战区，调整了军队的部署。会后，军事委员会根据会议精神，调集大量的兵力从华北到华东、华中，形成了正面战场的防御体系。共产党领导的八路军、新四军在侧翼配合国民党军队作战。这样，就形成了全面抗战开始后的两个战场，即由国民党政府和军队担任的抗战的正面战场，由共产党领导的军队和人民共同抗战的侧面战场。因此，两个战场的形成是国共双方在抗战中的不同分工造成的。不过，由于全面抗战开始后，国民党正面战场推行了由国民党政府和军队包办抗日的片面抗战路线，共产党的敌后战场实行了全民族抗战的全面抗战路线，导致了两个战场的结果截然不同。

抗战初期，国民党在正面战场进行了比较积极的抗战。1937年“八一三”事件后，国民党暂时放下了对日本所抱的幻想。1937年8月15日，国民党政府就下达总动员令。8月20日，国民党军事当局颁发《战争指导方针》，正式确定“以持久战为基本宗旨，以空间换时间，逐次消耗敌人”的战略方针，以转换优劣形势，争取抗战胜利，为此遂决定在平汉、津浦两线设立3道防线，以阵地战阻击日军进攻；同时在上海开辟战场，迫使日军改变作战方向，避免侵华日军集中主力在华北与我决战。1937—1938年10月，国民党军队先后进行了忻口、淞沪、徐州、武汉等比较大的战役。尤其是在徐州战役中，取得了台儿庄大捷。台儿庄大捷是抗战以来国民党正面战场取得的第一个大胜利，鼓舞了全国人民的抗战意志。

全面抗战的初期，正面战场是中国人民抗战的主战场。国民党的积极抗战对打破日军速战速决的战略起了决定性作用。因此，毛泽东肯定地指出：“国民党在1937年和1938年内，抗战是比较努力的，同我党的关系也比较好。”在战略防御阶段，国民党正面战场的地位和作用具体表现为以下几个方面：

(1) 国民党政府和军队担任的正面战场是抗日的主力。国民政府组织了一系列的大规模会战。如淞沪战役、晋北忻口战役、徐州和武汉的战役，都给日军以沉重的打击，是中国抗日战争乃至世界反法西斯战争的一个重要组成部分。

(2) 由于正面战场的顽强抵抗，粉碎了日本帝国主义“3个月灭亡中国”的战略计划和“速战速决”的方针。消耗了日本的军事、经济实力，使其陷入长期战争的泥坑而不能自拔。使日军兵力分散，战线延长，为战略相持阶段的到来起了决定性的作用。

(3) 支援了中国共产党领导的解放区敌后战场的开辟，为敌后游击战争创造了有利条件。

(4) 国民党中爱国官兵的抗战英雄业绩，振奋了民族精神，大长了中华民族的志气，促进了全国的团结和进步，坚定了中国军民抗战必胜的信念。

(5)“唤起了国际舆论的同情和支持”，扩大了中国抗战在国际上的影响力。

(6) 掩护了西南抗战基地的营建，为领导机构和沿江、沿海工厂、学校、科研机构的内迁争取了时间，为中国长期抗战创造了有利条件。

但是，抗日战争相持阶段到来后，国民党的抗战态度发生了变化，正面战场的局势也发生了转折。

1938年，日本占领广州、武汉后，由于战线延长，战争消耗太大，实力不足的弱点明显暴露出来。中国军队的正面抗击和敌后战场的顽强牵制，使日本不得不调整军事战略，暂时停止了对正面战场的战略进攻，以巩固其占领区。中国的抗日战争由战略防御阶段转入战略相持阶段。

相持阶段的到来，一方面表明了中国抗战的有效性，国民党以持久战阻止日本的战略取得了一定成功，使日本没有实现3个月到6个月消灭中国的战略目标。另一方面，以空间换时间的持久战略，使中国丢失了大片国土，到1938年10月几乎丢掉了半壁河山，因此，已无法再继续“以空间换时间”的战略。在实际抗战中，由于国民党1938年的武昌会议确立了由政府和军队包办抗战的片面抗战路线，不允许其他人民抗战，这样，人民抗战的合法权利被剥夺，全面抗战的进程受到了严重影响。再加上相持阶段到来后，日本在坚持灭亡中国方针不变的前提下，调整了对华政策。在政治上，取消了“反蒋”“灭党”的口号和“不以国民政府为谈判对手”的立场，对国民党采取了以政治诱降为主、军事打击为辅的方针。并于1938年底提出了“善邻友好，共同防共，经济合作”的“近卫三原则”，开始实行“以华制华”策略。近卫三原则发表后，中国团结抗战的局面受到影响。汪精卫亲日集团率先与日本妥协，并不惜牺牲中华民族的利益，成为中国历史上最大的、危害最严重的卖国集团。

内外形势的变化和维护国民党自身利益的驱使，使国民党抗战的态度从片面抗战转向了消极抗战，开始寻求与日本的妥协，并不断制造反共摩擦。1939年1月，国民党召开了五届五中全会，会上确定了“溶共、防共、限共、反共”的八字方针，设立了“防共委员会”，通过了《限制异党活动办法》。2月，又秘密颁布了《共党问题处置办法》《沦陷区防范共党活动办法》等反共文件。在制造了平江惨案和确山惨案等事件后，于1939年12月到1940年3月发动了第一次反共高潮。在抗日的战场上，国民党军队则采取了消极避战，并出现了“降官如毛，降将如潮”的局面。自抗战开始至1943年8月，国民党文武官员及作战部队投降日军者数量可观，其中中央委员有20人，旅长以上将领58人；投日军队达50万人，占全部80万伪军的62%，从而，造成“降官如毛，降将如潮”的局面。

中国共产党领导的敌后战场，采取了人民战争的路线和持久战的方针。抗日民族统一战线建立后，为了动员和组织全国人民起来抗战，1937年8月22～25日中共中央在陕北洛川县冯家村召开了政治局扩大会议。会议通过了著名的《抗日救国十大纲领》，决定了中国共产党在各方面的具体政策为：

(1) 必须坚持抗日战争中的无产阶级领导权；

(2) 在敌人后方放手发动群众，独立自主地广泛开展游击战争，使游击战争担负起配合国民党正面战场，开辟敌后战场，建立敌后抗日根据地的战略任务；

(3) 在国民党统治区，放手发动抗日的群众运动，和国民党的片面抗战路线作斗争；

(4) 在有利于动员全国人民参加抗战的前提下，争取全国人民应有的政治经济权利，以减租减息作为抗战时期解决农民土地问题的基本政策；

(5) 八路军的具体战略方针是独立自主的山地游击战。

会议指出：中国的抗战是艰苦的持久作战，争取抗战胜利的关键是实行共产党提出的全面抗战路线，反对片面抗战路线。会议决定人民军队实行军事战略的转变，即由过去的正规军和运动战，转变为游击军和游击战。因此，洛川会议制定了一条放手发动群众，依靠全国人民进行抗战的人民战争的路线，为中国共产党和全国人民指明了抗战的正确方向。

抗战开始后，抗战能不能取得胜利，怎样才能取得胜利，战争的进程会是怎样的，仍是现实的重大理论问题。对此，以汪精卫为首的亲日派提出了“战必败”“和未必会亡”的抗战亡国论；以蒋介石为首的亲英美派，开始以为由于国际社会的支持，战争就可以速战速决，提出了“速胜论”，在战争进入相持阶段后，又陷入了亡国论。与此同时，很多人轻视游击战争的抗日作用。尽管毛泽东、朱德、周恩来、彭德怀等人多次论述过持久战的思想和游击战争的重要地位，还是有不少人对抗战的前途感到困惑。1938年5月，毛泽东集中全党智慧，发表了《论持久战》《抗日游击战争的战略问题》，阐明了抗日战争的发展规律和争取抗战胜利的途径与方法。

在《论持久战》中，毛泽东运用唯物辩证法，客观、全面地分析了中日双方的优势和弱点，科学地揭示了抗日战争的发展进程和特点，为中华民族赢得抗日战争的最终胜利制定了正确的战略战术。第一，毛泽东深刻地论述了抗日战争是持久战的道理，指出：“中日战争不是任何别的战争，乃是半殖民地半封建的中国和帝国主义的日本在20世纪30年代进行的一场决死的战争。全部问题的根据就在这里。”由此出发，构成了中日双方相互矛盾的四个基本特点：敌强我弱，敌小我大，敌退步我进步，敌寡助我多助。抗日战争就是中日双方这些特点的比赛。战争的规律和特点决定了中国的抗战，既不可能速胜，也不会亡国，而是持久战，战争的最后胜利属于中国。第二，毛泽东还科学预见了持久抗战必须经过的三个阶段：战略防御、战略相持和战略反攻。指出了决定战争胜负的是人民，阐明了人民战争是争取抗战胜利的唯一正确的道路。“战争的伟大之最深厚的根源存在于民众之中。日本敢于欺负我们，主要的原因在于中国民众的无组织状态。克服了这一缺点，就把日本侵略者置于我们数万万站起来的人民面前，它像一匹野牛冲入火阵，我们一声唤也要把它吓一大跳，这匹野牛就非烧死不可。”毛泽东在《论持久战》一文中指出，如果没有发动人民建立根据地，是根本无法在敌人的心脏生存和发展。第三，阐明了游击战争的战略地位，制定了实行人民战争的战略方针。中国共产党关于持久抗战的理论和游击战争的战略方针，是争取抗战胜利的全新的战略设计，它反映了抗日战争的发展规律，指明了争取抗战胜利的道路，从理论、思想上武装了全国人民，对抗日战争起到了重要的指导作用。

在正确的全面抗战理论和路线、方针政策的指引下，中国共产党领导的军队立即投入全民族的抗战。在召开洛川会议的同时，中共中央军委发布命令，将在西北的中国工农红军改编为国民革命军第八路军（以后又称第十八集团军），朱德任总指挥，彭德怀任副总指挥，叶剑英任参谋长，下辖一一五、一二〇、一二九共三个师。八路军总部率各师先后东渡黄河，进入山西战场配合国民党进行侧面战场的抗战。1937年9月25日，一一五师取得了平型关大捷。这是中国军队，也是八路军出征以来的第一次大胜利，打破了“皇军不可战胜”的神话，极大地振奋了全国军民抗日胜利的信心。

在配合国民党进行作战的同时，八路军根据洛川会议的精神，着重向敌后发展，建立抗日根据地，主要从战略上配合国民党军队作用。这样，在中国抗日战争中，就形成两个相互独立而又相互配合的战场——主要由国民党军队担负的正面战场和主要由共产党领导的人民武装力量担负的敌后解放区战场。

在南方，中共中央根据1937年10月国共双方达成的协议，将南方8省边界十多个地区的红军和游击队改编为国民革命军新编第四军。叶挺任军长，项英任副军长，袁国平任政治部主任。全军10300人，下辖四个支队。新四军成立后，相继进入敌后，开展抗日游击战争和创建抗日根据地，开展了大江南北的抗日斗争。

实行敌后抗战，主要是在敌后农村发动和领导农民抗战，把占中国人口绝大多数的农民发动起来，抗日战争就有了取之不尽的人力、物力的源泉。实行敌后抗战是世界战争史上空前艰苦的事业。

在中国共产党的全面抗战路线指引下，八路军、新四军深入敌后，广泛开展游击战争，越战越强。到1938年10月，共进行大小战斗1600余次，歼灭日伪军5.4万多人，八路军发展到15.6万人，新四军发展到2.5万人，共建立十多块抗日根据地和游击区，总人口达5000万人以上。牵制敌人30万兵力，形成了辽阔的敌后解放区战场，成为抗日战争相持阶段到来的最重要因素。另外，东北抗日联军和华南的东江纵队及琼崖纵队也进行了抗日作战。

抗日游击战在整个中国革命进程中是一个重要的阶段，它创造了全民参战的战争奇迹。抗日游击战不仅使得日本侵略者占领全中国的梦想成为泡影并最后失败，同时也极大地激发了全国人民的革命热情，壮大了革命力量，促进了中国革命取得胜利的进程，从而谱写了中国革命历史上光辉的一页。

总之，抗日的正面战场和敌后战争在全面抗战爆发后共同构成了中国的抗日战场，而其中国民党正面战场是抗日战争初期的主战场，国民党的抗战沉重地打击了日本帝国主义侵略者，并打破了日本侵略中国的“速战速决”战略，为抗战的最后胜利赢得了时间，创造了条件。中国共产党的敌后战场配合国民党主战场作用，从侧翼打击并牵制了日军，支持了国民党正面战场的作战。至相持阶段到来后，敌后战场成为抗日的主战场。

二十、怎样全面评价延安整风运动?

曹顺仙

延安整风的开展与遵义会议前革命两次胜利两次失败有着密切关系，也是中国共产党为了落实六届六中全会明确提出的“使马克思主义在中国具体化”的战略任务，为了克服困难，巩固抗日根据地，坚持抗战而采取的重要措施。整风运动和大生产运动是抗日根据地建设的两个中心环节，这两个环节直接关系着能否战胜困难的思想基础和物质基础。

在经历了胜利和失败的曲折发展后，1935年1月的遵义会议结束了王明“左”倾路线在党内的统治，确立了以毛泽东同志为代表的马克思列宁主义路线的正确领导，使中国革命获得了空前的发展。但是，党内历次“左”、右倾错误思想，特别是以王明为代表的“左”倾机会主义、教条主义尚未肃清，党内仍然存在着党风不正、学风不正和文风不正的问题。而且，抗日战争以来，共产党吸收了一大批农民和小资产阶级分子入党，许多非无产阶级思想被带进了党内，为党内错误思想的滋长提供了新的土壤。正是在这种情况下，党中央为了统一全党思想，争取抗日战争的胜利，领导全党进行了整风运动。

延安整风运动是我党历史上第一次大规模的整风运动。它从1941年5月开始至1945

年 4 月结束，大致可分为三个阶段：

★第一阶段 (1941 年 5 月—1942 年 2 月) 准备阶段。

这一阶段的重点是党的高级干部学习马列主义理论，提高思想认识水平。毛泽东在延安高级干部会议上作了《改造我们的学习》的著名报告，论述了马克思列宁主义同中国革命实践相结合的原则，批判了主观主义学风，号召全党注重调查研究，树立理论和实际相统一的马克思主义作风，为开展整风运动作了思想动员。随后，党中央先后作出《关于增强党性的决定》《关于调查研究的决定》，号召全党开展调查研究，坚持实事求是的原则，从思想、政治、组织上克服各种不良倾向和作风。

★第二阶段 (1942 年 2 月—1943 年 10 月) 为全党整风阶段。

党中央着重组织党员干部学习马列主义，清理错误的思想方法和作风。1942 年 2 月 1 日，毛泽东在中共中央党校举行的开学典礼上作了《整顿党的作风》的报告，提出整顿党风、整顿学习、整顿文风的号召。2 月 8 日，毛泽东又作了《反对党八股》的报告。这两个报告深刻地阐明了整风运动的任务和方针，标志着全党整风运动的开始。4 月 3 日，中共中央宣传部作出《关于在延安讨论中央决定及毛泽东同志整顿三风报告的决定》，对整风运动的目的、要求、方法和步骤作出明确的规定。决定了全党整风学习的 22 个文件，其中包括毛泽东的《整顿党的作风》《反对党八股》《改造我们的学习》《反对自由主义》《关于纠正党内的错误思想》，刘少奇的《论共产党员的修养》，陈云《怎样做一个共产党员》等。

5月下旬，中共中央政治局成立中央总学习委员会，毛泽东任主任，领导整风运动。同时，中央直属机关、军委直属系统、陕甘宁边区系统、文委系统和中央党校都建立了学习委员会。

★第三阶段 (1943 年 10 月—1945 年 4 月) 为总结历史经验阶段。

这一阶段，全党高级干部对党的历史特别是对 1931 年到 1934 年的历史进行了讨论和总结。1944 年 3 月初，周恩来到中央党校作《关于党的“六大”的研究》的报告，回答干部学习中争论的一些重要问题。4 月和 5 月，毛泽东分别在中共中央西北局高级干部会议上和中央党校作了“学习问题和时局问题”的报告 (即著名的《学习和时局》一文)，对党的历史中涉及的一些重要问题作了结论。在深入讨论的基础上，1945 年 4 月 20 日，党的六届七中全会通过了《关于若干历史问题的决议》，对党内若干重大历史问题作了正式结论。这个决议的通过标志着整风运动结束。

延安整风运动的主要内容是：反对主观主义以整顿学风，反对宗派主义以整顿党风，反对党八股以整顿文风。解决的中心问题是反对教条主义，树立一切从实际出发、理论与实践统一、实事求是的马克思主义的作风。整风采取“惩前毖后，治病救人”和“团结—批评团结”的方针，认真严肃地开展批评与自我批评，对犯错误的同志不着重追究个人责任，而着重分析其犯错误的环境和原因，以达到“既要弄清思想，又要团结同志”两个目的。整风的方法是学习理论，联系实际，总结经验教训，提高思想认识。

在延安整风期间，曾一度出现“抢救失足者运动”的错误。1943 年 4 月，中共中央发布《关于继续开展整风运动的决定》，要求在整顿党风的同时，对全党干部进行一次认真的组织审查。1943 年 7 月，学习委员会副主任、中共中央社会部部长康生在延安干部会上作了动员报告，掀起了所谓“抢救失足者运动”，大搞“逼、供、信”的过火斗争，在十余天中造成了大批冤假错案。中共中央及时纠正了这一错误。1944 年春有关领导部门开始对错案进行甄别平反，并对受到冤屈的人员赔礼道歉。

延安整风遍及全党，历时数年，在推进马克思主义中国化方面，其成效十分显著。第一，全党实现思想大解放。延安整风后，改变了由于经过“左”倾路线长期的强力推行，特别是第三次“左”倾的“残酷斗争”、“无情打击”的宗派主义、惩办主义做法，纠正了党内形成的把马克思主义教条化、共产国际决议和苏联经验神圣化，生搬硬套的浓厚风气。第二，延安整风运动端正了党的思想路线，在全党特别是党的高中级干部中倡导了理论联系实际、实事求是的思想路线。第三，提高了全党的马列主义水平，在毛泽东思想的基础上达到了统一。延安整风实际上也是一场对马列主义的学习和教育运动。第四，极大地推进了中国革命的进程。延安整风在确立实事求是思想路线的同时，深化了全党对毛泽东的新民主主义理论的认识，深化了对党的路线、方针、政策和策略的认识，并使之成为开展工作的政治、思想依据。第五，延安整风运用整风形式来解决党内矛盾的方法，是无产阶级政党建设史上的一个创举，是对马克思主义建党学说的一个重要贡献。

因此，延安整风在我党历史上具有深远的历史意义，它是党的建设史上的一个伟大创举。一方面，延安整风作为我党历史上第一次大规模的整风运动，它是中国共产党在全党范围进行的一次普遍的马克思主义思想的教育运动，是无产阶级思想克服各种非无产阶级思想特别是小资产阶级思想的革命运动，也是冲破共产国际和王明“左”倾教条主义束缚的思想解放运动。整风运动确立了一条实事求是的辩证唯物主义的思想路线，使干部在思想上大大地提高了一步，使全党达到了空前的团结，并进一步成熟起来。另一方面，通过延安整风运动，马克思主义中国化的历史进程与中国共产党实事求是的思想路线有机地结合起来，促使马克思主义中国化向理论化、整体化、综合化的方向发展。马克思主义中国化的光辉成果——毛泽东思想，也就在这个时期瓜熟蒂落了。

二十一、抗战胜利后，国民党统治为什么会迅速崩溃？中国共产党为何取得革命胜利？

荆世杰

抗战胜利后，对要不要和国民党决裂抗争，毛泽东针对中共高级将领的畏难情绪，曾做出分析，指出大家对蒋介石的困难估计不足，认为二次大战以后国际进步力量不是下降了，而是上升了，如果坚决斗争，可能比退让要好得多；如果没有斗争精神，结果将会极坏。蒋介石作为国民政府的领袖事务繁多，但共产党只要放手去占地盘、扩大根据地、扩大军队就好了。国民政府要恢复沦陷区，要把一个一个城市的政权恢复起来，要养活沦陷区的老百姓，还要处理伪军和日本的战犯，要把日本的几百万军人和家属遣返回日本。共产党当然也有困难，比如工业力量弱，军事力量相差悬殊，等等，但不要光看到我们自己有困难，要看到蒋介石比我们更困难。

解放战争从1946年7月正式揭开战幕，三年打下来，国民党果真一败涂地。这个过程相当复杂，不是一般所说的“国民党代表反动，我们代表正义；我们得人心，国民党不得人心；我们解放区是阳光灿烂，国民党是一片黑暗”，不是这样几条就可以解释的。应该说在战争表象的背后必定有一些条件，共产党能够做到国民党就做不到。这些条件是怎么转化的，为什么越来越有利于共产党，越来越不利于国民党呢？为什么共产党能够得天下、国民党最终走向失败呢？军史专家刘统曾进行了技术层面的分析：

国民党之所以失败、共产党之所以胜利，第一条就是共产党解放军能够集中优势兵力，敢于大踏步地前进和大踏步地后退，不在乎一城一地的得失，而国民党处处受到牵制，有优势，但是无法集中兵力。因为国民党每收复一个地方就有守土之责，比如占领沈阳、长春要留下一个军，占领张家口、鞍山得留下一个师，占领一个县城起码得留下一个连，国民党越前进、占的地方越多，兵力就越分散。把部队都分散开了，越前进则可以集中的兵力、可以用于前线作战的兵力反而越少。共产党则不同，毛泽东的原则就是集中优势兵力，所以丢多少地方他不在乎。解放战争刚开始的头两个月，共产党丢了 106 个城市，像样的城市像延安、临沂、张家口、四平等等都丢光了。但是丢了那么多地方，并没损失多少兵力。共产党把自己的兵力调来调去，在不利的时候就大踏步地后退，在战争初期表现得相当灵活，决不在乎一城一地的得失，能往哪儿跑就往哪儿跑，但国民党的行动就受到种种牵制。

过了一年，共产党能够反攻了，蒋介石集中起兵力来跟共产党决战还是不行，共产党想打哪儿打哪儿，蒋介石仍处于被动状态，因为他的部队在全国散开了，哪个城市都要守，共产党就抓住蒋介石全盘散开的机会，集中兵力一个城市一个城市打。国民党总是集中不起兵力，总是被动分散。1948 年以后，蒋介石终于醒过来了，组成重兵集团准备跟共产党进行决战，但是为时已晚，因为当时共产党的优势已经形成了。毛泽东在十大军事原则里把集中优势兵力列在第一条，蒋介石自然也懂集中优势兵力，但是他作为政府受到太多条件的制约，心有余力不足。

共产党打天下的第二个绝招就是注意改造俘虏兵，善于化敌为我。华东野战军打仗打得好，陈毅总结了一条经验，就是会用俘虏兵。俘虏兵是好东西，战术素养非常好。要是招翻身农民当兵，得训练他打枪、扔手榴弹，然后才能打仗；俘虏兵来了就能用，而且在战争里表现相当不错。国民党的俘虏兵凭什么转过头就为共产党卖命？因为共产党善于做思想政治工作。俘虏兵被俘虏之后先开会诉苦，进行阶级教育，国民党兵大多数也是穷人，于是老战士先上来诉苦，地主怎么压迫我，我们打天下为穷人翻身谋解放，启发俘虏兵的阶级觉悟；然后把俘虏兵下放到各个班，班里老战士占多数，但不能歧视虐待俘虏兵，俘虏兵被叫做“解放战士”。行军的时候班长替他们扛枪，宿营的时候班长给烧洗脚水，从情感方面感动俘虏兵。国民党官大一级压死人，但是共产党的官不像官，班长、连长都来关怀战士，从感情上来说俘虏兵也容易被改造过来。在立功方面，俘虏兵和解放军的老战士一视同仁，这样就大大激发了俘虏兵的积极性。到 1948 年初，华东野战军改造俘虏兵到了“即俘、即补、即战”的程度，也就是上午俘虏，中午补充到解放军的部队里，下午就参加作战。国民党怎么也比不过共产党，国民党抓来壮丁以后整训，然后整编，然后上战场作战，这个周期最少大半年。共产党用改造俘虏的方式不断地补充自己的兵源，在一年多之内就跟国民党的兵力达到了相当的程度。所以毛泽东说我军人力、物资的来源主要在前线，就是靠俘虏国民党兵、缴获国民党的枪炮来壮大解放军。战争期间伤亡很大，解放军是靠俘虏兵一拨一拨补充，国民党是打一个少一个，有出没进。共产党在和国民党的兵力对比方面越来越有利。

化敌为我是共产党的一个绝招，随着今天档案的解密，我们还了解到一些抗战后待遣返的日本医生护士、技术专家，也被解放军感化，化敌为友，为我所用，支援了解放军的后勤、兵工事业。很多日本医生护士跟着野战军参加了辽沈战役、平津战役、渡江战役、衡宝战役，一直打到海南岛。

第三条是共产党能够充分动员群众支援战争，也就是我们所谓的人民战争。淮海战役60万解放军吃掉80万国民党重兵集团，表面上看是以少胜多，实际不是，而是解放军以压倒性的人数优势战胜了国民党80万大军。解放军的后方到处都是老百姓，有的给解放军推车，有的给解放军治伤员，有的给解放军做饭，国民党的后勤都是自己办的，自己拿卡车拉辎重。淮海战役先后动员的民工达220万人次，加上60万共产党的正规军，比国民党的80万人多几倍。

共产党为什么能够动员这么多的人力物力？国民党组织松散，至于可以集体入党。共产党组织严密，渗透到解放区的每一个村庄，不留空白，每一个村子里都有党支部、村委会、民兵武委会、妇女救国会，最后还有儿童团。每一个村子里通过这五个组织把每一个老百姓都完全地组织起来，除民工外都是组织上派的，而且各有分工。共产党能够充分利用民众力量组织起自己的战争机器。淮海战役、平津战役支援前线的民工都超过了百万。解放军的兵员补充也远胜国民党。国民党主要是靠抓壮丁。共产党这边都是骑马戴花、光荣参军。人从本性上来说是不愿意打仗的，农民更是如此。但经过说服动员，很多农民参军了。新兵胆小，解放军打了胜仗，这些新兵胆子就大了，就变成老兵了，很快就磨炼出来了。共产党在动员群众方面远胜国民党。

共产党动员群众进行人民战争不光是参军，1948年初共产党基本上控制了东北、华北、江淮地区，国民党仅仅控制着长春、沈阳、北平、济南这样的大城市。全国100%的煤炭资源、80%以上的小麦产区、80%以上的棉花产区全被共产党控制了。解放区当时也知道国民党的物价飞涨，法币、金圆券天天贬值，共产党采取最原始的办法——自然经济，不用货币。农民都是以物易物，拿粮食换鸡蛋，拿鸡蛋换煤油，抵制伪币进入解放区。解放区还规定了各种各样的政策，开了几个清单，一个是许出口的清单，一个是不许出口的清单，一个是许进口的清单，一个是不许进口的清单。粮食、棉布不许出口。煤油、纸张、药品可以从国民党统治区输往解放区，因为解放区不生产这些东西。而不许进口的东西就多了，奢侈品解放区都不要。国民党大城市没有物资来源了，自然涨价、恐慌。解放区控制了物资，国统区实际上失去了生存的物质基础。

最后一条，共产党的情报、渗透、策反无孔不入。在战争年代，情报太重要了，谁有情报来源谁就能打胜仗，这是一个显而易见的道理。国民党输就输在组织太松散，既没有政审也没有档案，无论是什么政府机关、机要部门用人，只要朋友一介绍，就可进去。所以在抗战期间，共产党就利用统一战线、国共合作的机会往国民党里派了大量的地下党、情报人员，任务是长期潜伏，不到关键时刻不醒。毛泽东为什么敢于在陕北待着不走？最重要的原因是，当时共产党有一个地下人员熊向晖，是安插在胡宗南身边的机要秘书。熊向晖在胡宗南进攻陕北之前就把作战计划通过情报网传到中共中央，所以中共中央对情况了如指掌，毛泽东就决定不走，转战陕北。越在关键时刻，共产党在国民党内安插的钉子越是发生作用。共产党的情报策反系统有完整的组织，为首的是社会调查部，下面分到各个野战军的政治部里有敌军工作部，是专门打入国民党的内线；城市工作部，专门在城市里搜集情报；还有联络部，共产党的地下联络站，是传送情报的。这三个组织非常严密。济南战役打王耀武，解放军策反吴化文。济南战役一打响，吴化文在西线起义了，王耀武外线一下就是一个大缺口，还没有来得及补这个缺口，解放军就开始攻城了，很快就攻下了济南。淮海战役开始的时候，把守运河大路的国民党第三绥靖区的副司令长官何基沣、张克侠是地下党，抗战时期就入党了，到这个时候他们俩起义了，一下把运河大路让开了。指挥淮海战役的粟裕后来给中央写报告，说战机就是四小时。如果何基沣、张克侠不起义，我们在运河耽误四小时，就没有包围黄百韬的战机了。甚至在国民党最高层，南京的国防部都有共产党的内线。蒋介石还没撤退到台湾，中共的情报人员就已经到台湾了。当时最大的内线是国民党国防部办公厅的长官吴石。我们的技侦、密码破译能力也非常厉害。早在红军时期共产党就有本事破译国民党的密码。

总之，战争是多方面的较量，但是总的结局是有它的必然性的。共产党既取得了道义上的优势，又能在具体应对上有针锋相对的政策策略的优势，最后取胜成为势所必然。这些分析比较细致地回答了中国共产党在内战中取胜的原因，应该说具有很好的参考价值。

二十二、综述中国共产党在各个历史阶段的土地政策

荆世杰

中国共产党的土地政策大致可分成如下几个时期。

1. 大革命时期 (1924—1927 年)

这一时期中国共产党没有形成系统、独立的土地政策，但通过组织农民协会的方式，反抗地主土地所有制和地主压迫。具体方式是在湘鄂赣三省都成立了省农民协会，其中湖南农民运动发展最为迅猛。农民在农会领导下，纷纷起来打倒土豪劣绅和不法地主，推翻地主阶级的政权和武装，建立农民的政权和武装，做到“一切权力归农会”。

2. 国共十年对峙时期 (1927—1937 年)

这时期中国共产党在农村革命根据地实行土地革命，总的路线是“依靠贫农雇农，联合中农，限制富农，保护中小工商业者，消灭地主阶级，变封建半封建土地所有制为农民土地所有制”。简单讲，就是“打土豪，分田地”。

具体的过程是：党的“八七”会议确定了土地革命的总方针，但对于土地革命如何进行，由于缺乏实践经验，在井冈山革命根据地开创之前一直没有形成明确的统一认识和政策规定。随着土地革命的不断深入，1928 年，《井冈山土地法》颁布实施，拥有边界土地总数 60% 以上的地主阶级被消灭，而过去没有或很少占有土地的贫农占有了土地总数的 28.26%，中农、贫农所占有的土地总数达到 85.34%。这是中国历史上前无古人的重大变革。

3. 抗日战争及战后初期 (1937—1946 年)

抗战时期中共的土地政策可简单归纳为“双减双交”的政策，即地主减租减息、农民交租交息。其实随着日本帝国主义全面侵华，中日民族矛盾上升为主要矛盾，中国共产党

在抗日根据地实行了地主减租减息、农民交租交息的土地政策，调动了各阶层人民的生产积极性，促进了根据地经济的恢复和发展，为夺取抗日战争的胜利打下了牢固的基础。

减租减息是中国共产党在特定历史时期实行的一种特殊的土地政策，是在抗日战争时期为战胜强大的日寇必须团结一切可以团结的抗日力量而采取的抗日民族统一战线政策，也是中国共产党在抗战时期处理土地问题的基本政策。

4. 解放战争时期 (1946—1949 年)

解放战争时期中共得以实行“耕者有其田”的土地政策，提出了“依靠贫雇农，团结中农，有步骤地、有分别地消灭封建性剥削的土地制度，发展农业生产”的土地改革总路线，没收地主土地，废除封建剥削的土地制度，实行耕者有其田的土地制度，按农村人口平均分配土地。

1946 年，党在《五四指示》中提出放手发动与领导群众，通过反奸、清算、减租、减息、退租、退息或以政府公债征购地主一定数额的土地等方式，解决农民的土地问题。1947 年《中国土地法大纲》颁行，宣布废除封建性及半封建性剥削的土地制度，实行耕者有其田的土地制度。就土地没收问题，规定废除一切地主、祠堂、庙宇、寺院、学校、机关及团体的土地所有权，保护工商业者的财产及其合法营业所需的土地；就分配的范围和方法，规定以乡或等于乡的行政村为单位，将一切土地按人口平均分配，实行数量和质量上的抽补，地主、富农也分得同等份额的土地。党还赋予农民的土地所有权和自由经营、买卖及在特定条件下出租的权利。在该法令的实践中，党开展了对绝对平均主义思想的批判，就中农和富农的土地分配问题，探索出了平分和调剂土地并用、中间不动两头平的分配方法。

解放区土地改革的进行，对中国共产党领导的新民主主义革命在全国的胜利，具有特殊意义：

(1) 它使工农联盟进一步巩固，为新民主主义革命走向全国的胜利奠定了坚实的政治基础。

(2) 它使亿万农民的生产积极性普遍高涨，使农村生产力得到极大的解放，为解放战争的胜利奠定了坚实的物质基础。

(3) 它使亿万农民的政治觉悟和组织程度空前提高，为解放战争的胜利发展开通了取之不尽的人力资源。

5. 中华人民共和国成立初期 (1949—1952 年)

新中国的建立，为中共彻底废除带有封建残余性质的土地所有制，实行农民土地所有制提供了可靠的条件。

1950 年 6 月，中国人民政治协商会议第一届全国委员会举行第二次会议。会议的中心议题是讨论改革封建土地制度问题。会议讨论和同意了刘少奇的报告及中共中央建议的土地改革法草案。6 月底，中央人民政府公布施行《中华人民共和国土地改革法》，规定“废除地主阶级封建剥削的土地所有制，实行农民的土地所有制，借以解放农村生产力，发展农业生产，为新中国的工业化开辟道路。”该法根据全国解放后的新情况，将过去征收富农多余土地财产的政策，改变为保存富农经济的政策，以便更好地孤立地主，保护中农和小土地出租者，稳定民族资产阶级，以利于早日恢复和发展生产。

此后，土改运动在有 31 万人口的新解放区分期分批地有计划有步骤地开展。各地都派出土改工作团深入农村，领导土改运动。到 1952 年，彻底废除了带有封建剥削的土地制度，全面实行了农民土地所有制。

6. 社会主义改造时期 (1953—1956 年)

社会主义改造时期，也是土地所有制的巨大变革时期。通过动员农民走合作化道路，中共把农民土地所有制发展成社会主义公有制。

中国共产党采用了自愿互利、典型示范和国家帮助的原则，采取三个互相衔接的步骤和形式，从组织带有社会主义萌芽性质的临时互助组和常年互助组，发展到以土地入股、统一经营为特点的半社会主义性质的初级农业生产合作社，再进一步建立土地和主要生产资料归集体所有的完全社会主义性质的高级农业生产合作社。不过，运动中存在过粗、过急等现象。

7. 人民公社化时期 (1958—1978 年)

通过小社并大社，发展“一大二公”式的公社体制，土地的集约化程度提高，国家在农村实现了土地集体所有。

1958 年 8 月，中共中央通过了《关于在农村建立人民公社问题的决议》。随后，在全国掀起了人民公社化运动。10 月底，全国农村实现公社化。原有的 74 万多个农业生产合作社改组成为 26000 多个人民公社，参加公社的农户有 1.2 亿户，占全国农户的 99% 以上。由于人民公社化运动违反了生产关系要同生产力发展状况相适应的客观规律，土地的集体化并未提高生产力的发展，反而妨碍和破坏了农业生产的发展。

8. 家庭联产承包责任制 (1978 年以来)

农村的改革，土地制度的改变是一项根本内容。农户以家庭为单位向集体组织承包土地等生产资料和生产任务，实际变相废除了土地集体化的制度。

1978 年冬，安徽凤阳小岗村农民率先实行土地承包，将土地按人承包到户，完成包干任务后，剩多剩少全归自己，俗称“大包干”。党的十一届三中全会以后，在党中央的积极支持和大力倡导下，家庭联产承包责任制逐步在全国推开，到 1983 年初，全国农村已有 93% 的生产队实行了这种责任制。1983 年 10 月，中共中央、国务院发出通知，实行政社分开，到 1984 年底，全国建立了 9 万多个乡 (镇) 政府，人民公社化的土地制度废除。

二十三、什么是中国共产党的统一战线政策？两次国共合作的情况是怎样的？

荆世杰

中国共产党的统一战线，指在马克思主义的理论指导下，由中国共产党组织和领导的统一战线，是中国无产阶级为了实现自己的历史使命，实现各个时期特定的战略目标和任务，团结本阶级各个阶层和政治派别，并同其他阶级、阶层、政党及一切可能团结的力量，在一定的共同目标下结成的政治联盟。

中国共产党领导的统一战线经历了如下阶段：

第一个阶段：国民革命统一战线 (1921 年 1 月—1927 年 7 月)。

这是工人阶级、农民阶级、城市小资产阶级和民族资产阶级的民主革命联盟，其任务是建立以国共合作为核心的各种革命力量的大联合、大协作，扫清封建军阀，推翻帝国主义的压迫，进行民族民主大革命，建设真正民主政治的独立国家。

第二个阶段：工农民主统一战线 (1927 年 7 月—1935 年 12 月)。

这是以工人阶级、农民阶级、城市小资产阶级为主体，并与国民党“左”派、下层群众、下层组织组成的联合战线，其任务是继续坚持和发展革命，把土地革命和武装斗争直接联系起来，以武装暴动反击国民党反动派的统治和屠杀政策。

第三阶段：抗日民族统一战线 (1935 年 12 月—1945 年 8 月)。

这是包括整个中华民族一切爱国力量在内的统一战线，是工人阶级、农民阶级、城市小资产阶级、民族资产阶级、海外华侨，以及除汉奸、投降派以外的地主阶级和亲英美的官僚买办资产阶级的广泛联盟，其任务是反抗日本帝国主义。

第四阶段：人民民主统一战线 (1945 年 8 月—1956 年 12 月)。

这是包括工人阶级、农民阶级、城市小资产阶级、民族资产阶级、少数民族、海外华侨及其他爱国民主分子在内的极其广泛的全民族的统一战线。其任务在第三次国内革命战争时期是打倒蒋介石独裁政府，成立民主联合政府，取得新民主主义革命的胜利；在社会主义革命时期是巩固人民民主专政，为进入社会主义准备条件。

第五阶段：社会主义统一战线 (1956 年 12 月—1981 年 6 月)。

这是工人阶级领导的，以工农联盟为基础的，包括各民主党派、少数民族、爱国侨胞和港澳同胞在内的统一战线。其任务是团结 95% 以上的干部和群众，团结一切可以团结的力量，为建设伟大的社会主义祖国而共同奋斗。

第六阶段：爱国统一战线 (1981 年 6 月至今)。

爱国统一战线是全体社会主义劳动者、社会主义事业的建设者、拥护社会主义的爱国者和拥护祖国统一的爱国者的最广泛的联盟。其任务是坚持以马列主义、毛泽东思想、邓小平理论和“三个代表”重要思想为指导，全面贯彻落实科学发展观，调动一切可以调动的积极因素，为促进社会主义经济建设、政治建设、文化建设、社会建设服务，为促进香港、澳门长期繁荣稳定和祖国和平统一服务，为维护世界和平、促进共同发展服务。

中国共产党的统一战线政策，在新民主主义革命时期，就是克敌制胜的三大法宝之一。依靠工人阶级同农民阶级的联盟，联合城市小资产阶级和民族资产阶级，结成了强大的统一战线，战胜了国内外敌人，取得了中国革命的胜利。新中国成立后，中共的统一战线政策在恢复国民经济、巩固人民民主专政、进行社会主义改造和社会主义建设的过程中，继续发挥了重大作用。中共十一届三中全会以来的爱国统一战线政策，最大限度地团结了海内外中华儿女，为中华民族的伟大复兴做出了重大贡献。

中国共产党与中国国民党在历史上曾成功地进行了两次国共合作：

第一次国共合作，即在大革命时期，中国共产党和中国国民党两党的合作，从 1924

年1月起至1927年7月止，历时三年半。

当时，孙中山历经多次革命挫折，认识到革命需要依靠党的力量，建立党军，为此要彻底改造国民党，吸收新成员。中国共产党成立以后，集中力量领导工人运动，掀起了工人运动的第一次高潮。但经过“二七惨案”的教训，认识到需要强有力的同盟者。1923年6月，中共“三大”确定了全体共产党员以个人名义加入国民党，与国民党建立革命统一战线的方针。1924年，在共产党人的参与下，国民党“一大”召开，通过了以反帝反封建为主要内容的宣言，确定了“联俄、联共、扶助农工”的三大政策，把旧三民主义发展为新三民主义。大会选举出中国国民党中央执行委员会，并吸收大量共产党人进入国民党中央。随后，以共产党员和国民党“左”派为骨干改组或建立了各级国民党党部。国民党由资产阶级的政党转变为工人、农民、城市小资产阶级和资产阶级的民主革命联盟，成了各革命阶级的统一战线组织。国民党的“一大”标志着第一次国共合作的正式建立。

国共合作加速了中国革命的进程，掀起了轰轰烈烈的大革命。大革命后期，随着孙中山的逝世和国民党右派实力的做大，1927年蒋介石和汪精卫控制的国民党右派宣布与共产党决裂，发动了“四一二”“七一五”反革命政变，公开叛变革命，致使第一次国共合作破裂。

第二次国共合作，即抗日战争时期及胜利后，中国共产党和中国国民党两党的合作，从1937年8月起至1947年2月止，历时十年。经历了曲折复杂的发展过程。

从1937年7月至1938年10月的抗战初期阶段，是第二次国共合作的高潮时期。这一时期，国民党积极抗战，国共两党在军事上、政治上进行了较好的合作，并肩战斗，互相配合，使全国出现了一个团结抗战的新局面。

从1938年10月到1943年9月的抗战相持阶段，是国共合作的中间过渡期。国民党政策逐渐逆转，由重点对外转向加紧“剿共”，反共逐渐积极，抗战逐渐消极。此间国民党发动了三次反共高潮，分裂国共合作，造成严重的内战危险。

抗战后期，即从1943年9月到1945年8月日本投降，国共两党围绕战场交接与联合政府问题进行了激烈的斗争。国共双方代表进行了多次谈判，但双方立场相距太远，几无成效。

国共之间的第二次合作虽有摩擦，但“兄弟阋墙，外御其侮”，双方在中华民族最危险的时候携起手来，同仇敌忾，将日本侵略者彻底打败，在中华民族的历史上写下了光辉的一笔。

1945年8月至1947年2月，是第二次国共合作逐渐破裂的时期。国共在重庆重新谈判，于1945年10月10日达成《政府与中共代表会谈纪要》。1946年1月，达成停战协定，并在北平成立军事调处执行部。随后，召开政协会议。但国民党公然撕毁停战协定，于1946年7月开始全面进攻各解放区，发动全面内战。11月15日，国民党召开伪“国民大会”，颁布《中华民国宪法》，彻底撕毁政协决议。于是，中共代表团撤回延安。1947年2月，国民政府通知中共驻南京、上海、重庆等地担任谈判联络工作的代表全部撤退。第二次国共合作遂宣告彻底破裂。

二十四、如何理解近代中国的三种建国方案？为什么中国共产党的建国方案最终成为中国人民的共同选择？

荆世杰

1919—1949年新中国成立以前，中国存在着三种主要的政治力量，分别有三种不同的建国方案。但最终中国共产党由弱变强，取得了新民主主义革命的胜利，并在一个半殖民地半封建的国度里建立了人民共和国。

以下是对这三种政治力量和他们的建国方案的简要分析。

第一是地主阶级和买办性的大资产阶级(后为官僚资产阶级)。他们是反动势力、民主革命的对象。其政治代表先是北洋政府，以后主要是国民党统治集团。如蒋介石就明确认为无论社会主义制度与资产阶级民主主义制度，都是不能行之于中国的。法西斯主义作为一种“统治最有效能者”则很适合于中国。对此，国民党的宣传工具不遗余力地进行大力鼓吹。他们的建国方案主要是奉法西斯主义的理论为圭臬，主张继续实行地主阶级、买办的大资产阶级的军事独裁统治，使中国继续走半殖民地半封建社会的道路。

第二是民族资产阶级。他们是中间势力，民主革命的力量之一。其政治代表是民主党派的某些领导人物和若干无党派民主人士。尽管辛亥革命后的现实已多次宣告了资产阶级共和国的方案在中国行不通，但他们却一再沉溺其中。抗战胜利后的一个时期内，又曾以“中间路线”或“第三条道路”的名义出现，实质仍是建立一个名副其实的资产阶级共和国，以便资本主义得到自由和充分的发展，使中国成为一个独立的资本主义社会。这种建国方案对于大地主阶级与买办性的大资产阶级专政的政治现实是一种批判，但在实际上却不具备现实的可能性。

第三是工人阶级、农民阶级和城市小资产阶级。他们是进步势力，民主革命的主要力量。其政治代表是中国共产党。他们的建国方案是主张在工人阶级及其政党的领导下，首先进行一场彻底的反帝反封建的新式资产阶级民主革命，即新民主主义革命，以便建立一个工人阶级领导的人民共和国，即人民民主专政的国家；再经过人民共和国，逐步达到社会主义和共产主义。这种政治主张与建国方案由毛泽东一再阐发，成为系统成熟的理论。

上述建国方案摆在中国人民的面前，由他们在自己的政治实践中作出选择。但是，从根本上说，由于资产阶级共和国方案并不具备现实性，可供中国人民选择的方案主要是两个：或者是继续半殖民地半封建的旧中国，或者是创建新民主主义的新中国。那么，为什么中国共产党的建国方案最终会成为中国人民的共同选择呢？

资产阶级共和国的方案之所以行不通，是由当时中国所处的时代条件和国内阶级关系的状况所决定的。

(1) 地主阶级和买办性的大资产阶级不愿意走资本主义道路。我国封建社会的历史漫长，在中国形成了世界上最完备也最顽固的封建主义生产关系。虽然中国封建社会内的商品经济的发展，已经孕育着资本主义的萌芽，但封建势力为了巩固其统治地位，维护其政治、经济利益，不允许中国发展资本主义。在近代中国，封建势力还与帝国主义相勾结，压迫中国民族资本主义的发展。

(2) 帝国主义势力不允许中国走资本主义道路。资产阶级共和国外国有过，中国不能有，因为中国是受帝国主义压迫的国家。如果中国成为独立富强的资本主义国家，它就要在平等基础上与资本主义国家建立和发展关系，这是它们所不能容忍的，它们既不愿失去在中国的殖民利益，也不愿让中国成为它们的竞争对手。

(3) 民族资产阶级也不具备建立资本主义制度的条件。民族资产阶级真诚希望通过建立资产阶级共和国使中国走上独立富强的道路，但是他们在经济上和政治上的力量过于软弱。在经济上，民族资本主义经济在国民经济中所占的比重很小，始终没有成为中国社会经济的主要形式。在政治上，民族资产阶级也提不出彻底的土地革命纲领，无法动员农民以及最广大的群众。由于不敢进行革命的武装斗争，根本不掌握军队。因此他们在政治上既没有彻底的反帝反封建的勇气，更没有推翻封建统治，推翻帝国主义，争取民族独立的能力。又由于近代中国的社会矛盾和社会斗争尖锐、激烈，使得任何改良的、中间性的政治方案都失去了实现的可能。因而，靠中国资产阶级的力量，中国最终也不可能成为一个独立的资本主义国家。

在抗日战争胜利后，起支配作用的中国社会的主要矛盾，是以美国支持的蒋介石集团为代表的地主阶级与买办性的大资产阶级同以中国共产党为代表的人民大众之间的矛盾。对立双方关于中国两种命运、两个前途的生死斗争，构成抗战后中国人民所面临的基本局面，中国面临这两种命运的抉择。

最终，由于地主阶级与买办性的大资产阶级希望的法西斯主义的建国方案违背了中国人民的根本利益，遭到了广大人民的反对和唾弃。人民用行动否定了主张这种国家前途的国民党政权；民族资产阶级的方案由于国际国内诸多条件的不允许和中国民族资产阶级自身的软弱性，严重脱离中国实际，也没能得到中国广大群众的拥护，资产阶级共和国的幻想很快归于破灭。

中国共产党提出的关于建立人民共和国的方案，逐步获得了工人、农民、城市小资产阶级乃至民族资产阶级等一切政治代表的拥护，两个中国命运斗争的必然结果是光明的新中国战胜黑暗的旧中国，即地主阶级与买办性的大资产阶级专政的反动统治被推翻，人民民主专政的中华人民共和国胜利诞生。这是中国广大人民的历史选择，也是在中国人民长期探索、艰苦奋斗基础上确认的历史性真理，或者说是历史发展的必然结果。

二十五、怎样理解社会主义制度在中国的确立是历史和人民的选择?

荆世杰

近代以来，中国面临着争取民族独立、人民解放和实现国家繁荣富强即实现国家经济现代化这样两项根本性的历史任务。1949 年中华人民共和国的成立，标志着第一项历史任务的基本实现。

随着民主革命遗留任务的完成和国民经济的恢复，集中力量进行经济建设即为实现第二项历史任务而奋斗，被突出地提上了党和国家的议事日程。进行经济建设，首先要把中国从一个落后的农业国变为一个先进的工业国，实现国家的工业化。怎样才能发展经济，实现国家的工业化？从世界历史上看，主要有两条道路：一条是资本主义工业化的道路，这是欧洲各国、美国和日本走过的，而且走通了；但近代以来的历史已经表明，资本主义工业化的道路在中国是行不通的。另一条是社会主义工业化的道路，这是苏联走过的，而且也走通了。十月革命前，俄国是欧洲的一个比较落后的国家，由于实现了社会主义的工业化，苏联成了欧洲的第一强国、世界上最大的两个国家之一。由于社会主义制度具有集中力量办大事、促进社会生产力迅速发展的优越性，对于中国这样一个经济文化落后的国家来说，通过社会主义道路实现国家工业化，这是最好的选择。

中国民主革命由无产阶级领导的事实，本身蕴含着向社会主义转变的历史必然。在完成了民主革命以后就要为在中国建立社会主义社会而努力奋斗，这是中国共产党自成立之日起就确定了的奋斗目标，并且从来没有动摇过。新中国成立前夕，毛泽东在中共七届二中全会上的报告中明确指出，应当“在革命胜利以后，迅速地恢复和发展生产，对付国外的帝国主义，使中国稳步地由农业国转变为工业国，把中国建设成一个伟大的社会主义国家”。

当时中国之所以要着力进行社会主义改造，主要是因为它已被看做社会主义工业化的必要条件。另外社会主义改造之所以受到重视，还因为具备相当程度的可能性：

(1) 社会主义性质的国营经济力量相对来说比较强大，它是实现国家工业化的主要基础。国家的社会主义工业化，是国家独立和富强的当然要求和必要条件。

(2) 资本主义经济力量弱小，发展困难，不可能成为中国工业起飞的基础。中国的民族资本主要是商业资本和金融资本，工业资本只占 1/5。

(3) 对个体农业进行社会主义改造，是保证工业发展、实现国家工业化的一个必要条件。土地改革以后，农业生产摆脱了封建生产关系的束缚，但实行在土地私有基础上的个体经营，规模小、生产工具严重不足，资金十分短缺。互助合作成为农民的现实需要。通过实行农业合作化来增产粮食和其他农产品以满足日益增长的人民生活和工业发展的需要，这也是中国选择社会主义的因素之一。

(4) 当时的国际环境也促使中国选择社会主义。新中国成立以后，长期受到美国等西方资本主义国家经济上、外交上和军事上的严密封锁与遏制。这种国际环境也是促使中国选择社会主义的基本因素之一。

总之，中国在 20 世纪 50 年代的最重要事件就是选择了社会主义，成功地进行了社会主义改造。这是十分必要的、完全正确的。通过这一历史性选择，中国共产党创造性地完成了由新民主主义到社会主义的过渡，实现了中国历史上最伟大、最深刻的社会变革，社会主义的经济制度在中国全面地建立起来，从而开始了在社会主义道路上实现中华民族伟大复兴的历史征程，并为新中国此后的一切进步和发展奠定了基础。中国社会主义制度的确立和中华人民共和国的成立，是辛亥革命以来中国的第二次划时代巨变。

二十六、如何认识我国近代通商口岸和租界与如今改革开放中的口岸开放有着根本区别?

荆世杰

近代中国的通商口岸和租界和当今改革开放中的口岸开放只有形式上的相似。不过，近代史上的口岸开放和租界发生在中国一般权益和主权丧失殆尽的半殖民地化过程中，本身就是半殖民地化的重要内容和象征；而当今改革开放中的口岸开放是我国现行的对外开放政策的具体表现和实现途径之一。两种口岸开放设立的基本前提、目的与方向完全不同，内容和实质也都有着根本区别。

(1) 通商口岸亦称商埠，是开放给外国人居住、贸易的城市。

自第一次鸦片战争后，根据1842年签订的《南京条约》，西方列强先后在中国沿海、沿江地区强辟通商口岸。这是一种在不平等条约约束下的畸形的通商制度。从五口通商到大范围的门户开放，中国主权丧失的幅度和力度都在加大。

列强在通商口岸享受种种特权：它可以在通商口岸自由居住、自由贸易，并不受中国法律制约；可以设立领事，名义上是“专理商贾事宜”，实际上是不平等条约。这项规定还给予领事不受中国法律制约的司法特权；外商输入通商口岸之洋货，改运另一通商口岸之洋货，以及在通商口岸购买土货出口，均只纳一次进口正税或出口正税，其他各税一概免征。根据1895年《马关条约》规定，允许日本在通商口岸自由设厂，而其他列强依据“一体均沾”的原则，都取得了设厂权。列强还在通商口岸强租土地，形成租界，进一步侵蚀中国的主权。

(2) 租界是帝国主义列强根据和清政府缔结的不平等条约，以居住和经商为名，在通商口岸和城市永久租用的地段。

近代中国出现的第一块“租界”，是1845年11月29日根据所谓的《虎门条约》，英国驻上海领事巴富尔强迫上海地方官上海道宫幕久将议定的《上海租地章程》公布，划定洋泾浜以北、李家场以南830亩的地面为英国人租界居留区。这是外国侵略者在中国设立租界的开始。

从1845年起，帝国主义纷纷效尤，至1902年奥匈帝国设立天津租界，近60年间，英、法、美、德、俄、日等13个国家先后在上海、天津、武汉、厦门、广州等10多个通商口岸开辟了30个左右的租界。这些租界性质又有两类，两块是多国共管的公共租界，其余为单一租借国的专管租界。天津是外国在中国设立租界最多的城市，曾有九个国家在天津设立过租界。1860年后天津已有英、法、美租界；1894年甲午战争后又有德、日两国租界；义和团运动后又辟有俄、意、奥、比租界。因美国租界早在1902年即并入英租界，所以很多人只知天津有八国租界，实际上曾有过九国租界。

在1876年以前与中国有关的所有租界条约中，外国人居留地都只有土地的租赁使用权，而没有占有权。太平天国时期，李秀成曾率兵攻至上海近郊，由于太平天国早先的政治领袖杨秀清曾公开要求外国不要插手干涉太平天国的活动，被外国人解读为不支持本国势力在中国的存在，因而他们在租界组织了“洋枪队”，协同巡捕维护租界安全。原来租界没有中国人居住，由于富商逃难进入，导致租界当局借口人满为患，扩大地界；借口维护华洋杂居现象后的治安问题，设立警员和法庭；这些原本只属于国家机关的行政机构不断发展，并最终形成“工部局”(Municipal Committee 的汉译)。后来，工部局成为一个拥有军队、警员、监狱和法庭的租界行政机构，又有征税、审判、管理市政设施、教育卫生等各项权力，成为租界事实上的政府。尤其是工部局在租界内行使领事裁判权，更使租界成为“国中之国”。这套制度在上海完善后，被推广到其他口岸。1876 年中英《烟台条约》使之合法化。

租界一般分布在沿海、沿河等通商口岸或便于贸易活动的城市中。由于特权的存在，外国人多愿意在租界投资办厂或从事贸易活动，此外也建立教堂进行传教、开办具有本国特点的学校、医院、坟地等附属设施。因而，租界的市政建设、经济文化繁荣程度往往远高于其周围的地区，对所在地城市建设、经济文化教育的发展有一定的促进作用。不过，这并非其本意，故不应成为美化殖民统治的理由。

中国人民收回各个租界的努力持续了 30 年。最早是由于中国在第一次世界大战中参加协约国方面，奥匈帝国和德国在天津的租界于 1917 年被收回。到抗战胜利后，国民政府宣布收回所有的外国在华租界。自此，租界在中国的历史中宣告结束。

(3) 租界与租借地不同，不容混淆。

租借地和租界在民间说法里经常被混为一谈，甚至连一些文人学者也不明了了。其实，这两者都是国际法术语，有明确的分野。《中国大百科全书•法学卷》给租借地下的定义是：“一国根据条约在一定期限内为条约所规定的目的租借给另一国的领土。”就地域而言，租借地往往是整个海湾，范围大得多，包括大片陆地，面积则以平方公里计；租界仅限于都市的若干街区，为都市市区的一部分面积，以“亩”计；例如上海英租界最初划定洋径洪(今延安东路)以北，李家庄(今北京东路)以南为界，面积为 830 亩，而德国租借地胶州湾及湾内各岛总面积为 550 余平方公里，还有外围名为“中立区”的 6500 平方公里，为两国共管地区。因此，“租界”和“租借地”两个概念是不能混为一谈的。

近代中国第一块“租借地”出现在胶州湾〔今山东省青岛市〕。1897 年德军攻占胶州湾，1898 年 3 月强迫清政府签订《胶澳租界条约》，租期为 99 年。其后，在 19 世纪末的瓜分狂潮中，各帝国主义国家相继强迫清政府签“租地”条约，掀起划分势力范围和强占租借地的高潮。威海卫、旅顺、大连、广州湾、九龙新界等也被强租。从 1922 年起，中国先后收回胶州湾、威海卫、广州湾(今湛江)、旅顺大连，最后一块收回的租借地是 1997 年与香港、南九龙一起回归中国的九龙新界(北九龙)。

西方列强在中国开辟的租借地与租界性质相似，也是其进行殖民统治、掠夺中国资源的一种方式。租借地由帝国主义各国直接管理，最高统治者是总督。和“租界”一样，租借地，都是当时半殖民地中国的地区性殖民地。

除租界与租借地外，当年西方列强在中国的殖民统治形式还有铁路附属地、商埠地、居留地等。无论是租界、租借地还是铁路附属地、商埠地，都是近代西方列强瓜分中国、对中国进行侵略和掠夺的产物，其根本目的都是实行殖民统治。

(4) 近代通商口岸和租界的设立与当今改革开放中的口岸开放有着本质区别。

概括言之：今天的开放口岸是对外开放的门户，担负着同外部世界交往、维护国家主权和经济利益的双重任务。口岸并不是随意的称谓而是专指经国家批准，人员、货物及交通工具出入国境的港口、车站、通道和机场，并由国家设置边防检查、海关、港务监督、卫生检疫、动植物检疫等联检机构，同时配备相应的基础设施和管理部门。口岸的开放与关闭要按隶属关系由国务院或省、市、自治区批准并公布执行。截止2012年5月，我国共有经国务院批准对外开放口岸284个，其中，沿海地区146个、沿边地区111个、内陆27个。这一类是中国的国家级口岸，由国家口岸管理办公室统一管理。改革开放以来的前十几年，我国的一类开放口岸几乎以10个每年的速度增加，说明开放力度极大。还有按批准权限，由各省市自治区自行批准的二类口岸，这些口岸总数更多，也达数百个。现在，我国口岸开放已基本形成了从沿海到沿江，从沿边到内地，水、陆、空立体交叉的口岸开放新格局。这个口岸开放的大格局促进了经济，特别是外向型经济的发展。

这些口岸与近代中国的通商口岸和租界完全不同。

首先，设立的前提不同。近代通商口岸的开放是在帝国主义瓜分中国，中国主权沦丧，逐步半殖民地化的情况下被动发生的。现在我国是主权国家，同外国的关系是以“平等互利”五项原则为基础的。对外开放政策是在世界经济一体化的国际合作时代，中国政府在中外平等交往的原则下，在坚持国家主权的前提下提出来的。

其次，设立的目的、性质也根本不同。一个是帝国主义国家为了更好地向中国倾销商品，进行殖民掠夺强行开辟的。一个是为落实对外开放政策，开放沿海、陆路、内陆通商口岸，在独立自主、自力更生的基础上，与世界各国广泛地开展经济、技术、文化交流，发展对外贸易，引进外资，达到促进社会主义现代化建设的目的。

第三，方向、后果不同。由殖民主义、帝国主义主导的通商口岸的开关和“门户开放”有利于帝国主义国家在中国的商品输出和资本输出，而不利于中国的民族经济的发展，且主动权完全操诸外人。近代中国开放的通商口岸一类是约开商埠，是鸦片战争后外国强迫中国履行不平等条约而开的，中国政府在任何情况下都不得停止开放。另一类是自开商埠，实际上也是屈从于外国的要求或海关协议的结果。今日中国的对外开放，是我国的一项基本国策，有利于中国引进外资和技术，促进社会生产力的发展，是同坚持四项基本原则相一致的。坚持社会主义方向，又实行对外开放，符合当今世界经济一体化和国际化潮流。且权操在我，开放的力度和幅度完全自主，外商在此有一定政策优惠但绝无任何超国民特权，并且这种政策优惠也正在消失，正在过渡到国民待遇。

由此看来，我国近代通商口岸和租界与如今改革开放中的口岸开放有着根本区别，这是大家学习过程中尤须注意的。

二十七、如何正确看待改革开放前后两个历史时期？

曹顺仙　刘思琪

2013年1月5日，习近平同志在新进中央委员会的委员、候补委员学习十八大精神研讨班上明确提出：“不能用改革开放后的历史时期否定改革开放前的历史时期，也不能用改革开放前的历史时期否定改革开放后的历史时期”，强调对改革开放前后两个历史时期采取割裂或对立起来的态度是完全错误的。他还提出，“两个不能否定”的观点和重申科学对待历史的鲜明立场，具有强烈的现实针对性，对于澄清一些模糊认识，坚定不移地走中国特色社会主义道路具有极其重要的现实意义。

(1) 改革开放后的历史时期是中国特色社会主义实践的创新发展，是以改革开放前的历史时期社会主义建设的铺垫为前提。

改革开放后的历史时期中国特色社会主义建设不是零起点，不是抛开前面的历史重起炉灶，它在很多方面体现了对改革开放前历史时期的继承。

新中国成立后社会主义建设取得了很大成就，但也遭遇了不少挫折。“文革”结束时，人民群众生活依然贫困。这种状况距离社会主义的理想相去甚远，并且基于对什么是社会主义、怎样建设社会主义这一重大理论和实际问题的认真反思，我们党及时把工作重心调整到经济建设上来，在1978年底召开的党的十一届三中全会中，作出了改革开放的重大抉择。30多年的改革开放，给中国社会带来了广泛深刻、波澜壮阔的巨大变革，使中国大地发生了翻天覆地的变化。改革开放极大地调动了亿万人民的积极性，使我国成功实现了从计划经济体制到社会主义市场经济体制、从封闭半封闭到全方位开放的伟大历史转折，社会生机活力得到空前释放，使社会主义中国真正活跃和兴旺起来。改革开放实现了我国经济总量和综合国力的大幅跃升。经济总量跃升至世界第二位。作为一个有着十几亿人口的超大经济体，保持30年以上的高速增长，这在人类历史上是绝无仅有的。改革开放使人民生活实现了从温饱不足到总体小康的历史性跨越。30多年来，我们不断深化政治体制、文化体制、社会体制以及其他各方面体制改革，社会主义民主政治、社会主义先进文化和各项社会事业均得到前所未有的发展。今天的中国，人民意气风发，发展日新月异，社会充满活力，国际地位显著提高，我们比历史上任何时期都更加接近中华民族伟大复兴的目标。

从某种角度看，改革开放是一场思想的博弈，表现为对传统社会主义认知的合理性维护和非合理性剔除。如果说上述改革开放后的历史时期继承社会主义制度内核层面的精华是合理性维护的话，那么，改变单一公有制、改进党的领导方式和执政方式、让一部分人一部分地区先富裕起来、建立社会主义市场经济体制、发挥市场的资源配置作用等举措，则是对传统社会主义非合理性的剔除。

这一切都雄辩地证明，改革开放是决定当代中国命运的关键抉择，是发展中国特色社会主义、实现中华民族伟大复兴的必由之路。改革开放是社会主义的自我完善和发展，如果我们党当初没有果断地实行改革开放，并在牢牢把握正确方向的前提下坚定不移地推进改革开放，社会主义中国就不可能有今天这样的大好局面，就可能面临像前苏联、东欧国家那样的严重危机。

(2) 改革开放前的社会主义建设为改革开放后的中国特色社会主义探索创造了前提，积累了经验，奠定了基础。

马克思说过：“人们自己创造自己的历史，但是他们并不是随心所欲地创造，并不是在他们自己选定的条件下创造，而是在直接碰到的、既定的、从过去承继下来的条件下创造。”我们实行的改革开放，也是在一定基础上、一定历史条件下的改革开放，这个基础和条件就是改革开放前社会主义革命和建设所积累的思想、物质、制度基础和正反两方面的历史经验。

新中国刚成立时，经济基础十分薄弱，各项事业百废待兴，建设环境极度恶劣。我们党领导全国各族人民迅速医治战争创伤、恢复千疮百孔的国民经济，提出过渡时期总路线，对农业、手工业和资本主义工商业进行社会主义改造，建立起社会主义基本制度，实现了中国历史上最深刻最伟大的社会变革，为当代中国的一切发展进步奠定了根本政治前提和制度基础。我们经过20多年的艰苦奋斗，在一穷二白基础上建立了独立的比较完整的工业体系和国民经济体系，为改革开放后的经济高速增长奠定了坚实的物质基础。1953—1978年间，我国GDP年均增长速度为6.5%，这也是个不低的发展速度。我们坚决维护国家主权和安全，挫败敌对势力对我国的孤立、封锁、干涉和挑衅，独立自主、自力更生地发展起了以“两弹一星”为代表的尖端国防力量，为改革开放创造了必要的外部条件和安全环境。这一时期我们发展了具有高度普惠性的教育和医疗卫生等社会事业，学龄儿童入学率从解放前的20%增至1976年的97.1%，人均预期寿命从35岁增加到68岁，在发展中国家中几乎处于最高水平，这些都为改革开放创造了良好的社会条件。

不可否认，在改革开放前的社会主义实践探索过程中，也发生了种种“左”的偏差，包括搞“大跃进”“人民公社化”，甚至“文化大革命”这样全局性、长时间的严重错误。尽管如此，正如邓小平同志所说，这段历史时期还是“取得了旧中国几百年、几千年所没有取得过的进步”。当然，这些挫折和失误也为后来的实践探索提供了宝贵的经验教训，在客观上统一了全党全国人民的共识，即极“左”的那一套是行不通的，促使全党全国同心同德地把工作重心转移到经济建设上来。与此同时，我们要注意把这些错误实践本身，同老一辈革命家尽快改变中国贫穷落后面貌的良好愿望，同捍卫社会平等和正义、保持党和政权永不变质的动机区分开来。

总之，对改革开放前的社会主义实践探索，必须坚持实事求是的思想路线，分清主流和支流，坚持真理，修正错误，发扬经验，吸取教训。

(3) 改革开放前后两个时期不是彼此割裂的，更不是根本对立的，两者本质上都是我们党领导人民进行社会主义建设的实践探索。

习近平同志指出：“虽然这两个时期在进行社会主义建设的思想指导、方针政策、实际工作上有很大差别，但两者决不是彼此割裂的，不是根本对立的。”

首先，我们党在改革开放前的社会主义建设实践中提出了许多正确主张，当时没有真正落实，改革开放后得到了真正贯彻。这些正确主张包括人民对于经济文化迅速发展的需要同当前经济文化不能满足人民需要的状况之间的矛盾是我国国内的主要矛盾，发展生产力是根本任务；社会主义社会还有商品生产和商品交换，要遵守价值规律和做好综合平衡；必须正确区分和处理敌我矛盾和人民内部矛盾；在文化领域实行“百花齐放、百家争鸣”的方针，等等。我们党本来已经得出了这些被后来的实践证明为正确的结论，但由于过去长期处于战争和激烈的阶级斗争的环境中，对于全国规模的社会主义建设事业，缺乏充分的思想准备和科学研究，加之上世纪60年代以后对国内外阶级斗争形势作出了过于严重的、脱离实际的估计，把防止出现修正主义、防止资产阶级复辟作为头等大事，导致很多关于社会主义建设的正确思想没有得到贯彻落实。改革开放以来的路线方针政策，在相当程度上正是对改革开放前社会主义实践探索中提出的正确思想的贯彻、深化和发展。

不仅如此，改革开放前后两个历史时期还有着共同的本质特征，这就是两者都是我们党领导人民进行社会主义建设的实践探索，都是对适合中国国情的社会主义道路的实践探索，都是为了实现中华民族伟大复兴的实践探索。回顾历史，无论是改革开放前还是改革开放后的实践探索，无论世情、国情、党情如何变化，无论国际风云如何变幻，我们坚持社会主义的根本制度、中国共产党的领导核心地位、马克思主义的指导思想、共产主义的理想信念、党全心全意为人民服务的根本宗旨没有变；坚持毛泽东思想和中国特色社会主义理论体系一脉相承的基本立场、观点和方法没有变；坚持解放生产力、发展生产力、消灭剥削、消除两极分化、最终达到共同富裕的社会主义本质没有变。应当看到，社会主义建设作为一项“我们的前人从来没有做过的极其光荣伟大的事业”，不可能一帆风顺，需要及时总结、调整。但是这其中变的是建设社会主义的方法和策略，不变的是对社会主义本质的坚持和追求。

(4) 必须坚持社会主义的根本制度，坚持走中国特色社会主义道路，这是改革开放前后两个时期的历史经验给予我们的根本启示。

改革开放前后两个历史时期虽然有着重大区别，但归根结底是一脉相承的。它们统一于探索中国特色社会主义道路的伟大实践。必须坚持社会主义的根本制度，坚持走中国特色社会主义道路，这是改革开放前后两个时期的历史经验给予我们的根本启示。正如习近平同志在十二届全国人大一次会议上的讲话中所指出的：“中国特色社会主义道路来之不易，它是在改革开放三十多年的伟大实践中走出来的，是在中华人民共和国成立六十多年的持续探索中走出来的”，必须毫不动摇、坚定不移地走下去，并在实践中进一步探索完善。

坚持改革开放，坚持走中国特色社会主义道路，归根结底是为了实现中华民族伟大复兴。只要我们自觉增强对中国特色社会主义的理论自信、道路自信、制度自信，坚定不移沿着正确的中国道路奋勇前进，国家富强、民族振兴、人民幸福的中国梦就一定能够实现。在中国共产党人的接续奋斗中，继承前辈的事业，延续历史的足迹，沿着中国特色社会主义道路前进，是实现中华民族伟大复兴和社会主义现代化使命的保证。正确对待改革开放前后两个历史时期，对于树立和坚固这“三个自信”具有重要意义。

二十八、试析“文化大革命”的性质、发生原因和教训

荆世杰

1966 年，正当我国克服严重经济困难、胜利完成调整国民经济任务、开始执行发展国民经济的第三个五年计划的时候，“文化大革命”发生了。“文化大革命”持续了 10 年，这是一场由领导者错误发动，被反革命集团利用，给党、国家和各族人民造成严重灾难的内乱。

1.“文化大革命”的发动

1966 年 5 月中共中央政治局扩大会议和 8 月八届十一中全会的召开，标志着“文化大革命”的正式发动。这两次会议先后通过了《五·一六通知》和《中共中央关于无产阶级文化大革命的决定》(即《十六条》)以及中共中央领导机构的重大改组，使长期以来的“左”倾方针在中共中央占据了统治地位。八届十一中全会通过了《十六条》等决定，在党内完成了发动“文化大革命”的法定程序，会后，“文化大革命”的浪潮迅速席卷全国。

2.“文化大革命”的三个阶段

第一阶段 (1966 年 5 月—1969 年 4 月中共九大):“左”倾错误不仅在思想理论上，还在组织上在党内占据了完全支配的地位。

(1) 红卫兵的活动。“文化大革命”初期，走在最前列的主要是红卫兵，是以学生为主体的群众组织，倡导“造反有理”的口号。8 月 18 日，毛泽东在天安门广场接见了来自全国的红卫兵。此后全国纷纷开始建立红卫兵组织。由于林彪在讲话中号召红卫兵“破四旧，立四新”，红卫兵走上街头，对他们认为是“封资修”的事物进行大破坏，对所谓阶级敌人进行殴打、抄家等。随后，兴起了得到毛泽东支持的大串联运动。9 月 5 日，中共中央、国务院发出《关于组织外地高等学校革命学生、中等学校学生代表和革命教职工代表来北京参观文化大革命的通知》，由国家提供交通和生活补助费，从此学校停课闹革命，各地学生蜂拥到北京，北京的学生也散向各地，开始了全国大串联。

(2) 冲击党政机关。按照中共中央的原定部署，“文化大革命”的重点是文教部门和党政领导机关。“文化大革命”发动后，随着“批判资产阶级反动路线”“踢开党委闹革命”的展开，矛头指向刘少奇、邓小平以及党政各级领导干部，陶铸、彭德怀、贺龙等被迫害致死。中央和地方的许多党政领导干部受到批斗，各级党政机关工作普遍陷于瘫痪、半瘫痪的状态，“文化大革命”运动迅速扩展到工厂、农村，无政府主义狂潮泛滥，整个社会处于混乱之中。

(3) 二月抗争。“文化大革命”混乱的不断加剧引起广大群众、各级干部，特别是包括老帅们在内的老一辈革命家的忧虑。1967 年 1 月下旬和 2 月中旬，老一辈革命家叶剑英等在党的和军队的高级会议上，抵制“文化大革命”的错误和林彪、江青等人的倒行逆施，特别是 2 月“大闹怀仁堂”影响很大，故称“二月抗争”。但是这次抗争还是被压制下去了，之后，全国革命委员会建立，无政府主义更加高涨。

第二阶段 (1969 年 4 月九大召开—1973 年 8 月中共十大): 林彪反革命集团的覆灭和“四人帮”的形成。

(1) 九大召开。1969 年 4 月 1 日，中国共产党第九次全国代表大会在北京召开，这次大会是林彪作政治报告，报告把所谓的“无产阶级专政下继续革命的理论”说成是毛泽东思想的最新发展，“九大”使“文化大革命”的错误理论和实践合法化，大大加强了林彪、江青在党内的领导地位。

(2)“九 • 一三”事件。由于九届二中全会以及会后中央和毛泽东采取一些措施，削弱了林彪集团的权势，林彪集团于 1971 年 9 月 13 日乘飞机叛逃外国，飞机坠毁在蒙古的温都尔汗附近，这就是“九 • 一三”事件。

(3)“四人帮”的形成。“九 • 一三”事件后，中共中央没有清算“左”倾错误，致使在中央政治局形成了江青、张春桥、姚文元、王洪文组成的“四人帮”，成了继林彪集团后党内又一个阴谋集团。

第三阶段 (1973 年 8 月十大—1976 年 10 月): 粉碎“四人帮”。

“九 • 一三”事件之后，“四人帮”在全国开展了“批林批孔”运动，江青一伙大搞影射史学，攻击重病中的周恩来。毛泽东虽然坚持肯定“文化大革命”，但是不允许出现“文化大革命”初期的大动乱，挫败了“四人帮”的组阁阴谋，为以后党和国家粉碎“四人帮”

做了舆论准备。1976年9月9日，毛泽东在北京逝世后，“四人帮”加紧了夺取党和国家最高领导权的阴谋活动，中共中央当机立断，采取措施，于1976年10月6日粉碎“四人帮”，在实践上宣告了“文化大革命”的结束。

3.“文化大革命”错误发生的原因

中国共产党之所以会犯“文化大革命”这样全局性的严重错误，“文化大革命”之所以会发生并且持续十年之久，是有深刻的社会历史原因的。这些错误发生的原因是多方面的：

(1) 由于社会主义运动的历史不长，社会主义国家的历史更短，中国的社会主义建设刚刚处于起始阶段。中国共产党过去长期处于战争和激烈的阶级斗争的环境中，对于迅速到来的新生的社会主义社会和全国规模的社会主义建设事业，缺乏充分的思想准备和科学研究。因此，对于什么是社会主义、怎样建设社会主义的问题，并没有完全搞清楚。

(2) 由于中国共产党的历史特点。在社会主义改造基本完成以后，在观察和处理社会主义社会发展进程中出现的政治、经济、文化等方面的新矛盾新问题时，容易把已经不属于阶级斗争的问题仍然看做是阶级斗争，并且面对新条件下的阶级斗争，又习惯沿用过去熟悉而这时已不能照搬的旧方法和旧经验——进行大规模急风暴雨式的群众性斗争，从而导致阶级斗争的严重扩大化。同时，这种脱离现实生活的主观主义的思想和做法，由于把马克思、恩格斯、列宁、斯大林著作中的某些设想和论点加以误解或教条化，反而显得有“理论根据”。这就造成把社会主义国家实行的某些具体制度和具体政策当做社会主义本质来坚持，把阶级斗争扩大化的理论误区当成对马克思列宁主义的所谓继承和发展，把党内不同意见的正常争论当做两条路线的斗争，甚至直接说成是阶级斗争。

(3) 党的民主集中制和集体领导制度遭到了严重破坏，致使党无法依靠制度的和集体的力量及时地发现并纠正错误。一是毛泽东逐渐骄傲起来，逐渐脱离实际和脱离群众，主观主义和个人专断作风日益严重，日益凌驾于党中央之上，使党和国家政治生活中的集体领导原则和民主集中制不断受到削弱以致破坏。二是在国际共产主义运动史上由于没有正确解决领袖和党的关系问题而出现过的一些严重偏差，对中国共产党也产生了消极的影响。三是中国是一个封建历史很长的国家，中国共产党在反封建斗争中养成了优良的民主传统；但是长期封建专制主义在思想政治方面的遗毒不是很容易就能够肃清的。种种历史原因又使得中国共产党没有能把党内民主和国家政治生活的民主加以制度化、法律化，或者虽然制定了制度、法律，却没有获得应有的权威。这就提供了一种条件，使党的权力过分集中于个人，党内个人专断和个人崇拜现象滋长起来，这样也就使党和国家难于防止和制止像“文化大革命”这样全局性错误的发生和发展。

4.“文化大革命”的沉痛教训

“文化大革命”的教训是极其深刻的：

第一，必须正确认识社会主义条件下政治、经济的关系，坚持以经济建设为中心，不可人为夸大对阶级斗争的估计。

第二，必须建设有高度民主的社会主义国家制度，保证人民代表大会的权威，保证宪法的尊严，保证人民对国家权力机关和领导人的有效监督，坚持国家工作中的民主集中制和集体领导的原则，禁止和克服任何形式的个人崇拜。

第三，必须在群众中深入进行社会主义民主、法制、道德等精神文明教育。

二十九、如何全面正确地认识和评价毛泽东的历史地位？

荆世杰

中共中央十一届六中全会通过了《关于建国以来党的若干历史问题的决议》，其中“毛泽东同志的历史地位和毛泽东思想”一节指出：“毛泽东同志是伟大的马克思主义者，是伟大的无产阶级革命家、战略家和理论家。他虽然在‘文化大革命’中犯了严重错误，但是就他的一生来看，他对中国革命的功绩远远大于他的过失。他的功绩是第一位的，错误是第二位的。他为我们党和中国人民解放军的创立和发展，为中国各族人民解放事业的胜利，为中华人民共和国的缔造和我国社会主义事业的发展，建立了永远不可磨灭的功勋。他为世界被压迫民族的解放和人类进步事业做出了重大的贡献。”这是对毛泽东历史地位正确的概括和总结。若要进一步具体而全面地认识和评价毛泽东，必须从毛泽东经历与领导的中国革命和建设的历史脉络中去探究。

毛泽东出生于辛亥革命前，成长于中国历史上最为激荡与变动的大时代，革命与战争的历史主题和剧变重组的社会结构成为青年毛泽东生活的时代特征；中国传统文化和晚清以来西方思潮的传播为青年毛泽东的思想奠定了基础。1911—1918 年毛泽东投身于政治革命与社会革命，受新文化思潮影响，开始接受进化论思想和西方资产阶级的社会政治学说，逐渐形成了激进的革命民主主义思想和反帝反军阀的政治观。之后，受五四运动与苏俄革命的影响，毛泽东逐渐抛弃了改良主义思想，初步掌握了阶级分析和阶级斗争的思想武器，确立了对马克思主义的信仰。

毛泽东参加了中国共产党的创建过程，是中国共产党的缔造者之一。他积极投身于国共合作的国民革命运动中，成为革命运动的领导者之一。国共合作破裂后，他提出以革命武装夺取政权的思想，领导了秋收起义，发动了土地革命，创立了第一个农村革命根据地。他从中国的实际出发，开创了以农村包围城市、最后夺取城市和全国政权的道路。他同朱德领导红军战胜了国民党军队的多次“围剿”。“左”倾路线领导集团进入中央革命根据地以后，将毛泽东排斥于党和红军的领导之外。长征途中的遵义会议在实际上确立了以毛泽东为代表的新的中央领导，在关键时刻挽救了党和红军。长征结束后，毛泽东准确地把握了国内外矛盾的转换，紧紧抓住了抗日救亡的时代契机，与国民党再次进行合作。

抗日战争开始后，以毛泽东为首的中共中央坚持统一战线中的独立自主原则，努力发动群众，开展敌后游击战争，建立了抗日根据地。抗战过程中，毛泽东提出了“马克思主义中国化”的指导原则，他领导全党开展整风运动，使全党进一步掌握了马列主义的普遍真理和中国革命的具体实践相结合的基本方向，为夺取抗战和全国革命的胜利奠定了思想基础。毛泽东思想在党的七大上被确定为中共的指导思想。

抗战胜利后，以毛泽东为首的中共中央领导人民军队进行积极防御，集中优势兵力，各个歼灭敌人。在以他为首的党中央领导下，经过三大战役和渡江以后的作战，推翻了国民党政权。全国解放前夕，毛泽东主持召开中共七届二中全会，决定把党的工作重心从农村转到城市，规定了党在全国胜利以后的各项基本政策。

对毛泽东同志在新民主主义革命时期所做的贡献，《关于建国以来党的若干历史问题的决议》客观地指出："新民主主义革命的胜利是无数先烈和全党同志、全国各族人民长期牺牲奋斗的结果……在党的许多杰出领袖中，毛泽东同志居于首要地位……如果没有毛泽东同志多次从危机中挽救中国革命，如果没有以他为首的党中央给全党、全国各族人民和人民军队指明坚定正确的政治方向，我们党和人民可能还要在黑暗中摸索更长时间。"

中华人民共和国成立后，毛泽东成为党和国家的重要领导人。在他的领导下，进行了抗美援朝、土地改革、镇压反革命运动；开展了"三反""五反"运动。按照他的建议，国家开始进行社会主义工业化和对生产资料私有制的社会主义改造。1956 年，生产资料私有制的社会主义改造基本完成。针对其他社会主义国家出现的问题，结合中国实际，毛泽东作了《论十大关系》的讲话，这个讲话对适合中国国情的建设社会主义的道路进行了一些初步的探索。接着，他又提出"百花齐放，百家争鸣"的方针。1957 年，毛泽东提出正确区分和处理社会主义社会中敌我之间和人民内部两类不同性质矛盾的学说。但"反右"斗争的扩大化背离了他自己的正确理论，造成了严重的后果。1966 年，由于对国内阶级斗争形势作出了极端的估计，他发动了"文化大革命"运动，这个运动大大超出了他的预计和控制，以致延续十年之久，使中国许多方面受到严重的破坏和损失。

对此，2003 年 12 月 26 日中共中央总书记胡锦涛在毛泽东同志 110 周年诞辰纪念大会上指出："由于在中国建设社会主义是一项崭新的实践，人们对如何走出适合中国国情的社会主义道路还缺少规律性认识，加上当时严峻复杂的国际环境的影响，我们党在社会主义建设道路的探索中发生过曲折，毛泽东同志晚年特别是在'文化大革命'中犯了严重错误。但正如邓小平同志所指出的，毛泽东同志晚年的错误是第二位的，是一个伟大的革命家、一个伟大的马克思主义者所犯的错误，他的历史功绩永远是第一位的。"

但是，要全面正确地认识和评价毛泽东的历史地位，就要把毛泽东同志晚年个人所犯的错误与毛泽东思想分开。以毛泽东同志为主要代表的中国共产党人，根据马克思列宁主义的基本原理，把中国长期革命实践中的一系列独创性经验作了理论概括，形成了适合中国情况的科学的指导思想，这就是马克思列宁主义普遍原理和中国革命具体实践相结合的产物——毛泽东思想。它是马克思列宁主义在中国的运用和发展，是被实践证明了的适合中国革命和建设的正确的理论原则和经验总结，是中国共产党集体智慧的结晶。这是不受他本人个别的、局部的错误所影响的。

三十、何谓历史虚无主义？当前否定中国历史的虚无主义倾向的表现与危害有哪些？应如何积极应对？

荆世杰

中共十八大以来，习近平多次谈到反对历史虚无主义的问题，显示了其对这种思潮的社会危害性的极其关注。这些言论的要点如下，值得我们学习。

"灭人之国，必先去其史"，对改革开放前的历史要正确评价，苏共搞历史虚无主义而垮台。历史虚无主义要害是否定马克思主义和中国共产党；中国共产党人不是历史虚无主义者，对革命领袖的评价不能陷入虚无主义的泥潭，革命成果不能丢；马克思主义未过时；

坚持唯物主义史观，批驳歪曲历史的错误言论；学习中国共产党的历史，坚持马克思主义的历史观和方法论；党史研究要坚持党性和科学性的统一，坚决反对任何歪曲和丑化党的历史的错误倾向。

下面对历史虚无主义的由来、它在当前社会的表现及如何走出这个泥坑做一简单的探讨。

1. 历史虚无主义的由来

虚无主义作为一种学术概念起源于近代的欧洲，后来人们把 19 世纪与 20 世纪之交欧洲出现的否定历史传承与道德规范的社会与文化思潮称作虚无主义。在历史研究领域，则表现为一种怀疑历史的客观性、真实性，过分夸大历史研究的主观性，乃至于对整个历史学的存在感到悲观的一种不良倾向。在中国，近代以来虚无主义也曾有一定的发展。新文化运动中就出现过“打倒孔家店”(吴宓)、“废除汉字”(钱玄同)、“不读中国书”等过激言论。“全盘西化”思潮兴起，影响持续到 20 世纪 30 年代，和“中国本位”思潮形成对峙、论战之势。不过，那是处于特定的救亡图存的语境与值得批评的对象，并不是出于全面论述所得，不是欧洲式的否定一切的虚无主义思潮的翻版。在历史研究领域，也曾出现顾颉刚等人的疑古学派，怀疑中国上古史的存在，后来由于安阳殷墟的重大发掘确证了《史记》的信史地位，这种历史虚无主义思潮才告一段落。此一中国近代历史学发生发展过程中的一小插曲说明，疑古乃至对前人记叙、研究保持一定的警惕性，也是历史研究中应有之义。但过犹不及，否则就会流于历史虚无主义。历史虚无主义思潮在四十年代就曾受到中国的马克思主义者的批评。20 世纪五六十年代，随着新中国的成立，中华民族的自信心和凝聚力空前高涨，占据中国史坛主流的中国马克思主义史学也表现出了高度的自信，体现出惊人的创造性和生命力。这一时期，历史虚无主义思潮随之销声匿迹。

2. 当代中国历史虚无主义的表现及危害

十年“文革”期间，历史研究受到肆无忌惮的摧残，革命史观被滥用，阶级斗争史观主宰一切。20 世纪 80 年代以来，伴随改革开放而来的思想解放局面，实际上是对过去史学的一种矫枉过正。当然，中国学术界一部分人没有珍惜这种宽松的局面，反而在西方话语和意识形态的笼罩下丧失了自身的主体性，出现了否定自身赖以安身立命的历史和文明的倾向。他们的观点，从本质上讲是对中国历史的虚无、对中华文明的嘲讽，是对中华民族的生命力和创造力的否定。这股思潮和对外开放的经济、文化交流交织在一起，具有相当的迷惑性和隐蔽性。20 世纪 90 年代中期以来，中国的对外开放和经济文化交流达到了前所未有的广度和深度，也取得了前所未有的成就。随着时间的推移，历史虚无主义从个别学者对西方文化的无意识的推崇和无节制的崇拜，发展成为一种学术上的不健康的思潮，又经过近年网络传播的放大，形成了历史虚无主义的回潮趋势。

当下中国历史虚无主义思潮在理论上显然受到了 20 世纪西方历史哲学主流的历史相对主义思潮的影响。有些学者指出这一历史哲学事实上“反对马克思主义历史决定论，以历史事件的单一性、历史认识的相对性、历史选择性、历史事件的不可预测性否定历史规律的存在，强调人的主体性、人的理性和自由意志是社会历史发展的原动力。”还有些学者指出了历史虚无主义思潮与后现代主义史学思潮的共同点是:“否认历史学的客观性和科学性,否认人类社会普遍规律的存在,将历史学与文学相提并论,认为历史仅仅是一种话语,将客观存在的历史视为历史学家主观的构建物。”在这种史观的指导下,自然就会对客观历史采取虚无主义的态度。它从消解历史研究的真实性、客观性、合理性和有效性入手,给中国人的历史观以很大的冲击。

历史虚无主义研究历史,采取形而上学的认识方法,把支流当主流,把现象当本质;它们的研究“不是以事实为出发点,不是全面、系统地掌握有关资料,把握历史事实的总和并阐明其内在联系,透过历史现象分析历史的本质和主流,揭示历史的发展规律,而是随心所欲地挑选零碎的历史事实加以涂抹或剪裁,凭主观臆断歪曲和否定历史。”揭示历史虚无主义思潮的这些理论根源、方法特征,对于深入认识这一思潮有着相当的意义。

归纳起来,可以发现历史虚无主义思潮的几种主要观点是:其一,否定中国古代历史,乃至中国文明的起源。他们认为中国文化从古代到现代,内在机制存在严重的问题,不存在自我更新的可能性,唯有将上溯到古希腊文明的西方文化中的一些基本理念引入中国,普及民间,中国文化才能“充分世界化”,进而实现“现代化”和“全球化”。其二,主张学术研究的范式和话语转换、主张“告别革命”说,把“革命”和“现代化”两个历史进程置于完全对立的境地,认同改良、反对革命,否定革命的历史合理性和价值。认为中国现代史是从“以英美为师”的“近代文明主流”,走上了“以俄为师的歧路”。第三,通过暴露中国共产党和新中国的历史中的曲折和错误,否定党的领导和整个现代化建设。如以反思“文革”为名,否定整个新中国的历史;把无产阶级领袖,说成是“野心家”“政客”;把革命运动说成是“争权夺利的斗争”。这一点在对毛泽东的评价上尤其明显。

3. 走出历史虚无主义的泥坑

历史研究者、教育工作者,既要关心时事政治,又要适当与时事政治和权力保持一定的距离,不要为权力所左右。否则,也是一种历史虚无主义。历史的著述与现实的创造一样,同样厥功至伟。只要不是信口开河和别有用心,人人都有历史的解释权。社会主义的意识形态要求我们必须以马克思主义的立场观点阐释历史,科学地解释历史;就学习者而言,请勿低估大众和学生,特别是信息革命时代的当代大学生。不能固守旧的教育理念与教育体制,延用中学培养模式,引导学生继续充当考试机器,背诵标准答案,试图培养一些只知道标准答案的大学生和研究生,固化他们的阅读与思考。恐怕正确的做法是,培养学生的怀疑习惯与批判精神,给学生留一点思考的时间,让他们自己去找书读,读读马克思、恩格斯的书,阅读一些相关史料,根据真实的有说服力的事实与论据,得出信得过的结论。在这样的基础上,用整体的、全面的眼光来看待历史、看待问题,才能认清历史虚无主义并坚决抵制,坚定自己的信念,理性地拥护党和国家的领导。

历史虚无主义思潮的存在是由中西方文化巨大的实力差异和西方的文化霸权造成的,而归根到底又是由中西方经济、社会发展所处的不同阶段和两种意识形态的斗争造成的,具有一定的历史必然性。但在这种情况下,中国的文化也绝不是完全被动的,而是应该充分发挥自己的主观能动性。在批评历史虚无主义思潮的同时,构建具有中华民族特色和气派的新史学、新学术和新文化。

三十一、为什么说中国特色社会主义进入新时代?

王　祥

“经过长期努力，中国特色社会主义进入了新时代，这是我国发展新的历史方位。”党的十九大作出这一重大政治判断，对我们准确认识和把握中国特色社会主义发展阶段、发展现状、发展方向、发展要求具有十分重要的意义，为我们党制定大政方针和行动纲领提供了根本依据。每个时代的发展都是量变到质变的过程，时代的每次转变也都是量变积累达到质变的结果，同时又开启了新的量变。中国特色社会主义进入新时代，并不是十九大前后的某一个时间点，而是经过了从量的积累到质的飞跃的一个发展阶段，其起点是党的十九大。中国特色社会主义进入新时代，是改革开放以来我国经济社会发展进步的必然结果，是我国社会主要矛盾运动的必然结果，是我们党理论创新与实践发展交互作用的必然结果，是我们党团结带领全国各族人民开创光明未来的必然要求。

历史性变革推动中国特色社会主义进入新时代。党的十八大以来，党和国家的事业发生了历史性变革，取得了全方位、开创性的成就。一方面，我国经济保持中高速增长，在世界主要国家中名列前茅，国内生产总值已稳居世界第二，对世界经济增长贡献率超过百分之三十，对外贸易、对外投资、外汇储备稳居世界前列；另一方面，我国全面深化改革取得重大突破，重要领域和关键环节改革取得突破性进展，中国特色社会主义制度更加完善，国家治理体系和治理能力现代化水平明显提高，全社会发展活力和创新活力明显增强。党和国家事业取得历史性成就、实现历史性变革，我国发展站到了新的历史起点上，中国特色社会主义进入了新时代。

社会主要矛盾的变化促使中国特色社会主义进入新时代。主要矛盾不仅是确定工作重点的根据，而且是划分社会实践发展阶段的根据。经过改革开放40年的努力，我国稳定解决了十几亿人的温饱问题，总体上实现了小康，不久将全面建成小康社会，我国社会的主要矛盾已经转化为人民日益增长的美好生活的需求和不平衡不充分的发展之间的矛盾。社会主要矛盾的变化集中反映了我国社会发展的阶段性特征，是关系全局的历史性变化，标志着中国特色社会主义进入新时代，对党和国家工作提出了许多新要求。经济建设依然是党和国家的中心工作，但需要在继续推动发展的基础上，着力解决好发展不平衡不充分的问题，注重提升发展质量和效益，注重全面发展。

马克思主义中国化的新飞跃引领中国特色社会主义进入新时代。随着经济社会发展取得重大成就，中国日益走近世界舞台的中央，国际地位和国际影响力大大增强，同时世界也面临千年未有之大变革。如何正确认识和妥善处理世界发展和中国发展中不断出现的新情况、新问题、新挑战，成为党必须解决好的重大课题。十八大以来，在以习近平同志为核心的党中央坚强领导下，党的执政方式和基本方略有重大创新，发展理念和发展方式有重大转变，党的理论创新实现了新的飞跃，逐渐形成了习近平新时代中国特色社会主义思想。这一重大理论创新成果开辟了马克思主义中国化的新境界，成为全党全国人民为实现中华民族伟大复兴而努力奋斗的行动指南，发挥了巨大的思想引领力，引领着中国特色社会主义进入到新的发展阶段。

我们党团结带领人民开创光明未来的新征程呼唤中国特色社会主义进入了新时代。作出“中国特色社会主义进入新时代”这一重大政治判断，是根据党和国家事业长远发展需要提出来的，不是历史学上时代划分的概念。从党的十九大到二十大，是两个一百年奋斗目标的历史交汇期。我们既要全面建成小康社会、实现第一个百年奋斗目标，又要乘势而上开启全面建设社会主义现代化国家新征程，向第二个百年奋斗目标进军。新的战略目标，即到本世纪中叶把我国建设成为富强民主文明和谐美丽的社会主义现代化强国，将进一步激发全党全国各族人民团结奋斗，形成强大的精神动力。

在上述坚实的实践基础、历史基础和理论基础上，用新时代界定当前中国特色社会主义发展新的历史方位，有利于进一步统一思想、凝聚力量，在新的起点上把中国特色社会主义事业推向前进。党的十九大报告对中国特色社会主义新时代的本质内涵作了高度凝练和科学概括，提出了“五个时代”的定位，讲清楚了新时代的历史脉络、实践主题、人民性、民族性和世界性。

大时代需要大格局，大格局需要大智慧。提出中国特色社会主义进入了新时代，不是一个简单的说法，而是一项关系全局的战略考量。新时代意味着新起点、新任务、新要求。全党要提高战略思维能力，不断增强工作的原则性、系统性、预见性、创造性，按照新时代要求制定党和国家大政方针，完善发展战略和各项政策，把中国特色社会主义不断推向前进。

三十二、如何正确理解新时代我国社会主要矛盾及其现实意义？

王　祥

党的十九大报告中鲜明提出了“中国特色社会主义进入新时代，我国社会主要矛盾已经转化为人民日益增长的美好生活需要和不平衡不充分的发展之间的矛盾”的重大判断。这一重大判断，不仅为新时代的经济建设、政治建设、文化建设、社会建设和生态文明建设指明了新的发展方向，而且为实施新时代“两步走”战略提供了决策依据和理论支撑。

辩证唯物主义告诉我们，事物是发展变化的，矛盾不是一成不变的。1956 年党的八大报告指出：“我们国内的主要矛盾，已经是人民对于建立先进的工业国的要求同落后的农业国的现实之间的矛盾，已经是人民对于经济文化迅速发展的需要同当前经济文化不能满足人民需要的状况之间的矛盾。”1979 年中央召开的理论务虚会上明确指出：“我们的生产力发展水平很低，远远不能满足人民和国家的需要，这就是我们目前的主要矛盾。”1981 年党的十一届六中全会对我国社会主要矛盾做了规范的表述：“在社会主义改造基本完成以后，我国所要解决的主要矛盾，是人民日益增长的物质文化需要同落后的社会生产之间的矛盾。”之后党的十二大至十八大都沿用了这个关于社会主要矛盾的表述。党的十九大做出的社会主要矛盾的新表述，是新时代开启全面建设现代化国家新征程的逻辑起点，是对社会主义建设规律认识的新升华。

社会主要矛盾发生了变化，矛盾的一方面表现为社会生产力的快速发展以及我国经济实力、综合国力的大幅跃升和提高。今天的中国，不仅经济总量稳居世界第二位，而且连续多年保持第一制造大国地位，220 多种主要工业品产量居世界首位。但发展当中依然存在不协调、不平衡、不充分的地方。矛盾的另一方面表现为人民生活需要也同样发生了显著变化，不再局限于衣食住行等物质方面的“硬需求”，而是更加强调民主、法治、公平、正义、安全、环境等方面的“软需求”。如此矛盾两方面对立统一，社会主要矛盾不再是“人民日益增长的物质文化需要同落后的社会生产之间的矛盾”，而必然演变成“人民日益增长的美好生活需要和不平衡不充分的发展之间的矛盾”。

要适应社会主要矛盾的新变化，进一步解决“不平衡不充分的发展”的新要求，还必须看到社会主要矛盾新变化中蕴含的“不变”，那就是习近平总书记在十九大报告中强调的，“必须认识到，我国社会主要矛盾的变化，没有改变我们对我国社会主义所处历史阶段的判断，我国仍处于并将长期处于社会主义初级阶段的基本国情没有变，我国是世界最大发展中国家的国际地位没有变”。这就要求我们必须“牢牢坚持党的基本路线这个党和国家的生命线、人民的幸福线”，始终把解放和发展社会生产力放到首位，坚持以经济建设为中心，坚持四项基本原则，坚持改革开放，坚持发展是硬道理，坚持把发展作为“第一要务”。这个“不变”是解决好新时代社会主要矛盾“变”的前提和基础，不能因“变”而忘记了“不变”。

在新时代新征程上谋划“五大建设”，必须把发展重点放在解决“不平衡不充分的发展”这个新的矛盾的主要方面上。为此，要坚决摒弃高投入、高消耗、高污染、低质量、低效率的粗放式的传统发展方式，以供给侧结构性改革为抓手，下大力气去产能、去库存、去杠杆、降成本、补短板，做好结构调整的“加减乘除法”，继续加强实体经济建设，加快建设科技创新、现代金融、人力资源协同发展的产业体系，推动完善市场机制有效、微观主体有活力、宏观调控有度的经济体制，最终形成质量第一、效益优先、全要素生产率全面提高的现代化经济体系和新的发展方式。要长期坚持、不断发展我国社会主义民主政治，积极稳妥推进政治体制改革，推进社会主义民主政治制度化、规范化、程序化，保证人民依法通过各种途径和形式管理国家事务，管理经济文化事业，管理社会事务，巩固和发展生动活泼、安定团结的政治局面。要坚持以马克思主义为指导，坚守中华文化立场，立足当代中国现实，结合当今时代条件，发展面向现代化、面向世界、面向未来的民族的、科学的、大众的社会主义文化。要坚持人人尽责、人人享有，坚守底线、突出重点，完善制度、引导预期，完善公共服务体系，保障群众基本生活，不断满足人民日益增长的美好生活需要，不断促进社会公平正义，形成有效的社会治理、良好的社会秩序，使人民获得感、幸福感、安全感更加充实、更有保障、更可持续。要加强对生态文明建设的总体设计和组织领导，设立国有自然资源资产管理和自然生态监管机构，完善生态环境管理制度，统一行使全民所有自然资源资产所有者职责，统一行使所有国土空间用途管制和生态保护修复职责，统一行使监管城乡各类污染排放和行政执法职责。坚持节约优先、保护优先、自然恢复为主的方针，形成节约资源和保护环境的空间格局、产业结构、生产方式、生活方式，还自然以宁静、和谐、美丽。

第二部分

思想道德修养与法律基础

一、大学生为什么要加强思想道德教育和进行法律知识的学习?

薛桂波

在人才培养中，思想道德教育和法律教育始终居于首要地位。大学生思想道德教育和法律教育是为培养和提高大学生的思想素质、政治素质、道德素质和法律素质等进行的教育，旨在教会大学生如何做人。概括起来，大学生之所以要加强思想道德教育和进行法律知识的学习，主要是基于以下几个方面的原因。

1. 通过思想道德教育与法律知识的学习，大学生可以从中汲取有益的精神营养，深入思考人生的意义与价值，从而获得真、善、美的心灵启迪

青年时代是人生的黄金时期，生命力最旺盛，精力最充沛。然而，青年时代正处于人生观、价值观的形成时期，也是人生过程中遇到问题最多的时候，关于怎样做人、做一个什么样的人、怎样生活才是有意义的、怎样的人生才是有价值的等问题，都需要作出明确的解答。友谊与爱情、竞争与合作、理想与现实、个体与集体等诸多关系的处理，亦需要大学生作出正确的选择。

人是有理性的动物，不仅有物质的需要，还有精神的需要。物质需求是人的基础性需求，但是人之所以为人，关键还在于他有精神的需求。从人性论的角度来看，人具有实然和应然的两重性。一方面，人必然地、无可避免地存在于他所赖以生存的各种自然、社会条件之中，这是一种实然的存在状态。而另一方面，人能够按照自己的需要，通过对象性的活动，去实现其所应然的目的，体现了其应然的存在状态。人总是不满足于他的实然性存在，在他的生存活动中想要成为一种自由的存在，人的发展就是人的实然与应然的矛盾运动过程。可以说，人的精神追求正是人由实然向应然转变之超越性的重要表现。换言之，探讨人生价值、思考人生意义、陶冶高尚情操、培养完善人格、追求个人与社会的协调发展，是人之所以为人的最主要特征。但是，思想道德素质、法律素质与科学文化素质一样，不是先天具备的，而是必须通过后天的教育和长期的修养，才能获得和提高。对于人生意义的探索与对崇高目标的向往，也不是与生俱来的，而是不断地学习、反思、修养、实践与提高的过程。因此，大学生进行思想道德修养和法律知识的学习，是其自身发展的必然需要，只有通过学习不断提高自身的思想道德素质和法律素质，树立健全的人格品质，才能促进主观世界的改造，获得心灵的启迪，不断超越实然的存在状态，最终实现自身的全面发展。

2. 通过思想道德教育和法律知识的学习，大学生可以更好地了解党和国家对大学生在思想、政治、道德和法律素质等方面的要求，从而明确自己努力的方向，树立正确的成才目标

当今世界，科学技术突飞猛进，社会发展日新月异，波澜壮阔的改革开放和建设中国特色社会主义事业的伟大实践，为当代大学生展示才华、实现理想提供了广阔的舞台。新的形势对高等学校培养出来的人才的素质提出了新的更高的要求。大学生加强思想道德教育和法律知识学习的重要意义在于，可以正确理解与把握党和国家的教育方针与培养目标，以及党和国家对大学生在思想、政治、道德和法律素质等方面的要求，从而能明确自己的努力方向和前进目标，沿着正确的方向成长成才。

大学生的发展如果偏离社会历史发展方向，便无法适应社会的发展需要，因而必须了解社会的发展规律和特点，将自身道德素质的提高与社会使命相结合。在这一点上，马克思在青年时代写的关于《青年在选择职业时的考虑》一文中的思想，至今值得我们思考和借鉴。马克思说："我们在选择职业时所应遵循的主要指针，是人类的幸福和我们的自我完善。……人们只有为了同时代的人的完善、为了他们的幸福而工作，他自己才能达到自我完善。……如果人只是为了自己而劳动，他也许能成为有名的学者、绝顶的聪明人、出色的诗人，但他绝不可能成为真正的完人和伟人。……如果我们选择了最能为人类福利而劳动的职业，我们就不会为它的重负所压倒，因为这是为全人类所做的牺牲；那时我们感到的将不是一点点自私而可怜的欢乐，我们的幸福将属于千百万人，我们的事业并不显赫一时，但将永远存在；而面对我们的骨灰，高尚的人们将洒下热泪。"只有思想道德素质提高了，大学生在选择成才目标时才有可能充分考虑国家、民族的利益和社会公共利益，而不仅仅是局限于实现个人的价值，不至于在市场经济条件下为追逐"短期利益"和"个人利益最大化"而损公肥私或损人利己。大学生只有提高自身的思想道德素质和法律素质，才能在选择人生理想、人生道路时，把社会的需要和国家的使命放在第一位，树立正确的、符合时代需要的成才目标。

3. 通过思想道德修养教育和法律知识的学习，大学生能够提高自身的综合素质，为成才立业打下坚实的基础

在人的素质中，思想道德素质起着主导作用。思想道德素质好比人的灵魂，是一切活动的主宰，决定着人们行动的目的和方向。只有拥有健康的体魄、完善的人格、崇高的品质、良好的素质，大学生才能在激烈的竞争中经得住考验。当前人才的竞争，绝不仅仅是人才的科学文化素质的竞争，而是人才的综合素质的竞争。为了迎接新世纪对于知识与人才的挑战，还应包括思想政治素质、品德素质、审美素质、法律素质、身体素质等各个方面。思想道德教育一方面在努力保护大学生纯净的心灵和鼓励学生追求崇高的理想道德方面起着重要的作用，另一方面在提高大学生识别是非善恶的能力、正确对待成才环境中的各种选择时也起着重要作用。法律知识的学习有利于大学生了解法律知识，提高法律素质，从而增强学法和守法的自觉性。近些年来，社会上普遍存在着一种重智育、轻德育的倾向。仅仅通过智育难以建立人与人之间的真正交往，个体更难以通过自我意识的建构形成自身的德性，所培养出来的只能是"知识人"，人性中的其他部分，如伦理道德、审美情操等等，都被虚无化。这无疑将价值的探求、意义的追寻和生活的向往均拒斥在人的成长过程之外，从而无法形成健全的综合素质，无法实现成为真正自由的人的理想和目的。所以，大学生思想道德修养教育和法律知识的学习，是其成长成才的关键因素之一。

总之，当代大学生必须在注重提高科学文化素质的同时，高度重视提高思想道德素质和法律素质，提高自身的综合素质，才能为成才立业打下坚实的基础，使自己成长为德才

兼备、以德为首的社会主义事业接班人。

二、在利益多元化、社会思潮多样化情形下需要建设社会主义核心价值体系吗？

胡华强

2006年10月，党的十六届六中全会明确提出要建设社会主义核心价值体系，在全社会引起了广泛关注。2007年，胡锦涛总书记在“6·25”重要讲话中强调，要大力建设社会主义核心价值体系，巩固全党全国人民团结奋斗的共同思想基础。那么，为什么要提出建设社会主义核心价值体系呢？

一个人为人处世总要受一定价值观的影响和支配，它就好比是人生的指南针，不可或缺。同样，一个国家、一个社会也需要有社会成员普遍认同的价值体系来维系。当今中国，社会主义核心价值体系是社会主义制度的内在精神和生命之魂，是社会主义制度在价值层面的本质规定，它揭示了社会主义国家经济、政治、文化、社会的发展动力，体现了富强、民主、文明、和谐的社会主义现代化国家的发展要求，反映了全国各族人民的核心利益和共同愿望。在当前经济体制变革、社会结构变动、利益格局调整、思想大活跃、观念大碰撞、文化大交融的背景下，提出建设社会主义核心价值体系，具有重要的理论意义和极强的现实针对性。

1. 提出建设社会主义核心价值体系，向世人展现了我们党思想上精神上的旗帜

改革开放以来，我们党带领人民成功探索出一条有中国特色的社会主义道路，并在经济、政治、文化等方面建立了一套比较成熟的制度和体制。与这些根本性的制度和体制相适应，必然有一个主导全社会思想和行为的价值体系。特别是随着改革开放和社会主义市场经济的进一步发展，人们思想活动的独立性、选择性、多变性和差异性不断增强，人们在价值观念和价值追求上日益呈现出多样化的趋势。人们价值追求和价值观念的多样化必然会在意识形态领域引起不同观念的碰撞与冲突。对社会主义价值体系核心内容作出清晰的界定越来越迫切。核心价值体系就是一面旗帜，鲜明地亮出这面旗帜，就是要昭示人们，不论社会思想观念如何多样多变，不论人们的价值取向发生怎样的变化，我国社会主义核心价值体系是不能动摇的。

2. 提出建设社会主义核心价值体系，是巩固全党全国人民团结奋斗的共同思想基础的需要

共同的思想基础，是一个党、一个国家、一个民族赖以生存和发展的根本前提。没有共同的思想基础，党就会瓦解、社会就会动荡、国家就会分裂。对党和人民在革命、建设和改革的长期奋斗过程中形成的共同思想基础作出科学的概括和清晰的界定，明确其基本内涵和基本要求，使之容易为全党全社会更加全面准确地理解和把握，在今天社会思想观

念和人们价值取向日益多样的情况下，就显得十分必要和迫切。社会主义核心价值体系明确揭示了我们共同思想基础的基本内涵和要求，将会推动全党全社会更加自觉地维护我们的共同思想基础。

3. 提出建设社会主义核心价值体系，有利于引导全社会在思想道德上共同进步

当前，人们的思想观念、道德意识、价值取向越来越呈现出层次性。我国社会主义改革和发展进入了关键时期，经济体制深刻变革，社会结构深刻变动，利益格局深刻调整，生活方式深刻变化。这一切都给人们的价值观念和思想活动带来了巨大的活力，不断推动着人们解放思想、改变观念、开拓思维，焕发出自强不息、奋力拼搏的精神。同时也带来空前的冲击，出现了不可忽视的问题：把承认合法经济利益、允许一部分人先富的政策蜕变为拜金主义，甚至为获取金钱不择手段；用市场价值取代人生价值；出现了以权谋私、权钱交易、贪污腐化等现象；封建腐朽思想沉渣泛起，西方不良思潮不断侵入。这些严重腐蚀着人们的灵魂，污染社会空气，阻碍改革开放和市场经济的健康发展。在这个发展机遇期和矛盾凸显期相互交织的关键阶段，更加凸显出构建和谐文化的重要性和紧迫性。

我们不能因为存在着多层次的思想道德而降低甚至否定先进性的要求，也不能不顾人们思想道德的客观差异，用一个标准要求所有的社会成员。那么，用什么来引领人们在思想道德上不断提升和进步呢？社会主义核心价值体系的提出，集中回答了这个问题。社会主义核心价值体系，既体现了思想道德建设上的先进性要求，又体现了思想道德建设上的广泛性要求；既坚持了先进文化的前进方向，又兼顾了不同层次群众的思想状况；既体现了一致的愿望和追求，又涵盖了不同的群体和阶层，具有广泛的适用性和包容性，具有强大的整合力和引领力，是连接各民族、各阶层的精神纽带。

4. 提出建设社会主义核心价值体系，是增强民族凝聚力、提高国家竞争力的迫切需要

当今世界，各国经济既相互融合又相互竞争，不同文化既相互借鉴又相互激荡。经济全球化的不断深入，既挑战着国家主权的内涵，又冲击着人们的国家观念、民族认同感。国家之间的竞争，既表现为经济、科技、军事等硬实力的竞争，又越来越反映在软实力之间的较量。在软实力中，最关键的就是核心价值体系，它直接反映着民族的凝聚力和国家的核心竞争力。

当今时代，世界多极化和经济全球化的趋势深入发展，综合国力竞争日趋激烈。在各国综合国力激烈竞争的同时，意识形态领域也是风云激荡。世界各国在激烈的国际竞争中，都把文化作为其综合国力的重要力量加以运用。文化力量的强弱、国际影响力的大小，已经成为决定国际竞争胜负的关键因素之一。面对经济全球化中各种思想文化的相互激荡以及西方国家对我国实行“西化”“分化”的图谋，在这种复杂多变的国际环境中，我们必须立足国内现实、把握时代潮流，建设社会主义核心价值体系，坚持马克思主义在意识形态领域的指导地位，借鉴人类有益文明成果，不断增强我国人民的凝聚力、创造力和国际竞争力，坚定不移地走中国特色社会主义的发展之路。

三、如何认识价值多元背景下中国人的信仰问题?

虞　卓

在《思想道德修养与法律基础》的教材中，开篇首章就是关于理想信念，这也是信仰问题不可回避的相关基本理论范畴。首先是理想，在课本上有这样的定义:“理想是一种精神现象，是人类实践的产物，是人们在实践中逐步形成的、有现实可能的、对未来社会和自身发展的向往与追求，是人们世界观、人生观和价值观在奋斗目标的集中体现”。然后是信念:“信念是认知、情感和意志的有机统一体，是人们在一定认识基础上确立的对某种思想或事物坚定不移并身体力行的心理态度和精神状态。”信仰的树立过程是一个循序渐进的过程，对于个体而言，一般有理想—信念—信仰这样的发展过程。虽然在很多场合，“信念”和“信仰”可以通用，但严格说来两者还是有区别的。信仰是以信念为基础的，但信仰比信念有更加深刻的含义。信念往往是具体的，可以表现为人对一时一事的现象持有某种观念的态度，也可以表现为对宇宙和人生的总体性、普遍性的观念和态度。当它成为人的一定总体性、普遍性的观念和态度时，信念就成为信仰。信仰，是人们关于普遍、最高(极高)价值的信念。权威的《现代汉语词典》(第6版)是这样解释“信仰”的:“对某人或某种主张、主义、宗教极度相信和尊敬，拿来作为自己行动的榜样或指南。”从这样的理论诠释来看，信念更多的是强调理论意义上的笃信，而信仰则更侧重笃信之后的行为指导。由此可见，信仰比信念可以更加直接地转化为精神力量，信仰既可以使人积极向善，也可能使人为恶而不自知。世界范围内，无论是学术领域的研究还是社会领域的管理者，都对社会成员的信仰问题予以广泛的关注。

在当下的中国，这个问题也显得格外突出。在我国近现代的历史上，无数的仁人志士为了维护国家统一、民族团结、主权独立、领土完整的共同理想浴血拼搏，革命先烈为了共产主义的崇高信仰甚至不惜牺牲自己宝贵的生命。时至今日，信仰依然是人们奋斗的强大精神动力。然而不可否认的是，随着今天人们的价值观越来越趋向多元化，信仰的力量正在被逐步地消解，有很多人对信仰是否存在以及我们应该有什么样的信仰产生了疑惑与迷茫。“信仰缺失”“信仰迷茫”这样的观点也在社会上广泛的提及。对于这个问题我们应当用辩证的方法来积极看待。

首先，人们对信仰问题的困惑是当下中国社会剧烈变化在意识形态领域的直接反映，我们不应该抱着否定或者恐惧的心态来面对这个问题。马克思主义告诉我们，“社会存在决定社会意识”。中国的对外开放已经快40年了，整整两代人生活在了国家开放以后，尤其是当今大学生对于以往传统的信仰与行为模式已经没有了感同身受的体验。中国经济与社会发展的对外依存度从来没有像今天这样高过，各种思潮也自然涌进了国门，相关理论与学术研究也在日趋开放的背景下开展得如火如荼。近几年新媒体广泛介入了人们的生活，各种信息与思想的交流越来越便捷和迅速，人们思想的更新与交锋比以往任何一个时代都要快，大众价值观多元化也就不足为奇，传统信仰力量的思维就成了不难理解的社会现象。一个国家的现代化程度取决于对多元文化的包容程度，我国在经济现代化的同时，也正在经历一个文化和价值观多元的过程，伴随的人民的信仰必然有一个分化和多元的过程。从这样的角度来理解，当下中国人信仰迷茫其实只是一定程度上的，是相对以往的历史背景而言的。价值多元带来的信仰多元化，恰恰从另一个角度体现了中国人民生活水平的提高、科技的进步和社会民主进程的发展，充分显示了中国特色社会主义建设的成就。所以，我们不应该因为出现信仰的多元或迷茫而一味地忧心忡忡，也不能因为信仰的多元而否认信仰的存在，任何过于重视或无视信仰的观点都是不可取的。

其次，从另一个角度来看，当下中国社会信仰问题的困惑与乱象也折射出我国迅速发展背后的精神危机。在现在价值多元的时代，我国传统的信仰体系消解必然会带来种种的社会问题，而这也是中国特色的历史遗留问题。中国历来就是一个宗教从属于政治的国家，所以宗教信仰在我国不像其他国家有普遍的和强大的社会调和作用。马克思·韦伯笔下的中国人的“儒教”信仰在现代社会也无法获得大家的普遍认同。人们的物质世界极大丰富，但精神世界却很空虚，大众缺乏共同的话语体系，个人也没有终极的价值评判标准。从微观的角度来说，信仰可以给个人带来正能量，也可以带来负能量。许多普通劳动者在科学的信仰指导下取得了个人的良好发展，同样，也有少数人在不正常的信仰下做出种种危害个人与社会的行为。从早前的法轮功到2014年发生在山东的“全能神”邪教成员光天化日下打死无辜群众的事件，说明当下多元信仰对社会成员缺乏有效的良性约束力。从宏观的角度来说，一个国家的现代化不仅是经济科技等硬实力的现代化，更需要文化和精神世界的现代化，我国也同样如此。国家信仰的缺乏实际上反映的是国家理想的缺失，国家的现代化就必然失去了精神力量的支持。当下的中国社会中普遍出现焦虑心态其实也是信仰缺失在个人精神领域的直接反映。所以现在整合社会各种思潮，重新构建新时期的社会主义信仰体系的确是一个重大的课题。

在大学生中开展信仰与理想的教育是很有必要的，这也是大学生思想政治理论课的重要目标。树立科学的理想与信仰必须勇敢地直面中国社会的现实，想在全社会树立一个高度统一的信仰体系在现在的社会条件下是很困难的。我们应当一如既往地强调信仰的巨大作用，坚持社会主义方向的信仰教育，大力开展马克思主义信仰的教育和普及，同时也应当构建尽可能凝聚社会共识的社会主义共同理想，最终能够提炼出符合中国实际的主流信仰。

当下中国人的信仰问题也引起了党和国家有关部门的高度重视。从中国特色的社会主义理论、“三个代表”重要思想、“科学发展观”，到如今在广大人民群众中广泛开展的“社会主义核心价值体系”教育，不仅是我们党的理论创新，也是党在构建共同信仰上的一次次大胆的探索。特别是习近平总书记提出的“中国梦”，更是得到了海内外的高度关注。这个响亮的口号可以更广泛地团结海内外一切致力于国家复兴的中华儿女，也为各族同胞和各个阶层的中国人所广泛接受，是现时代广大中国人民共同奋斗理想的高度概括，是当下中国人民改革创新的巨大精神动力，更科学地凝练了当下中国人的共识。

“中国梦”就是在“中国共产党的领导下，坚持和发展中国特色社会主义，实现中华民族的伟大复兴”。“中国梦”的相关理论也是目前对大学生树立科学理想信仰的重要教育资源，对当下主流信仰的教育有强烈的现实指导意义。在大学生中开展“中国梦”主题教育，不仅仅要加强理论研究和教育，也要突出实践方法论教育，让学生懂得中国梦其实也是每个人的梦，各行各业的普通中国人在自己的工作学习生活中遵守道德与法律，干好自己的本职工作，为一个个的小家打拼属于自己的幸福生活，其实就是在实践“中国梦”的共同理想，就是为社会主义信仰在努力奋斗。

四、个人理想与社会理想的关系是什么？

杨振华

理想对一个人来说是十分重要的，它支配着一个人前进的方向，同时也是人前进的精神动力。因此树立正确的理想可以引导人走向成功，也可以提供强大的精神支持。但是如果没有远大、正确的理想，对人生的发展将是十分不利的，有可能走上错误的道路或者走向失败。大学生正处在人生理想形成的关键时期，正确认识个人理想与社会理想之间的复杂关系对于形成科学的理想无疑是非常重要的。

1. 认清个人理想的构成因素及形成机制，树立高尚的社会理想

一般认为，个人理想是处于一定历史条件和社会关系中的个体对于自己未来的物质生活、精神生活等所产生的种种设想和向往，它包括个人具体的生活理想、职业理想、道德理想和社会理想。社会理想的概念则十分广泛。但我们可以认为，对社会理想的正确认识和宏观把握应围绕着这样一个基本核心，即社会理想是一定社会或阶级对未来社会发展图景的总体设计和社会成员对此设计的奋斗目标的共同追求。社会理想是由多种因素构成的一个统一的整体。从理想所属的主体来看，可分为个人的社会理想和社会的(共同)理想。我们在这里主要讨论的就是这两种理想之间的关系问题。

理想是时代的产物，在不同时代，人们所产生的社会理想是不同的。理想是在现实的基础上建立起来的同未来的奋斗目标相联系的有可能实现的想象。理想虽然是人们以观念的形态对未来的想象和设计，是对现实的超越，但理想总是在现实的基础上提出的，总是现实的人对未来的想象和设计。诗人流沙河在他的《理想》一诗中写道“离乱的年代里，理想是安定；安定的年代里，理想是繁荣”。这就是说，人关于社会生活的规划与其所处的时代状况是有着重要关联的。从这个意义上来说，个人的社会理想仍属于个人理想的范畴，它与个人的生活理想、职业理想、道德理想是并列的关系。那种把个人的理想与社会的理想割裂开来甚至绝对地对立起来的观点，是一种机械的观点。

个人和社会的关系是人生的基本关系和基本矛盾，由这个关系决定了个人理想与社会理想的关系。社会理想对个人来说，是前进的奋斗目标，是人生的精神支柱；对社会来说，则是对未来发展前景的设计，是民族凝聚力的体现。个人理想和社会理想是相互联系的，其中社会理想是处于最高层次的理想，它是理想的核心，并制约着个人理想，个人理想又是社会理想的具体体现。一个人如果没有远大的社会理想，而仅仅追求自己脱离社会实际的个人理想，是不符合时代精神的，也是一种低层次的理想；反之，如果仅有社会理想而没有个人理想，则也是空洞的、不切实际的。离开了未来社会的理想，个体的理想追求就会偏离社会发展的轨道；离开了个体的理想追求，社会的理想就会成为空中楼阁。

2. 科学把握社会形势与时代脉搏，自觉将个人理想融入到社会的(共同)理想之中

科学的理想信念强调正确认识个人理想与社会理想的关系，强调个人理想要融入到社会理想之中。就个人理想与社会理想的关系而言，社会理想应占主导地位，社会理想指引着个人理想的基本方向，只有树立了科学的、崇高的社会理想，才能使个人理想与社会理想和谐一致，才能更顺利地实现个人理想。个人理想的实现，除了自身努力，更大程度上是依靠社会的助力。个人理想就是自己的简单目标，而社会理想就是把每个人的理想包容在一起的最高程度的概括，应该是能代表每个人的心愿。只有把社会理想与个人理想结合起来，把倡导对国家、集体的责任感和奉献精神与满足个人的利益愿望、实现个人的价值统一起来，个人理想才会有深厚的社会基础和持久的生命力。

大学生在树立崇高理想的过程中，不仅应该有美好的个人政治、道德、生活和职业理想，而且要自觉地树立科学的社会理想，为建设中国特色的社会主义、实现中华民族的伟大复兴而奋斗。随着社会主义市场经济的深入发展，我国社会的经济成分、就业方式、分配方式日益多样化。随之而来的是，当代社会在理想信念、价值观领域呈现出多元化的特点，应该说这是时代进步的表现。在这种情况下，大学生往往面临着选择的困惑，但要认识到，社会理想是一个民族、一个国家的凝聚力和开拓力，它的实现离不开每个社会成员的艰苦奋斗、共同努力。如果不能形成一股强大的合力，再美好的社会理想也是难以实现的；而同时，个人理想的实现没有社会理想的实现作为依托往往成为一句空话。所以，在生活目标与职业选择上，不论是从事个体经营创业、到民营企业就业，还是到国有企业就业，不论选择何种职业，只要能够自觉地把个人奋斗融入到社会进步之中，都可以说是为崇高的理想而奋斗，都是光荣的。

3. 在人生实践中努力将个人理想的实现纳入到社会(共同)理想的进程之中

个人理想与社会理想的实现在实质上是同步的。改革开放近40年来，我国政治、经济、文化等诸方面都取得了举世瞩目的成就。在国力强盛的同时，我们个人的生活也走出温饱，跨入小康。而在这一伟大历史进程中，许许多多的普通人，在改革开放的大舞台上成为风云人物。这又进一步说明，个人理想的实现有赖于国家、社会事业的发展，推动社会进步的伟大实践是个人理想的基础和力量源泉。只有把社会(共同)理想与个人理想结合起来，把倡导对国家、集体的责任感和奉献精神与满足个人的利益愿望、实现个人的价值统一起来，个人理想才会有深厚的社会基础和持久的生命力。

五、爱国主义的科学内涵是什么？在学习、生活中如何用行动来诠释？

杨振华

当代大学生，从整体上看，他们热爱祖国，关心国家大事，具有强烈的爱国主义热情。特别是在当今改革开放时代，对世界和中国有更多的了解，更加关心中国在世界上的地位和前途，希望自己的祖国自立于世界民族之林。但当我们思考人生时，有的只看到发达国家和地区经济的先进，无视自己祖国的进步；有的只看到中国与发达国家经济上的差距，而不思考产生差距的原因，对自己的祖国缺乏信心；有的期望自己的祖国繁荣富强，却又不懂得这要靠几代人的艰苦努力才能实现，从而产生“埋怨”情绪，等等。这说明，对当代大学生进行爱国主义教育，不仅关系着他们是否成才，也关系到社会主义祖国的前途和命运。为此，必须科学地理解爱国主义的内涵。

第一，新时期的爱国主义与社会主义相统一。正如列宁所指出的，祖国主要是指人民生活于其中的政治的、文化的和社会的环境与条件。我们说不同时代爱国主义具有不同的内涵，主要是就不同时期祖国的不同社会经济和政治制度而言的。在中国近现代以来的历史进程中，唯有以中国共产党领导的新民主主义革命才使中国走上了自由、独立和富强的发展道路，说明只有把爱国主义引上社会主义道路，中华民族才能真正扬眉吐气。而社会主义制度的建立为生产的发展、社会进步、人民富裕提供着可靠保证和光明的前景，集中体现着国家、民族、人民的根本利益。社会主义不仅是中国人民的历史选择，也是中国走向现代化的必由之路。正如邓小平所说，如果我们不坚持社会主义，最终发展起来也不过成为一个附庸国，而且就连想要发展起来也不容易……只有社会主义才能救中国，只有社会主义才能发展中国。所以说，爱国主义在今天与热爱社会主义在本质上是统一的，爱国主义是精神动力，社会主义是政治方向，坚持社会主义是更高层次上的爱国主义。至于那些生活于非社会主义制度下的中国人，由于他们所处环境、所受教育和影响不同，我们当然不能要求他们成为具有社会主义觉悟的爱国者，但至少不能反对社会主义新中国，否则，也谈不上真正热爱自己的祖国。

第二，新时期的爱国主义与改革开放相统一。党的十一届三中全会以来，我们实行了对外开放政策，这是爱国主义精神合乎逻辑的发展。江泽民说：“我们所讲的爱国主义，作为一种体现人民群众对自己祖国深厚感情的崇高精神，是同促进历史发展密切联系在一起的，是同维护国家独立和广大人民的根本利益密切联系在一起的。”这里提出的三个要点：历史发展、国家独立、人民利益，是判断爱国主义虚实真伪的基本点，现在这三者都是与改革开放紧密相连的。纵观历史，各国都是在开放的时代实现繁荣兴旺；横看世界，也从未有一国是在封闭状态下腾飞的。当今世界，商品经济迅猛发展，其本身就具有开放性，就我国来说，建立社会主义市场经济体制，就是要更好地发展商品经济，使我国经济发展逐步同国际经济接轨。中国的发展离不开世界文明发展的大道，唯有开放才能更好地了解和接近世界，并让世界了解和接近我们。改革开放是一项不可动摇的国策，也是爱国主义的具体体现。

第三，建设社会主义现代化强国是新时期爱国主义的主题。我国进入新的历史时期后，摆在全国人民面前的历史使命，就是把我国建设成为一个现代化的、高度民主的、高度文明的有中国特色的社会主义强国。这就是当前爱国主义的主题。

西班牙华人作家张琴说：“爱国就是对国家负责，对社会负责，爱国是责任，爱国是尊严；爱国是在不危害他人的大原则下，维护国家的根本利益；爱国是发自灵魂深处的萌动。”就是说，在涉及国家利益的一切活动中、一切场合下，自觉将祖国置于首位是每一位爱国者的必然选择。而在日常生活中，爱国主义也应该成为指引我们每一个细节的旗帜。

(1) 对社会主义现代化建设事业具有强烈的责任感，把自己的爱国热情化为报效祖国的坚强意志和顽强拼搏的实际行动。中华爱国主义文化极力张扬英雄豪杰的社会责任感与历史使命感，认为这种情感是他们成就事业、为祖国尽忠、为社会发展做贡献的雄厚基础。当代大学生处在一个伟大的时代，中华民族的伟大复兴需要我们每一个炎黄子孙奉献自己的聪明才智。正在接受高等教育的学生要把自己的人生目标与规划放在国家崛起与民族复兴的伟大进程之中，并为此做好准备。

(2) 每个爱国者都应有民族自尊心、自信心。社会上有些人往往看不到我国的优势所在，只是一味夸大我们建设中所遇到的困难和挫折，而对西方资本主义国家又缺乏分析，产生盲目崇洋媚外心理，丧失一个爱国者应有的民族自尊心、自信心。因此“必须发扬爱国主义精神，提高民族自尊心和民族自信心。否则我们就不可能建设社会主义，就会被种种资本主义势力所侵蚀腐化”。

(3) 反对分裂、维护祖国统一是新时期爱国主义的重要内容。中华民族是一个有着强大凝聚力的民族。祖国要统一，民族要团结，早已成为中华民族的共同心声。一切拥护祖国统一的爱国者，必须团结起来，揭露国内外敌对势力分裂祖国的图谋，为实现祖国统一大业尽心尽力。这是一切真诚的爱国者义不容辞的光荣职责。

(4) 理性表达爱国热情。针对爱国热情的表达，重庆大学生曾发出过一份倡议：保持冷静的头脑，客观分析当前的形势，理性爱国，做到“四要、四不要”。“四要”：要勤奋学习，化爱国热忱为学习动力，为中华之崛起而读书；要展示当代大学生的风采，用理性的力量为构建和谐社会努力；要充分相信政府有能力把握大局，给我国政府的灵活外交留出足够的空间；要科学分析，全面思考，让理性融入爱国情感，从国家利益出发，为国家的和平发展建设事业而奋斗。“四不要”：不要被某些势力所利用，成为国家和民族利益的破坏者；不要做始作俑者，不组织、煽动、带领非法的游行示威活动；不要做不利于社会稳定的事情，不参加未经批准的非法游行集会活动；不要做中转站，不通过短信和网络传播不利于社会稳定的消息。这种理性的态度值得我们大学生朋友认真思考。

六、经济全球化背景下为什么还要大力弘扬爱国主义？

牛庆燕

经济全球化是指在生产不断发展、科技加速进步、社会分工和国际分工不断深化、生产的社会化和国际化程度不断提高的情况下，世界各国、各地区的经济活动越来越超出一国和地区的范围而相互联系、相互依赖的一体化进程，是跨国经济活动、跨国经济组织、跨国经济规则普遍化的客观发展趋势。20世纪90年代，世界经济全球化的进程进一步加快，它在推动世界经济发展和文明成果共享的同时，也对发展中国家的民族国家意识、民族文化和传统的安全观造成了巨大的冲击。

首先，经济全球化是以发达国家为主导的经济形式。发达国家作为资本和先进技术的主要拥有者，主导着世界市场的发展，左右着国际经济的游戏规则，处于全球化的中心地位。

其次，全球化加剧了世界经济发展的不平衡。这种发达国家占主导地位的经济全球化使财富越来越向少数国家或少数利益集团集中，导致国家间和国家内部贫富差距扩大，两极分化更为严重。

再次，经济全球化背景下，国家经济主权的独立性正面临着日益严峻的考验。跨国企业常常是大规模货币投资的主要责任者，随着一体化程度的逐步提高，各个成员国经济主权的独立性不断下降。

在经济全球化背景下，人与人、民族与民族、国家与国家之间的交流和沟通日益频繁。科学技术的发展和利用是跨国界的，商品在全世界销售，资本跨国界流动，信息得以共享，跨国公司本土化的程度不断提高，不仅利用当地的自然资源，而且还充分利用当地的人力资源。各国公民在世界范围内流动，一个国家的公民可能工作和生活在另一个国家，并对另一个国家产生感情。

基于这样的变化，某些发达国家的政要和学者借此机会积极宣称，“随着经济全球化的到来，民族国家的时代已经过去，爱国主义已经过时。”他们还极力鼓吹在经济全球化背景下势必导致政治全球化和文化全球化，并妄图推行全球政治、文化一体化。面对这些声音，我们需要思考：民族国家的时代是不是真的已经过去？经济全球化是不是等于政治、文化一体化？爱国主义是不是已经过时了？经济全球化形势下如何弘扬爱国主义？

1. 在经济全球化时代，民族国家的形式并没有过去，我们所处的时代仍然是经济全球化趋势与民族国家并存的时代

(1) 在经济全球化条件下，国家仍然是民族存在的最高组织形式。国家的产生是民族和文明发展成熟的标志，国家不仅能够凝聚民族的意志、代表社会成员的利益、动员全民族的力量、规范全社会的未来，而且是本民族整体利益最具权威的代表者。尽管经济全球化使国家的部分职能处于变革之中，但是，国家作为民族存在的最高组织形式未变，国家是民族整体利益的最具权威的唯一代表者的地位和功能未变。在今天的世界，哪个民族削弱了国家的地位和能力，哪个民族就面临毁灭性的生存危机。这已被当代世界历史所证明(如伊拉克的国破家亡)。只要国家存在，爱国主义就有坚实的基础；只有坚持爱国主义，才能使每个民族国家，乃至整个世界获得共同发展。

(2) 在经济全球化条件下，民族国家仍然是国际社会的最强大的独立主体。经济全球化对民族国家的主体地位和功能提出挑战，全球主义与区域主义(区域性经济联盟)挑战国家主权。民族国家的权力开始发生变化，一部分转移给世界性经贸组织，一部分转移给基层民主。但这并不意味着民族国家主体地位的削弱和消失。无论一个国家内的何种组织和个人做何种交往与互动，都必须首先与这个国家打交道，今天的国际社会架构仍然是以民族国家为基础的，以民族国家为国际社会的互动主体。无论是区域性的经济联盟，还是跨国公司，都不具有民族国家的主体地位，民族国家依然是国际社会中最强大、最具权威的、无可替代的主体。

(3) 在经济全球化条件下，国家是促使经济全球化正常发展的最具实力的制约力量。经济全球化是一种世界发展的客观趋势，但是经济全球化的进程却不可避免地受大国的影响和控制。经济全球化在为各民族国家提供发展机会的同时，也为某些西方发达国家借机控制世界、控制他国，窃取别国的利益创造了机会和条件。目前，某些西方发达国家企图控制经济全球化进程，从而实现本国的利益。在这种情况下，国家仍然是维护本民族权益，抵抗大国控制和掠夺的最具实力的权威力量。这种抗衡大国控制经济全球化进程的权威力量是任何其他组织所不具备或不完全具备的。

2. 经济全球化不等于政治、文化一体化

(1) 经济全球化与政治、文化一体化是本质截然不同的概念。经济全球化是指跨国经济活动、跨国经济组织、跨国经济规则普遍化的客观发展趋势。这个客观发展趋势对于发展中国家而言，既是难得的机遇，同时也是严峻的挑战。政治、文化一体化是指政治制度和文化价值观的单一化、同一化和无差别化。其实质就是西方大国在经济全球化加快发展的条件下，利用其经济和军事优势，采用经济、政治、文化，甚至军事的手段，阻挠世界各国政治和文化的多样性选择和发展，推行全球政治制度和文化价值观念的全盘西化。显然，经济全球化与政治、文化一体化有着本质的不同。

(2) 推行政治、文化一体化是一种强权政治和霸权主义行为。国家无论大小、强弱，都有权选择和决定适合于自己的政治制度和文化，西方某些大国企图利用经济全球化的趋势，将本国的政治制度和文化价值观念强加给别国，特别是强加给发展中国家，这是一种无视别国国家主权，肆意破坏正常国际秩序和践踏别国国家主权的强权政治和霸权主义行为。

3. 爱国主义并没有也不会过时

一个国家，一个民族，只有始终把主权与利益放在第一位，才能在经济全球化带来的机遇下推动本国经济发展，最终摆脱落后与依附的境遇，同样的，只有将国家的主权与安全始终放在第一位，才能有效地遏制西方发达国家利用先进的科学技术手段与观念将发展中国家纳入西方发展模式和发展轨道，这就要求在爱国主义的旗帜下，形成强大的民族凝聚力。

4. 经济全球化条件下，国内外敌对势力妄图西化和分化我国的战略图谋并未改变

“和平演变”是国际敌对势力进攻社会主义的重要战略，通过实施“西化”和“分化”的攻势，在经济上诱压兼施，政治上扶持“亲西”力量，思想上进行西方文化的渗透，整体上大搞攻心战术，世界上某些超级大国甚至宣称，冷战结束以后，中国的综合国力发展迅速，已经成为21世纪美国的潜在竞争对手，释放“中国威胁论”。所以，不论他们对中国采取何种斗争策略，遏制中国，西化和分化中国的战略始终不会改变。冷战结束后的国际斗争事实告诉我们，大力弘扬爱国主义，是防止西方国家对中国搞“和平演变”的重要保障。

5. 在经济全球化条件下，爱国主义仍然是民族国家团结奋斗、求生存求发展的一面光辉的旗帜

对于发展中国家来说，经济全球化既是一个发展的机会，也是一个严峻的挑战，成功与失败两种可能性同时存在。在这种情况下，爱国主义仍然是民族的最强大的向心力、凝聚力所在，是在任何复杂和艰难的情况下保持团结统一的旗帜，是激励全国上下奋发图强、改变命运的强大动力源泉。

经济全球化形势下要正确弘扬爱国主义，需要做到：

(1) 加速提高中国的综合国力。爱国需要理性，我们要清醒地了解自己的缺陷和弊端，同时也要清醒地了解发达国家的优势和实力。“落后就要挨打”、“发展才是硬道理”，因此，我们要充分利用经济全球化提供的机遇和条件，主动采取积极的策略，优化政策、利用外资、吸收创新技术、培育民族品牌走出去，最终加快中国崛起的步伐。

(2) 积极应对挑战和风险。在经济全球化条件下，既要充分利用经济全球化提供的机会，又要充分认识经济全球化带来的挑战和风险，维护国家的安全。经济全球化对发达国家的跨国公司来说是扩张的机会，发达国家可以获得更多的世界支配权和利益。在大国霸权主义影响下，某些发达国家企图借机影响和控制世界、控制他国，谋取别国的利益。正因如此，对于发展中国家来说，经济全球化存在着尖锐的挑战和风险。在这种情况下，必须具有防范意识，主动采取措施，避免可能出现的危机，防患于未然。

当然，爱国主义不是狭隘的民族主义，也不是大国沙文主义，当今的大学生应当培育世界意识，以积极理性的姿态参与经济全球化过程，推进互利共赢的开放战略。

(1) 坚持爱国主义与国际主义相统一。爱国主义是开放的、兼容的，而不是封闭的、排他的。“民族的，才是世界的。”开放的爱国主义应是本土化和国际化的统一，是和而不合、和而不同。只有具有敢于和善于接纳国外先进文化的胸怀和态度，才能不断地汲取营养，发展自己，突出特色。优秀的东西应是没有国界和不分彼此的。所以，爱国主义不应当只是停留在一种口号和情绪的阶段，不应当仅靠历史的遗产来获得认同，更不应当靠狭隘民族主义的自我激励来维系。我们需要成熟的爱国主义，要正确处理热爱祖国与关爱世界、为祖国服务与尽国际义务、维护世界和平与促进共同发展的关系。

(2) 经济全球化过程中要始终维护国家的主权和尊严。在经济全球化背景下，西方某些国家打着经济全球化的旗子来推行他们的政治制度和价值观念，别有用心地伤害他国的主权和尊严。对此，我们一定要保持清醒的认识，一方面我们要利用全球化带给我们的机遇，加快社会主义现代化的建设步伐，另一方面我们要始终维护国家的主权和尊严。总之，爱国主义永远是中华民族强大的凝聚力和永恒的主题。我们不是狭隘的民族主义者，我们对经济全球化所持的观点是“国际观、中国情、民族魂”。

七、新时代的爱国主义

杨振华

习近平总书记说，“爱国，是人世间最深层、最持久的情感，是一个人立德之源、立功之本。”爱国主义是社会主义核心价值观中最根本、最永恒的要求。它体现了人民群众对自己祖国的深厚感情，反映了个人对祖国的依存关系，是人们对自己故土家园、种族和文化的归属感、认同感和尊严感、荣誉感的统一。爱国主义是调节个人与祖国之间关系的道德要求、政治原则和法律规范，也是民族精神的核心。作为一种历史现象，爱国主义也受到时代主题、时代精神的重要影响，也呈现出不同的时代特征。作为中华民族的精神基因，在五千多年的漫长历史中，爱国主义始终是激昂的主旋律，在维系民族团结，激励各族人民自强不息，建设国家等方面发挥了极为重要的作用。近代以来，在爱国主义的旗帜下，中国人民为争取民族独立解放、国家的民主富强进行了艰苦卓绝的斗争和努力，这既是中华民族觉醒的历史进程，更是中华民族精神升华的历史进程。

(1) 作为道德要求，在中国特色社会主义的新时代，弘扬爱国主义首先就要增强对祖国的归属感、认同感、尊严感和荣誉感。实现中华民族伟大复兴的中国梦，是当代中国爱国主义的鲜明主题。在这个伟大的时代，近代以来久经磨难的中华民族迎来了从站起来、富起来到强起来的伟大飞跃，迎来了实现中华民族伟大复兴的光明前景。这是承前启后、继往开来、在新的历史条件下继续夺取中国特色社会主义伟大胜利的时代，是决胜全面建成小康社会、进而全面建设社会主义现代化强国的时代。在新时代，全国各族人民要团结奋斗、不断创造美好生活、逐步实现全体人民共同富裕，通过不懈奋斗，实现中华民族伟大复兴的中国梦。邓小平指出："中国人民有自己的民族自尊心和自豪感，以热爱祖国、贡献全部力量建设社会主义祖国为最大光荣，以损害社会主义祖国利益、尊严和荣誉为最大耻辱。"作为中华民族的一份子，每一位大学生都应该树立民族自尊心、自信心，更应该把自己的理想同祖国的前途、把自己的人生同民族的命运紧密联系在一起，自觉融入建设国家、复兴民族的伟大事业的历史进程当中。

(2) 作为政治原则，在中国特色社会主义的新时代，弘扬爱国主义就要将爱国、爱党、爱社会主义统一起来。在这个伟大的新时代，科学社会主义在中国焕发出强大的生机和活力，在世界上高高举起了中国特色社会主义伟大旗帜。在当前世界经济社会发展面临重大挑战的形势下，中国的改革开放事业取得了令世界瞩目的成就，中国特色的社会主义道路、理论、制度、文化不断发展，拓展了发展中国家走向现代化的途径，给世界上那些既希望加快发展又希望保持自身独立性的国家和民族提供了全新选择，为解决人类问题贡献了中国智慧和中国方案。这些成就的取得，是中国共产党的坚强领导，中国特色社会主义制度的不断发展完善的必然结果。习近平同志指出，"中国共产党是爱国主义精神最坚定的弘扬者和实践者，始终把实现中华民族伟大复兴作为自己的历史使命。九十多年来，我们党团结带领全国各族人民进行的革命、建设、改革实践，是爱国主义的伟大实践，写下了中华民族爱国主义精神的辉煌篇章。"在中国共产党的领导下，坚持并不断完善有中国特色社会主义制度是建设好我们的国家，实现中华民族的伟大复兴的前提和保证。"只有坚持爱国和爱党、爱社会主义相统一，爱国主义才是鲜活的、真实的，这是当代中国爱国主义精神最重要的体现。"

(3) 作为法律规范，弘扬爱国主义就要求遵守现行的宪法和法律制度，自觉维护国家的安全稳定和团结统一。祖国的统一大业尚未完成，局部地区和境外还存在一些敌对势力企图分裂国家，每一位爱国者都应该站在维护国家统一大局的高度，与这些势力开展旗帜鲜明的斗争。当前中国社会还处在重大的转型时期，各个领域还存在着发展不充分、不平衡的局限，要理性看待这些发展中的问题。没有法律制度的保障，社会的发展进步就失去了基本的前提。要表达自己的诉求，完善不合理的制度，消除不良社会现象均应该严格限制在现行法律制度的框架内。青年大学生热爱祖国，关心社会，要学会自觉抵制民粹主义、无政府主义和资产阶级自由主义等错误思潮的影响，合理合法地表达爱国主义情感。

(4) 作为民族精神的核心，在中国特色社会主义的新时代，爱国主义要求坚持立足民族又面向世界。中华民族精神中的爱国主义精神是我们进行爱国主义教育永恒的精神资源。弘扬爱国主义精神，必须继承和发挥中华民族爱国主义传统，尊重中华民族历史和文化，用中华民族优秀传统文化滋养新时期爱国主义精神。但是，传统爱国主义精神中不可避免地存在着阶级和时代的局限性，主要体现在：一是中国古代爱国主义观是一种自然基础上的延伸，并没有明确现代意义的国家概念，因此，对国家的理解相对比较抽象和模糊。二是中国古代爱国主义观往往把爱国的对象指向国家的代表即君主，忠君报国是中国古代爱国主义观的基本特点。三是中国古代爱国主义观具有历史发展过程中民族矛盾冲突所带来的狭隘性，往往充满着对其他民族的偏见和仇恨。四是由于封建统治阶级对中国古代爱国主义资源的运用，使得中国古代爱国主义观念存在着整体主义的局限性，往往片面强调个人对祖国的热爱和奉献，而无视国家对个人的责任和义务。总之，中华民族精神中的爱国主义精神是培育新时代爱国主义的精神沃土和基因库，但是，传统的爱国主义精神资源与新时代我们所倡导的爱国主义精神存在着重大的差异性。我们既要充分吸收中华民族五千多年来积淀的爱国主义精神滋养，同时，又要自觉超越古代爱国主义观的局限性，以马克思主义爱国主义观为指导，弘扬新时代爱国主义精神。这个伟大的时代，也是我国日益走近世界舞台中央、不断为人类做出更大贡献的历史时期。“要把弘扬爱国主义精神与扩大对外开放结合进来，尊重各国的历史特点、文化传统，尊重各国人民选择的发展道路，善于从不同文明中寻求智慧、汲取营养，增强中华文明生机活力。”党的十八大以来，中国共产党和中国政府在多个重大场合都倡导构建“人类命运共同体”观念，这说明，新时代的爱国主义已经超越了传统民族主义、国家主义的局限，既表达了中国人民的自信，也彰显了中国人民对世界的责任和担当。

此外，弘扬新时代的爱国主义也需要大力弘扬以改革创新为核心的时代精神。创新是一个民族进步的灵魂，是一个国家兴旺发达的不竭动力，也是在新的时代保持国际竞争力的核心和关键。近四十年来我国改革开放的历史性进程表明，改革创新是新时代最鲜明的特征。习近平总书记指出：“实现中国梦必须弘扬中国精神。这就是以爱国主义为核心的民族精神，以改革创新为核心的时代精神”；“改革创新始终是鞭策我们在改革开放中与时俱进的精神力量”；“在新一轮全球增长面前，惟改革者进，惟创新者强，惟改革创新者胜。我们要拿出‘敢为天下先’的勇气，锐意改革，激励创新，积极探索适合自身发展需要的新道路、新模式，不断寻求新增长点和驱动力。”大学生们要与时俱进，勇于革新，保持中华民族的生命力和创造力，在新的时代征程中不断取得更大成就。

八、提倡传承中国精神的意义何在？

杨振华

习近平总书记指出，中国精神“就是以爱国主义为核心的民族精神，以改革创新为核心的时代精神。这种精神是凝心聚力的兴国之魂、强国之魂。爱国主义始终是把中华民族坚强团结在一起的精神力量，改革创新始终是鞭策我们在改革开放中与时俱进的精神力量。全国各族人民一定要弘扬伟大的民族精神和时代精神，不断增强团结一心的精神纽带、自强不息的精神动力，永远朝气蓬勃迈向未来。”中国精神是生发于中华文明传统、积蕴于现代中华民族复兴历程，特别是在近些年中国的快速崛起中迸发出来的精神气象，是中国文化软实力的重要显示。

提倡传承中国精神是团结中华儿女的精神纽带。中国精神首先是中华民族的民族精神，是指中华民族在长期共同生活和社会实践中形成的，为本民族大多数成员所认同的价值取向、思维方式、道德规范、精神气质的总和。它反映了中华民族的心理特征、文化传统、精神风貌，是中华民族赖以生存和发展的精神支柱。中华民族能够在数千年的历史长河中生生不息、薪火相传、顽强发展，很重要的一个原因就是中华民族有一脉相承的精神追求、精神特质和精神脉络。以爱国主义为核心的民族精神是五十六个民族在长期的共同生存中逐渐形成的，它包含着中华民族共同的理想信念和价值观念，构成了中华民族的精神特质。在漫长的历史中，中国精神将各个民族聚集起来形成一个牢固的命运共同体，并逐渐形成中华民族的自我认同和思想共识。新的历史时期，中国在快速崛起的过程中，中华民族深层信念和价值体系焕发了生机，并体现出新的精神风貌和精神追求。实现中华民族伟大复兴，就是将民族精神时代化与时代精神民族化紧密结合起来所形成的新的共识，在这一新的伟大目标指引之下，提倡传承中国精神将继续成为凝聚全国各族人民的力量。

提倡传承中国精神是激励全国人民共筑中国梦的精神动力。中国精神也是不断发展的时代精神，是在新的历史条件下生成和发展的，体现民族特质并顺应时代潮流的思想观念、行为方式、价值取向、精神风貌和社会风尚的总和。民族精神是中国精神的根基，强调的是对于历史的传承；时代精神是中国精神的显现，强调的则是对于未来的拓展。人类社会的发展史表明，任何一个世界上的大国、强国，都是依靠“改革创新”走到了世界舞台的中央，引领着人类文明的传承与发展。因此，从这个意义上说，中华民族伟大复兴的“中国梦”，也就是有着五千年文明史的中国重回世界舞台中央，携手世界各国打造共同繁荣、和谐世界的光荣与梦想。植根于五千年历史渊源的优秀文化，基于对人类文明发展的深刻反思和对世界多极化发展背景下各种现实问题的自觉回应，中国选择了与近代西方“通过扩张和战争手段实现崛起”完全不同的和平发展道路，并坚持独立自主、改革创新的精神，通过几十年的艰苦努力，取得了伟大的成就并为民族精神注入丰富的时代内涵。只有以改革创新的时代精神为基点，中华儿女才能重拾五千年来积淀的民族自信，担当起人类文明火炬传承的历史使命。

提倡传承中国精神是在全球化时代维护国家认同的基本保障。世界上的各种思想文化、价值观念之间平等交流、包容互鉴、互利共赢是人类文明火炬传承的动力和源泉，这个全球化的时代呼唤开放、自信、包容的精神，每一个民族国家都需要将自己的文化本源通过改革创新形成新的时代风貌与精神气质。在和平与发展构成时代主题的今天，国家利益之争、社会不同制度和不同发展道路之争仍然占据重要地位，各种文明之间仍然存在重大冲突。发达的资本主义国家往往利用其在经济和科技等领域的优势进行文化和价值观输出，全球化进程中处于弱势地位的发展中国家往往面临着国家认同的危机。历史经验表明，那些不能维护国家、民族、文化认同的群体最终会丢掉精神灵魂，失去发展的方向，最终将沦为其他文化体的附庸。提倡传承中国精神，坚持以爱国主义为核心的民族精神和以改革创新为核心的时代精神就是维护和增强中国人的国家认同，在世界民族之林中保持自身的文化和价值标识，坚持走有中国特色的社会制度和社会发展道路。

中国精神是中华民族繁衍生息的历史进程中不断生发和丰富的文化血脉，每一位中华儿女都是中国精神的实践者，也是中国精神的书写者。

九、为什么说有科学高尚的人生追求才是有意义的人生？

冉 聃

(一) 问题的不同表述和实质

如何理解为什么说有科学高尚的人生追求才是有意义的人生这一命题，其实质在于理解什么是科学高尚的人生观。人生观是人们所处的历史条件和社会关系的产物，是人们的社会物质生活、精神生活条件的反映，是在社会实践过程中形成对人生的态度和观念。此外，人生观的形成还与人们生活的经历、知识水平、思想觉悟、道德修养有密切关系。同一社会、同一阶级的人，由于这些方面的差异，也会有不同的人生观。人生观的形成还离不开社会实践，科学高尚的人生追求需要在实践中不断进行探索，逐步调节和完善。

因此，人生观决定了一个人的思想意识的性质和水平，帮助人们辨别方向，识别善恶，朝着既定的人生目标前进。科学高尚的人生追求是把握人生方向、抉择人生道路的正确指南。科学高尚的人生观则指导人们坚持正确的人生方向，积极向上，为社会做出有益的贡献，创造巨大的人生价值。

(二) 对问题的回答

尽管在人类历史长河中涌现过形形色色的人生观，但只有以为人民服务为核心内容的人生追求，才是科学高尚的人生追求，才值得我们终生尊奉和践行。

一个树立了为人民服务的人生观的人，就能对人生的目的有更为深刻的理解，时刻把人民群众的利益放在心上，力求为人民多做好事。一个树立了为人民服务的人生观的人，就能以正确的人生态度对待人生、对待生活，始终对国家和民族具有高度责任感，在服务人民、奉献社会中实现自己的人生价值。

1. 树立为人民服务的人生观，要坚决抵制各种错误人生观的影响

(1) 反对拜金主义人生观。拜金主义人生观是一种认为金钱可以主宰一切，把追求金钱作为人生至高目的的人生观。拜金主义人生观将金钱神秘化、神圣化，视金钱为圣物，以追逐和获取金钱作为人生的目的和生活的全部意义，金钱成为衡量人生价值的唯一标准。用拜金主义指导生活实践，并由此确立人生目的，其危害显而易见。拜金主义是引发钱权交易、行贿受贿、贪赃枉法等丑恶现象的重要思想根源。

(2) 反对享乐主义人生观。享乐主义人生观是一种把享乐作为人生目的的人生观，主张人生的唯一目的和全部内容就在于满足感官的需求与快乐。人们在辛勤劳作之后享受生活，这是正当的需要，是有利于经济社会发展的。然而，如果把享乐尤其是感官的享乐变成人生的唯一目的，作为一种“主义”去诠释人生的全部意义，则是对人的需要的一种偏激和狭隘的理解，由此确立的人生追求是不正确的。

(3) 反对个人主义人生观。个人主义人生观是一切从个人出发，把个人的利益放在集体利益之上的人生观，主张个人本身就是目的，具有最高价值，社会和他人只是达到个人目的的手段。个人主义是生产资料私有制的产物，是资产阶级世界观的核心。个人主义作为资产阶级的人生观，与社会主义的为人民服务的人生观是根本对立的。极端个人主义是

个人主义人生观的一种表现形式，它突出强调以个人为中心，否认社会和他人的价值，甚至不惜采用损人利己的方式来追求自己的人生目标。极端个人主义在个人与他人、个人与社会的关系上表现为极端利己主义和狭隘功利主义。我们应旗帜鲜明地反对个人主义人生观特别是极端个人主义人生观。

2. 树立科学高尚的人生观

(1) 全面学习与自我学习。除了专业知识技能的积累，还需要接受科学的思维方式和哲学思想的系统训练。学会用辩证唯物主义和历史唯物主义的观点和方法去分析问题、解决矛盾。尽可能地从经济、政治、法律、科技、历史、文学中汲取有用的知识，从中培养科学高尚的人生观价值体系。学习的方式主要依靠自我学习，自我学习是一种独立自主的求学路径。当然，在学习的过程中，正确的引导和团队协作也是必不可少的。

(2) 自我审视与不断反省。除认真学习外，最重要的是要经常进行自我审视，曾子曰："吾日三省吾身"，自我反省是一个长期而艰苦的过程，要想认真地进行自我审视与反省改造，就要不断地用科学的哲学思想体系检视自己的思想和行为，进行必要的批评和自我批评，克服任性和偏私。还要敢于向一切错误的思想观念、腐朽的生活方式宣战，要勇于接受组织和群众的监督。只有这样，才能达到改造的目的。

(3) 善于明辨是非，把握好自己的言行。对于一些错误的人生观，比如享乐主义这种贪图安逸，追求吃喝玩乐的生活态度，必须有一个正确的区分，对错误的东西必须要坚决抵制，否则，科学高尚的世界观、人生观、价值观会被这些所谓错误的观念所吞噬。

科学高尚的人生追求必须牢固树立马克思主义的世界观、人生观、价值观，而树立和坚持正确的世界观、人生观、价值观是一个长期的艰苦的过程，一个人必须要有坚忍不拔的毅力，甚至要牺牲一些个人的利益，只有这样，才能成为一个高尚的人，一个纯粹的人，一个有道德的人，一个脱离了低级趣味的人，一个有益于人民的人。在科学高尚的人生追求的鞭策和鼓励之下去追求有意义的人生目标。

十、如何理解中华民族精神的“四个伟大”的深刻内涵？

宋香丽

在五千多年的历史发展中，中华民族形成了以爱国主义为核心的伟大民族精神。中华民族精神的“四个伟大”主要指：伟大创造精神、伟大奋斗精神、伟大团结精神、伟大梦想精神。

1. 伟大创造精神

创新是一个民族进步的灵魂，是一个国家兴旺发达的不竭动力，也是中华民族最深沉的民族禀赋。中华民族是具有伟大创造精神的民族。在几千年历史长河中，中国人民始终辛勤劳作、发明创造。伟大创造精神创造了中国历史上一个又一个的辉煌。中国人民的创造精神正在前所未有地迸发出来，推动我国日新月异向前发展，大踏步走在世界前列。

中国人民比历史上任何时期都更接近、更有信心和能力实现中华民族伟大复兴，在这种情况下，更需要充分激发、调动广大人民群众的创造精神与创新热情，以创新作为引领发展的第一动力，把创新摆在国家发展全局的核心位置，让创新贯穿党和国家一切工作。新时代，中国人民的伟大创造精神必然在新的长征路上爆发出更为磅礴的力量，让中华民族伟大复兴梦想成真。

2. 伟大奋斗精神

中华民族的发展史，就是一部中国人民的奋斗史。自强不息、艰苦奋斗、奋发图强是中国人民的精神特质。中华民族依靠奋斗精神创造了独树一帜的中华文明。中国人民拥有的一切，凝聚着中国人的聪明才智，浸透着中国人的辛勤汗水，蕴涵着中国人的巨大牺牲。实践充分表明，我国社会的发展、国力的强盛，源自于中国人民的艰苦努力、不懈奋斗和锐利进取。

新时代，我们要实现中华民族的伟大复兴，满足人民日益增长的美好生活需要，但是，这一目标的实现需要付出更为艰巨、更为艰苦的努力。要有效应对重大挑战、抵御重大风险、克服重大阻力、解决重大矛盾，我们党就必须带领全体人民充分发扬持之以恒、攻坚克难的奋斗精神。

3. 伟大团结精神

中国取得的令世人瞩目的发展成就，更是全国各族人民同心同德、同心同向努力的结果。伟大团结精神，深刻揭示了中国人民和中华民族在历史长河中所形成的高向心力、高凝聚力的深层内核与精髓。

伟大团结精神是在中国人民的伟大实践中形成的。党领导中国人民在走中国特色社会主义道路实践中，基于中国道路开辟与拓展，在鲜活的实践中形成和展示出的中国力量、中国价值、中国精神，是全国各族人民同心同德、同心同向努力所取得的丰厚物质财富，更是持续积累和不断累积的宝贵精神财富。党的十八大以来，以习近平同志为核心的党中央站在民族融通、文明交汇、共同发展的战略高度，强调“中华民族一家亲，同心共筑中国梦，这是全体中华儿女的共同心愿，也是全国各族人民的共同目标”，唱响了新时代促进各民族交往、交流、交融、推动民族团结进步事业不断发展的主旋律。

4. 伟大梦想精神

党的十九大报告指出：“实现中华民族伟大复兴是近代以来中华民族最伟大的梦想。”实现这个伟大梦想，是中华民族的共同期盼，是中国人民孜孜以求的奋斗目标。近代以后，由于西方列强的入侵和封建统治的腐败，中国逐渐沦为半殖民地半封建社会，中华民族遭受了前所未有的苦难。为了民族复兴，无数仁人志士不屈不挠、前仆后继，进行了可歌可泣的斗争。

一切伟大的成就都是接续奋斗的结果，一切伟大的事业都需要在继往开来中推进。今天，经过革命、建设和改革，我们比历史上任何时期都更接近中华民族伟大复兴的目标，比历史上任何时期都更有信心、有能力实现这个目标。我们必须牢牢把握新时代中国共产党的历史使命，在新时代中国特色社会主义的伟大实践中，凝聚起实现中华民族伟大复兴中国梦的磅礴力量。

十一、如何理解习近平总书记“绿水青山就是金山银山”的重要论述?

牛庆燕

建设生态文明是关系人民福祉、关乎民族未来的大计，是实现中华民族伟大复兴中国梦的重要内容。2013年9月7日，习近平总书记在哈萨克斯坦纳扎尔巴耶夫大学发表演讲并回答学生们提出的问题，在谈到环境保护问题时他指出:“我们既要绿水青山，也要金山银山。宁要绿水青山，不要金山银山，而且绿水青山就是金山银山。”这句话生动形象地表达了我们党和政府大力推进生态文明建设的鲜明态度和坚定决心。习近平总书记说“青山就是美丽，蓝天也是幸福”，因此，要让山更绿、水更清、天更蓝，我们必须在绿水青山中迸发出更大的生态自觉，要按照尊重自然、顺应自然、保护自然的理念，贯彻节约资源和保护环境的基本国策，把生态文明建设融入经济建设、政治建设、文化建设、社会建设各方面和全过程，像保护眼睛一样保护生态环境，像对待生命一样对待生态环境，既要绿水青山，也要金山银山，建设美丽中国，努力走向社会主义生态文明新时代。

1. 良好的生态环境是最普惠的民生福祉

生态文明是人类社会进步的重大成果。人类经历了原始文明、农业文明、工业文明，生态文明是工业文明发展到一定阶段的产物，是实现人与自然和谐发展的新要求。建设生态文明，不是要放弃工业文明，回到原始的生产生活方式，而是要以资源环境承载能力为基础，以自然规律为准则，以可持续发展、人与自然和谐为目标，建设生产发展、生活富裕、生态良好的文明社会。

随着社会发展和人民生活水平的不断提高，人民群众对干净的水、清新的空气、安全的食品、优美的环境等的要求越来越高，生态环境在群众生活幸福指数中的地位不断凸显，环境问题日益成为重要的民生问题。正像有人所说的，老百姓过去“盼温饱”现在“盼环保”，过去“求生存”现在“求生态”。

2. 保护生态环境就是保护生产力

保护环境与经济发展并不矛盾，发展经济要算环境保护的大账。因此，无论是发展乡村工业还是开发乡村自然资源，应该树立科学的发展理念，建立完善的环境保护与发展机制，应用先进实用的科学技术，把绿水青山这个最大的自然优势转化为经济优势，吸引更多的人才、资金、技术等生产要素，形成完善的绿色产业链，实现经济效益、生态效益和社会效益最大化。

我们只有更加重视生态环境这一生产力的要素，更加尊重自然生态的发展规律，保护和利用好生态环境，才能更好地发展生产力，在更高层次上实现人与自然的和谐。要克服把保护生态与发展生产力对立起来的传统思维，下大决心、花大气力改变不合理的产业结构、资源利用方式、能源结构、空间布局、生活方式，更加自觉地推动绿色发展、循环发展、低碳发展，决不以牺牲环境、浪费资源为代价换取一时的经济增长，决不走“先污染后治理”的老路，探索走出一条环境保护新路，实现经济社会发展与生态环境保护的共赢，为子孙后代留下可持续发展的“绿色银行”。

3. 以系统工程思路抓生态建设

(1) 优化国土空间开发格局。国土是生态文明建设的空间载体，要按照人口资源环境相均衡、经济社会生态效益相统一的原则，统筹人口分布、经济布局、国土利用、生态环境保护，科学布局生产空间、生活空间、生态空间，给自然留下更多修复空间，给农业留下更多良田，给子孙后代留下天蓝、地绿、水净的美好家园。

(2) 全面促进资源节约。控制能源消费总量，加强节能降耗，支持节能低碳产业和新能源、可再生能源发展，确保国家能源安全，努力控制温室气体排放，积极应对气候变化。加强水源地保护，推进水循环利用，建设节水型社会。严守十八亿亩耕地保护红线，严格保护耕地特别是基本农田，严格土地用途管制。加强矿产资源勘查、保护、合理开发，提高矿产资源勘查合理开采和综合利用水平。大力发展循环经济，促进生产、流通、消费过程的减量化、再利用、资源化。

(3) 加大生态环境保护力度。良好生态环境是人和社会持续发展的根本基础。要以坚持预防为主、综合治理，强化水、大气、土壤等污染防治，着力推进重点流域和区域水污染防治，着力推进颗粒物污染防治，着力推进重金属污染和土壤污染综合治理，集中力量优先解决好细颗粒物 (PM2.5)、饮用水、土壤、重金属、化学品等损害群众健康的突出问题，切实改善环境质量。

4. 实行最严格的生态环境保护制度

环境污染问题日趋严重，与政府部门执法不力、执法不严有一定关系。因此，我们应该像习总书记强调的那样:“对破坏生态环境的行为，不能手软，不能下不为例。”以推进“蓝天”、“碧水”、“绿地”保护为总目标，全面强化生态环境执法监管工作，对破坏生态环境的违法行为，依法从严从重打击，加大违法者违法成本，要把资源消耗、环境损害、生态效益等体现生态文明建设状况的指标纳入经济社会发展评价体系，建立体现生态文明要求的目标体系、考核办法、奖惩机制，使之成为推进生态文明建设的重要导向和约束，促使全民增强环保意识，自觉行动起来，珍惜资源，保护环境，建设美丽中国。

十二、社会主义道德建设的核心是什么？如何理解？

薛桂波

社会主义道德，是以社会主义公有制为主体的经济基础的反映；是在无产阶级自发形成的朴素的道德基础上，以马克思主义的世界观为指导，由无产阶级自觉地培养起来的道德。它属于共产主义道德体系。道德建设的核心，即道德建设的灵魂，决定并体现社会道德建设的根本性质和发展方向，规定并制约着道德领域中的种种道德现象。道德建设的核心问题实质上是为什么人服务的问题。以为人民服务为核心，体现了道德建设的根本要求。

“为人民服务”是由毛泽东同志最早提出的。邓小平同志进一步发展了毛泽东同志的“为人民服务”的思想，不论是在理论和实践上，都极其重视。改革开放以来，邓小平同志更明确地指出，人民满意不满意、人民高兴不高兴、人民赞成不赞成，应当成为检验我们一切工作的标准。为人民服务是社会主义道德建设的核心，是社会主义道德建设的出发点和落脚点。社会主义道德建设的一切活动，都要以最大多数人民的根本利益为最终目的。这是一种科学的概括，是对道德建设的一种新的认识，有其丰富的内容和深刻的含义。

1.“为人民服务”是社会主义市场经济健康发展的要求

在社会主义市场经济条件下，必须倡导为人民服务的道德观，把为人民服务的思想融会贯通在各种具体道德规范之中。首先要引导人们正确处理个人与社会、竞争与协作、先富与后富、经济效益与社会效益等关系，提倡尊重人、理解人、关心人，为人民为社会多做好事，反对拜金主义、享乐主义和个人主义，形成展示社会主义制度优越性、促进市场经济健康发展的良好道德风尚。其次，为人民服务是社会主义经济基础和人际关系的客观要求。在我们国家，为人民服务不仅是对共产党员和领导干部的要求，也是对广大群众的要求。每个公民不论职位高低、能力大小，都能够在不同岗位、不同层次，通过不同形式做到为人民服务。为人民服务，其含义不只是一般地为他人服务，而是为广大人民群众服务，它反映了社会主义经济基础和政治制度的客观要求。社会主义经济是以公有制为主体的经济，最终目的是要消灭剥削、消除两极分化，实现全体人民共同富裕。再次，“为人民服务”体现了社会主义道德的先进性要求和广泛性要求的统一。我们现在建设和发展有中国特色的社会主义，最终目的是实现共产主义。我们应当在全社会认真提倡社会主义、共产主义思想道德，这就显示了社会主义道德的先进性要求。另一方面，必须鼓励支持一切有利于解放和发展社会主义社会生产力的思想道德，一切有利于国家统一、民族团结和社会进步的思想道德，一切有利于追求真善美、抵制假丑恶、弘扬正气的思想道德，一切有利于履行公民义务、用诚实劳动争取美好生活的思想道德，引导广大人民群众，不断地提高他们的思想道德水平。从一定的意义上来看，“为人民服务”这一思想，既包含着社会主义道德的基本要求，又体现了社会主义道德的最高要求，与“全心全意为人民服务”发展有必然联系。因此，以为人民服务为核心的道德规范，正确反映了社会主义市场经济的客观要求，反映了个人、集体、国家三者利益相结合的关系。

2.“为人民服务”实现了政治与道德的高度统一

政治宗旨与道德原则是两个不同的范畴，各自有着特定的对象、内容和发展规律。但是，二者又有密切的联系。政治宗旨作为观察处理政治生活中各种问题的根本目标和行为规范，本来就具有道德的含义；而任何道德原则都具有阶级属性，都是实现一定阶级利益和阶级意志的政治措施。为人民服务作为中国共产党的根本宗旨，同时就包含了道德原则，并体现在共产党员的一切言论和行动之中。而把为人民服务作为社会主义道德建设的核心，根本目的在于通过提高广大人民群众的道德素质，对社会政治经济的发展发挥巨大的能动作用。

3.“为人民服务”实现了义与利的高度统一

为人民服务从政治宗旨到道德核心的发展，体现了马克思主义的义利观。以国家利益和人民利益为基础的义利统一的价值观，是我国社会应当确立的基本价值观。作为政治宗旨的为人民服务，强调大公无私，服从大局，无条件地为人类的解放和幸福而奋斗，其根本目的是为了无产阶级和全人类的最高利益和根本利益。把为人民服务作为社会主义道德建设的核心，强调社会成员在保证国家、集体利益和他人利益的前提下实现个人利益，提倡先义后利，见利思义，通过合法经营和诚实劳动致富，反对见利忘义和为富不仁。

在现实社会生活中，我们必须立足于发展社会主义市场经济这一现实基础来进行以为人民服务为核心的社会主义思想道德建设，必须正确处理好市场经济活动与政治活动的关系和经济效益与社会效益的关系。全体公民都应该具有为人民服务的主体意识，遵守和维护社会公德、职业道德和家庭美德，关心他人，关心集体。社会主义的义利观指导着我们为人民服务的实践，把为人民服务作为社会主义道德建设的核心这不仅是理论上的自觉认知，更重要的是必须着眼于建设，在实践中躬行体验。

十三、在现实生活中，诚实守信的人可能吃亏，而不诚实守信的人可能占便宜，怎样看待这种现象？

窦立春

这种现象的存在表面上反映了“诚实守信”与“吃亏”之间、“诚实守信”与“占便宜”之间的关系，实际上涉及了道德与经济之间的关系问题，这是一种道德短视和道德近视。其原因可以从以下几个方面进行分析：

1. 这是对诚信概念的误读

2012年商务印书馆出版的中国社会科学院语言所词典室编写的《现代汉语词典》(第6版)对“诚信”的解释是：“诚实，守信用。”这里，诚信有两个含义：①诚实，要求人与人交往时说真话，向别人传递真实信息，实事求是，不掩盖或歪曲事实真相；②讲信用，遵守诺言。这两层含义都说明诚信是为人处世的道德准则，是一个道德范畴。

从诚信概念的演变来看，“诚”与“信”是两个分别有着不同含义、相对独立的范畴，后来合二为一。“诚”在先秦时期就已经是一个重要的哲学和伦理学范畴，它既代表物理、事理，又代表特定的伦理原则和人的品质。《礼记·中庸》中写道：“诚者，天之道也”，“诚之者，人之道也”。《孟子》中说：“诚者天之道，思诚者人之道。”因此，“诚”主要是指人言之实在，不欺，心口如一，引申为诚实的道德品质。“信”首先是讲信用、守诺言。孔子强调：“与朋友交，言而有信”。可见，“信”的基本含义是指诚实、遵守诺言的品质。《现代汉语词典》(第6版)同时还解释了“信用”，它有四个含义：① 能够履行跟别人约定的事情而取得的信任；② 不需要提供物质保证，可以按时偿付信用贷款；③ 指银行借贷或商业上的赊销、赊购；④ 信任并任用。其中④是书面语，做动词用，现在很少使用。其余三个含义中，②和③都与经济有关。即使是①，有道德因素也有经济因素。因为履行跟别人的经济约定或非经济约定的同时，也就包含了诚实的道德。由此可知，在信用的三个含义中，尽管包含了诚信这一道德内容，但有两个半的含义是与经济、货币有关。由此可见，信用主要是一个经济问题。

综上所述，诚实守信属于道德范畴，在经济活动中，它是指主体的主观方面，表现为主体内在的行为和动机。信用则是指人们之间的一种特殊的经济交易方式，属于经济范畴，体现着“本质的、发达的生产关系”。因此，信用是经济规则。诚实守信体现了道德关系与经济规则的内在一致性，做有道德之人和有道德之事有利于社会的进步，对其关系的误读和误解会阻碍社会发展。

2. 目前人们道德评价标准倾向多元化、道德层次参差不齐现状的表现

面临国际化全球化背景的影响和中国社会转型期各种价值观念冲突的现状，社会上诚实守信的人可能吃亏，而不诚实守信的人可能占便宜，这种现象也在一定程度影响并存在于大学校园中。例如，有的学生考试作弊、简历造假等也有可能会取得暂时的成功，却牺牲了其他同学的平等权利。在道德评价标准上，这些人不以为耻反以为荣，在其社会影响上也给其他同学起到了反面“榜样”作用，长此以往就会降低人们的道德评价标准，可能的结果就是作弊、造假习以为常，世风日下。诚信作为一种道德人格，是自律和他律的统一，是道德义务和道德良心的统一，因此，培养和完善诚信道德，需要从自律和他律，亦即从道德修养和道德教育两个环节着手。道德自律(道德修养)，是指人作为道德主体在诚信道德素质方面进行的自觉的自我改造、自我表现、自我陶冶、自我锻炼和自我培养的功夫，是一种自主、自愿、自觉的活动。它首先要求道德主体树立正确的世界观、人生观和价值观，抵制和反对那些只注重自我利益而无视社会和他人利益的腐朽的人生观和价值观；其次要提高道德主体的道德认知能力，即对道德规范是否符合行为事实的判断能力，这种认知能力的获得需要道德他律。道德他律(道德教育)，是指道德一经形成，必然带来某种超越于个体特殊性的社会普遍性，内含着社会共同意志，是一种外在于人的客观必然性，在形式上表现为道德规范、道德义务。它对人起着约束和导向作用，规范着人的行为，防止人的任意妄为，从而达到社会的稳定与和谐。

3. 目前社会信用评价机制不够成熟

市场关系是一种普遍化的契约关系，这种关系不仅具有双方合作和交易的契约实质，而且以人人平等和机会平等的形式上的公正为基本前提，因此，市场关系首先是一种以形式公正为特征的形式化的契约关系。这是区别于传统经济和计划经济的根本所在。虽然传统经济和计划经济也存在着实质上的契约，但是却不存在形式化的契约关系。道德的基础是公正，而公正的实质是契约，公正在而道德存。在形式化契约关系基础上建立和运行的市场经济，其基本的道德是诚信。当人们还没有取得自由契约、自由交易的权利的时候，诚信也不可能普遍化成为整个社会的道德诉求。不仅如此，市场关系就是互利关系。只有在形式化契约关系的基础上，人们才能普遍而广泛地互利合作。也只有在诚信和互利的基础上，社会才有可能进一步提出为人利他的道德诉求，有人才能真正自觉自愿地进行这种道德实践，从而达到更高的道德境界。因此，从根本上来说，市场经济就是一种诚信经济。

在市场行为中，由于每个市场主体都是利益主体，为实现利益最大化目标，每个主体都存在着机会主义动机，这就必然产生市场的机会主义行为。防止机会主义行为不仅需要各种制度设计，还需要建立人们自觉遵守的道德原则来达到相互信任，这就是市场秩序的

诚信道德原则。诚信的缺失会导致交易费用的提高，严重时还会导致交易链的中断，导致经济的衰退。一个高效率的市场，必定是一个信用良好的市场；一个缺少诚信的市场，肯定是一个低效率的市场。

总之，诚信是一个社会、一个国家、一个民族的精神面貌和道德风尚，是关乎民族和国家、党和人民生活的生存之道和生命之本，是全面建设小康社会的必备因素。

十四、个人主义的本质是什么？为什么我国道德体系建设要坚持集体主义原则？

窦立春

1. 个人主义的本质

个人主义是与集体主义对立的概念。个人主义和集体主义代表了两种截然不同的方法论和价值观。诸多学者对个人主义的解释都有所不同，我们将个人主义内涵概括如下：① 独立的个人是社会的本源或基础；② 个人是社会的终极价值 (人是目的)；③ 个人与他人、社会之间的界限；④ 所有的人都是平等的；⑤ 个人对自己的行为负责；⑥ 自治自律的人格、自组织行为、对抽象的公共权威的服从。个人主义是一个历史范畴，我们也应当承认在其形成的历史过程中，它在反对封建特权等方面起到过积极作用。这一点可以从个人主义的表现中窥其一斑。个人主义表现为：① 自由、平等、人权是个人的政治诉求；② 民主是对个人的尊重；③ 宪政是个人的制度保障；④ 市场经济是对个人经济追求的承认与规范；⑤ 基督教是个人的灵魂拯救；⑥ 文学艺术是个性的表现 (个人体验、情感、意志、理想等的表现或表达)；⑦ 科学是个人的求知活动 (满足好奇心)；⑧ 生活方式是个人对幸福的追求。个人主义是西方文明的核心价值，个人主义是西方文明与其他文明相遇时最主要的价值冲突。这样，个人主义成为一个与集体主义近乎对立的概念。哈耶克就曾经在这一意义上使用此概念。

哈耶克曾指出真正的个人主义的本质特征是：① 它主要是一种旨在理解那些决定人类社会生活的力量的社会理论；② 它是一套源于这种社会观的政治行为规范。个人主义的核心是本体论的个人主义。简要地说，认为个人先于社会而存在，个人是本源，社会、国家是个人为了保障自己的某种权利或利益而组成的，除了个人的目的，社会或国家没有任何其他目的。

个人主义的根本原则在于善和恶完全是个人的主观评价，因为不可能从对象本身的本质之中得出任何善与恶的共同准则，善和恶的用法从来就是和使用者相关的。个人主义价值观念的直接影响是人与人关系的冷漠化和社会共同体精神家园的缺失。在这种意义之上，个人主义与功利主义不谋而合。

当然，个人主义带着反封建的冲动力为资本主义社会吹响号角时，作为西方文化核心内容的个人主义价值观也渗透到政治领域。政治上的个人主义的原则表现为：① 个人权利的至高无上性；② 政府的目的在于保护个人的权利和利益；③ 政治个人主义的延伸必然要求政府的建立必须基于社会成员的同意，政府权威的合法性来自公民的同意，即民主原则。政治个人主义过分夸大个人的历史作用，认为只有个人的利益才是真实的。个人与政府之间只是一种契约关系与法律关系，而不是一种伦理关系、关怀或者爱的关系。在奉行个人主义观念的社会中，只有上帝才可能带给人们关爱、温暖和精神慰藉。

个人主义价值观念渗透到经济领域就表现为，个人强调追求自己经济利益的合法性，强调个人通过竞争和市场经济实现个人利益，强调政府较少干预经济。

总之，个人主义的本质是个人本位，与我们所倡导的集体本位的集体主义根本对立。

2. 反对个人主义的理由

集体主义和个人主义是两种根本对立的道德原则。集体主义是共产主义道德的基本原则，它是无产阶级的经济地位和历史使命在道德上的反映和必然要求，是无产阶级高尚品德的集中表现。集体主义要求在整个革命实践中，把无产阶级的集体利益置于高于一切的首位；在处理个人和集体的关系上，个人利益服从集体利益，眼前利益服从长远利益，局部利益服从全局利益。在无产阶级反对资产阶级的革命斗争中，集体主义是团结无产阶级和劳动群众的战斗武器；在社会主义建设中，集体主义更是教育和团结广大人民群众，调节人们之间、个人与集体和国家之间关系的基本道德原则。在社会主义条件下，存在着国家、集体和个人三者的利益关系，三者是相互制约、相互促进的，从根本上说，三者的利益是一致的。国家利益、集体利益是通过广大人民群众的集体努力来实现的，因而要以个人利益为基础；而国家利益、集体利益的发展则是个人利益得以实现和发展的可靠保证。集体主义在强调个人利益必须服从国家利益、集体利益的前提下，承认和保护个人的正当利益。集体主义提倡对国家、对集体做奉献，这种奉献本身内含着个人的根本利益。集体主义原则和个人主义原则是根本对立的。

个人主义是一切剥削阶级的共同道德原则，资产阶级道德原则中的拜金主义、利己主义是个人主义的最高形态。个人主义脱离集体利益片面地夸大个人利益，把个人利益凌驾于国家、集体利益之上，视个人利益高于一切。集体主义承认个人的正当利益，但坚决反对个人主义，反对用个人利益否定、损害国家的、集体的利益。集体主义作为一种社会主义道德原则，把国家利益、集体利益和个人利益辩证地结合起来，一方面，要求国家和集体关心广大人民群众的个人利益，尽可能使他们的正当的个人利益得到发展；另一方面，培养广大人民群众的集体主义道德观念，引导他们自觉地以个人利益服从国家利益、集体利益，必要时甚至牺牲个人利益以维护国家利益、集体利益。

十五、有些人对见义勇为不屑一顾甚至冷嘲热讽，如何看待这种现象？

窦立春

见义勇为一词最早源于《论语•为政》里的“见义不为，非勇也”，意思是看到正义的事，便勇敢地去做。在《宋史·欧阳修》中也有记载：“见义勇为，虽机阱在前，触发之不顾。”从古至今，见义勇为一直是人们追求的道德标准，当今社会勇斗歹徒、救灾抢险的英雄事迹层出不穷，但同时也引发了许多问题：有些人对见义勇为不屑一顾甚至冷嘲热讽，见义勇为者因自己的行为遭受的损害无法得到保护，甚至出现英雄流血又流泪的现象。这种现象可以从以下几个方面进行分析。

1. 处理好“见义勇为”与“见义智为”之间的关系

《信息时报》曾作过这样的报道，不少市民认为，提倡正义就是要在日常生活中见义勇为。有关专家分析，新时代倡导“正义”并非片面鼓励市民盲目“见义勇为”，而是应在政府的指导下，引导市民积极配合，形成社会正气。而“见义智为”并不代表正义的湮没，却可能意味着更好地实现正义。显然，相对于挺身而出、血溅七步，公民在面对不法分子时理智地选择及时报警，或尽可能地记住歹徒的特征，通过巧妙的跟踪等方式，为警方提供有价值的线索，更有利于打击犯罪。而且，这种渠道的成本最低，同时也自然会规避见义勇为时因防卫过当等原因所带来的法律风险。这提醒我们，路见不平，不仅要见义勇为更要见义智为。见义勇为者在与歹徒搏斗中英勇献出生命或是受到伤害，固然可歌可泣，但在见义勇为时保全自己的性命同样不能轻视。

2. 面对道德冷漠现象作出理性分析

道德冷漠是个体在具备道德认识的前提下在特殊的情境中选择“不作为”的一种道德现象。鉴于道德冷漠的日益普遍化趋势，应加强对公民的社会公德教育、增强公德意识，从而重构个体的道德行为。

(1) 加强对公民的社会公德教育，增强公德意识。

高等学校是建设社会主义精神文明的重要阵地和辐射源。社会公德与人们在公共生活中的实践活动有着紧密的联系。因此，要培养社会公德意识，努力做社会公德规范的传播者和践行者。首先要提高认识。社会公德要求的文明范畴是最基本的文明行为，如果一个受过高等教育的人连这些基础的文明行为都做不到，那将是教育的悲哀。其次是注重大学生自己的养成教育。公德教育不仅仅只是唤醒大学生的公德意识，更重要的是对大学生进行日常行为规范教育和加强管理，包括公德行为方式的选择和行为习惯的养成。积极参与各种社会活动，在实践中培养社会公德意识和责任意识。参加志愿者服务等公益事业和社会实践活动对大学生了解社会、拓展实际工作能力，尤其是增强社会责任感有极大的帮助。

(2) 对见义勇为现象的道德支撑。

在全社会的共同努力下，见义勇为的人员生活困难等问题不断得到改善和解决，对弘扬社会正气，推动社会主义精神文明建设发挥了重要作用，但是，也有个别地方对见义勇为人员关心、爱护不够，见义勇为者的合法权益得不到有效表彰，“英雄流血又流泪”的现象时有发生，在一定程度上挫伤了人民群众见义勇为的积极性。如果没有见义勇为者的奉献精神，我们的社会在危难的时候就会出现黑暗，就会出现我们道德体系上一瞬间的空白。见义勇为者的出现，体现了和谐社会对友爱与互助精神的认同感，体现了社会的爱心与良知。所以，全社会应形成对见义勇为现象的道德支撑和良性互动。

(3) 对见义勇为现象的政策法律法规的相关保障。

政府保障绝不能让“英雄流血又流泪”现象再次发生。各级党委、政府采取有效的措施做好见义勇为者的救治、康复工作。对负伤的见义勇为者，医疗机构和有关单位要积极、及时地组织抢救和治疗，不得以任何理由拒绝或拖延。要进一步做好见义勇为先进人物的奖励抚恤工作，建立由公安、民政、财政、人事、劳动和社会保障、教育、卫生等部门和社会团体参加的见义勇为者的表彰、评烈、评残、抚恤等工作机制。对符合革命烈士条件的见义勇为者，要积极地申报评烈，并解决好其家属的各项待遇；对于其他见义勇为伤亡者的抚恤，也应按照特殊情况从优办理，要切实解决见义勇为者因牺牲、伤残造成的家庭及个人生活困难，创造条件给他们特殊的关心照顾，尽可能地为见义勇为者及其家庭提供日常生活的照料。要积极为见义勇为者提供法律援助和保护，依法从重从快严厉打击行凶报复见义勇为的违法犯罪分子，采取有效措施，切实保护见义勇为者及其家属的安全。

3. 整合社会资源，形成“见义勇为、见义智为、见义众为”的良性互动

案例：2010年5月5日零时许，魏女士乘出租车经过武昌大东门时，目击一劫匪抢走路边女青年的挎包后骑摩托车逃窜，她赶紧让司机悄悄尾随，同时拨打110报警。夜色中，魏女士牢牢盯住前方的摩托车，用手机向警方“直播”劫匪逃窜的路线。110指挥中心根据魏女士的指引，迅速调度附近两台巡逻警车抓捕。3分钟后，劫匪拐入中南路银泰百货附近小巷，魏女士赶紧报告了最新情况。正当她焦急万分时，5名巡警突然出现，在巷口将劫匪擒获。除魏女士外，另外3位市民也十分机智。出租车司机朱师傅被抢走身上仅剩的20元钱后，断定歹徒还会继续作案，他一边驾车跟踪一边报警，协助警方将伺机再次抢劫的歹徒抓获；万先生发现两名劫匪飞车抢夺后，骑电动车跟随劫匪大街小巷转圈子，引导警方追捕；潘先生发现劫匪乘出租车逃窜后，驾驶私家车尾随并报警。奋不顾身，巧斗歹徒，既避免了流血和牺牲，又达到了制服歹徒的目的，这种伸张正义的行为，与深圳市提倡的“见义勇为、见义智为、见义众为”宗旨是一致的。

我们应该整合包括政府、家庭、学校、社会等各种资源，运用道德、法律、政治、文化等各种方式形成“见义勇为、见义智为、见义众为”的良性互动。

十六、当今时代，发扬光大中国革命道德还有必要吗?

窦立春

当今世界虽然处于和平时期，但是非常有必要发扬光大中国革命道德。这是因为：① 中国革命道德是中国传统道德的重要组成部分；② 中国革命道德是中国民族精神与中国国家精神的重要组成部分；③ 中国革命道德在今天仍然具有重要的启示意义。具体内容详述如下：

1. 中国革命道德是中国传统道德的重要组成部分

中国革命道德是指中国共产党人、人民军队、一切先进分子和人民群众在中国新民主主义革命和社会主义革命、建设与改革中所形成的优良道德传统，是中华传统美德的重要体现。如中国革命道德中体现出来的对理想信念的坚守、对人民利益的关照、对自己的严格要求，以及对社会新风尚和新型人际关系的追求，都与中国传统美德相承接，又是对传统美德的升华与深化。中国革命时期是中国历史发展的重要历史阶段，呈现出来的革命传统也是中国传统道德的重要组成部分，与中国传统道德薪火相传、血脉永续。

2. 中国革命道德是中国民族精神与中国国家精神的重要组成部分

中国革命道德不仅仅属于中国特殊的历史时期，其丰富的内容、详实的历史事迹、可歌可泣的历史人物，共同凝聚为中国的国家精神，也是中国民族精神的重要内容。这些革

命精神包括：红船精神、井冈山精神、苏区精神、长征精神、抗战精神、延安精神、沂蒙精神等。

第一，红船精神。红船精神是开天辟地、敢为人先的首创精神，是坚定理想、百折不挠的奋斗精神，是立党为公、忠诚为民的奉献精神，这是中国革命精神之源，也是红船精神的深刻内涵。红船精神同井冈山精神、长征精神、延安精神、沂蒙精神等一道，伴随中国革命的光辉历程，共同构成我们党在前进道路上战胜各种困难和风险、不断夺取新胜利的强大精神力量和宝贵精神财富。

第二，井冈山精神。井冈山是中国革命的摇篮。井冈山时期留给我们最为宝贵的财富，就是跨越时空的井冈山精神。发扬井冈山精神，就是要结合新的时代条件，坚守理想、坚定信念、实事求是、艰苦奋斗，闯新路、攻难关，依靠群众，取得胜利。对于军队而言，就是要以党在新形势下的强军目标为引领，深入推进政治建军、改革强军、依法治军，坚持用井冈山精神等革命传统铸魂育人，教育引导广大官兵坚决听党的话、跟党走，坚决听从党中央、中央军委指挥。

第三，苏区精神。苏区精神的主要内涵为“坚定信念、求真务实、一心为民、清正廉洁、艰苦奋斗、争创一流、无私奉献”。弘扬苏区精神就是始终坚持把马克思主义基本原理同中国具体实际相结合，不断推进马克思主义中国化、时代化、大众化。始终教育共产党员坚定中国特色社会主义信念和共产主义信仰，满怀信心地为全面建设小康社会、加快推进社会主义现代化而奋斗。始终坚持以人为本、执政为民，把实现好、维护好、发展好最广大人民根本利益作为一切工作的出发点和落脚点。始终加强文化建设，满足人民群众不断增长的精神文化需求，推动实现社会主义文化大发展大繁荣。始终大力弘扬苏区精神，推动创先争优，不断开创各项工作新局面。

第四，长征精神。长征，是中国共产党和中国革命事业从挫折走向胜利的伟大转折点，是二十世纪中国共产党人创造的壮丽史诗，是一部中国革命的百科全书。长征迸发出一种绵延不绝的精神力量。长征精神集中体现了党和红军的优良传统与作风，是中国共产党人世界观、人生观和价值观的全面展示，更是我们构建社会主义和谐社会的强大精神动力。回望长征，我们可以更加清晰地看到，长征不仅是一次人类精神和意志的伟大远征，也是一段中国共产党领导中华优秀儿女寻求中华民族复兴的伟大征程。

第五，抗战精神。在波澜壮阔的中国人民抗日战争中，千千万万的抗战英雄抛头颅、洒热血，为战争胜利作出了重大牺牲，为铸就伟大的抗战精神作出了重大贡献。伟大的抗战精神，永远是激励中国人民克服一切艰难险阻、为实现中华民族伟大复兴而奋斗的强大精神动力。

第六，延安精神。伟大的延安精神是党的性质和宗旨的集中体现，是党的优良传统和作风的集中体现。伟大的延安精神教育滋养了几代中国共产党人，始终是凝聚人心、战胜困难、开拓前进的强大精神力量。弘扬延安精神，就要把坚定正确的政治方向放在第一位，牢记全心全意为人民服务宗旨，坚持解放思想、实事求是、与时俱进，保持延安时期的忘我精神和昂扬斗志的科学精神，为建设和发展中国特色社会主义不懈奋斗。

第七，沂蒙精神。沂蒙是革命老区，中国的革命胜利主要是党和人民水乳交融、共同努力的结果。党把人民利益放在第一位，为人民谋解放，人民跟党走，无私奉献，可歌可泣。沂蒙精神是党和国家的宝贵精神财富，要不断结合新的时代条件发扬光大。

3. 中国革命道德在今天仍然具有重要的启示意义

这些革命道德和革命精神在今天仍然具有重要的启示意义。它们共同构成了中国精神，这种精神是一种对信念的坚守、对理想不懈追求的精神，是一种实事求是、不怕艰难困苦的精神，是一种以人民利益为最高利益，党和人民水乳交融的精神，是一种无私奉献、敢于牺牲的精神。这些精神在今天仍然鼓励着我们继续前进。所以，在今天继续发扬光大革命道德是非常必要的。革命道德的发扬光大不仅有利于加强和巩固社会主义和共产主义的理想与信念；有利于培育和践行社会主义核心价值观；有利于引导人们树立正确的道德观；有利于培养良好的社会风尚，抵制腐朽思想的侵蚀。

十七、大学生如何培养自己的责任意识？

窦立春

1. 当代大学生责任意识现状调查

(1) 家庭责任意识不强。学生交流对象主要是同龄人之间，与父母交流甚少，尤其是男生与父亲的交流更少，而在与父母的交流中主要以自己为中心，很少谈及对父母的关心，甚至有些同学不知道父母的生日，过分关注自己的生日，与父母交流的主要目的竟是索要生活费。

(2) 爱情婚姻责任观混乱。相当一部分大学生认为，大学生恋爱与婚姻是两码事，恋爱的目的五花八门，有些同学因为孤独寂寞，有些同学因为需要消磨时间，有些同学将恋爱作为相互攀比的筹码……只有少数同学恋爱是基于共同的志向与追求。同时，当代大学生的爱情观也趋向功利化，男大学生“找富婆”、女大学生“傍大款”的现象也屡现报端，这些现象凸现出当代大学生爱情婚姻责任意识的淡化。

(3) 职业责任认识模糊。学生对自己专业与职业认识模糊，我们在对一年级大学生的调查中发现，不少同学对自己所学专业的基本内容、发展前景、就业方向等方面一无所知或者知之甚少，更有甚者，有些同学到了大学四年级时都不能很好地把握自己所学专业与就业之间的关系，前途茫然，在这样的驱使下有些同学不得不选择考研，而考研只是作为逃避就业的一种方式。基于对职业与专业、所学理论与社会实践之间关系认知的肤浅，使得很多学生先就业、后择业，而这种心态和思想直接影响到大学生在工作中的热情、积极性和韧性，这也就使得学生职业责任意识淡薄，大学生跳槽现象屡屡发生。

(4) 诚信意识参差不齐。一些高校学生学习风气不浓，逃课、旷课现象较严重，因此出现考试作弊甚至考试代考现象，助学贷款不还、手机欠费不缴、同学之间借钱不还等情况也时有存在。

2. 当代大学生责任意识淡薄的成因分析

(1) 家庭方面的原因。现在独生子女家庭占多数，在家庭教育中往往以孩子为中心，对于孩子一味宠爱纵容；另外，独生子女没有兄弟姐妹共同生活，容易形成感情上的“自我中心”，养成不善于团结、不善于竞争、不善解人意、缺乏协作、缺少助人为乐的品质和行为。这一切都使孩子逐渐养成了“一切以我为中心”的人性、专横执拗的坏脾气和不良习惯，而缺乏良好行为习惯的培养特别是责任意识的培养。

(2) 学校方面的原因。在国内应试教育指挥棒的引导下，中小学教育主要是以灌输知识为主。纵然从中央到地方一再强调要加强孩子的素质教育，但不可否认的是中小学生学习负担过重的现状没有得到根本的改变，升学率依然成为人们判断学校好坏的衡量体系，学习成绩也自然而然地成为学校判断学生好坏的主要标准。因此，老师、家长都对孩子们唯一的要求是好好读书，给他们的主要任务就是好好学习。而学生们在责任和良知方面的从小教育则非常缺乏，这就造成一个很大的人格缺陷，从而导致了大学生责任意识淡化。

(3) 社会方面的原因。随着改革开放的扩大，互联网的普及，各种承载着西方个人主义意识形态和价值观念的“亚文化”对学生的学习生活的冲击日益强烈，年轻人在接受民主、自由文化意识的同时，往往会过分注重个人利益而忽视整体利益，这也是造成大学生缺乏社会责任感的重要成因。

(4) 大学生自身的原因。大学生的年龄主要集中在 18 ～ 22 岁，这个年龄段的青少年有特殊的生理心理特点，也有很多矛盾和冲突，诸如独立性与依赖性的矛盾、开放性与闭锁性的冲突、理性与情感的冲突，等等，这也在很大程度上影响大学生责任感的形成。

3. 增强大学生责任意识的主要途径

1) 家庭成员要凸现责任感

在家庭成员之间建立一种平等参与的和谐家庭氛围，打破“以孩子为中心”的现象，不能对孩子一味宠爱纵容；要孩子多与父母以及同龄人之间交流，养成与他人分享快乐、助人为乐的好习惯，避免独生子女惯有的任性、霸道等不良习惯；同时，父母要以身作则，言行一致，为孩子做好榜样，体现家庭责任感。

2) 高校作为青少年思想教育工作的主阵地要切实加强责任教育

(1) 感恩教育。“感恩”是一种生活态度，是一种品德，如果人与人之间缺乏感恩之心，必然会导致人际关系的冷淡。感恩教育有助于大学生们理解父母无私的关爱以及国家和社会的眷顾，帮助他们更好地审视自己、认识自己，理解作为一名大学生肩负的责任和义务，发愤图强，用自己实际行动来回报自己的父母，并回馈社会、报效国家。

(2) 诚信教育。诚实守信是人与人之间相互关系的基础性道德规范，是做人的根本，更是新世纪大学生必须具备的品质。加强大学生诚信教育，一要建构完善的诚信教育体系，创造诚实守信的校园氛围，开展一系列的诚信活动；二要建立监督机制，强化大学生诚信意识和规则意识，上海的一些高校开始试点建立大学生诚信档案，加强对大学生诚信监督；三要在教书育人中注重诚信教育，尤其是在思想政治教育过程中有意识地加强诚信教学。当然，高校也要做好管理工作，在体制中强化诚信教育，在服务工作中渗透诚信教育。从小事抓起，让大学生在日常的同学交往中、在学习和考试过程中言行一致、拒绝作弊、消除功利心理，诚实守信，使学生认识到讲究诚信不是为了维护与增加自己的利益，而是要尽到做人的本分。

3) 大众传媒要注重责任感与精神力量的培植

社会的大众传媒要尽可能避免功利化与世俗化趋势与倾向，要更加注重责任感与精神力量的培植。这样可以避免学生的浮躁心理与逐利心态，有利于大学生责任意识的形成。

4) 加强自律教育

大学生应加强自律教育，即培养大学生自我教育、自我管理、自我约束、自我服务的能力。当代大学生必须学会对自己负责，要懂得珍惜生命，养成良好的生活、卫生习惯，加强自我防护意识，注意安全。在日常生活细节中注意塑造自己的人格和形象，学会求知，学会生存，学会快乐生活。

十八、当代中国的大学生应从哪些方面学习和借鉴西方的美德思想？

杨振华

西方文化总体上与东方文化有很多不同，但也有一些共同的诉求。比如，东西方文化都对美德很重视。当然对于“何为美德，如何实现美德”这两个根本问题的回答，两种文化差异很大。也正因为如此，作为当代中国的大学生有必要学习和借鉴西方的美德思想，以在追求善的生活过程中得到更为全面的指导，毕竟“他山之石，可以攻玉”。

首先有必要说明，西方文化在美德问题的认识上也有一个历史的发展过程，在不同阶段呈现出差异极大的特点。这当然有多方面的原因，如时代的社会状况不同，面对的主要问题不尽相同，等等。我们需要了解其思想及其发展的脉络，以更好地发现其中蕴含的合理性因素，并用以指导自己的人生实践活动。

总体来说，西方的美德伦理有以下几个方面的特点可以为我所用：

1. 理性主义占据主导地位

对于“美德”的思考从西方文明的发源地——古代希腊就开始了。“希腊七贤”之一的苏格拉底认为，未经理性审慎的生活是没有价值的。他有两句名言：一是“认识你自己”，一个人只有真正认识了自己，才能实现自己的本性，完成自己的使命，成为一个有德性的人。二是“美德即知识”，在这里，他把德性与知识等同起来。苏格拉底的这种知识德性论奠定了西方美德思想的理性主义基础。

希腊文化的这种理性美德论在中世纪 (5 ～ 15 世纪) 发生了重大转向。在中世纪基督教占据统治地位的伦理秩序中，上帝居于绝对核心的位置。人只有面对上帝并归于上帝才能获得心灵的宁静，并在这种向着上帝的信仰中获得善。但即使是这样，基督教神学家们也仍然强调理性在理解并信仰上帝方面的重要意义。只是，当理性与信仰产生冲突时，强调用信仰去拥抱理性。

启蒙运动中理性被抬高到了极高的地位并奠定了近代以来西方文化的基调。在道德生活中，功利主义逐渐占据了主流，它主张理性计算，将善定义为能将功利最大化的行为方式，尤其是这一理论给社会生活的安排提供了一种较为细致的指导，至少比完全听从于人们的情绪危害要小得多。当然，在几百年的时间中，一直有康德式的目的论与之抗争，强调人的绝对正当权利不能让位于社会功利计算。20 世纪 70 年代罗尔斯的《正义论》出版标志着目的论对功利主义的冲击，但也是在理性主义潮流内部的一种调整。

基于对理性的重视，西方伦理学和教育思想比较倾向于在对青年进行道德教育时，将受教育者的道德认识水平作为教育的起点和重要的手段。在当代西方教育学界占据重要地位的认知主义道德教育理论认为，知识和认知能力在个体道德和道德发展中具有重要作用；道德教育的主要任务不是行为训练，也不是情感的激发，而是道德认知能力包括道德判断、道德推理以及道德选择能力的培养。强调认知的道德发展意义、重视道德认知能力的培养已经成为当代西方道德教育理论和实践的一种普遍倾向。

2. 重视并力图调整理性与感性、理性与非理性的关系

柏拉图认为人的灵魂由三部分组成：理性、激情与欲望。三者在理性的统治下和谐一致，则智慧、勇敢、节制、正义四种美德俱全。单纯的理性生活和单纯的感性生活都不是幸福的，因而都是不足取的，他主张人应用智慧和意志控制情绪，过一种以理性为基础的“和谐”生活。

中世纪的基督教伦理学更是从信仰这一非理性的角度对人的美德作了规定：即虔诚地信奉上帝，通过此生的“事功”来获得上帝的拯救，最终在来生得到幸福。影响深远的功利主义者从快乐主义演化而来，其最初的基础理论是“最大快乐”原则。但同时它也强调，身体上的快乐需要借助理性的指导才能不致伤害自己。后来功利主义的指导思想是“最大多数人的最大幸福”原则，也是在理性与感性之间进行平衡。当代的社群主义者重视个体在其自身文化传统中的生存境遇，也将美德的界定与获取置于其社群的文化之中，比如宗教与风俗习惯等非理性内容是一个人成长不可能避开的内在因素。

3. 将个人的道德生活与（国家）社会的政治秩序紧密联系在一起

西方伦理学在整个发展过程中体现了高远的道德理想。亚里士多德将人定义为政治的动物，即认为人的道德生活必须是在城邦中度过，也只有在城邦中度过才是有意义的。近代启蒙运动时期思想家在抽象人性论及契约论的基础上论证了政治权力的来源及其合理性，他们也重视公民的美德思想，但是他们的理论都有一个共同的特点，那就是对权利的考虑获得了对一般善的考虑的优先性地位，于是，他们在肯定法律治理的绝对必要性和先在性地位之后，要求人们认同这种正义秩序，并培养相应的情感、欲望品质。所以，这一时期的伦理学从属于政治学或政治哲学。近代人对古代国家所推崇的美德不是特别重视，而是认为需要保卫自己的权利和自由。换句话说，人们选择什么样的道德生活那是你个人的事情，只是你不能违反法律制度对一些基本价值的保护性规定，比如人的生命、私有财产不受侵犯，不能欺诈等。当然，社会成员的更高的美德显然也是社会正义所需要的，对于推进社会成员的整体福祉也是很重要的。

4. 重视个性、重视个人的发展，提倡个人主义和合理利己主义

原子式的个人是西方文化传统中对人的基本假定。当然这种个体性也是在理性的基础上才能确立的。笛卡尔的“我思故我在”这一基本命题中包含的主体性思想成为现代社会思潮中的基本倾向。在道德修养的过程中，总是存在着“谁要修养”的问题，不确立主体性的思想，青年将总会面临着被强迫去提升道德境界的困惑。个人主义最具典型意义的就是亚当·斯密对人性的认定：人是经济人，在本性上是合理利己的。市场经济体制的确立

就是要给利己的个人追求经济利益制定一个合理的框架。前文已述，近代以来政治哲学的基本理论就是政治权力对善的生活不做断定，即所谓“价值中立”原则，个人的道德生活是自由选择的问题，这也正是主体性思想的基础。

总之，通过了解西方的美德理论与道德教育，我们应该从几个方面加以借鉴：立足理性，特别是独立和批评性思维能力的发展是道德意识确立的基础；协调身心和谐是道德生活中一个不可回避的重要问题；从多种选择性的道德生活中寻求自己的人生方向；在社会生活的秩序中找到自己的道德坐标。

十九、中国传统美德对大学生的思想道德教育有什么重要意义？

窦立春

中华民族有五千年的文明史，以礼仪之邦、文明古国而著称于世。在中华民族传统思想文化和道德的宝库中，有许多我们应该而且必须继承的有价值的精神文化成果和需弘扬的传统美德。它们是中国传统文化的精华，代表着中华民族的整体道德风貌和精神特征，体现着中华民族生存和发展的凝聚力与内聚力。中国传统美德对大学生的思想道德教育有着十分重要的意义，可概括为以下几个方面：

1. 重德性

《周易》言：“地势坤，君子以厚德载物”。影响中国几千年的儒家精神也倡导“德治”“以德为本”。子曰：“道之以政，齐之以刑，民免而无耻；道之以德，齐之以礼，有耻且格。”也就是说，用道德礼乐来教化人民就会使他们产生道德与法律的自律、自觉，利用道德的内在约束力达到稳定社会的目的。德治将道德与政治有机联系在一起，成为维系社会稳定、实行有效统治的工具。《大学》中提出的“修身、齐家、治国、平天下”，既是儒家德治思想的出发点，又是它的主要内容。儒家学派认为，只有这样才能实现“天下为公”“大同世界”。以德为本思想为我们今天的道德教育提供了宝贵的精神财富。“德”“法”是规范人们行为、调节社会秩序的两种最基本的方式，道德与法律相辅相成、不可或缺，如车之两轮、鸟之两翼。同时，我们应对儒家“德治”思想进行辩证把握，取其精华、去其糟粕。

2. 重修养

孔子的修养方法中提到“虚壹而静”；孟子从性善论出发提出“尽心知性”的修养方法。“尽其心者知其性，知其性，则知天矣”。认为人只要尽量发挥天生的恻隐之心、羞恶之心、恭敬之心、是非之心，就能发现人的本性：仁、义、礼、智四种善端，也就能知天命。人们要善于养护自己的本性，不因外界干扰而丧失掉自己的本性，并要发挥内心的善端。在此理论基础上，建立起以个体的道德自律为主体的人格标准，价值取向，处世准则；主张人无贵贱之分，在人格上都是平等的，“圣人与我同类者”，“万物皆备于我”，人人具备善良天性和美好品德，可成尧舜。《大学》精神体现了“诚意正心、格物致知、修身、齐家、治国、平天下”的修养方式、修养动力和修养目标。我国传统美德历来重视人格修养，并形成向内探求自省的人格精神，强调道德实践中主体的能动性和自觉性。纵然古代的修养方法是建立在抽象人性论和封建等级制度之下的，具有浓厚的唯心主义色彩，甚至有些不切实际的地方。我们可以运用马克思主义的基本立场和基本观点与方法对此进行科学分析，认真鉴别，正确对待。修身其实就是要学习社会行为规范，使自己的一言一行都与大多数人的社会行为趋同，这样才能得到大多数人的承认。一个人也应该懂得要利用环境，只有调节自己去适应它，才能达到人生的目的。这就是修身的诀窍。

3. 爱国

公忠爱国的传统思想激励着人们的爱国激情。中华民族的公忠精神要与当代的爱国主义精神有机地结合起来，这是德育的最终目的。在社会主义道德建设中，弘扬公忠精神，对于发扬集体主义精神，维护祖国和人民的利益，推动社会主义现代化建设事业，具有十分重要的现实意义。我们要把对人民的热爱转化为为人民服务的行动中，积极投身于为人民服务的实践活动中，为解决人民群众存在的切实问题做贡献，为人民谋求利益。但是爱国的传统思想中存在着一个前提假设，也就是君主代表国家的利益，“朕即国家”。当这一前提不成立时，忠君就不能产生爱国的效果，显然，这种观点在今天有了根本不同，广大的人民群众利益与国家利益根本一致，公忠爱国思想也就与为人民服务思想根本一致。

4. 自强

自强不息的精神是中华民族优良的传统美德。《周易》所言:“天行健，君子以自强不息”。《礼记》中也讲到:“知困，然后能自强也。”强调要有不屈不挠、顽强奋斗的意志和励精图治、艰苦创业的精神。几千年来，中华民族以自强不息的精神历经磨难、艰苦奋斗，创造了伟大的东方文明，屹立于世界民族之林。我们的祖先历来告诫年轻人“少壮不努力，老大徒伤悲”的自强精神。然而现代大学生很多同学缺乏自强精神。面对2008年的大学生新生入学情景，人们心中体悟最多的是可怜天下父母心。90％的学生有父母亲戚陪同，而且父母几乎代办所有事情，更有甚者因为学生独立性太差，父母不得不在学校周围租房陪读。更不可思议的是有些刚入学的大学生却因环境的不适应而选择自杀。据媒体报道，某大学的学生李某因为不及格课程太多、家境贫困、失恋等人生挫折而选择跳楼，放弃生命。选择逃避是不负责任的做法，我们应理性分析并勇敢面对。

5. 重义

孔子曰:“君子喻于义，小人喻于利”“不义而富且贵，于我如浮云”“义以为质”“见利思义”“见得思义”；孟子曰:“何必曰利？亦有仁义而已矣”“生，亦我所欲也；义，亦我所欲也。二者不可得兼，舍身而取义者也。”早期儒家的“义利观”对后世产生了极其深远的影响。关键是作为原则、标准的“义”必须正确，在阶级社会里，由于阶级利益和不同政治集团的利益不同,“义”的具体内容往往也截然不同，甚至根本对立。在封建社会，贫苦农民不堪压迫，揭竿而起，从来都认为自己的行为是符合“义”的，但在封建统治阶级看来，那是“造反”。所以，义利观是具有阶级性的，笼统的“义”不存在。当代大学生在实际生活中能坚持社会主义的“义”，自觉做到见利思义，做一个高尚的人，有益于人民的人。

6. 仁爱

《论语》曰：“仁者，爱人”“己欲立而立人，己欲达而达人”“己所不欲，勿施于人”；孟子曰：“老吾老以及人之老，幼吾幼以及人之幼”。强调待人宽容厚道、将心比心、推己及人的人本主义精神。传统社会仁爱精神与以人为本思想一脉相承。以人为本的内容，跟中华民族源远流长的仁爱内容有着十分密切的关系。《论语》记载：“厩焚。子退朝，曰：‘伤人乎？不问马。’”“樊迟问仁，子曰：‘爱人。’”这表明仁爱即是爱人。仁爱已成为中华民族构建伦理道德大厦的基准，将我们整个民族从精神上凝聚起来。

二十、如何规范大学生的“网络行为”？

胡华强

青年大学生是上网用户的主体。据中国互联网络信息中心发布的《第 28 次中国互联网络发展状况统计报告》显示，截至 2011 年 6 月 30 日，我国网民总数为 4.85 亿人。其中，10 ～ 19 岁的用户占 26.0%，20 ～ 29 岁的用户占 30.8%，30 ～ 39 岁的用户占 23.2%，40 ～ 49 岁的用户占 11.6%，50 ～ 59 岁的用户占 4.81%，60 岁以上的用户占 2.4%。大专、本科文化程度的网民占了总数的 22.2%。大学生思想活跃、思维敏捷、朝气蓬勃，人生观、世界观、价值观尚未定型，在上网过程中，容易受到网络虚拟的、不良信息的影响和误导，出现了许多认识上的误区，甚至做出了一些有悖道德和违法的上网行为。

1. 大学生网上有悖道德和违法言行的表现

(1) 浏览色情网站和其他不良网站。美国的一项调查表明，因特网上一年有 45 万个 (张) 色情图片和文件，这些材料被查阅过 600 万次之多，平均每天可收到 1232 个色情信息。

(2) 谩骂诽谤、恶意攻击。利用校园 BBS、电子邮件、QQ 留言、博客等方式谩骂、诽谤某些自己看不顺眼或有意见的人，进行人身攻击、诋毁他人；鼓吹资本主义自由化，攻击社会主义制度，煽动种族歧视和民族分裂；否定传统道德文化，在网上张贴内容不健康的文章等。

(3) 制造和传播计算机病毒。计算机病毒是指编制或者在计算机程序中插入的破坏计算机功能或者破坏数据、影响计算机使用并且能够自我复制的一组计算机指令或者程序代码。它具有破坏性、传染性、隐蔽性、潜伏性的特点。大学生这种行为的动机和目的复杂，有对社会不满的，有心理变态的，有以侵入他人计算机显示才能的。

(4) 非法修改网站内容。个别大学生网络技术好，为了检测自己的计算机技术水平，所以就非法侵入网站，在网页上进行删除、留言，或对其进行非法链接等等非法修改网站内容的行为。

(5) 侵犯他人隐私、非法牟利。电子邮箱被盗用、QQ 号密码被盗的现象在大学校园里经常发生。某些大学生对他人隐私十分好奇，通过各种方法获取他人的账号和密码，以满足自己的好奇心。也有一些人是利益驱动，盗用他人账号和密码非法获利。

(6) 其他有悖道德、违法行为。这类行为包括非法使用他人享有著作权的软件、影视和音乐作品；剽窃他人论文；通过网络互传答案、篡改学习成绩等。

2. 大学生网络行为规范教育的主要内容和任务

对大学生进行网络行为规范教育必须从法律规范和道德规范两个方面入手。

1) 网络法制教育

对大学生进行网络法制教育的目的，一是要培养大学生的网络法制意识，特别是增强网络空间的权利、义务观念。要教育学生在学习计算机和网络知识的同时，也要注意学习有关计算机网络的法律、法规，以杜绝网络违法犯罪行为。要让学生认识到，人类社会的任何科技 (包括网络技术) 成果的运用都是有限制有底线的，这个底线就是法律。二是要培养大学生网上自我保护的意识和能力。网络法律规范是网上自我保护的重要武器，要帮助学生明辨在网络社会中由于主体的匿名隐形而导致的合法与非法、有罪与无罪等问题，提高对网络陷阱的识别能力，使学生掌握和正确运用基本的网络法律武器，维护自己在网络空间的合法权益。

2) 网络伦理道德教育

道德作为启发人们内心觉悟的无形力量，是国家强制力无法代替的。网络空间中道德的规范作用也是十分重要的。道德不但是网络立法的基础，也是网络法律规范实施的思想保障。如果在网络文化中有成熟的道德体系，在一致认同的规范和标准衡量下，一个群体或个人的网络行为会自觉地服从社会的整体利益，从而将网络社会的权利、义务与责任集成于新型的网上生活方式和行为方式，则网络失范行为的数量和程度都会大大地降低。大量事实表明，法律虽然在预防和惩治网络违法犯罪方面能发挥强有力的作用，但一方面立法的速度赶不上网络发展的变化，许多领域无法及时得到法律调整，总有不少网络失范行为是游离于法律之外的。另一方面，网络的虚拟性的特点也使法律在惩治网络违法犯罪方面力度有限，存在着侦破难、取证难等客观困难。即使在号称“网络王国”的美国，计算机犯罪的破案率不到 10%，能定罪的则不到 3%。故从道德层面上维护网络秩序是十分必要的。

3. 开展大学生网络行为规范教育的主要途径与方法

首先，网络化教育方式与传统教育方式相结合。网络行为规范教育应当充分利用网络平台进行，逐步实现法制与思想道德教育的网络化。但这并不意味着要抛弃传统教育方式，而是将其作为另一种教育手段和途径。只有使法制与思想道德教育网络化与学校其他多渠道教育形成相互借助、相互融合、相辅相成的结构，才能共同构成一个虚拟与现实、无形与有形、显性与隐性相互交融的立体法制与思想道德教育体系，增强教育的实效。

其次，灌输教育与自我教育相结合。大学生网民是信息化、网络化程度较高的特殊群体，具有强烈的主体意识、独立思维和自我教育能力。他们厌烦了内容陈旧、形式枯燥、盛气凌人式的道德说教，渴求与教育者进行平等双向交流与对话。教育者要顺应时代的发展，努力创建一个能将培养目标内化为个体自觉意识的宽松和谐、自由有序的教育环境，利用网络技术消除法制与思想道德教育中成人化标准、理论化形式、课堂化模式的弊端，帮助大学生进行自我教育。但大学生社会阅历较浅，人生观、价值观方面均未完全定型，具有很强的可塑性，因而必要的正面灌输也是必不可少的。只是在灌输教育中也要注意改变传统的教学模式，变单一的由教师“单人独奏”为师生“合奏”，充分发挥学生学习的主动性。

再次，个性教育与共性教育相结合。互联网极大地张扬了大学生的个性，也为更好地开展个性教育提供了可能。网络时代的思想教育就是要改变以往按统一的标准、内容、形式、方法进行大学生思想道德教育的教育模式，正视大学生的个性差异，在共性指导下寻找多样化的个人发展，达到共性与个性的和谐与完美。

最后，引导自律与实施他律相结合。一方面要大力倡导文明上网的伦理规范，通过教育引导上网者的自律。另一方面学校要依照国家关于网络管理的法律，结合学校的实际，制定切实可行的校园网络管理规章制度，完善管理机制，规范管理。

二十一、“大众创业、万众创新”体现的是什么样的时代精神？

李广博

党的十八届五中全会将“创新”作为五大发展理念之首，坚持创新发展，必须把创新摆在国家发展全局的核心位置，让创新贯穿党和国家一切工作，让创新在全社会蔚然成风。早在 2014 年 9 月的夏季达沃斯论坛上，李克强总理在公开场合首次发出“大众创业、万众创新”的号召，要在 960 万平方公里土地上掀起“大众创业”、“草根创业”的新浪潮，形成“万众创新”、“人人创新”的新势态。两年来，他在国内外各种公开场合中频频阐释这一观念。今年的政府工作报告提到“创新”次数高达 64 次之多。报告还明确指出，推进大众创业、万众创新，是培育和催生经济社会发展新动力的必然选择，是扩大就业、实现富民之道的根本举措，是激发全社会创新潜能和创业活力的有效途径。这是认真总结国内外发展实践经验和理论认识的卓越成果，深刻体现了与时俱进、开拓进取、求真务实、奋勇争先的时代精神。

1.“大众创业、万众创新”体现了与时俱进的时代精神

“大众创业、万众创新”反映出中国共产党人准确把握时代特征，始终站在时代前列和实践前沿，始终坚持解放思想、实事求是，在大胆探索中继承发展。人类社会发展史实际上就是一部大众创业、万众创新的历史。我国改革开放以来的实践也充分说明了这一点。比如，上世纪 80 年代初以家庭联产承包制为核心的农村体制改革后，极大激发了农民的创业热情，一大批乡镇企业异军突起，成就了今天以万向集团为代表的一批创业企业。此后，随着经济体制和科技体制的改革，又有一大批科研人员和国有企业职工“下海创业”，使一大批民营企业异军突起，成就了今天以华为、联想、海尔等为代表的一批创业企业。这其中许多都是“草根创业”，是大众创业、万众创新。而且，现在来看，许多成功的企业往往都是“草根”完成的。影响创新创业的因素有很多，包括国民素质、基础研究水平、科研基础设施条件、体制政策环境等方面，但核心是人的因素，关键是创新型企业的发展壮大。从某种程度上讲，推动创新发展，就是坚持以人为本推进创新，要提高国民的教育

水平，充分调动和激发人的创业创新基因。就是坚持以企业为主体推进创新，要大力推动创业企业发展，强化企业作为创新发动机的作用。因此，推进创新创业必须要改变“选运动员”的方式，应在全社会高扬创新和企业家精神，营造公平竞争的市场环境，让广大人民群众参与创新创业的大潮，使大量优秀人才在创新创业的伟大实践中脱颖而出。

2.“大众创业、万众创新”体现了开拓进取的时代精神

“大众创业、万众创新”反映出中国共产党人勇于开拓、积极进取、不怕困难、不怕挫折的精神风貌。谨以推进供给侧结构性改革为例，综合来看，供给侧结构性改革，主要是指对要素投入侧和生产侧的重大改革、关键性改革，其核心是要通过推进金融、土地等要素改革和生产端的改革，提升企业效益和竞争力，焕发企业家精神，创造出能够激发消费者需求的优质产品和服务，满足新需求，开拓新市场，推动新技术、新产业、新业态蓬勃发展，加快实现发展动力的转换。最重要的是通过政府体制改革，让更多社会资本参与投资，充分激发微观经济主体活力。大众创业、万众创新，不仅可以大幅增加有效供给，增强微观经济活力，加速新兴产业发展，又可以扩大就业、增加居民收入，还有利于促进社会纵向流动和公平正义，是经济发展的引擎。在当前形势下，要紧紧围绕打造大众创业、万众创新这一中国经济增长的新引擎、新动力，大力推进政府监管、投融资、科技体制等关键环节和生物医药与健康、新能源、节能环保、通用航空、文化旅游等重点领域的改革。要深入推进传统产业创业创新，鼓励广大企业职工积极利用互联网 +、大数据等新技术，推进工艺创新和设备更新改造，广泛开展技术革新，加快传统制造业向中高端迈进。要适应当前新技术、新产品、新业态迅猛发展趋势，完善政府管理体制，加强人才、技术、金融等要素支撑，着力营造有利于新兴企业不断涌现和发展壮大，有利于新技术、新产品、新业态快速商业化的良好生态。

3.“大众创业、万众创新”体现了求真务实的时代精神

坚持求真务实，是坚持马克思主义科学世界观和方法论的本质要求。它体现了马克思主义所要求的理论和实践、知和行的具体的历史的统一。所谓“求真”，就是依据解放思想、实事求是的思想路线，不断地认识事物的本质，把握事物的规律。所谓“务实”，则是要在这种规律性认识的指导下，去做、去实践。“大众创业、万众创新”揭示了创新、创业理论的科学内涵和本质要求。

创新是企业家对生产要素的重新组合。创新是赋予资源以新的创造财富能力的行为，创新主要有两种：技术创新和社会创新。世界经济的发展是一个制度创新与技术创新不断互相促进的过程。创业是指一个人发现和捕捉机会并由此创造出新产品或服务的过程，主要标志和特征是创建新企业或新的组织。创业不仅仅局限于创办新企业的活动，在现有企业中也存在创业行为。创业者既可以指新创企业的创办人，也包括现有企业中的具有创新精神的企业家。创新和创业是两个既有紧密联系又有区别的概念。二者在某种程度上具有互补和替代关系，创新是创业的基础和灵魂，而创业在本质上是一种创新活动。但创业和创新也是有所区别的，从现有的经济理论和研究看，创新更加强调其与经济增长的关系。

大众创业、万众创新的提出把创业、创新与人、企业这几个关键要素紧密结合在一起，不仅突出要打造经济增长的引擎，而且突出要打造就业和社会发展的引擎，不仅突出精英

创业，而且突出草根创业、实用性创新，体现了创业、创新、人和企业“四位一体”的创新发展总要求，揭示了创新创业理论的科学内涵和本质要求，为创新创业理论和实践研究开辟了崭新的天地。

4.“大众创业、万众创新”体现了奋勇争先的时代精神

80多年来，党始终站在时代前列，团结和带领人民取得了革命、建设和改革的伟大胜利。共产党员的奋勇争先就在于努力走在群众前面，带领群众前进。要把科技与人民群众的创造力在更大范围、更深程度、更高层次上融合起来，既要“顶天”，努力突破核心关键技术，勇攀世界科技高峰，又要“立地”，通过大众创业、万众创新将科技成果转化为现实生产力。这就要求我们必须着力提高教育质量，推进科技体制改革，强化创新发展的人才和科技基石，要深入推进大众创业、万众创新，在全社会大力弘扬创新创业精神，使创业企业不断涌现和发展壮大，包括新创办企业和现有企业的创业创新，不断为企业这部创新发动机注入新生力量和活力，汇聚形成经济发展的新动力。一方面，要大力推动初创企业不断涌现和规模化发展。历史上许多重大技术和发明的商业化最初都是由这些企业完成的。同时，初创企业也是就业增加的引擎。正是那些创业者不断创造出新的产品和服务，深刻改变了我们的生产和生活方式，创造了大量就业机会。当前，也正是那些在清洁能源、生物医药、先进制造、信息技术等领域的创业者，推动着新能源、生物、新一代信息技术等新兴产业发展，解决我们全球面临的资源环境健康等重大挑战。另一方面，要大力推进现有企业特别是大企业的创业创新。从我国看，目前许多大企业也正在积极推进创业创新，在大众创业、万众创新中发挥着重要作用。例如，腾讯、金发科技、达安基因等大型企业围绕全产业链需求，有针对性地创办孵化器，孵化培育了大量科技型创业企业并形成集聚效应。

二十二、如何看待法院判决与民意冲突?

胡华强

法院判决能否得到当事人和民众认可，是司法公信力的重要体现。近年来，法院判决与民意发生冲突的情况时有发生，成为当前法治建设中的一个热点问题。客观来看，法院判决与民意发生冲突，在一定程度上损害司法权威、妨碍社会和谐，也不利于依法治国目标的实现。因此，必须重视这一问题，理性分析其缘由，认真加以解决。

改革开放以来，我国社会主义法治建设不断深入，法院判决在维护社会稳定、处理社会纠纷等方面发挥了不可替代的重要作用。同时，司法实践中也出现了司法不公、冤假错案、司法腐败等问题，人民群众对一些案件的判决不满，加之其他多种因素影响，形成法院判决与民众意见的冲突。这种冲突导致人们对法院判决的正确性产生怀疑，给法院审判带来压力，有时甚至诱发公共事件。法院判决与民意发生冲突，表明法院判决并未被人们普遍接受，势必影响司法权威和司法公信力。

产生这一现象的原因很多，需要理性认识和全面把握。可以说，法院判决与民意冲突问题，是由个案暴露出的社会问题的集中反映。归结起来，主要有这样几个原因：一是社会处

于转型期，矛盾易发多发。矛盾、纠纷的增多，既增加了法院审判工作的难度，也推动了社会急躁情绪的滋长。二是司法腐败现象损害司法公信力。司法腐败、冤假错案虽然是个别现象，但会影响人们对法院的信任，降低人们对法院判决的认同度。三是公民权利意识增强与信息渠道增多。公民权利意识增强，加上信息渠道增多，导致与法院判决结果相左的评论更容易生成和传播扩散。四是司法专业化与大众化存在一定矛盾。由于对案件事实掌握程度、对法律规定理解程度不同，导致专业法官与普通民众对同一案件的认知出现分歧。

值得肯定的是，各级法院已在积极探索法院判决与民意冲突的解决途径。最高人民法院发布了有关促进司法民主化建设、建立案件质量评估机制、加强廉政建设、推进审判程序改革以及加强法院内部机制改革等规范性文件。一些地方法院开展了陪审团制、法庭之友等实践探索。这些举措取得了一定成效，但法院判决与民意冲突成因的复杂性，要求我们继续做好以下几方面的工作：一是遏制司法腐败。加快推进法院系统惩治与预防腐败体系建设，强化职业道德建设，从线索核查、立案、侦查、审查起诉、审判等环节强化对法官腐败犯罪的防治。二是完善公民参与审判制度。完善公开审判制度、陪审制度，继续提高人民陪审员的代表性和广泛性，进一步探索发挥人民陪审员的重要作用。三是完善公正审判的保障制度。公正司法事关社会公平正义。做好公正审判的保障工作，既需要各级党政机关和领导干部支持法院、检察院依法独立公正行使职权，建立领导干部干预司法活动、插手具体案件处理的记录、通报和责任追究制度；又需要紧紧抓住司法责任制建设，加强司法体系内部监督制约，把对司法权的法律监督、社会监督、舆论监督等落实到位。四是规范民意表达、反馈与转化机制。探索建立法院新闻发言人制度，在情况容许时主动披露案件相关信息，进一步完善民意沟通机制；探索通过媒体发布、信函回复、实地回访、组织座谈、电子查询系统公开、互联网公开等方式有效反馈民意，做到积极聆听社会呼声、及时掌握舆情动态、依法解决合理诉求。

二十三、如何看待爱情与人生?

朱美芬

处于青春期的男女青年在共同的学习和工作中，总会羞涩地产生一种渴望与异性在一起的微妙的情感。这种含苞欲放的情感，在经过辛勤的耕耘和精心的培育之后，必然会结出丰硕的果实，但如果把握不住开放的时期，过早地滥施肥和水，其结果，或使花蕾脱落，或开得快、凋谢得迅速。那么，如何使爱情之花适时开放，并且长开不谢，结出丰硕的果实，就是每个青年在人生的道路上必须认真探索和回答的问题。

1. 爱情的涵义

1) 爱情的本质

爱情是什么？古往今来，不少思想家研究它，不少文艺作品表现它，但由于阶级的不同，社会的不同，人们的世界观、人生观和道德境界不同，就决定了对爱情的回答必然不同。所谓爱情，是指一对男女基于共同的生活理想，在各自内心形成的对对方最真挚的倾慕，并渴望对方成为自己终身伴侣的最强烈、最稳定的两性情感。或者，我们还可以简单地表述为：爱情是指有可能或已经缔结婚姻关系的一对男女之间的互爱。

爱情作为人类精神的一种最深沉的冲动，其动力是人的性欲，是延续种属的本能。这种本能是爱情的生物学基础。然而，爱情不是一种纯属本能的情欲，而是人类身心活动的升华，是性与爱的和谐统一。因此，爱情具有两种属性：社会属性和自然属性。本质上是人的自然属性与社会属性的高度统一，是异性之间崇高情感的有机统一，其中社会属性起主导作用。

2) 爱情的特点

(1) 自主性：两性之间自觉自愿的相爱，自己决定和哪个异性结为夫妻，不允许有其他外来因素的干扰。爱情对象具有不可替代性，一切包办、强制、买卖婚姻都是对爱情的摧残。现实中利用自主权时要慎重。

(2) 对等性(互爱性)：爱情无法强求，所谓互爱，是指男女双方既是爱者又是被爱者，二者在地位上是完全平等的，不存在依附和占有关系。爱情不是私欲，也不等同于同情或怜悯。只有男女双方互相爱慕、平等相待，爱情才能健康发展。现实中的单相思，不能称为真正的爱情。

(3) 专一性(排他性、纯洁性)：相爱的双方都不愿意对方再爱其他异性或被其他异性所爱，每个人都只能同一位异性达到身心最深刻、最全面的融合。爱情所特有的情感和义务，只能存在于恋爱者两人之间。那些无视婚姻、家庭全过程的专一性要求，成为别人情人的人，其本质是可悲的，这是她(他)人格失去平衡的表现，是对真挚感情的亵渎。虽然爱情的真谛是自由，即给予对方最基本的自由，但是恋爱双方对待爱情应该是严肃的、慎重的。

(4) 持久性：真正的爱情是双方内在的思想、品质、情感、气质等方面的吸引和共鸣，它所包含的感情因素和义务因素不仅存在于双方的恋爱过程中，而且也存在于婚后的夫妻生活和家庭生活中。少年夫妻老来伴，这取决于双方能否互相理解、尊重对方。

2. 爱情在人生中的意义

首先，爱情是生命的重要环节。对于个体来说，爱情从来就是人生的一个重要的组成部分。黑格尔指出：爱情构成生命的一个环节，没有这个环节的生命是残缺的。人们对爱情的追求也是对自我完满的理想追求。在追求爱情中，人们总会意识到，为了得到别人的爱，就必须使自己成为一个值得爱的人。男子则希望自己更机智、更勇敢、更有创造力；女子希望自己更优雅、更富有魅力、更有学识。所以，爱情的价值就在于，人类正是通过爱情印证自我、实现自我，从而塑造一个理想的自我。

其次，爱情为我们的生命增添美好的色彩。爱情以其独特的方式使一个人自觉或不自觉地培养自我人格中的崇高精神品性，培养深沉的正义、同情、关切、责任等品格。正是因为这种力量，诗人泰戈尔才会忘情高歌："爱就是充实了的生命，正如盛满美酒的酒杯。"

最后，爱情不仅对个体人生而且对社会也具有意义。爱情之花总要结果，这就为延续人类宗族繁衍了后代，为人类发展和社会生产提供了具有优良素质的人口资源。爱情的归宿是婚姻，因为婚姻而组成家庭。持久稳定的爱情是家庭稳定和睦的前提，稳定和睦的家庭又是社会稳定和发展的基础，是社会物质文明和精神文明的前沿阵地。假如家庭发生病变，会影响社会的风貌和安定，影响社会健康发展。

爱情固然重要，是人生的重要内容，但它不是人生中主要的、也不是唯一的内容。革命者在对待人生问题上总是把事业放在第一位，“生命诚可贵，爱情价更高；若为自由故，二者皆可抛”，即把祖国和人民的自由解放放在高于一切的位置上，当爱情与祖国、人民的自由发生矛盾时，可以毫不犹豫地抛弃它。相反，搞恋爱至上，为爱情而生活，不仅愚蠢，而且十分危险。在科技史上，许多著名的科学家，创造出成绩的原因之一就是摆正了爱情在人生中的位置。

因此，爱情是一种特殊的情感，但同时又是一种特殊的理性。爱情是个人的事，但同时又是社会的事。

二十四、如何理解“全面依法治国”？

薛桂波

1. 什么是依法治国？

依法治国，就是依照体现人民意志和社会发展规律的法律治理国家，而不是依照个人意志、主张治理国家；要求国家的政治、经济运作、社会各方面的活动通通依照法律进行，不受任何个人意志的干预、阻碍或破坏。

关于“依法治国”，我们首先需要了解的是“法制”和“法治”的区别。“法制”指的是法律制度，各种法律条文规范的总和。“法治”是指法的治理，法律在国家治理中应处于至高无上的地位。“法治”更具有全局概念。法治是人类政治文明的重要成果，是现代社会的一个基本框架。大到国家的政体，小到个人的言行，都需要在法治的框架中运行。对于现代中国，法治国家、法治政府、法治社会一体建设，才是真正的法治。依法治国、依法执政、依法行政共同推进，才是真正的依法；科学立法、严格执法、公正司法、全民守法全面推进，才是真正的法治。无论是经济改革还是政治改革，法治都可谓先行者，对于法治的重要性，可以说怎么强调都不为过。2012 年，党的十八大中“法治”的作用被再次重新定义：“法治是治国理政的基本方式。”

在古代文献中，称法为刑，法与刑通用。如夏朝之禹刑、商朝之汤刑、周朝之吕刑，春秋战国时期有刑书等，后来引申为规则、有序，范天下之不一而一，成为规范所有人及其行为的准则，即规范天下千差万别的所有人所有事而趋于整齐划一（统一、协调）。古代汉语中“法”的含义是复杂的多样的，其中最为主要的意义是：

(1) 法象征着公正、正直、普遍、统一，是一种规范、规则、常规、模范、秩序。

(2) 法具有公平的意义，是公平断讼的标准和基础。法律不偏袒有权有势的人，墨线不向弯曲的地方倾斜，指法律应公平公正，一视同仁。

(3) 法是刑，是惩罚性的，是以刑罚为后盾的。

在西方语言中，英语有 law、norm、rule、act 等词，总的来说，西方法的词意的核心是正义（公平、公正），是正义的化身，其次是权利，再次是规则，人的权利之规则。法律既保护人们的正当权利，同时也惩治人的不正当行为。法律及其行使与暴力有关，但很显然，暴力本身不是法，暴力必须受制于法。

中外法的词意的大异其趣，是不同的法律理念、精神、价值的体现，反映了中西方民族精神的差异，反映了不同的法律文化及其传统。

1978 年，党的十一届三中全会召开，党的工作重心转移到以经济建设为中心上来。“文革”中“无法无天”的混乱局面成为惨痛教训，人民期盼国家的治理走上正轨，特别是走上法治轨道。党的十一届三中全会后也提出保障人民民主、健全社会主义法制的目标。1997 年，党的十五大提出“依法治国”基本方略。在这次大会中，“法制”换成了“法治”。1999 年，依法治国被写入宪法。1999 年九届全国人大二次会议通过的宪法修正案规定：“中华人民共和国实行依法治国，建设社会主义法治国家。”将其作为宪法的第五条第一款。这是中国近现代史上破天荒的事件，是中华人民共和国治国方略的重大转变。

1997 年 9 月 12 日，党的十五大报告正式提出：“进一步扩大社会主义民主，健全社会主义法制，依法治国，建设社会主义法治国家。”党的十五大报告同时强调，依法治国，是党领导人民治理国家的基本方略，是发展社会主义市场经济的客观需要，是社会文明进步的重要标志，是国家长治久安的重要保障。十五大报告中采用了“法治”的概念，将“社会主义法制国家”表述为“社会主义法治国家”。

2014 年党的十八届四中全会专题讨论依法治国，这是中央全会历史上第一次。此次明确了全面推进依法治国的重大任务：完善以宪法为核心的中国特色社会主义法律体系，加强宪法实施；深入推进依法行政，加快建设法治政府；保证公正司法，提高司法公信力；增强全民法治观念，推进法治社会建设；加强法治工作队伍建设；加强和改进党对全面推进依法治国的领导。

2014 年 11 月，习近平到福建考察调研时提出了“协调推进全面建成小康社会、全面深化改革、全面推进依法治国进程”的“三个全面”。2014 年 12 月，在江苏调研时则将“三个全面”上升到了“四个全面”，新增了“全面从严治党”。

“四个全面”是当代中国政治生活中的一个主题词、关键词、核心词。它是当前我们坚持和发展中国特色社会主义的一个重大理论与实践前沿问题。

法律是治国之重器，良法是善治之前提。对于包含“实现社会公平正义”要求的全面小康来说，依法治国是实现这一目标的重要保障。没有全面依法治国，国家生活和社会生活就不能有序运行，就难以实现社会和谐稳定。对于实现中华民族伟大复兴的中国梦，全面依法治国同样是其法治保障。

2. 为什么要全面依法治国

从法治发展的历史看。西方法治观念历史悠久，一般可追溯到亚里士多德对法治的叙述。这个法治的经典定义包含两个方面：首先是法律必须得到一切人的服从；其次，法律本身必须是良法。然而，雅典的法治具有根本的缺陷，它将人分为三种：公民、外侨和奴隶。只有公民在法律上是平等的，外侨和奴隶没有公民权。因此，西方法治概念虽然由来已久，但真正意义上的现代西方法治理论及其制度上的具体规范安排都始于近代，是在以理性主义和科学主义作为哲学背景的前提下，结合市场经济、民主政治现代化的过程中逐步发展起来的。西方的法治发展是一种内发型法制现代化的模式，是指由社会自身力量产生的内部创新、经历漫长过程的法律变革道路，是因内部条件的成熟而从传统法制走向现代法制的转型发展过程。这种类型的法制现代化模式一般以英国、法国等西欧国家为代表；内发型法制的现代化模式主要特点是：

在英国、法国等最早走上近代资本主义发展道路的国家，在其创设和形成现代法律的过程中，动力来源主要在于社会内部经济、政治、文化诸方面条件的逐步变化和发展。内发性法制现代化之所以发轫于西欧，一个重要的基本原因乃是由于在一些西欧国家，商品经济有着悠久的发展历史，特别是 11 世纪以后，自治城市在西欧蓬勃兴起。西欧商业资本主义的涌动与扩张，以及新兴的市民阶级的广泛活动，推动了经济交往规则的革命性变化，也促进了法律意识的转型与发展，为近代法制的建立提供了基础。

相比之内发型法制现代化模式，外发型现代化模式则是指因一个较先进的法律系统对较落后的法律系统的冲击而导致的进步转变过程。这一模式通常以日本、俄国和中国等国家为代表。尽管在外发型法制现代化的国家，其社会内部存在着一些从传统走向现代的生长因素或条件，但是这一转型过程十分缓慢且困难，商品经济和市民社会的发展较为薄弱，因而外来的法律文化系统的冲击与渗透，就成为外发型法制现代化运动的强大推动力量。政治变革运动往往成为外发型法制现代化运动的历史先导，政府发挥着主要的推动作用。比如，日本法制现代化进程以 1868 年的明治维新为起点。由于在外发型法制现代化的国家和社会内部，商品经济因素薄弱，无法自发形成变革社会的主体力量，政府以及现代政党作为有组织的社会力量便在法制现代化进程中起到主导的推动作用。我国的法治建设是现代化建设的一个组成部分，是对外部挑战和压力的一种积极回应。

中国法治的根源无疑是儒家的法律思想，它奠定了中国传统法律文化的理论根基，其哲学基础就是天道论和人性论。儒家以德配天，崇尚天人合一，法的外在规则化体现就是“礼”。“礼”本来的含义是敬神，后引申为表示敬意的统称，在隆重的仪式如典礼、婚礼、丧礼中的各种规则秩序，泛指奴隶社会、封建社会贵族的等级制以及社会生活中的社会准则和道德规范。所以，中国传统法治最重要的特征就是道德的法律化。

中国传统法律文化的另一个根基是儒家的人性论——人性本善。从孔子对“仁”的推崇，到孟子主张人皆有不忍人之心等，所以德治成为中国传统法治的又一重要特征，要求统治者拥有高尚的道德修养并注重对民众的道德教化。诸子百家的“法家”是个另类，法家是中国历史上研究国家治理方式的学派，提出了富国强兵、以法治国的思想。它是诸子百家中的一家。战国时期提倡以法制为核心思想的重要学派。法家学说强调“法”(就是法律、法令，是要求臣民必须遵守的)、“术”(就是权术，是君王控制驾驭臣民的手段和策略)、“势”(就是权势，包括地位和权利，是君临臣民的客观条件)。韩非是法家思想集大成者，主张君主应凭借权利和威势，保证法令的贯彻执行，以巩固君主的地位。他还主张强化中央集权和君主权利，用严酷的刑罚镇压人们的反抗，以维护国家统治。

中国是人类历史上较早进入农业文明的国家之一，也是农业文明延续最长的国家之一。与这种文明相适应，旧中国的社会细胞是一个个家庭，而不是单一的个体人；维系家庭的纽带是家族血缘而非法律契约；家长就是依靠血缘成为权威，整个国家最大的权威就是皇帝，皇帝是最大的家长，依靠权力实现“家天下”。

“家天下”的特征是人治而不是法治。邓小平在 1980 年关于《党和国家领导制度的改革》一文中所指出的：“旧中国留给我们的封建专制传统比较多，民主法制传统很少。”正是在总结历史教训的基础上，邓小平进一步指出：“要从制度方面解决问题”，“领导制度、组织制度问题更带有根本性、全局性、稳定性和长期性。制度好可以使坏人无法任意横行，制度不好可以使好人无法充分做好事，甚至会走向反面”。这实际上是邓小平在改革开放之初把推进依法治国作为治国理政基本方略的一种可贵探索。

随着新中国的建立、尤其是改革开放实践的不断深入，中国工业化、城镇化进程也不断推进，人们之间交往的范围不断突破血缘、亲缘的束缚。这样一来，传统农业社会的人治方式显然不符合时代发展要求，必须不断推进国家治理能力和治理体系的现代化，必须依靠法治思维、法治方式来治国理政。但几千年所形成的人治文化传统还有很大的历史惯性，一些官员还是“身心”分离，“身”在现代中国，嘴里也在说“法治”、“人本”等现代词汇，但“心”里所推崇的还是人治的那一套。因此，全面推进依法治国还任重道远。

我国在推进工业化的进程中，必须大力发展社会生产力。但这种发展不能以牺牲环境为代价，而必须在实现农业文明向现代工业文明转型的同时，注重生态文明建设。如何推进生态文明建设呢？关键的一点就是要全面推进依法治国，要用法来调整和规范人与自然的关系，要用法治思维和法治方式推进经济发展方式的转型，实现绿色发展。

市场经济规则之所以呼唤法治，原因就在于，相对于以往的自然经济和计划经济来说，市场经济主体是独立的个体，主体间的关系是平等的，交换遵循自由等价的原则，而市场秩序必须以法律规章来加以调节，市场利益必须依靠契约法规加以保障。一言以蔽之，真正的市场经济必然是法治经济。

当代中国正在由传统计划经济体制向社会主义市场经济体制转型。这一转型还在“途”中。在现实经济生活中，体现长官意志的权力经济还是不断涌现，扰乱市场秩序的坑蒙拐骗行为还是屡见不鲜，社会主义市场经济体制的完善依然任重道远。

完善社会主义市场经济体制的关键在于全面推进依法治国。正如党的十八届四中全会通过的《中共中央关于全面推进依法治国若干重要问题的决定》中所强调的:“社会主义市场经济本质上是法治经济。使市场在资源配置中起决定性作用和更好发挥政府作用，必须以保护产权、维护契约、统一市场、平等交换、公平竞争、有效监管为基本导向，完善社会主义市场经济法律制度”。只有遵循法治思维、依靠法治方式，社会主义市场经济的完善才有可靠保障。市场经济中是陌生人的交往，会发生一些诸如坑蒙拐骗的事情，需要法律规则来规范。当前贫富差距的扩大，许多是由于地缘因素，要通过法治的力量进行协调和平衡。

因此，全面依法治国，不仅仅是关涉治安问题、制定法律的问题，也不仅仅是禁止人们做什么，而是涉及方方面面利益、关系的协调，如环保问题、农民工待遇问题、城乡二元化问题。总之，社会转型中出现的问题需要通过法律的手段来解决，“全面依法治国”具有时代的重要性和紧迫性。

二十五、“只要不做违法犯罪的事情，就可以不用学习法律”，这种说法对吗?

胡华强

这种说法是不对的。

1. 学法是守法的必要前提

大家知道，社会上经常发生一般违法行为和犯罪行为。出现这种情况的原因是多方面的，其中很重要的一条，就是许多人从来不学习国家各项法律，因而也就根本不知法、不懂法，违了法甚至犯了罪，自己还不知道究竟。例如，杀害自己的孩子，砍伐国家森林，滥捕乱杀飞禽走兽，私拆别人信件，偷听别人电话，虐待迫害部属等等类似的违法犯罪现象，却不认为是违法犯罪的人不在少数。

可见，不学习国家法律，没有法律常识的人，就不会有自觉守法的观念，就难免做出违法以至犯罪的事情来。所以我们要想做一个知法、懂法、自觉守法的好公民，必须要学习法律常识，把学法、增强守法观念列入自己的议事日程，作为自己生活中一项不可缺少的内容。

2. 维护权利是权利人对自身的义务

从法理上说，权利就是人的自由、人格的具体化表现，对权利的侵害也就是对权利人人格和自由的侵害，是对权利人的蔑视和侮辱。当人的权利被侵害时，内心会瞬间爆发痛苦，其原因并不是单纯的物质权益得失，更重要的是因为人感觉到自己的尊严没有得到尊重，这种痛苦远远超过了物质上的损失。有的人为什么为了几块钱的不公正，而情愿花上几倍、甚至十几倍的金钱和精力来讨个说法呢？这绝不是为了获得几块钱的赔偿，而是捍卫作为人应当受到的公平对待的尊严。相反，懦弱妥协、完全放弃权利就等于精神上的自杀，所以对向人格本身进行挑战的无礼的侵权行为，以及无视权利、侮辱人格的行为进行抵抗，是公民的一种义务，而且，它首先是权利人对自身的义务。

3. 维护权利是对法律和社会的应尽义务

争取权利不仅是为了维护个人的人格和尊严，还是公民对法律、对社会的义务。权利是法律所赋予的，法定权利是法律所保护的利益，是建立和维持良好的社会秩序所必需的。侵害权利的行为不仅违反了法律，也破坏了社会的正常秩序，只有权利人积极维护自己的权利，违法行为才能得到纠正，法律的尊严才能同时得以捍卫。而通过捍卫法律，同时也维护了对国家来说不可缺少的社会秩序。因此，“争权”即“护法”，是公民对法律和社会的义务。如果大家在权利受到侵害时都隐忍退让，其结果伤害的不仅仅是个人的利益，也损害了法律和社会的整体利益。因此，公民必须把维权当做自己对法律、对社会应尽的崇高义务来看待，自觉地并且积极主动地通过合法信息途径主张和维护权利。

我国传统所提倡的弃权息讼作为一种社会文化，应该也有其合理存在的道德基础和思想背景，但这样一种传统文化确实对法治的展开形成了极大的负面张力，它直接导致人们权利意识的淡漠，表面看来是一种高格局气象，是舍己利人以达相安无事的处世哲学，但却湮没了公正的理念，不利于构建以权利义务为经纬的社会秩序，并且因为拉开了权利与法律的距离而使得真实的矛盾和冲突无法消解，迫使人们更多地转向于通过其他手段（如人情、乞求、投机、强权、暴力等）以寻求权利的实现，其结果是在道德说教的前提下，正确的权利意识未能形成，通过法律维护权利的秩序观念以及法律治理的目标都将大打折扣。

二十六、如何正确认识学法、守法和用法?

薛桂波

许多大学生对学法的意义和学习法律的必要性认识不足,对法的作用缺少全面的认识,仅仅将法律的作用局限在制裁这个层面,而且认为自己只要不违法犯罪就用不着学习法律了。这是对法律认识的一种误区,大学生应该正确认识学法的重要性,并且学会守法和用法,这样才能在日常学习生活中合理规范自身的行为,同时也能更好地保护自己。

1. 明确法律的社会作用

作为一种特殊的社会规范,法律的作用总的来说可以分为规范作用和社会作用。所谓法律的规范作用,是指法律对人的行为所产生的影响及其方式和过程。法律对人的行为可以通过两种途径产生影响。一是对人们行为的直接控制。法律通过它的不同的规范性表现形式,如授权性规范、禁止性规范、命令性规范等来调整一定的社会关系,指引人们的行为。二是通过对人们心理的影响,间接地约束人们的行为,这种间接控制行为的方式可称为法律的心理控制作用。法律的心理控制不是直接规定行为的可行与否,而是通过教化以及其他手段作用于人们的头脑。心理控制的最终目的,是通过法律意识的指导,使人们的行为符合法律的要求。所谓法律的社会作用是指法律对经济、政治、文化等各种社会关系的影响及其方式和过程,它体现了法律对于社会整体影响的效果。

制裁违法犯罪仅仅是法律作用的一个方面,随着社会的发展,法律在规定权利、维护权利、执行社会公共事务方面的作用越来越重要。我国不仅在宪法中明确规定了公民的基本权利,而且在基本法律和其他法律中对公民的民事权利、劳动权利、诉讼权利等作了具体规定。我国的立法目的、宗旨和任务都包含着"保护公民、法人或者其他组织的合法权益"的内容。《中华人民共和国民法通则》的目的和任务是为了保障公民、法人的合法民事权益;《中华人民共和国合同法》的目的和任务是为了保护合同当事人的合同权益;《中华人民共和国赔偿法》的目的和任务是为了保障公民、法人和其他组织享有依法取得国家赔偿的权利;《中华人民共和国民事诉讼法》的目的和任务是为了保护当事人行使民事诉讼权利,保护当事人的合法权益。即使是惩罚功能最突出的《中华人民共和国刑法》的任务,也是用刑罚同一切犯罪行为作斗争,以保卫国家安全,保卫人民民主专政的政权和社会主义制度,保护国有财产和劳动群众集体所有的财产,保护公民私人所有的财产,保护公民的人身权利、民主权利和其他权利,维护社会秩序、经济秩序,保障社会主义建设事业的顺利进行。再如,《消费者权益保护法》《未成年人保护法》《妇女权益保护法》《老年人权益保护法》等法律的出发点和归宿则更是为了保护这些群体的权益。此外,我们还可以从一些与学生关系特别密切的法律、法规、规章,比如《高等教育法》《居民身份证法》《著作权法》《专利法》《商标法》等法律,《计算机软件保护条例》等法规,以及《高等学校学生管理规定》《校园秩序管理规定》等规章中,发现许多涉及大学生权利的内容。

可见,法律作用的重心在于保障公民的合法权益。法律约束人们的行为,制裁违法犯罪,最终的目的仍然是为了维护正常的社会秩序,从而有利于公民、法人和其他组织合法权益的实现。因此,学习法律,不仅是为了预防和减少违法犯罪,最重要的是为了明确自己的权利和义务,依法维护和行使自己的权利并履行自己的义务。

2. 正确处理知法与守法的关系

有的大学生在知法与守法的关系上存在模糊认识。许多人认为“守法未必知法”，或者“知法未必守法”，还有的认为维护法律尊严是警察、法官、检察官和其他法律专业人士的事，与自己没有关系。诚然，有些人对法律条文知道得很少，一般也能守法。但是，我们绝不能认为他们对法律全然无知。他们通过各种途径和方式接受全民法制教育，在长期的社会实践中，逐渐形成了诸多朴实的法制观，以及爱国守法、明礼诚信等道德观，因而一般不会违法。相反，有的领导干部和法律专业人士，虽然具备比较丰富的法律知识，但没有树立正确的人生观、价值观和法制观，没有健康的法律心理，仍然可能走上违法犯罪道路。因此，“守法未必知法”或“知法未必守法”都不是必然的普遍的现象，更不能成为“不必学法”的论据和理由。大学生应该正确处理知法与守法的关系，认真学习法律知识，提高自身的法律素养，将知法与守法相结合。

3. 努力将知法与用法相结合

对于大学生来说，将知法与用法相结合，至少应做到以下三个方面：

(1) 树立法律信仰。一个人只有从内心深处真正认同、信任和信仰法律，才会自觉维护法律的权威。大学生应当通过认真学习法律知识，深入理解法律在现代社会中的重要作用，深刻把握我国社会主义法律的精神，从而树立起对我国社会主义法律的信仰。

(2) 积极宣传法律知识。大学生在自己学习和掌握法律知识的同时，还要向其他人宣传法律知识。特别是要宣传社会主义民主与法治观念，帮助人们彻底根除“权大于法”“要人治不要法治”等封建残余思想，宣传我国社会主义法律的优越性，使人们了解、熟悉和认同我国社会主义法律，从而推动全社会形成尊重和维护社会主义法律权威的良好风尚。

(3) 大学生不仅要有守法意识，自觉遵守国家法律，而且要敢于运用所学的法律知识同违法犯罪行为作斗争。违法犯罪行为既是对社会秩序的破坏，也是对法律权威的蔑视。要维护法律权威，就要敢于和善于同违法犯罪行为作斗争。同违法犯罪行为作斗争的方式是多种多样的，既包括事前采取有效措施预防违法犯罪行为的发生，也包括事中和事后制止、检举、揭发违法犯罪行为。

二十七、什么是法治思维方式？如何培养法治思维方式？

朱庆燕

1. 法治思维方式的涵义

法治思维方式是指人民按照法治的理念、原则和标准判断、分析处理问题的理性思维方式。法治思维方式与人治思维方式有着根本的区别。法治思维方式是一种逻辑的、理性的思维方式，而人治思维方式判断、分析和处理问题的基点是个体的人或者少数人的感性，具有任意性、个体性或具体性。由于法律、权力、权利、程序是所有治国理政实践所不可或缺的四个基本要素，法治思维方式的含义和基本特征就体现为对待和处理这些基本要素的态度和方式。

法治思维方式追求公平、公正、公开，它不同于行政命令思维方式、经济思维方式、人情关系思维方式等，它一般是指在法治理念的基础上，运用法律规范、法律原则、法律精神和法律逻辑对所遇到或所要处理的问题进行分析、综合、判断、推理，进而形成结论、决定的思想认识活动与过程。其目的在于使其行为、决策更具合法性，问题的解决更趋于公平、公正。当今法治时代，过去那种唯长官意志、考虑经济利益得失、从人情面子出发的思维方式已不能适应瞬息万变、利益诉求复杂多元的社会发展需求，法治思维恰恰能纠正上述思维之偏颇，其道理就在于“法治意味着理性的统治，而人治则难以避免非理性的误区。”因此，法治思维方式应成为人们想问题办事情的一种自觉的思维方式，即要成为一种必须、一种习惯、一种价值和理念。

2. 法治思维方式的特征

第一，讲法律，法律至上。思考与处理涉及法律的社会问题，要以法律为准绳。法律的至上性具体表现为法律的普遍适用性、优先适用性和不可违抗性。法律在本国主权范围内对所有人具有普遍的约束力，所有国家机关、社会组织和公民个人都必须遵守法律，依法享有和行使法定职权与权利，承担和履行法定职责和义务。当同一项社会关系同时受到多类社会规范的调整时，法律规范的适用要优先于其他社会规范。任何人都不允许违反法律，违反法律就要受到法律的惩罚。

第二，权力制约。国家权力是人民所赋予的，应为人民而行使。因此，权力运行必须受到有效的制约和监督。正如英国哲学家培根所说：“一次不公正裁判的罪恶，甚于十次犯罪。因为犯罪污染的只是水流，而枉法裁判污染的却是水源。”

第三，人权保障。人权是作为人所享有或应当享有的权利。法律的重要使命就是充分尊重和保障人权，不得以任何借口侵犯人权。人权的立法保障包括宪法保障、立法保障、行政保护和司法救济。

第四，正当程序。思考和处理涉及法律的社会问题，要从法律程序出发。程序问题在法律领域居于非常重要的地位。程序问题与实体问题同等重要。人们应当通过正当程序追求实体公正的结果。只有按照正当程序处理问题，处理结果才具有公信力和权威性。正当程序具有中立性、参与性、公开性、时限性等基本特征。

2014年10月20日至23日，十八届四中全会在北京召开，这是中国改革开放以来第一次以依法治国为主题的中央全会，审议并通过了《中共中央关于全面推进依法治国若干重大问题的决定》，该决定是一部更全面、具体、更有针对性的依法治国路径图。依法治国，是治理国家的基本方略。社会主义法治国家建设进程的顺利推进，要求对公民进行法制宣传教育，努力培养公民的法治思维方式，使社会主义法治思维深入人心。依法治国，就是广大人民群众在党的领导下，依照宪法和法律规定，通过各种途径和形式管理国家事务，管理经济文化事业，管理社会事务。要将依法治国落到实处，就需要我们广大的干部群众都具有法治思维。

3. 培养社会主义法治思维方式，努力成为社会主义法律权威的坚定维护者

第一，要学习法律知识，理解法治思维方式的特征，树立法律信仰。学习以宪法为统帅，以法律为主干，以行政法规、地方性法规为重要组成部分的中国特色社会主义法律体系。

第二，要掌握法律方法。思考与处理涉及法律的社会问题，要以法律为准绳，要以证据为根据，要从法律程序出发，要运用法律原理和法律精神。

第三，要参与法律实践。守法、用法，依法享有并行使权利，依法承担并履行义务。

同时，培养社会主义法治思维方式，增强法制意识，养成依法办事的习惯，要正确认识和把握社会主义民主与法治、权力与权利、权力与义务、自由与平等、实体与程序的关系。

(1) 民主与法治的关系：社会主义民主与社会主义法治之间存在着密切关系。一方面社会主义民主是社会主义法治的基础，决定着社会主义法治的性质和内容。另一方面，社会主义法治是社会主义民主的保障，是社会主义民主的重要实现途径。

(2) 权力与权利的关系：按照法治思维，权力与权利之间的关系主要表现为四个方面：① 权力来源于权利；② 权力服务于权利；③ 权力应当以权利为界限；④ 权力必须受到权利的制约。

(3) 权力与义务的关系：法律问题的核心是法律权力义务问题，法治思维是一种法律权力义务思维，其具体关系可以概括为三个方面：① 结构上的相关关系；② 总量上的等值关系；③ 功能上的互补关系。

(4) 自由与平等的关系：保障公民自由与平等是我国宪法和法律的基本价值取向。法律上的自由观念最为核心的内容是依法享有和行使自由的观念。法律上的平等观念最为核心的是法律面前人人平等的观念。

(5) 实体与程序的关系：对待二者关系的问题上，中国传统的观念是“重实体，轻程序”。在法治实践中，实体和程序的关系主要表现在两方面：① 实体法和程序法的关系；② 实体公正和程序公正的关系 .

综上所述，依法治国是发展社会主义市场经济的客观需要，是社会文明进步的重要标志，是国家长治久安的重要保障。努力培养公民的社会主义法治思维方式，增强全体公民的法治思维意识和法制观念，是全面落实依法治国基本方略的一项基础性工程。

二十八、如何理解法律权利与法律义务的关系？

薛桂波

1. 公民享有的法律权利与承担的法律义务互为前提、互为基础、相辅相成

只有正确行使权利，才有可能实现权利，履行义务。同时，也只有适当地履行义务，权利的实现才有保障。具体说来，法律上权利与义务的辩证统一关系，可以具体归结为以下几个方面的主要内容：

(1) 总量上的等值关系。一个社会的法律权利与法律义务在各自总量上是相等的。具体关系中，法律权利与法律义务互相包含。

(2) 价值上的主次关系。法律权利与法律义务的关系在价值取向上存在着权利本位还是义务本位的问题。

社会主义的价值取向以社会权利本位为其基本的理论与实践的特点。随着计划经济体制向市场经济体制的过渡，个人权利的保障越来越受到重视，“个人—社会权利本位”的观念与实践也已开始成为东方世界的发展趋势。个人与社会的和谐，个人权利与社会权利

的协调，个人权利本位与社会权利本位的统一，是未来世界的基本走向。

(3) 结构上的相关关系。法律权利与法律义务是对立统一的。从结构上看，在抽象法律关系中，某一主体所享有的某一权利(如人身自由)，就意味着和隐含着其他主体承担有不得侵犯这一权利的义务；法律关系的主体享有某种权利；在具体法律关系中，如在借贷关系中，债权人与债务人之间的权利和义务之间是对等的。而在另一些具体法律关系中，法律权利与法律义务是不对等的。如某甲立下遗嘱将遗产遗赠给某乙，某乙并不一定承担对某甲的义务。在一般情况下，法律权利与法律义务不可分离，即"没有无义务的权利，也没有无权利的义务"但在特殊情况下，法律权利与法律义务又是可分的。在封建制度下，国家公开维护等级特权，几乎把一切权利赋予一个阶级，而把一切义务推给另一个阶级。

(4) 功能上的互补关系。法律权利与法律义务各以对方的存在作为自己存在的前提。正如黑格尔所说，权利与义务的每一方只有在它与另一方的联系中才能获得它自己的规定，此一方只有反映了另一方，才能反映自己。另一方也是如此。所以每一方都是它自己的对方的对方。实践中，如你不履行尊重别人的法律权利与法律义务，别人也会有不尊重你的法律权利与法律义务。法律权利直接体现法律的价值目标。法律义务则保障法律权利与法律价值目标的实现。

(5) 相互的独立关系。法律权利不能被看做是法律义务，法律义务也不能被视为法律权利。法律权利和法律义务有各自的范围和限度。超出了这个限度，就不为法律所保护，甚至是违反法律的。

2. 法律权利与法律义务的履行

首先，要科学地认识法律权利和法律义务的辩证关系。黑格尔在《法哲学原理》中指出："义务仅仅限制主观的任性，并且仅仅冲击主观性所死抱住的抽象的善。当人们说，'我们要自由'时，这句话的意思最初只是：我们要抽象的自由，因此国家的一切规定和组织便都成了对这种自由的限制。所以，义务所限制的并不是自由！而只是自由的形象，即不自由。义务就是达到本质、获得肯定的自由。"从黑格尔的论述中我们可以看到，尽管法律义务是一种使命、职责或任务，不依人们的主观意志为转移，但从主观方面说，它是在人们理解和认识了客观要求，自觉认识到自己使命、职责、任务的基础上形成的一种内心的信念和意志，因而履行法律义务的行为又是自由的。每个社会或进步阶级的成员，只要他具有高度的阶级觉悟，充分认识履行法律义务的重要性，就必然能自觉地履行自己的法律义务。

其次，要正确处理对他人的法律义务和对社会的法律义务的关系。马克思主义伦理学一方面承认同志、朋友、家庭之间的关系所产生的责任具有重大意义；同时又认为，在社会主义国家中，人民的利益、国家的利益高于个人或某个集体的利益，共产主义的长远利益高于目前的和暂时的利益，具有决定意义的还是对社会的法律义务。

最后，要正确处理法律义务和个人爱好、愿望的矛盾。法律义务和个人爱好、愿望是会有矛盾的。这就要求人们正确处理这一矛盾，把对社会的法律义务与个人的愿望统一起来，使履行法律义务逐步成为一种自觉的行动。一个人对社会历史发展的规律认识得越深刻，他就越能使个人的愿望服从对社会的义务。在祖国实现四个现代化建设的伟大事业中，很多青年自觉地响应国家的号召，到基层去，正是他们对国家的命运和前途、社会主义革命和建设事业深刻的义务感的生动表现。

3. 大学生应正确处理法律权利与法律义务的关系

大学阶段是大学生道德法律意识形成、发展和成熟的关键时期。大学生树立义务为先的观念是大学生思想品德修养的重要方面，是增强大学生社会责任感和奉献精神的重要手段。大学生要有责任感。法律规定的义务是每一个公民都必须担负的社会责任。大学生要有奉献精神。奉献，是一个合格大学生的基本品质，是大学生全面发展的基本要求，也是实现大学生全面发展的重要途径。一个人想要享受权利就必须先履行义务，只有履行义务才能保证别人和自己权利的实现，使奉献成为我们大学生健康成长的价值取向。

如何引导大学生法律权利与法律义务的学习？首先，要引导学生正确理解法律权利与法律义务的关系；其次，教育学生明确法律权利和法律义务的范围，如教育大学生了解公民享有的基本权利和义务；再次，还要培养学生享有权利和履行义务的自觉性。培养学生正确的权利义务观念，必须阐明法律规定各项权利和义务的意义，用事物的有用性激发学生的情感需要，作为学生自觉遵守法律规定的动力源泉。不仅要让学生学会用法律武器保护自身合法权益，而且要让学生认识到依法履行法律义务的重要性，培养学生正确的法律权利义务观念，模范地执行宪法和法律的规定，成为新世纪社会主义建设事业的有用人才。

二十九、怎样认识依法治国和以德治国的关系？

薛桂波

1. 依法治国与以德治国相互联系

法治和德治都属于上层建筑的范畴，建立于和服务于共同的经济基础。它们都是维护社会秩序，规范人们思想和行为的一种重要手段和调整社会关系的行为规则。

依法治国与以德治国的根本任务和使命是一致的。依法治国，就是在党的领导下，国家立法机关、行政机关、司法机关以及其他社会组织，按照体现人民意志和利益的法律和制度来治理国家。以德治国，就要在建立社会主义思想道德体系、发展社会主义精神文明的过程中，培养全体公民具有良好的社会公德、职业道德和家庭美德，在全体人民中形成普遍认同和自觉遵守的行为规范，在全社会形成团结互助、平等友爱、共同前进的人际关系。作为治国的基本方略，两者的根本任务和使命都是服从和服务于人民的根本利益的，都是为了保证和巩固人民当家做主的地位。

依法治国与以德治国的基本原则是一致的。从以德治国的内涵不难看出，其核心就是要建立适应社会主义市场经济的思想道德体系。而社会主义思想道德体系是以为人民服务为核心，以集体主义为原则，以爱祖国、爱人民、爱劳动、爱科学、爱社会主义为基本要求的。因此，德治的基本原则是维护全体公民整体利益的集体主义原则。在我们的社会主义国家，集体主义原则也是法治的一个基本原则。社会主义法治建设同样要求从全体人民的根本利益出发，坚持集体利益高于个人利益，并在保证集体利益的前提下，把集体利益与个人利益结合起来。

2. 依法治国与以德治国相互区别

依法治国与以德治国的实施依据不同。作为治理国家的基本方略，两者在实施依据方面的不同是显而易见的。依法治国强调的是法律规范。法律是由国家制定或认可的，体现国家意志的，具有明确内容的规范；而以德治国强调的是道德规范。道德是人们在长期的社会生活中逐步形成的，存在于人们的社会意识之中，并通过言论和行为表现出来。

依法治国与以德治国的实现方式不同。依法治国的实现主要以国家强制力作为后盾，而以德治国的实现主要依靠社会舆论和教育的力量，依靠公民的思想觉悟、道德修养，也就是依靠不同于法律强制力的手段去实现。

依法治国与以德治国包含的内容不同。后者所包含的内容要远远大于前者的内容。道德所涉及的内容，几乎涵盖了公民的一切社会生活、社会活动，既包括法律规范所调整的范围，也包括法律规范所调整不到的范围。法律的规范，都是道德所要求的，而道德的规范，仅仅一部分体现为法律。

3. 坚持依法治国与以德治国的紧密结合

在现实的社会生活中，必须将道德与法律有机结合，坚持德、法并重，德治与法治相结合。德治的人文价值在于，它是基于对人的自由意志中的信念、信仰的启示而调节人的意志行为，体现人文精神的要求。法治通过一定的制度安排，对人的自由意志的主观性和随意性进行现实的约束，体现政治精神的内在逻辑。一般而言，善与恶都是内在于人的自由意志中的现实可能性，无论以性善还是性恶为原点，都不能把握人性的真理，因而无论德治还是法治，都只具有相对的真理性和合理性。只有德与法的有机结合，才能从根本上实现社会的和谐有序和健康发展。

首先，坚持依法治国与以德治国相结合，才能更好地建设中国特色社会主义经济。由于市场经济既是法治经济，又是道德经济，所以，依法治国与以德治国相结合，是建设中国特色社会主义经济的必然要求。建设中国特色社会主义的经济，就是在社会主义条件下发展市场经济，不断解放和发展生产力。市场经济一方面是法治经济，这主要表现在：市场主体资格要由法律来确认；市场主体的财产所有权要由法律来保护；市场的交易规则要由法律来规定；政府对市场经济的宏观调控主要依赖法律；市场经济带来的贫富分化要由法律确定的社会保障制度来调节。同时，市场经济又是一种信用经济，诚实守信是市场经济活动的道德标准。在现代市场经济条件下，诚实守信已成为一切市场主体所应遵循的基本标准。它要求市场主体符合诚信的道德标准，在不损害其他竞争者，不损害社会公益和市场道德秩序的前提下去追求自己的利益。

其次，坚持依法治国与以德治国相结合，才能更好地建设中国特色社会主义政治。建设中国特色社会主义的政治，就是在中国共产党领导下，在人民当家做主的基础上，依法治国，发展社会主义民主政治。社会主义民主是依法治国的坚实基础，依法治国又是社会主义民主的根本保障。推进社会主义民主政治建设，使人民当家做主真正在中国落实，必须以依法治国作为根本保证。而依法治国又离不开社会主义道德建设。没有浓厚的与社会主义市场经济相适应的道德气氛和强有力的道德舆论，就没有团结一致为建设中国特色社会主义奋斗的自觉行动，就没有安定团结的政治局面，也就建设不了社会主义法治国家。

最后，坚持依法治国与以德治国相结合，才能更好地建设中国特色社会主义文化。建设中国特色社会主义的文化，就是以马克思主义为指导，以培育有理想、有道德、有文化、有纪律的公民为目标，发展面向现代化、面向世界、面向未来的，民族的、科学的、大众的社会主义文化。社会主义精神文明建设是以德治国方略的具体表现，只有牢固树立以德治国的指导思想，才会对精神文明建设常抓不懈，同时，我们还必须清醒地认识到，对于那些不及时制止就可能迅速蔓延开来的恶行，仅使用道德力量显然是不够和迟缓的。因此，必须坚持依法治国和以德治国的紧密结合，才能顺利地进行中国特色社会主义文化的建设。

总之，对一个国家的治理来说，法治和德治是相辅相成、相互促进的，两者缺一不可，也不可偏废。法治是政治建设，属于政治文明；德治是思想建设，属于精神文明。两者范畴不同，但其地位和功能都是非常重要的。社会不仅要在道德和法律上分别用力，更要在一种道德与法律的结合上用力。一种旨在保护人和公民的基本权利的宪政和法治，本身就具有一种道德性。而一种恰当的权利与正义观念也不可遏止地要变为一种法治。换言之，社会治理的合理性，不是抽象的德治或抽象的法治的合理性，而是道德—法律、德治—法治的生态整合。只有将自由意志的善与恶、道德与法律辩证整合，才能在文化精神的意义上实现社会秩序的稳定和社会整体的和谐发展。因此，依法治国与以德治国相结合，是建设中国特色社会主义和谐社会的必然要求。

三十、如何理解十三届全国人大一次会议审议通过的《中华人民共和国宪法修正案》的重大历史和现实意义？

薛桂波

《中华人民共和国宪法修正案》经十三届全国人大一次会议高票表决通过，这是时代大势所趋、事业发展所需、党心民心所向，是推进全面依法治国、推进国家治理体系和治理能力现代化的重大举措，为实现“两个一百年”奋斗目标和中华民族伟大复兴的中国梦提供了有力的宪法保障，具有重大历史意义和现实意义。

坚持依法治国首先要坚持依宪治国，坚持依法执政首先要坚持依宪执政。从中央政治局决定启动宪法修改工作，到《中共中央关于修改宪法部分内容的建议》在党内外一定范围征求意见；从党的十九届二中全会审议通过《中共中央关于修改宪法部分内容的建议》，到全国人大常委会形成《中华人民共和国宪法修正案（草案）》的议案，提请第十三届全国人民代表大会第一次会议审议并通过，这次宪法修改，始终贯穿科学立法、民主立法、依法立法的精神和原则，是我们党领导立法、保证执法、带头守法的生动实践，是坚持党的领导、人民当家做主、依法治国有机统一的生动体现。

这次宪法修改，把党和人民在实践中取得的重大理论创新、实践创新和制度创新成果载入国家根本大法，有力夯实了国家治理体系和治理能力现代化的制度基础。宪法修改将党的指导思想转化为国家的指导思想，对于充分发挥习近平新时代中国特色社会主义思想在国家各项事业、各方面工作中的指导作用，确保党和国家事业始终沿着正确的方向前进，具有重大意义。

这次宪法修改，充分契合了新时代的要求和特点，也是推进国家治理体系和治理能力现代化的必然要求。通过修改宪法可以有效提高国家机关和各级领导干部的宪法意识，同时也将进一步在全社会形成尊崇宪法、学习宪法、遵守宪法、维护宪法、运用宪法的良好法治氛围，使全国人民成为宪法的忠实崇尚者、自觉遵守者、坚定捍卫者。

这次宪法修改，根据新时代坚持和发展中国特色社会主义的新形势新任务，把党的十九大确定的重大理论观点和重大方针政策载入国家根本法，把党和人民在实践中取得的重大理论创新、实践创新、制度创新成果上升为宪法规定，体现了党和国家事业发展的新成就新经验新要求，必将更好地发挥宪法的规范、引领、推动、保障作用，在法治轨道上更好地坚持和发展中国特色社会主义。

翻开宪法序言，从站起来、富起来到强起来，中华民族伟大复兴的历程清晰可见。中国特色社会主义的伟大实践，在国家根本法上留下辉煌篇章。踏上新征程、奋进新时代，维护宪法作为国家根本法的权威地位，更好发挥宪法治国安邦总章程的作用，中国特色社会主义道路就一定能越走越宽广，我们就一定能实现中华民族伟大复兴的中国梦。

第三部分

马克思主义基本原理

一、马克思主义是否过时了?

张 乐

20世纪80年代末至90年代初的苏东剧变使马克思主义发展陷入低潮，我国的社会主义在发展过程中也出现了一些问题。面对这种变化，有人认为社会主义和马克思主义已经过时了，从而动摇了对社会主义和马克思主义的信心。西方一些政要和右翼思想家迫不及待地宣称“马克思主义已经死亡”;国内一些学者也认为“马克思主义是一种陈旧的思想武器，无法应对当代社会的发展和变化”。那么，马克思主义到底有没有过时？对这一问题我们要全面分析。

1. 我们应当正确看待社会主义与资本主义的此消彼长

马克思主义是在无产阶级革命斗争的实践中，继承人类优秀文化成果的基础上产生和发展起来的，它认为社会主义一定会战胜资本主义。资本主义社会所固有的矛盾是自身无法根本解决的。

然而，20世纪下半叶，资本主义国家吸取历史的教训，借鉴社会主义的一些做法，积极进行体制调整、改革。使当代资本主义的经济、政治、文化等多个方面取得了更大进展。社会主义运动则由于思想教条、僵化而导致遭受了许多挫折和失误，社会主义在变革速度和反应能力上赶不上资本主义的新变化。

不过，从现实来看，资本主义追求利润最大化而导致的环境污染和环境破坏，已经造成了人类的生存危机，追求资本无限扩张的资本主义无论怎样调节都不能从制度根本上解决这一问题，这比战争更能促进资本主义的灭亡，并且更加呼唤当代新发展的马克思主义的意识形态指导。

2. 我们应当区分“马克思主义某个论点过时”和“马克思主义过时”两种不同的观点

持有“马克思主义某个论点过时”观点的人认为，马克思主义作为马克思、恩格斯在19世纪中期创立的理论，无法准确预料到20世纪资本主义新的发展和新的变化，马克思主义中一些具体理论本身具有时代局限性，所以就不能把它凝固化、教条化，必须随着时代和实践的发展而不断地发展和创新。“马克思主义某个论点过时”的观点是正确的。与之不同的是，持有“马克思主义过时”观点的人，不是针对马克思、恩格斯的个别论断，而是针对整个马克思主义科学体系，宣布马克思主义已经过时，这种观点是错误的。

马克思主义是一种客观真理，是绝对真理与相对真理的统一，它包括了基本原理、基本立场、基本观点、基本方法。马克思主义是开放的、发展的思想体系，它需要随时代变化而不断发展。

3. 我们应当肯定马克思主义对现实生活的指导意义

我们说马克思主义是对的，是因为其在我们的实践中，在我们的斗争中，被证明是对的。尽管在马克思主义产生后的160多年里，人类历史的发展出现了许多新情况，远不是马克思当年所能具体预见到的，他的一些个别论断已经过时；尽管世界社会主义运动经历挫折和失败后尚未走出低谷，但是我们仍然要肯定20世纪是马克思主义取得伟大胜利的世纪。

在新的条件下，坚持马克思主义不是要坚持个别具体论断，而是要坚持马克思主义的基本立场、观点和方法，坚持马克思主义就要发展马克思主义，像中国共产党一样，不断创新并形成新的理论成果，以指导我们建设中国特色社会主义伟大事业。

二、如何理解马克思主义的物质观及其现实意义？

梅宗奇

物质观即物质范畴，它是唯物主义世界观的理论基石，也是马克思主义世界观的理论基石。唯物主义对“物质”的理解，有一个漫长的历史发展过程。在马克思主义物质观产生之前，唯物主义有古代的朴素唯物主义和近代的形而上学唯物主义之分。物质观也就有古代朴素唯物主义物质观和近代形而上学唯物主义物质观之分。

古代朴素唯物主义物质观是在探求世界本原和统一性的过程中形成的，它认为物质就是某一种或某几种具体的物质形态。如古希腊人就认为物质就是水、气等，中国人则认为是元气、阴阳、金木水火土等。这种物质观具有直观性、朴素性的特征。但它也存在以下两个缺点：一是它只是一种猜测，没有科学根据；二是它把作为世界本原的物质归结为某种具体的物质，把复杂问题简单化、直观化了。

近代形而上学唯物主义物质观以当时自然科学的原子论为依据，认为物质就是原子，世界上的一切事物都是由原子组成的，原子是“宇宙之砖”，是不可再分的最小物质单位。形而上学唯物主义物质观继承和发展了古代朴素唯物主义物质观的优良传统，克服了古代朴素唯物主义的直观性、朴素性，在说明世界的物质统一性方面做出了积极贡献。但是，由于科学发展水平的限制和缺乏辩证思维，它仍然存在着以下缺陷：

(1) 它把我们这个无限复杂多样的物质世界，仅仅简单归结为原子在数量上和组成上的不同；

(2) 不了解人类对物质的认识是一个永无止境的发展过程，把人类在特定阶段对物质认识的成果(原子)当做了最终认识的成果；

(3) 它不懂得个性和共性、特殊和一般的辩证关系，把某种特殊的物质形态(原子)误认为物质的一般形态，将特定历史条件下自然科学的物质结构理论混同于哲学上的物质概念；

(4) 它不理解人类社会的物质性，在解释自然现象时能用物质因素来说明，而在解释社会历史现象时却用人的精神来说明，这样就在社会历史领域里陷入了唯心主义，成了半截子的唯物主义。

19世纪末，物理学领域发现了X射线、天然放射性现象和电子，这三个新发现打开了原子世界的大门，推翻了原子不可入性、不可分割性等旧观念，引起了物理学的革命。

然而一些受形而上学思想支配的物理学家，却由此作出了“原子非物质化”的错误结论，唯心主义者也乘机向唯物主义发起了进攻，说“物质消失了”,“唯物主义已经被驳倒了”等。这说明，把哲学的物质归结为具体的实物、物质结构、属性和形态的做法，是不可能对“物质”作出正确阐述的。

恩格斯在阐述物质概念时，注意把“物质”和“实物”加以区别，认为“物质”是一般的、共性的东西，而“实物”是个别的，感性经验的东西。“物质”不同于“实物”，但同时又同“实物”有内在联系，在19世纪80年代恩格斯就指出，“物质”作为哲学范畴，它是从各种具体“实物的总和”中抽象概括出来的实物的共同属性。

20世纪初，列宁针对唯心主义的进攻，继承了以往唯物主义关于物质范畴的合理思想，在深刻总结19世纪以来哲学和自然科学最新成果的基础上，从物质和意识的比较中，对哲学的物质范畴做了科学的规定。认为物质只有一种特性，即客观实在性，至于说不可分性、广延性等，都不是从物质和精神的关系上说的。列宁说：“物质是标志客观实在的哲学范畴，这种客观实在是人通过感觉感知的，它不依赖于我们的感觉而存在，为我们的感觉所复写、摄影、反映。”这就是辩证唯物主义的物质范畴，也是马克思主义物质观的经典表述。

这个表述包含了极其丰富的内容，它有三层意思：第一层，就是它指出了“物质是标志客观实在的哲学范畴”。这句话告诉我们，哲学上讲的物质与日常生活中讲的物体不同，它不是指具体的实物，而是一个概括了所有具体实物形态共性的概念，这个共性就是客观实在性，任何物体不管它具有什么样的形态——实物也好，场也好，只要它具有客观实在性，它就是物质。物质范畴是对物质世界多样性所作的最高的哲学概括，物质的唯一特性是客观实在性，客观实在性也是天下所有物质形态具有的最大的普遍性。第二层，它指出具有客观实在性的物质是不依赖于我们的意识而存在的，天下万物莫不如此，如果一样东西要依赖于我们人的意识而存在，随我们的意识而变化发展，那它就不是物质而是精神。第三层，它指出物质是可以被我们的意识所认识的。

马克思主义的物质观是马克思主义对物质认识的基本观点，它是对历史上唯物主义关于物质认识成果和经验教训的深刻总结，也是对现代科学关于物质认识成果的概括和总结，具有多方面的重大意义。

第一，它从物质和意识的对立上，高度概括出物质的根本特性是客观实在性，即相对意识而言，物质是不依赖人的意识而独立存在的客观实在，而意识却依赖于物质，是对物质的反映。这就在物质和意识的关系上，坚持了物质第一性、意识第二性的唯物主义原则，和唯心主义、二元论划清了界限。

第二，它揭示了物质世界的可知性，坚持了辩证唯物主义的反映论和可知论，反对了不可知论。它明确提出物质是可以认识的，是能够通过我们的感觉感知到的，或者通过人们的理论思维来把握的，这就与不可知论划清了界限，为人们认识事物及其规律指明了方向。

第三，它从物质的个性和共性的关系上，对物质世界的多样性作了最高的哲学概括，指出客观实在性是物质的根本特性，这就克服了旧唯物主义把哲学物质范畴同自然科学物质概念混为一谈所造成的局限性，和旧唯物主义划清了界限。它所揭示的物质的客观实在性是一切事物的共性，是不变的、绝对的。自然科学物质概念是哲学物质范畴形成的基础，而哲学物质范畴又高于自然科学物质概念，为自然科学对物质形态、结构和属性的研究提供了世界观和方法论的指导。

第四，它揭示了自然和社会的物质性，体现了唯物主义自然观和唯物主义历史观的统一，使马克思主义物质观成为了彻底的唯物主义物质观。因为具有客观实在性的物质，既包括一切可以从感觉上感知的事物，也包括可以从感觉上感知的人的实践活动，这就指出了社会的物质性。在人类的实践活动中，劳动实践是人和人类社会产生的决定性环节，生产实践是人类一切历史活动的首要前提，因而人类全部社会生活在本质上都是实践的。从人的实践活动去解释人类活动的原因，就使得唯物主义的物质观贯穿到了人类社会中，成为了彻底的唯物主义物质观。

三、如何理解实践在马克思主义哲学中的地位和作用？

李晓东

马克思主义哲学同以往一切旧哲学包括旧唯物主义哲学的本质区别主要在于是否以实践为基础，马克思主义哲学从本质上说就是实践唯物主义。正是以实践为基础，马克思主义哲学理论体系实现了唯物主义与辩证法的有机统一以及唯物辩证法的自然观和历史观的有机统一。正因为马克思在哲学世界观上的新观点是实践的观点，所以说实践在马克思主义哲学中占据着举足轻重的地位。

马克思将辩证法与唯物主义统一起来，首次提出了实践的世界观思维方法。这种新的世界观表明，世界在本质上就是人的实践活动，人与外界客体在世界中是以实践的方式结合在一起的。人们通过实践，将精神发展的历史和事物客体机械运动的历史统一起来，就构成了人类的社会历史。人通过自己的实践活动去改变自然界，从而也就揭示着自然界辩证发展的规律。在人们实践活动中不仅存在着实践主体的运动，而且存在着作为实践客体的运动。因此自然辩证法同历史辩证法是在实践中有机地结合在一起的，两者在何种范围、何种程度内统一起来、现实地联系起来，取决于人类实践所达到的广度和深度。

从直观的唯物主义到实践的唯物主义是哲学发展中划时代的变革，实践性是马克思主义哲学诞生时区别于当时一切旧哲学的显著特点。

马克思真正提出了实践观点在真理认识问题中的重要性。与旧哲学不同的是，马克思主义哲学把感性的现存世界当做实践去理解，人们生活于其中的感性世界是以人自己的生产活动（即物质实践）为基础的。在实践活动中，人是主体，自然是客体，人类存在和发展的历史就是人对自然不断的改造，同时也是在对人自身不断的改造、创造的过程。社会生活在本质上是实践的，以实践为本质的社会关系、社会过程，实际上是以物质生产为基础的物质关系、物质过程，社会的政治、精神等的关系和过程也都是在这一基础上建立起来的。而马克思主义哲学在实践基础上揭示了自然观和历史观的统一，科学地解决了哲学基本问题。马克思主义哲学对人类社会历史的理解同对自然界的理解一样，都是唯物的、辩证的，并由此创立了历史唯物主义，这是马克思一生中两个最伟大的发现之一，使马克思主义哲学具有以往任何哲学不能够具有的彻底的科学性。

实践观点是马克思主义哲学首要的和基本的观点。马克思早就十分重视并且开始考虑解决理论与实践、哲学与现实的矛盾。在对实践观内涵的剖析中，他不仅从人与外界环境的相互关系的角度来阐释，并且从理论与实践的相互关系的角度表明了自己的实践观点。

首先是人与外部环境的关系。马克思之前的唯物主义思想家们，因为固有的形而上学的思维特性，他们认为在人与外部环境这两者之间只有一方能够决定另一方，所以往往会陷入一个自我循环论证中，使得自己的想法无疾而终。马克思认为导致这个理论困境的根本原因在于没有真正认识到什么是革命的实践，也就是环境的改变和人的活动改变应当一致。马克思的实践世界观认为，环境的改变和人的活动的改变是同一个实践活动的两个方面，它们是不可分割的，人们正是在改变环境的实践中创造着自己新的生活方式，同时改变着人自身。实践的过程都具有革命的性质，因为人们只有在实践中才能够不断创造出新的环境和人类活动的新方式。

其次是理论与实践的相互关系。马克思说过，“社会生活在本质上是实践的”。和马克思主义哲学相比，黑格尔和费尔巴哈的理论都属于神秘主义的，他们强调的“精神”和“类”的概念都脱离了现实而一味地将理论“神化”，事实上在马克思看来只要把它放在人类的实践活动中去理解就一点都不神秘了。只有把社会生活看做本质上是实践的，把能动的物质实践理解为人的本质，把现实中实践着的人理解为思维和存在、精神和物质统一的基础，才能既唯物又辩证地解决思维和存在、精神和物质之间的关系。

四、如何正确认识斗争性、同一性与矛盾运动表现形式之间的关系？

刘海龙

同一性与斗争性是矛盾的基本属性。矛盾的同一性指的是矛盾双方在一定条件下的互相联结、互相依存、互相渗透、互相贯通的趋势。矛盾的斗争性指的是矛盾双方互相对立、互相排斥、互相否定、互相分离的倾向；矛盾同一性在事物运动中的作用，在于它把矛盾双方相互依存，联为一体，使它们在矛盾的统一体中得以存在和发展。矛盾双方力量变化的过程，只能在对立面相互依存的统一体中才能实现，只能在双方互为条件、互相利用、互相促进的关系中才能实现，而这种力量变化达到一定限度，就会引起矛盾统一体的分解，并导致原有事物的消亡。斗争性在事物运动中的作用，在于它造成矛盾双方力量对比变化，推动事物的运动发展。在矛盾统一体中，由于双方的不断斗争，彼此互争短长，相互限制，促使双方力量对比不断地发生变化，造成双方力量发展的不平衡，并最终导致旧的矛盾统一体分解，新的矛盾统一体产生。同一性和斗争性同时存在于一个矛盾之中，斗争性不能离开同一性而存在，同一性也不能离开斗争性而存在。矛盾着的双方既同一又斗争，力量此消彼长，不断变化，也就使得矛盾统一体相应发生一定的变化，使事物的运动发展呈现出和谐或对抗等不同的表现形式。

其实，关于矛盾的属性与表现不同层面的划分在黑格尔那里就已经初见端倪。黑格尔的逻辑学分为三个部分，第一部分是“有论”或“存在论”，具有直接性；第二部分是“本质论”，具有间接性；第三部分是“总念论”或“理念论”，是理念在自身中的发展。黑格尔说："本质的范围，又是明显的矛盾的范围，在'有'中潜伏着的矛盾，到本质里都鲜明地建立起来了。"在这里，黑格尔已明确地把他的逻辑学的三个部分分别看成了矛盾的三个层次："潜伏着的矛盾"，"显明的矛盾"，"发展的矛盾"。同一性与斗争性可以看成是"有"论中"潜伏着的矛盾"，对抗或和谐等范畴可以看成是"本质"论中的"显明的矛盾"。"有"论中"潜伏着的矛盾"是"本质"论中"显明的矛盾"的内在根源，而"本质"论中"显明的矛盾"是"有"论中"潜伏着的矛盾"的外在表现。

当前一些学者也从不同角度对矛盾的属性或趋向与矛盾的表现做了区分，并对它们之间的关系进行了有益的探讨。比如，一些学者认为"斗争性"与"对立性"不是同一个层面的对等概念或范畴："'对立性'是矛盾双方之间客观存在和共同具有的一种性质或趋向，'斗争性'不过是对立及对立性的表现或表现形式之一。"主张以"对立性"替换"斗争性"。准确地讲，其实这里的"斗争性"应该是"斗争"，和我们现在认识的"和谐"是同一个层次的范畴。这种把矛盾的性质与表现相区分的思想是可贵的，而另外引入概念的做法却是多数学者所不能接受的，因为大家已经习惯于使用同一性和斗争性来表示矛盾的基本属性。

还有学者试图通过分别赋予"同一性"和"斗争性"以静态含义和动态含义的方法对这两个层面的范畴加以区分。"矛盾同一性的静态含义是指矛盾双方的共同点，动态含义是指矛盾双方互为产生、存在和发展的条件；矛盾斗争性的静态含义是指矛盾双方的差别性、对立性，动态含义是指矛盾双方的相互排斥、相互否定。静态含义和动态含义的相互关系是：静态含义是矛盾的基本含义，是动态含义的根源和前提。判断事物之间或事物内部是否构成矛盾，需要从静态含义入手，看其是否既有共同点、一致性，又存在着本质的差异和对立，那就构成矛盾。而要考察作为推动事物发展的源泉和动力的矛盾运动，则需要从动态含义入手，即矛盾双方既互相依存又互相排斥的相互作用，推动事物的运动、变化和发展。"很显然，这里所谓的静态含义（矛盾双方的差别性、对立性）相当于矛盾的内在属性，而动态含义（矛盾双方的相互排斥、相互否定）则相当于矛盾的表现形式。作者也对两者之间的关系进行了界定："静态含义（矛盾的基本属性）是矛盾的基本含义，是动态含义（矛盾的表现）的根源和前提"。可以看出，其明确意识到了矛盾基本属性和表现形式的区别，也对两者之间的关系有正确的认识。但"静态含义"与"动态含义"的提法却不能准确地表述两者之间的区别和关系。

总的来讲，同一性和斗争性是矛盾运动形式的内在根据，但两者之间并不是一种直接决定的关系。

五、如何理解唯物辩证法是认识和改造世界的根本方法?

李伟杰

唯物辩证法是马克思主义哲学的重要组成部分，是马克思主义的精髓，是关于自然、人类社会和思维的运动和发展的普遍规律的科学。唯物辩证法是对整个物质世界的本质属性的高度概括，它要求我们用联系、发展、全面的观点去认识世界，改造世界。我国在社会主义经济建设中始终坚持运用唯物辩证法这一科学的方法分析、解决在实际工作中遇到的各种问题，指导实践工作。

1. 唯物辩证法产生的基础及其先进性

在唯物辩证法产生之前，存在着唯心主义、古代朴素唯物主义、形而上学唯物主义等哲学思想。这些哲学思想在认识世界和改造世界方面都有着自己的探索与实践。

唯心主义认为，意识第一性，物质第二性，意识决定物质。它把思维或精神看做世界的本原，认为物质是由精神派生而来的。古代朴素唯物主义肯定世界的物质性，认为世界是一个有机的整体，各种事物之间存在着普遍的联系，但它把世界的本原归结为一种或几种具体的实物，存在着直观性、猜测性等缺陷；形而上学唯物主义继承了古代朴素唯物主义关于物质是世界本原的思想，但它把事物的整体分解为各个部分进行孤立的研究，忽略了事物的联系、变化和发展，在对社会历史的解释上仍然没有摆脱唯心主义历史观的束缚，存在着很大的缺陷，因此也是不科学的。

唯物辩证法是在借鉴和吸收以往哲学思想的基础上产生的，它继承了古代朴素唯物主义和近代形而上学唯物主义的优良传统，克服了它们的严重缺陷，把唯物主义世界观建立在现代自然科学成就的基础上：克服了朴素唯物主义的直观性，把辩证法建立在唯物主义基础上；克服了形而上学唯物主义的形而上学性，在社会实践观点基础上创立了唯物史观。它从而成为科学的、革命的无产阶级世界观，实现了人类认识史上的伟大变革，形成了科学的世界观和方法论。

2. 唯物辩证法是科学的思维方法

首先，唯物辩证法是客观辩证法和主观辩证法的统一，是科学的思维方法。客观辩证法是客观事物或客观存在的辩证法，是客观事物以相互作用、相互联系的形式出现的各种物质形态的辩证运动和发展规律。主观辩证法则是人类认识和思维运动的辩证法，是以概念作为思维细胞的辩证思维的运动和发展的规律。客观辩证法与主观辩证法在本质上是统一的，二者相互依存。客观辩证法决定主观辩证法，主观辩证法以概念的形式反映客观辩证法，支配着客观世界的辩证法的基本规律，也贯穿并支配着人类认识与思维过程。马克思主义唯物辩证法之所以是科学的思维方法，正是它注重了主观和客观的统一，在尊重客观规律的基础上，更大程度地发挥人的主观能动性，马克思主义唯物辩证法起着不可替代的作用。

其次，唯物辩证法是唯物论和辩证法的统一，是科学的思维方法。唯物辩证法认为，万事万物都处于普遍联系和永恒发展之中，孤立和静止的事物是不存在的。事物之间的普遍联系构成了事物的运动和变化，而发展是事物变化的基本趋势。因此我们要用联系和发展的眼光看问题，将联系的观点和发展的观点作为人们考察事物、分析问题的基本原则。

唯物辩证法认为，整个世界是一个矛盾的世界，万事万物都包含着矛盾，不包含矛盾的事物是不存在的。矛盾规律即对立统一规律，揭示出了事物之间相互区别、相互对立的联系，揭示出了事物的内部矛盾是事物发展的源泉、动力。因此，这就要求我们在实践中要敢于承认矛盾、发现矛盾和处理矛盾，从而推动事物不断向前发展。

唯物辩证法认为，整个世界总体上都是由低级向高级不断地发展，是量的不断积累的过程，超出度的范围，从而实现了质的飞跃。这就要求我们在实践中要重视量的积累，以实现质的飞跃。并且通过分析事物发展过程中的量变和质变及其相互转化的规律，把握事物发展的渐进性和飞跃性的统一；通过分析事物发展过程中的肯定和否定及其相互转化的规律，理解事物发展是前进性与曲折性的统一。

3. 唯物辩证法在认识和改造世界中的具体实践

中国共产党始终坚持运用唯物辩证法的思想指导实际工作。邓小平在领导我国社会主义经济建设中始终坚持唯物辩证法，运用这一科学思维方法分析在实际工作中遇到的若干重大问题，并指导实践。他运用联系和发展的观点，提出“发展才是硬道理”的论断和对外开放的方针；他分析矛盾的普遍性与特殊性，抓住当今我国社会的主要矛盾，提出以经济建设为中心的战略决策；他坚持质量互变规律和否定之否定规律，提出了我国现代化建设分三步走的发展战略。同时，在实际工作中力求全面性，力戒片面性，坚持辩证法，反对形而上学，在马克思主义唯物辩证法的基础上，结合我国国情，丰富和发展了唯物辩证法思想。唯物辩证法在认识和改造世界中的具体实践是很普遍的，不仅国家制定重大政策需要唯物辩证法的指导，现实中的任何领域都离不开唯物辩证法的科学思维方法。

总之，唯物辩证法是认识世界和改造世界的根本方法。我们在工作中，要始终把唯物辩证法作为思想指导，从而在社会主义经济建设和社会发展的过程中更好地发挥其积极作用。

六、为什么说对立统一规律是唯物辩证法的核心？

梅宗奇　布占坡

唯物辩证法即“马克思主义辩证法”，它是马克思主义哲学的重要组成部分。它以自然界、人类社会和思维发展最一般规律为研究对象，是辩证法思想发展的高级形态，是最全面、最丰富、最深刻的发展学说。它包括对立统一规律、质量互变规律和否定之否定规律这三个基本规律以及现象与本质、原因与结果、必然与偶然、可能与现实、形式与内容等一系列基本范畴。

在辩证法的三个基本规律中，核心规律是对立统一规律，其它两个规律都是对立统一规律的展开形式。对立统一规律揭示了世界上事物具有的共同本质和特点：任何事物内部都是矛盾的统一体，矛盾是事物发展变化的源泉、动力。所以，对立统一规律是唯物辩证法的核心。它是宇宙观，又是认识论和方法论。

对立统一规律包含以下基本内容：

其一，对立面的同一和斗争。同一和斗争是矛盾双方所固有的两种属性，同一性表现为对立面之间具有相互依存、相互渗透、相互贯通的性质，斗争性表现为对立面之间具有相互排斥，相互否定的性质。

其二，矛盾的同一性和斗争性是相互联结的。同一是对立面双方的同一，它是以对立面之间的差别和对立为前提的。矛盾的斗争性寓于矛盾的同一性之中。斗争是统一体内部的斗争，在对立面的相互斗争中存在着双方的相互依存，相互渗透。斗争的结果导致双方的相互转化，相互过渡。

其三，矛盾的同一性是相对的，矛盾的斗争性是绝对的。矛盾同一性是指它的条件性，任何矛盾统一体的存在都是有条件的；矛盾斗争性的绝对性是指它的普遍性，无条件性。矛盾的斗争性不仅存在于每个具体矛盾运动的始终，而且也存在于新旧矛盾交替的过程中。

其四，矛盾双方既同一又斗争，推动事物发展。矛盾的同一性是矛盾存在和发展的前提，矛盾双方互相渗透、贯通为矛盾的解决准备了条件；矛盾的斗争性导致矛盾双方力量对比和相互关系不断变化，以致最终造成矛盾统一体的破裂，致使旧事物被新事物所取代。其中对立面的同一和斗争思想有其形成与发展的过程。

对立统一规律是唯物辩证法的核心。具体表现在以下几个方面：

其一，对立统一规律揭示了事物运动、变化、发展的根本原因在于事物内部的矛盾性，科学地解释了事物发展的道路、方向、形式等问题。

其二，对立统一规律揭示了事物联系和发展的根本内容，事物普遍联系的实质就是事物之间由多方面的对立统一构成的矛盾体系；事物发展的实质就是新事物扬弃旧事物的过程，它体现着事物内部肯定方面与否定方面的对立统一的关系。

其三，对立统一是唯物辩证法全部规律和范畴的实质，它提供了理解唯物辩证法其他规律和范畴的钥匙。

其四，唯物辩证法是世界观又是方法论，对立统一规律提供了这一科学方法论最根本的内容，即矛盾分析的方法，这是我们认识一切事物的根本方法。我们认识世界和改造世界，从根本上说就是分析矛盾和解决矛盾。

七、如何理解矛盾的普遍性和特殊性的关系?

姜婷婷

毛泽东同志曾经说过，矛盾的普遍性和矛盾的特殊性的关系，就是矛盾的共性和个性的关系。这一共性与个性、绝对与相对的道理，是关于事物矛盾的问题精髓。不懂得它，就等于抛弃了辩证法。鉴于这个问题的重要性，需要我们正确理解矛盾普遍性与矛盾特殊性的含义及其相互关系问题。

所谓矛盾的普遍性，是指同类事物中具有同样性质的矛盾，或者说同类事物中的矛盾具有共同性、共性。而所谓矛盾的特殊性，概而言之就是各种不同事物之间彼此相互区别的特殊的规定、特殊的本质。它是相对于矛盾普遍性而言的，指的是矛盾的个性、差别性。了解了矛盾的普遍性和特殊性的含义后，就能够更好地了解矛盾的普遍性和特殊性的关系。矛盾的普遍性和特殊性的关系是矛盾的共性和个性的关系。也就是说，每一事物内部所包含的矛盾的特殊性，是指一事物区别于他事物的特殊点，即矛盾的个性；每一事物内部所包含的矛盾的普遍性，则是指一事物和他事物的共同点，即矛盾的普遍性、共性。

矛盾普遍性和特殊性的相互关系主要表现为两个方面：

第一，矛盾的普遍性和特殊性是相互连接的。普遍性寓于特殊性之中，即特殊性包含普遍性，并通过特殊性表现出来，没有特殊性就没有普遍性。普遍性是许许多多不同的特殊事物所共同具有的，所以普遍性只能存在于各种特殊性之中，而不能在种种特殊性之外独立存在。特殊性离不开普遍性。世界上的事物无论怎样特殊，它总是和同类事物中的其他事物有共同之处，总要服从这类事物的一般规律，不包含普遍性的特殊性是没有的。任何一个事物都是普遍性和特殊性的统一体。总之，世界上任何事物不但包含了矛盾的特殊性，而且也包含了矛盾的普遍性，普遍性存在于特殊性之中，特殊性与普遍性相联结而存在，绝不能把它们截然分开。

第二，矛盾的普遍性和特殊性是相互转化的。由于事物范围的广大和发展的无限性，在这个场合为普遍性的东西到另一个场合则变为特殊性。反之亦然。比如，同化与异化的矛盾对生物界来说是矛盾的普遍性，但对于整个自然界来说则是矛盾的特殊性。又如阶级矛盾，对于整个人类社会发展的历史来说，是矛盾的特殊性，但对于阶级社会来说则是矛盾的普遍性。可见矛盾的普遍性和特殊性是相对的，它们之间没有不可逾越的鸿沟，随着场合的变化，普遍性和特殊性也是可以变化的。

综上所述，矛盾的普遍性和特殊性的关系是共性和个性的关系。这一关系的具体内容不仅包括矛盾存在的普遍性、共性包含于一个个具体存在的特殊矛盾之中，具体存在的特殊矛盾体现了矛盾存在的普遍性、共性，而且包括着更为深刻的内容，即同类事物或诸种事物矛盾性质的共同性存在于个别事物的特殊矛盾之中，是从许多个别事物的特殊矛盾、个性中抽象概括出来的，个别事物的矛盾的特殊性、个性中包含、体现着矛盾性质的普遍性、共性。同样，只有全面、正确地理解矛盾的普遍性的含义以及矛盾的普遍性和特殊性的关系，才能正确把握矛盾的普遍性和特殊性辩证关系原理的方法论意义。

八、认识是如何产生的？

薛桂波

什么是认识？认识是如何产生的？“认识”问题在哲学史上一直占有重要地位。事实上，试图回答这两个问题的哲学本身也是人类为认识世界本质所做的不懈努力的体现。人类从它形成开始，一天也没有停止过认识。在整个社会历史发展过程中，人们的实践不断地向前发展，人们对客观现实的认识也不断地向前发展。在实践基础上由感性认识上升到理性认识，又由理性认识向实践能动地飞跃。实践、认识、再实践、再认识，循环往复以至无穷，认识的内容也由此而不断地扩展和加深，展现了整个人类认识从相对真理向绝对真理不断迈进的辩证过程。然而，任何一个具体的认识只是对整个世界一个层次的认识、一个方面的认识、一个发展阶段的认识。因此，人们应当在实践的基础上不断深化认识，扩展认识，把认识向前推进。

1. 感性认识是认识的初始阶段

认识是人的思维活动，离开了人，认识就不存在；反之，只有人的存在，而没有客观物质对象，认识也不会产生。认识是人这一主体与客观物质相互作用的结果。关于认识起点的问题，唯物主义与唯心主义有着不同的看法，但是二者又都与感觉相关，感觉之于认识的作用，二者都承认，但是二者又有着不同的基础。唯物主义认识论坚持从物质到意识的认识路线，认为物质世界是客观实在，强调认识是人对客观实在的反映，申明世界是可以认识的。辩证唯物主义的认识论则进一步把实践作为认识的基础，把辩证法运用于认识论。唯心主义认识论则否认物质世界的客观存在，坚持从意识到物质的认识路线。概括而言，唯物主义是从物到感觉，而唯心主义则是从感觉到物。

辩证唯物主义认识论消除了非马克思主义哲学中认识论和本体论的对立，也结束了非马克思主义哲学使认识论问题同社会存在、社会实践的历史发展相脱离的状况。从物质决定意识、意识是物质的反映这一唯物主义原理出发，把认识的发展同社会实践的历史发展结合起来，把认识过程的辩证法同客观实在过程的辩证统一起来，成为彻底唯物主义的能动的反映论。

辩证唯物主义认识论在肯定物质世界在意识之外并且不依赖于意识而客观存在这一前提下，肯定物质世界的可知性和人们认识世界的可能性；认为人们的意识或思维能够认识客观的现实世界。人们关于现实世界的表象、概念，能够正确地反映现实，认识的内容来自外部现实世界。辩证唯物主义认识论坚决否定一切形式的唯心主义认识论，也坚决否定断言世界的本质不可认识的不可知论，坚持从物质到意识、从客观到主观的认识路线。

辩证唯物主义认识论指出，人们在实践基础上所得到的外部世界的初级认识是感性认识，它包括感觉、知觉、表象等形式。感性认识是对外部世界的直接反映，是人们获得知识的第一步，属于认识的初级阶段。

2. 从感性认识到理性认识的飞跃

辩证唯物主义认识论强调认识主体在获得感性认识的基础上，必须用理性思维对感性材料进行逻辑加工，即遵循从感性具体到抽象，又从抽象上升到思维具体的方法以及逻辑的东西与历史的东西统一的原则，通过归纳和演绎、分析和综合，以概念（范畴）、判断、推理的形式，形成理论知识的体系，把客体作为许多规定的综合，亦即把多样性的统一的整体在思维中观念地再现出来，这就是理性认识。理性认识是对事物的抽象、概括的反映，也是对事物的本质、全面的反映，是认识的高级阶段，它以反映事物的本质为内容，因而是深刻的。

感性认识和理性认识有着密不可分的辩证联系。首先，理性认识依赖于感性认识，理性认识必须以感性认识为基础。坚持理性认识对感性认识的依赖关系，就是坚持了认识论的唯物论。其次，感性认识有待于发展和深化为理性认识。只有使感性认识上升到理性认识，才能把握住事物的本质，满足实践的需要。坚持了这一点，就是坚持了认识论的辩证法。最后，感性认识和理性认识相互渗透、相互包含，二者的区分是相对的，人们不应当也不可能把它们截然分开。

感性认识和理性认识是辩证统一的，统一的基础是实践。感性认识是在实践中产生，由感性认识到理性认识的过渡，也是在实践的基础上实现的。如果割裂二者的辩证统一关系，就会走向唯理论或经验论，在实际工作中就会犯教条主义和经验主义的错误。

从感性认识向理性认识的过渡，必须具备两个基本条件：第一，勇于实践，深入调查，获取十分丰富和合乎实际的感性材料。这是正确实现由感性认识上升到理性认识的基础。第二，必须经过理性思考的作用，将丰富的感性材料进行去粗取精、去伪存真、由此及彼、由表及里的制作加工，才能将感性认识上升为理性认识。也就是说，必须运用辩证思维的科学方法，才能获得真正的认识。

3. 实践是认识的来源和归宿

认识的能动性不仅表现于从感性认识到理性认识的能动飞跃，而且还表现于从理性认识到实践的能动飞跃。人们在获得理性认识以后，必须通过理想的目的、理想的计划、方案等形式，使之应用于实践，向现实转化。这是实践检验理论、实现理论的过程，是整个认识过程的继续。

唯物主义认识论从物质第一性、意识第二性的前提出发，贯彻从物到感觉和思想的路线，坚持反映论原则；唯心主义认识论从意识第一性、物质第二性的前提出发，贯彻了从思想感觉到物的路线，坚持先验论原则。否认认识是人脑对客观世界的反映，这就割裂了认识同客观现实的联系，否定了认识发生的客观依据，陷入了客观随意性。无论从哪个方面来讲，从古代的经验直观世界，到近代的认识世界的发展，都应该是人类思想和文化发展中的一次重要的飞跃，我们不能因为它从结果方面来说具有主体中心主义和逻辑中心主义的缺陷，就从根本上否定认识论阶段的理论意义。要坚持认识是不断发展的观点。一切把认识凝固化、僵化的观点都是不科学的。

人不论是认识周围的事物还是认识广袤的宇宙，其认识的动力、能力和源泉都是来自人本身，都是从人的身体向外扩展，以心度人，以体度物，而后格物致知。正是人的组织器官、生命要素、身体欲望、行为实践、感性知觉、兴趣爱好、认识冲动、好奇心、求知欲、无意识、潜意识、冒险和尝试、创造性和非逻辑思维以及固有的自由本性，一起构成认知和才智的源泉。

人的认识是在实践中产生的，实践是认识的来源，没有实践就没有认识，实践是认识发展的动力、认识的最终目的和检验认识正确与否的唯一标准。在实践过程中，人们首先面对的是客观物质世界，首先感知的是外界事物和现象的运动与变化，于是，人们就围绕外界事物和现象开始了认识活动，就产生了认识。

九、“不怕做不到，就怕想不到”，这句话对吗？

姜婷婷

“不怕做不到，就怕想不到”作为励志名言，常常出现在人们的眼前。这句话说的是，在进行物质改造之前，只要能够想出行动的目的和计划，就能够将此付诸实践，并最终达到目的。大多数人也都从而受到了正面的启发并由此提升了发挥主观能动性的程度。

“想”与“做”，牵扯到“知”与“行”的关系。也就是认识与实践、物质与意识的关系。如果片面强调“想”的作用即意识的作用，往往会陷入唯心主义的泥淖。“不怕做不到，就怕想不到”这句话就是这样，它的侧重点在于“想”，也就是认识方面，是放大了精神力量的作用。同时，这也说明，就这句话本身而言，它是将人的主观能动性扩展到了它实际上并不能够达到的水平。对精神力量的过分夸大，不免有陷入形而上学，导致唯心主义之嫌。思维的正确性与否，必须在实践之中得到验证，在可行的条件下才能成立。因而，从理性上分析，“不怕做不到，就怕想不到”是一个片面的结论。

在日常生活中，关于物质和意识的作用，人们往往会犯以下两种错误：

(1) 无限扩大意识的能动作用，把意识的能动作用说成是决定作用，这是唯心主义观点。在实际工作中，表现为不顾客观实际情况，仅凭主观愿望，想怎么干就怎么干，这违背了物质决定意识的原理，比如“人有多大胆，地有多大产”等。

(2) 只承认物质的决定作用，看不到意识对物质的能动作用，这是形而上学的观点。在实际工作中，表现为不发挥主观能动性，不重视科学理论的指导作用，不注意社会主义精神文明的作用，不注意学习科学和先进思想，缺乏崇高理想和改革意识等，在这种思想指导下，也不能做好工作。

正确理解物质与意识的关系，主要应注意以下两点：

(1) 世界的本质是物质，物质决定意识，意识是物质的反映。首先，从意识的起源看，意识是物质世界发展到一定阶段的产物。科学发展证明，在人类产生之前，物质世界就已存在，而意识只是物质世界发展到一定阶段，人类出现以后才产生的，不是从来就有的。其次，从意识的物质基础看，意识是人脑特有的机能。人脑是产生意识的物质器官，没有高度发达的人脑，就不可能产生意识。再次，从意识的本质 (内容) 看，意识是客观存在在人脑中的反映。有了人脑并不等于就有了意识，意识的内容不是来源于人脑，而是人脑对客观存在的反映。客观存在通过人的实践作用于人脑，人脑才会形成对客观存在的反映，这才有了意识。最后，从意识的产生途径看，意识的产生途径是社会实践。如果不参加社会实践，即使有健全的人脑，也是不能产生意识的。

(2) 意识对物质具有能动作用。它有两方面的表现：第一，意识能够正确地反映客观事物。这已为人类的实践活动所证实。第二，意识能够反作用于客观事物。其反作用有两种情况：正确反映客观事物及其发展规律的意识，能够指导人们有效地开展实践活动，促进客观事物的发展；歪曲反映客观事物及其发展规律的意识，则会把人的活动引向歧途，阻碍客观事物的发展。

认识活动是一种复杂而艰苦的脑力劳动，它要求人们必须有坚强的意志。马克思说过：“在科学上没有平坦的大道，只有不畏劳苦沿着陡峭山路攀登的人，才有希望达到光辉的顶点。”在改造世界的活动中，意志的作用也显得十分重要。与认识世界相比，改造世界所遇到的困难更大，障碍更多，因此更需要付出代价，更需要意志的努力。

毛泽东一生都强调意志的能动作用，强调在改造世界的实践中发挥主观能动性，告诉人们在艰难、挫折、失败面前，停止的观点、悲观的论点、无所作为和骄傲自满的论点都是错误的。也正是因为意志在我们认识、实践的过程中有着十分重要的作用，我们需要重视它。在改造世界的过程中，在正确认识事物，把握客观规律的情况下，发扬刻苦的精神，将人的主观能动性在主观符合客观的情况下发挥到最好水平，才能进行最好的实践活动。

十、如何正确理解主观能动性和客观规律性的辩证关系？

丁万娟

人能够认识世界，并且能够改造客观世界。动物只是消极地适应周围的环境，而人作为有意识的行动主体，既适应于自然界，也改变着自然界，在自然界印上自己的劳动和智慧的痕迹。那么人的主观能动性和客观规律之间到底是什么样的关系呢？

(1) 人的主观能动性是人所特有的能动地反映世界和改造世界的能力和作用。人能够在观念中预先确定自己的劳动和工作目的，并通过实践来实现预定的目的。这种本领在人类历史上是一步步地发展起来的。正确的意识能指导人们采取正确的行动，对事物的发展起着促进作用，错误的意识会导致人们的错误行动，对事物的发展起着阻碍和破坏作用。

辩证唯物主义在肯定意识对物质的依赖性的前提下，承认和重视意识对物质的能动性。意识的能动作用具体表现在四个方面：第一，意识活动具有目的性和计划性。人在活动中预定的蓝图、目标、活动方式和步骤等，都体现着意识活动的目的性和计划性。第二，意识活动具有创造性，意识不仅能够反映事物的外部现象，而且能够认识事物的本质和规律，不仅能够“复制”当前的对象，而且能够追溯过去，推测未来。第三，意识活动通过指导人们的实践对客观世界进行改造。意识通过“思维操作”，实现对客观事物超前的、观念的改造，指导并通过实践把理想变成现实，从而改变、创造世界。第四，意识活动对人体生理活动具有调控作用。但是意识的能动作用的实现必须在遵循客观规律的前提下进行，意识发挥作用的根本途径是实践。

(2) 客观规律就是事物发展中本身所固有的本质的、必然的和稳定的联系。规律是客观的，是不以任何人的意志为转移的。人只能去认识规律，利用规律。例如，“万有引力规律”“生物遗传规律”。正如战国时代哲学家荀子说：“天行有常，不为尧存，不为桀亡。”自然与社会都具有客观物质性，都具有自身的发展规律。自然规律是作为一种盲目的无意识的力量起作用，社会规律则是通过有意识、有目的的人的活动实现的；自然规律可以完全相同的形式反复出现，而社会规律则是历史的，在不同社会、国家、民族以及不同的历史阶段具有不同的表现形式。

(3) 马克思主义认为主观能动性和客观规律性的关系是辩证统一的关系。客观规律性制约着主观能动性，主观能动性的发挥必须以符合客观规律性为前提。一方面，规律是客观的，具有稳定性和强制性，不依任何人的主观意志为转移，这就为主观能动性的发挥提供了可能；另一方面，规律的客观性又要求人们在认识世界和改造世界的实践中，必须尊重客观规律，坚持一切从实际出发，实事求是，认识、利用客观规律，以正确的思想为指导，才能使主观能动性得到正确有效的发挥。认识规律、利用规律也必须发挥主观能动性，发挥主观能动性是认识、利用规律的必要条件。尊重客观规律决不意味着可以不发挥人的主观能动性。要获得一个正确的认识，往往需要由实践到认识、由认识到实践这样的多次反复，才能够完成。在这个过程中，往往要遇到许多困难和挫折，只有经过主观的不懈努力和顽强斗争，才能达到目的。

总之，尊重客观规律与发挥主观能动性是辩证的统一。主观能动性和客观规律性辩证关系的原理是我们反对唯心论，形而上学，反对右的和“左”的错误思想的武器。否认客观规律性，夸大人的主观能动性，就会陷入形而上学的泥淖，其表现为“精神万能论”，在革命和建设中往往会导致超越历史发展的阶段，在政治上会犯冒险盲动的“左”倾的错误；夸大尊重客观规律性，否认人的主观能动性，就会陷入形而上学机械论的错误，其表现为“宿命论”，在革命和建设中往往会导致落后于历史发展的阶段，在政治上开历史的倒车，犯“右”倾错误。

在构建社会主义和谐社会的今天，我们必须建立和落实科学发展观，统筹人与自然的和谐发展，在尊重自然规律的前提下充分发挥人的能动性、创造性。摆脱片面追求经济增长的局限，争取以最小的代价获得最大的成果。同时尊重社会主义建设的客观规律，从实际出发，实事求是，充分发挥广大人民群众的积极性、创造性，把工作热情和科学态度结合起来，开创新的局面，早日实现我们全面建设小康社会的伟大目标。

十一、真理与价值二者之间的关系如何?

姜秉颐

真理和价值的关系问题，是马克思主义哲学的重要问题，也是非常有价值进行探讨和研究的问题。这里我们从马克思主义认识论角度来进行分析。

真理是标志着主观与客观相符的哲学范畴，是人们的意识对客观事物及其规律的正确反映。真理是客观的，并且不以认识主体的意识为转移。由于客观事物的无休止运动和人类社会的不断进步，真理也是一个持续发展的过程。真理的对象包括客观存在、客观事物。客观存在、客观事物只是一种存在，它们无所谓真，也无所谓假。针对同一个对象，在同一个领域之中，真理只有一个。也就是说，在反映同一客观对象的许多认识之中，只有与客观对象相符合的认识才是真理。当然，“真理只有一个”是从真理的内容角度上讲的。如果从真理的形式角度上讲，真理是多样的，对于同一个认识对象，可能存在数种不同形式的真理。所以，真理是内容的一元性和形式的多元性的统一。

马克思主义的真理观不仅仅是唯物论的真理观，还是辩证法的真理观。静态地看，真理是相对性和绝对性的统一。人类从实践中获得的具体真理，都正确地反映了客观，具有绝对性。但是每一个科学认识成果又都有着一定的历史条件背景，带着时代的印记，受到当时各种条件的制约，具有相对性。相对性和绝对性作为真理的两种属性，它们是同时存在、不可分离的。动态地看，人类的认识是不断深化的，是从相对真理走向绝对真理的过程。相对真理和绝对真理作为真理的两种类型，它说明了真理之间的辩证联系和不断发展。

价值是表示主客体关系中特定内容的哲学范畴，是在主客体相互作用关系的前提下，客体对主体需要的满足。它表示客体对主体“有用”还是“无用”，“有意义”还是“无意义”。价值不是某种实体。一方面，价值离不开主体的需要。没有人的需求的世界，也就是没有价值的世界。在人类出现之前的地球同人类没有任何联系，因此本身并无美丑、真假、好坏、有用无用之分，是人的需求赋予了它这些分别。另一方面，价值也离不开客体及其属性。客体之所以能够形成某种价值，是因为它有某种客观的属性。例如，珍珠或金刚石之所以有价值，是因为它们有着某些特殊的、为人类所需要的属性。存在主义者萨特说:“我的个人自由就是价值的唯一基础，此外没有任何东西给我提供这样或那样的价值”。这种极端的理论在马克思主义的立场上，有着显著的偏颇。

价值的客观性是价值的本质。首先，价值关系中的客体及其属性是客观的。这一点决定了价值在来源上的客观性。也就是说，客体是否具有对价值主体而言的价值属性，这一点完全是客观的。其次，价值关系中的主体以及主体需要也是客观的，这一点决定了价值在形成上的客观性。人的需要以及需要满足的程度是被社会实践、社会历史发展状况制约着的，这一点是理解价值客观性的关键。人的需要和动物不同，很大程度上无法靠直接从自然界中取得的物品来满足。人们需要通过劳动来创造出满足自身需要的产品。另外，人的需要本质上来说是社会性的需要，而这种社会性需要归根到底是受物质生产的基础所决定的。当然，人由客观条件所产生的需要，必定会通过欲望、目的等观念形式表现出来，成为人的主观需求，并通过形成需要动机去追求价值目的。但是这既没有否定主体需要的客观性，也没有否定主体和客体之间价值关系的客观性。

价值的突出特点是体现着人的主体性。价值的主体性是指：价值本身的特点直接同主体性的特点相联系，价值的特性表现或反映着主体性的内容。由于主体的视角在认识、实践活动中的作用，使得价值呈现出个体、多维、时效等特点。首先，价值关系是以主体尺度为尺度的，它表现出每一个主体所独有的特殊性、个性。显然，以人类作为主体的价值具有社会性；以一定历史阶段之中的社会为主体的价值具有时代性；以民族为主体的价值具有民族性；以阶级为主体的价值具有阶级性；以个人为主体的价值具有个人性。其次，每一个主体的价值都具有不止一个角度和一个面向。主体是活生生的个人或社会共同体，它自身结构和规定性的每一点、每一方面和每一过程，都可能形成一定的价值关系。人是自然的生物，因此人具有像动物一样的自然需要；而人作为社会的生物，人的需要很大程度上是社会的需要，社会的需要便会形成一系列社会价值关系。再次，价值具有时效性，也就是说，价值具有因主体的变化而改变的时间特征。价值的时效主要包含两种形式：一种是价值的阶段性，即某些价值只能在一定时段内形成，过了这个时段价值取向便会改换。例如人在青春期会出于自身年龄阶段的需求，而产生一系列只有年轻人才会产生的价值观点。另一种是持续性，即有些价值对于主体来说存续时间会很长，而有些价值则存续时间很短。例如一次性的感官满足很快就会过去，而某些信念或理想则能够终生鼓舞人的行为。价值的时效性表明了价值生活是动态的、发展的过程。价值满足主体需要的深度和广度是有很大差别的。盲目地跟随一时需要的理论，并不一定能够持久，也并不一定能找到真正的价值。

真理与价值是统一的，而这种统一是在现实的历史活动中达到和表现出来的。统一除了表现为二者彼此互相补充并在实践中结合以外，还具体地表现为：真理与价值在实践和认识中互相规定、互相包含、互相渗透，真理中有价值问题，价值中有真理问题；真理与价值在发展中互相引导、互相趋近和互相过渡；真理标准与价值标准的实践一体化；等等。

真理与价值是互相包含、互相渗透的。首先，凡是真理，对人类来说必然是有价值的。真理作为人类在认识、实践活动中把握客体、把握世界的客观形式，它具有充分的人类社会价值。在总体上，真理的存在、地位和本性决定了它的价值，凡是真理必有价值。在具体的历史的社会发展进程中，真理的价值是通过人的活动具体地、历史地实现和发展的。这种发展不仅意味着真理的价值不断扩展和深化，而且意味着真理把价值因素也包含在自己全面化具体化的趋势之中。真理的价值具有价值的一般特点，但真理本身不归结为价值，真理始终是真理。其次，凡是对人类有价值的事物之中必然包含着真理。对于人类社会的历史发展来说，凡是有正面价值的事物，必定包含或体现着真理。凡是对人类历史主体没有正面价值的，必然不包含全面性的真理。真理和价值各自的发展，使得双方在实践中相互引导、相互促进，并且彼此趋近于对方的特征。一方面，真理在认识、实践活动中逐渐具体和完善，并且朝着更深刻更全面地理解人类生活条件和价值的方向发展。这就是真理的发展趋向于价值。另一方面，人们追求价值的活动越是自觉，也就越是客观和深入，越是接近对客观真理的掌握和运用。这就是价值的发展趋向于真理。真理和价值的具体统一还在于检验标准的一体化，即实践。在实践中，思维的真理性得到检验，事物的价值也得到检验。例如，社会实践检验某一认识是否真理，就是看它能否导致成功的实践结果；成功的实践结果在证实着该认识的真理性的同时，也证实着该认识的价值性，还意味着一定价值效果的实现。

马克思主义关于真理和价值统一的观点，是全面的、发展的辩证观点。因此，我们要坚持唯物辩证法的真理和价值的辩证统一理论，为克服形而上学观点提供科学而合理的理论依据。

十二、如何认识社会规律与人的选择之间的关系？

王全权

历史是由人的活动所构成的，是人的活动过程的结果。人的活动又是有意识、有目的的自觉活动。但是，社会历史又是有规律的，这一规律同样是客观的，不以人的意志为转移的。那么，究竟如何说明社会历史规律的客观性和人的自觉活动之间的关系呢？即如何把承认人的自觉活动在社会发展中的作用和承认社会形态的发展是一种自然历史过程这二者统一起来呢？我们从以下几个方面来理解：

1. 社会规律是客观的，不依人的意志为转移

社会历史发展的规律，不过是人的活动的规律，它是在人的活动中并制约着人的自觉能动的活动与客观必然性的有机统一。决定社会发展的是物质资料的生产方式，但是经济因素并不是唯一的决定因素，政治、思想等因素对历史的发展也起着重大的作用。人类历史的实际进程是经济、政治、思想等多种因素相互影响、共同作用的结果。

人类社会的发展规律是通过人们的活动表现出来的社会生活过程中各种现象之间的内在的、必然的联系。社会发展的规律也有层次性，不同层次的规律其作用范围和程度是不一样的。社会规律可分为一般规律、特殊规律。一般规律是存在于人类历史发展的全过程并起作用的规律，如生产关系一定要适合生产力状况的规律。特殊规律是存在于人类历史发展的某些阶段的规律，如阶级社会中存在的阶级斗争的规律。人类社会的生活处处有人的意志与目的的作用，那么人类社会的发展是否是主观的呢？历史唯物主义认为，历史发展的规律不依人的主观意志为转移，也不能被人们随意改变、创造或消灭。

2. 历史的发展是无数人的“合力”作用的结果

每个人在历史中都按自己的目的和愿望，以自己的方式去活动，但历史活动的结果并不与每个人的目的完全一致。这是由于在历史活动中的无数个人，每个人活动的目的、活动的能力是千差万别的，甚至会产生对立和冲突。由这样无数个人的力量所组成的人类社会，就形成了一个总的“合力”，在这个合力中，每个人的力量都对合力有所贡献。各个人的力量的大小、方向不一，历史发展又不为这些单个的力量所左右。合力的方向就是历

史发展的方向。恩格斯指出，“历史是这样创造的：最终的结果总是从许多单个的意志的相互冲突中产生出来的，而其中每一个意志，又是由于许多特殊的生活条件才成为它所成为的那样。这样就有无数互相交错的力量，有无数个力的平行四边形，而由此就产生出一个总的结果，即历史事变，这个结果又可以看做一个作为整体的、不自觉地和不自主地起着作用的力量的产物。”

人们不能自由地选择生产力和生产关系，但并不是说不可以按照自己的目的和需要去改变原有的生产力和生产关系。人们总是按照自己的目的和需要去改变原有的生产力和生产关系。但是人们的这种目的以及根据这种目的和需要所从事的社会活动将引起什么样的社会结果，自己是意识不到的。这是因为，这种社会结果是由各种社会因素和各种社会力量相互作用所形成的“合力”造成的。每一种社会力量在形成这种“合力”时都起了作用，但历史发展却又不依任何一种社会力量为转移。每一种社会力量都具有偶然性，但所有这些社会力量的相互作用所产生的“合力”却体现了历史必然性。历史唯物主义的“合力论”思想，最清楚、最令人信服地说明了为什么人的活动是有意识、有目的的自觉活动，而这种自觉活动所形成的社会历史及其规律却是客观的、不依人的意志为转移的。

3. 人类社会的发展是一个自然的历史过程

人类社会的发展也像自然界一样，是客观的、物质的、辩证的过程，具有不依人的意志为转移的客观规律性。同时又应看到，人类的活动是有意识、有目的的。正是人类有意识、有目的的实践活动构成了人类社会的历史，形成了人类社会历史的规律。社会历史规律不是别的，就是人的活动的规律。

历史唯物主义认为：人类社会的发展是一个自然的历史过程。人类社会的发展与自然界的变化不同，人类社会的发展与人的活动紧密相连，离开了人的活动，人类社会不复存在。自然的变化则不受人的活动的制约，是否有人的参与都无碍自然规律的作用。但是，人类社会的发展与自然界的物质运动又有相同的地方，这就是它们的运动、变化乃至发展都是有规律的，它们的运动过程不依赖于人的主观意志。人类社会的发展规律同自然规律在本质上是一样的，人类社会虽然处处有人的主观意志和能动活动的印记，但决定社会发展的不是这些主观精神，而是物质资料的生产方式，其中生产力是最根本的决定力量。生产力是一种物质的力量，又是一种既定的力量。人们进行实践活动的同时，首先必须面对他们历代祖先活动的结果。“人们不能自由选择自己的生产力——这是他们的全部历史的基础，因为任何生产力都是一种既得的力量，以往活动的产物。”

生产实践活动是一种被限定的活动，生产活动促进了生产力的发展，引起了生产关系的变革，从而使政治的、思想的等各种社会关系或迟或早地发生变革，因而，社会的发展也是一个不依人的意志为转移的自然的历史过程。只有将人类社会的历史理解为一个自然的历史过程，才能使人们有可能像自然科学一样，用精确的眼光去考察和研究人类社会及其发展，把对社会发展的认识变为真正科学的认识。

4. 只有符合客观规律，人的愿望才能实现

马克思主义揭示了社会发展的客观规律，人们根据对社会发展的客观规律的认识去行动，其目的和愿望就可能实现。这是不是说社会发展依人的意志为转移了呢？不是的。首

先，人们所以能在活动中达到预想的结果，是由于主观符合了客观，正确认识了客观规律。其次，社会现象非常复杂，而且是不断变化的，人的思想最多是掌握社会生活的主要之点，掌握社会发展的基本趋势，不可能掌握社会生活的各个细节，更不可能掌握社会生活的每一个变化。所以人们预想的目的，在最好的情况下，也只能基本实现，而不可能完全实现。

因此，历史活动的个人是有目的的，但历史本身则是无目的的。人们的活动并不是孤立地进行，要受到诸多客观条件的制约，首先要受到物质资料的生产方式的制约；其次受到他人活动的制约；再次受到自身的各种条件的制约。人们的活动只有当与历史发展的趋势相一致或相近时，才有可能达到自己的目的。因此，提高人们按社会发展客观规律活动的自觉性，对于推动人类社会的进步具有重要的意义。人的活动，如果符合历史发展的客观规律，就能取得成功，反之就会导致失败。

唯心史观的错误就在于：或者否认社会发展的规律，用人的主观意志去解释历史的发展，把历史看做是主观意志随心所欲的结果，或认为历史是偶然事件的堆积，看不到历史活动中的客观制约性，这是主观唯心主义；或者把社会历史的发展归结为由神秘的超自然力量所决定，人的力量是与历史发展无关的东西，从而否认人的能动作用，这是客观唯心主义。无论是主观唯心主义，还是客观唯心主义，都不能正确反映社会历史发展的客观规律。

十三、为什么说社会存在决定社会意识?

郑 敏

社会存在与社会意识的关系问题是社会历史观的基本问题。它是回答和解决所有社会历史问题的出发点，是一切有关社会历史学说和理论的基石。能否在实践的基础上正确解答社会存在与社会意识的问题是划分历史唯物主义和历史唯心主义的标准。有些人认为社会意识是第一性的，决定着社会存在，从历史唯物主义观点出发，这种观点是错误的。

1. 社会存在是社会意识的来源

社会存在是指构成人类社会的一切存在，包括人、社会组织、社会活动、各种财产、知识等。社会意识指的是社会的精神生活过程，包括人们的政治思想、法律思想、道德观点、艺术观点、哲学观点、宗教观点等社会意识形态以及情绪、感情、风俗、习惯等社会心理。社会存在囊括了整个人类社会的物质生活，主要包括地理环境、人口因素和物质资料生产方式三个方面。这三方面共同构成了社会意识的来源。最初是具备人所生存的一定的地理环境，接着产生了人类自身，为了生存和发展，进行着物质资料的生产活动，在此过程中逐渐产生了社会意识，社会意识包括了人类社会生活的意识方面，它的存在是建立在社会存在的基础之上，依靠社会存在的土壤产生并发展的。如果社会意识脱离了社会存在，就等于是无源之水、无本之木，根本不可能存在。

2. 社会存在的发展变化决定了社会意识的发展变化

不仅最初的意识的出现是人类社会生产劳动产生的需要，而且后来各种社会意识形式的产生、分化和发展，也是由社会物质生产和生活的需要与变化、发展决定的。社会存在的发展变化决定社会意识的发展变化，这是二者发展变化的总趋势。

社会意识从原始混沌的状态到成熟的状态，都是人们生产和分工发展的结果。比如原始艺术是原始生产活动的直接表现；原始道德则是原始人类自身生产进步的需要。当人类社会进入文明时代以后，社会意识的各种形式逐渐分离开来并成熟起来，是建立在由于社会发展的需要而分化出的一些不同的社会集团基础上的。在近现代，各门自然科学和社会科学的进一步分化完善都是直接源于工农业生产和社会经济发展的需要。就是在后现代社会中，虽然科学将成为独立性越来越大的部分，但科学的发展也离不开生产和社会发展的需要。所以，社会存在的发展变化决定着社会意识的发展变化。但是社会意识的发展变化也表现出自身的相对独立性，社会意识的发展变化同社会存在的发展变化并不完全同步。这种不完全同步有两种情况：其一是指社会意识有时落后于社会存在的发展，对其起阻碍作用；其二是指社会意识有时能够预见到社会存在的未来发展趋势，对人们的实践起指导作用，对社会的发展起推动作用。

3. 社会存在决定了社会意识的内容

社会意识的内容取决于社会存在，有什么样的社会存在，就有什么样的社会意识。社会意识是对社会存在的一种反映，不仅反映着社会存在的表面现象，更是反映了社会存在的内部联系。社会存在在不同的阶段有着不同的内部状态，这表现在社会意识上也会呈现出不同的意识现象，不论它是正确地、准确地反映了社会存在，还是错误地、模糊地反映了社会存在，都是对社会存在在意识层面的一种展现。所以，社会意识的内容来自于人类社会物质生产和生活的实践。例如在原始社会，由于生产力水平低下，只能产生朴素的集体观念、平等观念，而不会产生私有观念。任何社会意识，无论它是正确的还是错误的，是先进的还是落后的，都可以在现实的社会生活中找到原型和根源。即使是荒诞的、虚假的观念，也是来源于社会存在，只不过是对社会存在的歪曲的、颠倒的反映。但是，社会意识对社会存在的依赖并非单纯的被动依赖，而是会有主动的反作用，社会意识的内容和形式都会对社会存在的发展变化产生很大的影响，有时是积极的反作用，有时是消极的反作用。

所以，唯物史观所说社会存在决定社会意识，是指社会存在是本原的，是社会意识的根源，社会意识是社会存在的派生物，即社会存在的反映。正是从这个意义上说，社会意识依赖于社会存在，而社会存在不依赖于社会意识；不过社会意识在被社会存在决定的同时也表现出自身的相对独立性，这主要是指社会意识在反映社会存在的同时，还有自己特有的发展形式和发展规律。

十四、科学技术在社会发展中的作用是什么？

牛庆燕

科学技术是人类社会的一种特殊社会现象和社会活动，它是在人类实践基础上产生的，又反过来影响着人类社会。正如马克思所说“把科学看成是历史的有力的杠杆”，看成是“在历史上起推动作用的、革命的力量”。

那么什么是科学技术呢？实际上科学技术是科学与技术两个概念的合称。科学是指人

们 对世界的认识活动以及在这个活动中形成的关于世界本质及其规律的知识体系，它分为自然科学、社会科学和思维科学；技术是人类改造自然的活动，是人类为了满足一定的社会需要 在改造自然的实践中创造和运用的劳动方法、手段、经验和技能的总和。技术有广义和狭义之分，广义的技术包括生产技术和非生产技术，狭义的技术是专指生产技术，即人类改造自然、进行生产的方法和手段。人们之所以把科学与技术联系在一起，这是由于现代科学与技术之间有着密切的联系，但二者又有明显的区别。科学是一种精神活动现象，属于意识形态范畴，它是人们对客观世界规律的理性认识；技术是科学知识在生产过程中的应用，它是人 类在认识世界和改造世界过程中积累起来的经验、方法、技巧、工艺和能力等的总和，是科学的物化，是一种现实的生产力。长期以来，科学和技术的革命总是分别独立地发生。但从 19 世纪末以来，这两个革命的联系日益密切，现在科学革命与技术革命已经实现了一体化，出现了科学技术化和技术科学化的发展趋势。“科学技术革命”反映的正是这样一种全新的社会现象。

科学技术对社会发展的积极作用主要表现在以下几个方面：

第一，科技革命推动着生产方式的变革。首先，科技发展促进劳动资料（主要是生产工具）的变革。例如，炼铁技术的发展使得铁器应用于农业生产，代替了石器工具；机械农机的使用代替了手工农具。其次，科学技术促进劳动对象的变革。例如，航空航天技术的发展使人类的步伐迈向了广阔的宇宙。再次，科学技术的发展促进劳动者科学文化素质的提高。最后，科学技术还推动着生产关系的调整。

第二，科学技术发展推动着产业结构的变化，历史上各个时期社会的产业结构是随着科 学技术的发展而发展的。从第一次技术革命以来共发生了三次技术革命，同时也是三次产业 革命，每一次技术革命都是一次产业结构的调整与变革，都使社会的产业结构发生了巨大变 化。新技术创造了新产业，同时也改进了老产业，使社会的劳动效益和经济增长率得到极大 提高，成为社会经济的主要推动力和增长点。

第三，科学技术的发展推动着生活方式的变革。例如，改变人们的交往方式、消费方式、学习方式、休闲方式以及娱乐方式。

第四，科学技术的发展引起了人类思维方式的变革。现代科学技术革命使人们克服了近 代的形而上学的思维方式，逐步形成了以系统性、整体性、开放性、精确性、创造性为特征 的现代思维方式，并使认识活动出现了数学化、模型化、形式化的趋势，使人类的认识能力 产生新的飞跃，认识水平提高到一个崭新的阶段。

总之，科学技术是社会发展的重要动力。当今世界科学技术突飞猛进，一个国家、一个民族若能在科学技术上不断进取，就有可能实现社会经济的跨越式发展。为了迎接新一轮科技革命的挑战，我国应加强前瞻布局，加快产业结构调整升级和创新驱动发展，构筑一个具有先进技术基础的现代产业体系。

但是，科学技术是一柄“双刃剑”，科学技术能够通过促进经济和社会发展造福于人类，科学技术的作用既受到一定客观条件如社会制度、利益关系的影响，也受到一定主观条件如人们的观念和认识水平的影响。它在给人类社会带来前所未有的繁荣和进步的同时，也产生了许多负面效应，给人类的生活造成了巨大的祸害。例如，科学技术的发展促进了经济的发展，却带来了危及地球生命和人类社会的一系列“全球问题”。“全球问题”的出现，深刻地反映了人类与自然的矛盾、科学与价值的矛盾，它不仅是个自然问题、科学技术问题，而且是一个社会问题，是一个涉及社会制度、社会管理组织、各种社会认识和整体实践的复杂问题。

一种情形是对自然规律和人与自然的关系认识不够，或缺乏对科学技术消极后果的强有力的控制手段。例如，工业的发展带来水资源和空气的污染，大规模的开垦和过度放牧造成森林和草原的生态破坏；生命科学的发展，提出了涉及人自身尊严、健康、遗传以及生态安全和环境保护等方面的伦理问题，基因工程可能导致基因歧视，转基因食品的安全性和基因治疗、克隆技术的适用范围等问题，引起了人们高度关注；互联网可以迅速、广泛地传播大量有用的信息，但也存在大量垃圾信息和虚假信息，并可能会侵害国家安全、企业经营秘密以及个人隐私权。还有一种情形与一定的社会制度有关，在资本主义条件下，科学技术常常被资产阶级用作剥削压迫人民的工具，并非都能使人摆脱贫困，促进入的身心健康发展，因而，科学技术有时“表现为异己的、敌对的和统治的权力”。世界上的霸权主义者凭借科技优势，迫使他国接受国际贸易中不公平的规则，转嫁自身经济危机，甚至入侵他国，造成大量生命财产的损失，就是例证。

在科学技术不断发展的今天，正确认识和运用科学技术，首要的就是有合理的社会制度保障科学技术的正确运用，以此树立正确的科学技术观，正确认识科学技术与社会的关系，正确认识科学技术的“双刃剑”作用，尽可能多地充分发挥科学技术发展的正面效应，避免和克服科学技术的消极影响，尽量减少损失，充分利用科学技术为人类造福，推动人类社会的进步。

十五、如何正确理解暴力革命在历史发展中的作用？

侯　波

在马克思看来，“暴力革命”指的是革命阶级推翻反动阶级统治的政治革命，包括武装暴动、武装起义和革命战争。革命之所以必要，不仅是因为需要它来推翻统治阶级，而且还因为推翻统治阶级的那个阶级，只有在革命中才能抛掉自己身上的一切陈旧的、肮脏的东西，才能建立社会的新基础。

马克思主义侧重从阶级社会中从阶级斗争的产生过程提出暴力革命。促成暴力革命理论的提出，除了资本主义早期资产阶级在政治上、经济上的不完善和反动性两个因素，还有一个因素就是工人暴力斗争的自发、盲目地爆发。暴力斗争形式先由工人阶级自己直接地提了出来，促使马克思、恩格斯对暴力革命形式予以思考。工人自发地起来用捣毁机器的方式反对资本主义生产关系和反对劳动工具本身。工人运动表明：工人阶级已是一支独立的阶级力量，在代表本阶级利益的政治口号下，他们采用暴力作为斗争方式。马克思、恩格斯在对资本主义制度进行全面研究的基础上。最终对资本主义制度予以否定，并指出结束这种罪恶制度的方式是无产阶级暴力革命。《共产党宣言》的发表，证明暴力革命理论已经系统和成熟，“共产党人不屑隐瞒自己的观点和意图，他们公开宣布，他们的目的只有用暴力推翻全部现存的社会制度才能达到，让统治阶级在共产主义革命面前发抖吧，无产者在这个革命中失去的只是锁链，他们获得的将是整个世界”。

在《共产党宣言》中，马克思、恩格斯指出了暴力革命是无产阶级政治解放的一般规律和无产阶级专政的根本前提。

马克思认为，暴力是每一个孕育着新社会的“旧社会的助产婆”。恩格斯也强调，它是社会运动借以为自己开辟道路并摧毁僵化的垂死的政治形式的工具，每一次革命的胜利都引起了道德上和精神上的巨大高涨。17～18世纪英、美、法资产阶级革命的前因后果，充分证明了暴力曾经是资产阶级革命的杠杆。

暴力革命之所以必要，是由人类阶级社会的阶级斗争规律所决定的。人类自有阶级社会以来的历史，都是阶级斗争史。工人阶级及其马克思主义革命政党并不醉心于暴力革命，非常乐意通过非暴力手段获得政权，建立无产阶级专政。然而，能否如愿以偿，这不取决于他们，而是取决于压迫阶级、资产阶级。在那样的反动政治经济构成的社会中，暴力革命无疑是无产阶级寻求解放的正确道路，但是要强调的是，暴力革命正是特定历史阶段的产物，是对资本主义前期这个历史阶段中种种不完善表现所做的结论，资本主义是一个历史阶段，有一个发生、生长、成熟、衰老、死亡的过程。

马克思提出，无论哪一个社会形态，在它所能容纳的全部生产力发挥出来以前，是绝不会灭亡的；而新的更高的生产关系，在它的物质条件存在于旧社会的胎胞里成熟以前，是绝不会出现的。这两个“绝不会”是对革命策略的理论基础的唯物史观的重大发展。凡是利用和平宣传能更快更可靠地达到这一目的的地方，举行起义就是不明智的。必须依据情况改变策略，反对在条件不具备的时候采取任何不合时宜的暴力行动，任何暴乱都注定要失败，只会招致无谓的牺牲，使运动倒退几十年。

毋庸讳言，暴力的确有造成“恶果”的一面，有“坏”的一面。当人类社会产生了阶级，随着国家也出现的时候，这种国家就是“有组织形式的暴力”。历史上所有的国家都是以暴力作为统治阶级镇压和奴役被统治阶级的工具。而且，当暴力以战争形式出现的时候，就会造成对人类生命的摧残，对社会财富的破坏。暴力还会违反经济发展而造成“恶果”，起“坏”的作用。我们应该充分认识到，暴力革命本身具有破坏性，但是暴力革命终会导致社会发展，这时就应当考虑革命的成本。

暴力革命的内涵应有三个层次：它作为无产阶级革命固有的规律是客观存在的；作为指导无产阶级革命的基本原则是应该遵循的；但其作为无产阶级革命的一种具体形式，夺取政权的一种具体途径、具体手段，却是因时间、地点条件的变化而变化的。在当代，不论从哪个意义上看，传统意义上的暴力革命都是一个应该否定的命题。我们应当认识到，暴力革命作为“一般规律”，是一种本质、必然，和平过渡既是暴力革命的一种特殊表现、特殊形式，又是社会革命的一种特殊形式；和平过渡是当代发达资本主义国家走向社会主义的必由之路。当暴力革命在现实条件下已经不必要、不可能、不现实时，和平过渡就成为一种必然。由生产力发展所决定的社会革命是必然的，社会革命的具体形式是多样的。

十六、如何理解人民群众在历史中的地位和作用?

蒋红利

在历史发展的进程中，英雄人物起着重要的推动作用。每个民族都需要有自己的领袖人物，但一味推崇英雄的力量，把历史的进步完全寄托在个人身上也是不可取的。历史唯物主义认为，社会发展本质上就是从事物质财富生产的劳动群众推动生产发展和社会发展的历史。人民群众是物质资料生产的直接承担者，对历史的发展同样起着非常重要的作用。毛泽东指出，人民，只有人民，才是创造世界历史的动力。人民群众才是历史的创造者，推动社会向前发展，其创造作用主要表现在以下三个方面：

(1) **人民群众是社会物质财富的创造者**。人民群众是生产力的第一要素——劳动者。劳动者是最活跃、最主要的生产力，他们是生产资料的发动者、使用者和控制者。人民群众能不断地创造和改进生产工具、生产技术。人民群众所从事的物质资料生产活动是人类活动最基本的实践活动，是人类社会赖以存在和发展的基础，正如马克思和恩格斯所指出的，任何一个民族如果停止劳动，不用说一年，就是几个星期，也要灭亡。没有一个生产阶级，社会就不能生存。这就说明，人类社会发展的历史就是物质资料生产方式发展的历史，而且首先是劳动者的历史。

(2) **人民群众是社会精神财富的创造者**。其含义可以从以下三方面来理解：首先，人民群众的生产和生活经验是精神产品的源泉。精神财富中的科学是在总结生产经验基础上产生的。中国古代的《本草纲目》《齐民要术》《农政全书》等都是在总结生产、生活经验中形成的。精神财富中的文学艺术也是以群众的生活为源泉的。其次，知识分子、思想家、科学家、艺术家本身也属于人民群众范畴。最后，普通劳动群众直接创造精神财富。李时珍、瓦特、法拉第、高尔基等，都来自社会底层，有的甚至是体力劳动者。基于以上三点，我们说人民群众是社会精神财富的创造者。人民群众不仅直接参加精神财富的创造活动，而且也为从事科学、文化和艺术的人们提供了从事创作活动所必需的仪器设备、技术工具等物质条件和时间上的保障。一切科学文化知识从根本上说，都是人民群众生产斗争、阶级斗争、科学实验等实践经验的概括和总结。

(3) **人民群众是社会变革的决定力量**。社会发展可分为量变时期和质变时期。物质和精神财富的创造主要体现的是人民群众在社会量变时期的作用，在社会质变时期，人民群众的作用体现在通过斗争使新的社会制度代替旧的社会制度，使社会发生质变。统治阶级尽管为了维护自身统治可以搞一些社会体制的变革，但他们不可能自己去推翻社会的根本制度。因此，社会制度的根本改变必须依赖人民群众。作为新生产力主体和代表者的人民群众有愿望、有力量推翻旧的生产关系和社会制度，建立新的社会制度。人民群众这一改变社会制度的作用根源于生产力和生产关系的矛盾运动，因而带有必然性。在阶级社会中，生产关系的变革、社会制度的更迭，都是通过人民群众推翻反动统治阶级的革命来实现的。正如列宁所说，没有千百万觉悟群众的革命行动，没有群众的英勇气概，是不可能消灭专制制度的。人民群众创造历史的活动，实质上就是人民群众的生产斗争、阶级斗争和科学实验的实践活动，离开了人民群众就无从谈起人类历史的发展。

人民群众是历史的创造者，但并非代表人民群众可以脱离现实的客观条件随意创造历史。人民群众的创造作用受到一定的经济条件、政治条件和精神条件的制约，受社会发展客观规律的制约。

人民群众永远是历史的主体，在历史发展过程中的任何阶段，人民群众都是社会生产、社会活动的主体，都是推动历史发展的主力军。但是，历史的发展并非完全按照人民意愿行事。从人民群众的创造活动要受历史条件制约看，其创造历史的力量是有限的；但从人民群众不断克服这种限制、将创造活动世世代代延续下去看，其创造历史的力量是无限的。人民群众创造历史的过程，是限制和反限制斗争的过程，因此，人民群众创造历史的力量是有限性和无限性的统一。看不到群众创造力量的无限性，就会失去前进的信心；看不到群众力量的有限性，就会夸大主观意志的作用，犯急躁冒进的错误。

十七、如何评价个人在历史中的作用？

王全权

目前，对历史人物的评价出现了一些“新”的思路与观点。主要表现为“历史虚无主义”与“历史实用主义”。“历史虚无主义”的主要特征是，对历史事实缺乏全面深入的了解，只根据一些历史现象的表面特征，就得出一些“新结论”，导致以偏概全。“历史实用主义”用实用主义的观点看待历史人物的作用与贡献，以今天的现实需要与实践，甚至以当前一时一地的需要来评价历史人物。对今天某一实践活动有益的，就承认其作用；反之，对今天的实践没有什么价值，就否定这些历史人物的作用，就认为应该重新认识。“历史虚无主义”与“历史实用主义”的观点都会将对历史人物的评价引向混乱。

由于历史过程的复杂性、历史事件的复杂性以及研究者立场、观点、方法的影响，使评价历史人物活动本身充满了复杂性，对历史人物不易得出全面准确的结论。我们不可能像自然科学那样，对任何历史事件、历史人物的活动都做到精确的定量化研究，只能从错综复杂的历史因果联系中综合地考察历史人物的活动对历史的影响。我们仍然可以从错综复杂的历史局面中寻找出左右历史人物活动的真正原因，找出推动历史进步的客观的物质力量，正确地评价历史人物的作用。

正确评价历史人物要遵循两条基本原则：一是阶级原则，二是历史原则。阶级原则要求我们把历史人物放到客观的历史事件中，分析历史人物的阶级属性。个人总是隶属于一定的阶级或社会集团，历史人物总是一定阶级利益的代表。分析历史人物的阶级属性，不能仅仅看历史人物的阶级出身，而应看他为什么阶级服务，比如，在我国历史上，刘邦、朱元璋出身于农民家庭，但最终维护的却是地主阶级的利益。

评价历史人物的历史原则要求我们把历史人物放到其所属的历史关系中进行考察，分析历史事实的客观联系。

首先，要分析具体历史的时间与空间的联系。历史是复杂的，任何历史人物总是与一定的时间、地点、条件联系着，历史人物既受到时间条件的限制，又受到具体历史空间环境的影响。历史人物是特定的历史条件下的产物，离开特定的历史条件，没有特定的社会需要，就不可能产生特定的历史人物。因此，评价历史人物应以具体的时间、地点和条件为转移，考察历史人物的具体社会实践，从历史人物活动的时空联系中，揭示隐藏在历史人物活动背后的动机，找出起支配作用的物质力量，从而发现历史人物的功过是非。

其次，要考察历史人物的动机与效果。历史人物所从事的历史活动都是在一定目的指导下进行的，历史人物的行动都有其主观的动机，并产生一定的客观效果。要正确地评价历史人物，必须分析历史人物活动的动机与效果的关系，找出隐藏在历史人物活动动机背后的深刻原因。分析历史人物历史活动的动机与效果的关系要考虑两方面的因素：一是动机与效果的性质关系，即好与坏；二是动机与效果是否统一。动机与效果的性质关系大体包括：好的动机产生好的结果、好的动机产生坏的结果、坏的动机产生好的结果、坏的动机产生坏的结果。动机与效果是否统一也是衡量历史人物作用的重要指标。把动机与效果联系起来考察，才能对历史人物有比较全面的把握和准确的评价。

正确评价历史人物的作用，还必须依照以下三条标准：

(1) 评价历史人物，要看历史人物的活动是否或在多大程度上代表了当时生产力发展的要求，是否推动了生产力的发展。历史的进程是以生产力为基础的。生产力的发展是人类从低级到高级、由蒙昧到文明的必要条件，生产力的发展水平是人类进步的标志，因此，在历史上对生产力发展起到推动作用的历史人物，都应当得到肯定。历史上的科学家、开明的君主、历史上著名的改革家以及农民战争的领袖，对生产力都起到过推动作用。而那些历史上为了维护人民群众的生命安全、稳定社会生产、维护国家的独立而抵御外族入侵的军事家，在一定意义上，也是历史发展的重要推动者。

(2) 评价历史人物，要看其是否代表了当时社会先进的文化，是否有助于推动社会精神文明的发展。历史人物的历史作用，不仅在于他们的活动对历史产生物质性的结果，还表现在他们在历史中形成的思想影响；不仅仅由于他们的思想给历史留下不可磨灭的印记，还表现在他们对社会精神生活与人们的观念产生的直接影响。所以，评价历史人物，既要看他们的思想是不是代表了当时先进的文化、先进的思想与观念，还要看这种思想对社会精神文明的发展起到什么样的推动作用。中国有五千年的文明史，中华文明正是历史上无数杰出人物通过自己的活动留下来的物质与精神财富，这些历史人物的精神在今天仍产生着巨大的影响。我们评价历史人物，还要进行道德上的评价，要分析他们的行为是否符合当时的道德标准，分析他们的行为是否符合或促进了社会精神文明的发展，是否体现了中华民族的优良传统与美德，他们的行为或思想是否成为引导人们活动的精神力量或成为人们学习的榜样。

(3) 评价历史人物，还要看他们的历史活动在多大程度上实现了广大人民群众的利益。人民群众永远是历史的主体，在历史发展过程中的任何阶段，人民群众都是社会生产活动的主体，都是推动历史发展的主力军。评价历史人物功绩的大小，要看他们是否体现了人民群众的利益，或者在多大程度上实现了人民群众的利益。历史人物贡献的大小与他们是否体现人民群众的利益息息相关，历史人物只有依靠人民群众才能有所作为，才能发挥他们的作用；只有体现了人民群众的利益才能得到人民群众的拥护。同时，历史人物的思想动机、意图与目的，也是并且只有通过人民群众的活动才能体现出来。在人民群众面前，任何个人——即使是最伟大的人物，他们的力量也是渺小的、微不足道的。只有代表了人民群众的利益、体现了人民群众的愿望，历史人物的主观意志才能化为人民群众的物质行动。这一点，在评价历史上的军事家时尤其要注意。为了本民族的生存、维护人民群众的利益，带领人民群众抵御侵略者的杰出人物，才是真正的民族英雄。对历史中那些开辟疆土者，也要视具体情况而定，他们的历史作用，不能以其开拓了多大多广阔的地域而定，而要看他们给广大的人民群众带来了多少实际利益。

总之，只要我们遵循历史原则与阶级原则，依据上述历史人物评价的三条标准，就能对历史人物的功过给出正确的结论。任何标新立异的做法，采取历史虚无主义与实用主义的态度，不仅无益于历史的研究，反而会使我们陷入错误。

十八、如何看待资本主义的历史地位?

郭兆红

14～15世纪，资本主义生产关系已经在西欧一些国家萌芽。17～18世纪的欧洲和北美，由于资本主义经济的发展，资产阶级、新贵族的成长，他们要求政治上当权，经济上发展资本主义，而封建专制统治严重阻碍了资本主义的发展，损害了资产阶级、新贵族的利益，导致了社会矛盾激化。于是，以英、法、美为代表相继爆发了资产阶级革命。资产阶级革命摧毁了封建专制统治，为资产阶级掌权和建立资本主义制度开辟了道路。在英、法、美等国资产阶级革命的影响下，资产阶级革命和改革运动在世界范围内广泛开展，资产阶级特别是工业资产阶级的力量得到了空前加强。俄、德、意、日等国也通过不同方式，迅速走上发展资本主义的道路。到19世纪六七十年代，资本主义制度已在世界范围内确立了。

对资本主义的历史地位要从两个方面来把握：一方面是它的历史进步性，另一方面是它的历史局限性和过渡性。

资本主义的历史进步性表现在：① 从经济基础的角度看，资本主义制度替代封建制度，旧的人身依附关系被基于自由和平等的契约关系所取代，从而解放和发展了生产力，推动了科学技术的进步和社会生产力的发展；② 从经济体制角度看，资本主义制度冲破了自然经济的束缚，与高度发达的商品经济结合在一起，追求价值和剩余价值，推动了社会分工的发展和市场规模的不断扩大，创造了巨大的社会财富。资本主义追求剩余价值的内在动力，以及资本主义竞争的外在压力，迫使资本家不断扩大生产规模、改进生产技术、改善经营管理、提高劳动生产率，从而推动了社会生产力的迅速发展，使社会财富的积累无限扩大。③ 从上层建筑的角度看，资产阶级废除了封建制度，将自由、民主和平等作为自己的社会理想，加强民主和法制建设，促进了社会进步。随着资本主义生产方式的发展，资产阶级在反对封建专制主义的斗争中提出了符合自身利益和要求的“主权在民”“天赋人权”“分权制衡”“社会契约论”“自由、平等、博爱”等政治思想，并在这些思想的指导下建立起了资本主义民主制的国家。资本主义的政治制度虽然本质上是为资产阶级服务的，但在经济上保护自由竞争、等价交换，政治上推崇自由、民主、平等的理念，与奴隶制和封建制国家相比，无疑是人类社会政治生活上的一大进步。

资本主义的历史局限性和过渡性表现在：① 资本主义生产方式建立后，整个社会形成了两大基本阶级——资产阶级和工人阶级。这两个阶级之间本质上是不平等的，是压迫与被压迫、统治与被统治、剥削与被剥削的关系。无产阶级雇佣和被剥削的地位，严重制约了劳动者的积极性，阻碍了生产力的发展。② 资本主义生产方式以追求剩余价值为目的，一方面要扩大生产规模以增加销售额，一方面要压低工人的工资以降低成本。因此造成社会需求总是低于供给，生产相对过剩，社会需求不足。生产无限扩大的趋势与广大劳动人民的支付能力相对缩小的矛盾，造成商品销售困难，严重影响社会生产的正常进行，阻碍了社会生产力的发展。③ 在资本主义制度下，个别企业内部的生产具有严密的计划性、纪律性和组织性，但资本主义生产资料的私人占有和竞争使整个社会生产必然处于无政府状态，从而导致资本主义各生产部门之间的比例关系必然严重失调。当这种比例关系的失调发展到十分严重的地步，整个社会就会出现大量商品过剩，便会导致经济危机的爆发。④ 在资本主义条件下，经济危机周期性地爆发。资本主义经济危机的根源是资本主义的基本矛盾——生产资料资本主义私人占有和生产社会化之间的矛盾。资本主义基本矛盾决定了资本主义生产和需求的矛盾，决定了个别企业生产的有组织性和整个社会生产无政府之间的矛盾。这两个矛盾的激化，必然引起经济危机的爆发。只要存在资本主义制度，经济危机就是不可避免的。资本主义越发展，资本主义基本矛盾尖锐化就越是不可避免。随着资本主义生产关系越来越成为生产力发展的桎梏，这就要求资本主义向社会主义过渡，建立以生产资料公有制为基础的社会主义生产关系，以适应生产社会化的发展。

十九、为什么说剩余价值生产是资本主义生产方式的绝对规律？

张莹莹

自马克思创立剩余价值学说至今，时间已过去将近一个半世纪。在这个漫长的时期，作为马克思撰写《资本论》的客观背景的资本主义社会已发生很大变化。然而剩余价值学说仍然是理解整个资本主义经济关系的钥匙，是马克思经济理论的基石。正如马克思所指出，生产剩余价值或赚钱是这个生产方式的绝对规律。为什么说“剩余价值生产是资本主义生产方式的绝对规律”？我们可以从以下几个方面来理解：

第一，从资本主义生产的本质来说，资本主义生产过程是劳动过程和价值增值过程的统一，是剩余价值的来源。

在资本主义生产过程中，生产资料的价值可以转移到新产品中去，但生产资料本身并不能增值。工人一方面通过具体劳动的消耗改变了生产资料的物质形态并使生产资料的价值转移到新产品中去，另一方面又支付了体力和脑力，创造了新的价值，即大于自身劳动力价值的价值，从而实现价值的增值。所谓价值增值过程，不外乎是超过一定的点而延长了的价值形成过程。这个一定的点，就是工人用于补偿自身劳动力价值所需要的时间。在价值增值过程中，工人全部劳动时间分为必要劳动时间和剩余劳动时间两个部分。所谓必要劳动时间，是指工人再生产劳动力价值的时间；所谓剩余劳动时间，是指工人无偿地为资本家生产剩余价值的时间。工人的剩余劳动，乃是剩余价值的源泉。剩余价值就是由雇佣工人创造的、被 资本家无偿占有的、超过劳动力价值以上的那部分新价值。

第二，剩余价值生产决定着资本主义再生产的各个环节。

剩余价值的生产决定了资本主义的生产、分配、交换和消费，即决定了资本主义生产的一切主要方面和一切主要过程。资本的唯一追求，就是价值增值。资本家生产什么、生产多少、怎样生产，都是由获得剩余价值及其转化形态——利润的多寡来决定的。资本主义的流通过程，是剩余价值生产的准备和实现过程。资本主义的分配过程，是各个剥削者集团占有并瓜分剩余价值的过程，也就是剩余价值转化为产业利润、商业利润、利息、资本主义地租等具体形式的过程。资本主义的消费过程，就生产消费来说，生产资料和劳动力的消费，属于生产过程，包含在生产过程内部。资本家的个人消费，以剩余价值的占有为前提；工人的个人消费，不论是在工厂内还是在工厂外进行，都是资本主义生产和再生产不可缺少的要素，是为了继续生产剩余价值而提供劳动力。可见，资本主义的生产、流通、分配和消费，都是 服从于并服务于生产剩余价值的。

第三，剩余价值的生产决定着资本主义内在矛盾发展的全过程。

在剩余价值规律的作用下，资本家竭力榨取工人所创造的剩余价值，并把剩余价值的一部分转化为资本，进行资本积累，从而使资本主义再生产在扩大的规模上进行。随着资本主

义积累的增长，资本有机构成提高，相对过剩人口增加，其结果，在一极是资产阶级财富的 积累，在另一极则是无产阶级贫困的积累。同时，随着资本的积聚和集中，一方面使资本主 义生产日益社会化，另一方面生产资料则日益集中在少数资本家手中。生产社会化与生产资 料私人占有形式之间的矛盾、生产的盲目增长同劳动群众有支付能力的需求相对缩小之间的 矛盾尖锐化，这样一来就引起了周期性的生产相对过剩，也就是经济危机的周期性爆发。这就表明以资本主义私有制为基础的资本主义生产关系，同在这种生产关系下发展起来的社会化的生产力存在着深刻的矛盾，从而暴露了资本主义生产方式的历史局限性。

在剩余价值规律的作用下，攫取垄断利润是资本主义生产的实质。为了追逐高额垄断利润，垄断资本不仅要加紧剥削本国的无产阶级和其他劳动群众，剥夺中小资本，而且还要掠夺和奴役其他国家的人民，特别是殖民地和落后国家的人民，并同其他国家的垄断资本争夺世界市场、原料产地、投资场所、殖民地和势力范围，从而使资本主义世界的各种矛盾极大地尖锐起来，以致引起世界战争，加速了资本主义制度的灭亡。

总之，剩余价值的生产反映了资本主义的实质，决定了资本主义生产的目的和手段，决定着资本主义再生产的各个环节，决定着资本主义内在矛盾发展的全过程，所以，它是资本主义生产方式的绝对规律。

二十、为什么说“资本来到世间，从头到脚，每个毛孔都滴着血和肮脏的东西”？

牛庆燕

“资本来到世间，从头到脚，每个毛孔都滴着血和肮脏的东西。”是马克思在《资本论》中对资本原始积累的生动描述。所谓资本原始积累，就是生产者与生产资料相分离，资本迅速集中于少数人手中，资本主义得以迅速发展的历史过程。正如马克思所说：“创造资本关系的过程，只能是劳动者和他的劳动条件的所有权分离的过程，这个过程一方面使社会的生活资料和生产资料转化为资本，另一方面使直接生产者转化为雇佣工人。因此，所谓原始积累只不过是生产者和生产资料分离的历史过程。这个过程所以表现为‘原始的’，因为它形成资本及与之相适应的生产方式的前史。”资本主义的发展史就是资本剥削劳动、

列强掠夺弱国的历史，这种剥夺的历史是用血和火的文字载入人类编年史的。在西欧，资本原始积累开始于15世纪后30年，经过16世纪的高潮，一直延续到19世纪初才告结束。

用暴力手段剥夺农民的土地，是资本原始积累过程的基础，在英国表现得最为典型。英国在地理大发现以后，由于欧洲市场扩大了对羊毛的需求，羊毛价格迅速上升，养羊比经营农作物更为有利，这就促使资本家和封建贵族通过各种手段把大片农民私有土地围圈起来据为己有，改作养羊的牧场，而农民则变成一无所有的流浪者，为生活所迫最终不得不到资本家开设的工厂出卖劳动力。同时，资本家和封建贵族还通过“掠夺教会地产，欺骗性地出让国有土地，盗窃公有地，用剥夺方法、用残暴的恐怖手段把封建财产和克兰财产转化为现代私有财产”，建立了资本主义的土地私有制，从而奠定了资本主义私有财产制度的基础。

利用国家政权的力量进行残酷的殖民掠夺是资本原始积累的又一个重要方式。自15世纪末开始，葡萄牙、西班牙、荷兰、英国、法国等国的新兴资产阶级，通过武力征服海外殖民地、屠杀当地居民、抢劫金银财宝、大批贩卖黑人、实行保护关税制度、进行商业战争等途径，掠夺了大量财富，大大加速了货币资本的积累。西方殖民者在300多年时间里，仅从中南美洲就抢走了250万公斤黄金、1亿公斤白银。1783年到1793年的十年间，英国仅利物浦一地就贩运了33万多名黑人，奴隶贸易使非洲丧失的人口达1亿多。马克思指出：“美洲金银产地的发现，土著居民的被剿灭、被奴役和被埋葬于矿井，对东印度开始进行的征服和掠夺，非洲变成商业性地猎获黑人的场所——这一切标志着资本主义生产时代的曙光。”新兴资产阶级在国外进行疯狂掠夺的同时，还通过国债制度、课税制度和保护关税制度，加强对国内人民的剥削，积累起巨额货币资本。这一切都大大促进了资本主义的发展，缩短了封建生产方式转变为资本主义生产方式的历史进程。

在自由竞争时代，西方列强用坚船利炮在世界范围开辟殖民地，贩卖奴隶，贩卖鸦片，依靠殖民战争和殖民地贸易进行资本积累和扩张。发展到垄断阶段后，统一的、无所不包的世界市场和世界资本主义经济体系逐步形成，资本家垄断同盟为瓜分世界而引发了两次世界大战，给人类带来巨大浩劫。二战后，由于社会主义的胜利和民族解放运动的兴起，西方列强被迫放弃了旧的殖民主义政策，转而利用赢得独立和解放的广大发展中国家大规模工业化的机会，扩大资本的世界市场，深化资本的国际大循环，通过不平等交换、资本输出、技术垄断以及债务盘剥等，更加巧妙地剥削和掠夺发展中国家的资源和财富。在当今经济全球化进程中，西方发达国家通过它们控制的国际经济、金融等组织，通过它们制定的国际“游戏规则”，推行以所谓新自由主义为旗号的经济全球化战略，继续主导国际经济秩序，保持和发展它们在经济结构和贸易、科技、金融等领域的全球优势地位，攫取着经济全球化的最大利益。资本唯利是图的本性、资本主义生产无限扩大的趋势和整个社会生产的无政府状态，还造成日益严重的资源、环境问题，威胁着人类的可持续发展和生存。因此，马克思所说：“资本来到世间，从头到脚，每个毛孔都滴着血和肮脏的东西。”由此可见，资产阶级的发家史就是一部罪恶的掠夺史。

二十一、如何看待当代资本主义的新特点和发展趋势?

王 祥

1. 问题的不同表述和实质

资本主义社会同历史上其他以往任何一种社会一样，是人类历史长河中的一个暂时性的历史阶段。它的产生、发展和灭亡，是资本主义社会基本矛盾辩证运动的必然结果。在资本主义产生至今的几百年间，它经历了自由竞争资本主义阶段、私人垄断资本主义阶段、国家垄断资本主义阶段，今天已经发展到国际垄断资本主义阶段。第二次世界大战后，发达资本主义国家繁荣发展，进入一个生产力迅猛发展，经济高速增长，人民生活水平大幅度提高的“黄金时期”。相反，社会主义国家在经历了几十年的发展后却遇到了前所未有的困难与危机，苏联解体、东欧剧变，社会主义的影响力和感召力减退。面对这一历史的倒退，不但国际垄断资产阶级一改昔日的悲观，以为社会主义的历史已经终结，而且我们的一些干部和群众包括少数党员干部也产生了这样那样的迷茫和困惑：马克思主义揭示的历史发展规律是不是已经不起作用了？发达资本主义国家为什么会出现这些新变化？今后世界历史将走向何方？在此情况下，科学地解释当代资本主义的新特点，正确认识当代资本主义的历史地位和发展趋势，就成为马克思主义者面临的亟待解决的重大课题，这是关系到社会主义前途和命运的大问题。

2. 当代资本主义的新特点

当代资本主义主要是指第二次世界大战结束以来西方发达资本主义国家的国家垄断资本主义。与第二次世界大战前的资本主义相比，当代资本主义在许多方面已经并正在发生着变化。这些新变化的特点主要包括：

1) 生产资料所有制出现社会化的特点

资本主义是以生产资料私有制为基础的社会制度，私有财产不可侵犯是资本主义的基本信条。然而，基于生产关系一定要适合生产力的发展规律，二战后，当代资本主义进行了种种自我调节，对生产资料所有制形式进行调整，以适应生产社会化的要求，出现了资本主义生产资料所有制的社会性增强的趋势。从大多数资本主义国家的现实情况来看，当代资本主义社会已经形成了以法人股份垄断资本所有制(法人资本所有制)为基础，包括私人资本所有制、私人股份垄断资本所有制(私人股份资本所有制)、资本主义国家所有制和劳动者合作社所有制在内的不同所有制形式并存相结合的混合所有制经济。

迄今为止，资本主义生产资料所有制已经经历了三种主要存在形式：私人资本所有制、私人垄断股份资本所有制和法人股份垄断资本所有制(法人资本所有制)。股份制是资本主义生产资料所有制向社会化发展的关键性的重大变革，它为资本主义的资本和生产的社会化创造了广阔的途径。二战后，在发达资本主义国家，法人组织开始以出资者身份投资于资本市场，特别是持有其他法人组织的股票。现在工商企业、商业银行、投资银行、年金基金、保险公司、社会共同基金等具有雄厚资本实力的社会法人，已取代个人股东成为上市公司股票的主要持有者，成为当代资本主义国家企业投资或持股的主体，是企业股东的主体。法人组织股东化，法人资本所有制取代了私人股份资本所有制，成为当代资本主义所有制的主要形式。法人资本所有制是当今资本主义私有制的主体。从私人股份垄断资本所有制到法人股份垄断资本所有制的转化是资本主义所有制关系的新的重大变化，它既扩大了生产资料占有的社会范围，有量的内容，也扩大了对私人占有制扬弃的范围，有质的内涵。法人资本所有制成为资本主义私有制的主体意味着资本主义所有制关系有了新的变化：资本主义财产占有由个人占有向非个人占有转变。资本主义财产占有非个人化，资本主义生产资料私人占有的经济关系进一步被扬弃，生产资料社会占有性进一步得到提高。

此外，当代资本主义国家还对资本主义私有制的实现形式进行了调整，采用与社会化大生产相适应的先进经营形式和组织形式，如股份制、股份合作制、跨国公司等。在公司治理上，实行资本所有权和经营权相分离、以股东为中心到兼顾利害相关者的转移。

2) 收入分配出现福利化的特点

(1) 通过税收调节贫富差距，实现"双赢"目标。为了限制贫富差距过大，力求在经济利益分配方面达到尽量的公平，西方各国普遍推行了收入两次分配的政策。一次分配坚持效率原则，满足资本家对剩余价值的攫取。二次分配则运用税收杠杆和福利补贴形式来兼顾劳动者和低收入者的利益。在收入再分配的过程中，税收是调节贫富差距、实现"双赢"目标的主要工具。

(2) 全面推行社会福利制度，实施全民公共教育。目前，西方国家每年通过税收能够集中起来的国民收入一般都在1/3以上，其中欧盟国家已接近50%。在以国家财政形式集中起来的这一部分国民财富中，大约有60%要用于贫困救济、免费医疗、失业补贴、养老金发放、教育等社会福利开支。这样，在发达国家的工人和贫困人口的生活费用中，来自财政收入再分配的比重越来越大了。如瑞典工人收入就有1/3来自社会福利。社会福利制度的全面推行，是当代资本主义社会的重要特点。自20世纪50年代以来，西方发达国家纷纷确立社会福利制度，社会福利不断增长。到20世纪70～80年代，社会福利已从过去的单纯救济发展成了公民的一种社会权利。

(3) 兼顾劳动者工资收入增长，推出反贫困计划。当代资本主义在收入分配方面福利化的特点，在劳动者工资收入增长及各国政府的反贫困计划方面得到了印证。在早期资本主义阶段，工人的工资收入很低，而且没有保障，资本家攫取剩余价值的比率很高。19世纪下半叶，美国的年剩余价值率平均在10%左右，日本在20世纪30～40年代的年剩余价值率平均在23%。二战后，这种情况发生了变化。目前，当代资本主义各国的年剩余价值率平均在4%左右。在西方发达资本主义各国的国民收入中，剩余价值所占的比重在下降，劳动者工资收入的比重在上升。

3) 社会阶级结构出现复杂化的特点

科技革命的发展、产业结构的变化，以及由此而产生的消费水平的提高和职业结构的变化，使当代资本主义社会阶级关系的表现形式出现复杂化的特点。资产阶级基本构成在国家垄断资本主义的发展和科技革命的进步推动下发生了新的变化，资产阶级内部涌现出一些新的阶层，使它的成分趋于复杂化。

(1) 垄断资本集团。随着垄断资本集团的财富日益积聚和集中，投资规模日益扩大，其组织规模和组织形式也日益多样化。庞大的和多部分的混合联合公司和跨国公司的出现，成为国民经济的主宰，它们集中了社会资本的绝大部分，控制了国民经济的主要部门，在大多数物质生产领域进行垄断统治，并依靠其垄断势力获取高额垄断利润。

(2) 中、小资本集团。中、小资本集团的人数虽然远远超过垄断资本集团的人数，但对国民经济的控制力却远远低于垄断资本集团。中、小资本集团主要分布在三大领域：一是在现代化大生产中通过专业化分工而产生的企业；二是因大公司调整而放弃或尚未顾及的领域；三是从事传统小生产的领域。其中尤以第一种领域居多。由于他们资本有限，经济实力较差，在发展上具有脆弱性和内在限制性，因而他们既有依附于垄断资本集团的一面，但也有受到垄断资本集团利用、控制和盘剥的一面。

(3) 食利者阶层。食利者阶层就是那些靠利息和股息为生，并不断增殖资本的货币资本家。他们只关心获取股息和投入资本所得的利息。他们与生产相脱离，不劳而获，过着豪华、奢侈和糜烂的生活。在战后短短的几十年间，食利者阶层的发展速度相当快，绝对量不断增加。在资产的构成中，股票和金融债券的比例超过了 2/3，而不动产部分仅占 1/4。

(4) 经营者阶层。经营者阶层是指那些担任总经理、董事长、经理、经纪人和代理人等职务的高级管理人员集团。这个阶层的出现是战后在科技革命迅速发展的基础上，由资本所有权与资本管理权的分离而引起的。高级管理人员虽然不是企业资产的所有者，但由于他们和企业所有者的利益是一致的，享有优厚的薪金和职务津贴、企业董事的年度利润分配额等，因而他们的个人收入、职务升降等都与企业经营的好坏直接相关；由于他们在企业中控制企业决策，组织和指挥生产，控制人事调整，处理劳资纠纷，因而具有控制企业的实际权力，行使的是“职能资本家”的职能。

(5) 领导者阶层。资产阶级在政治上的代表就是领导者阶层，即那些拥有高级行政权力和政治权力的统治集团，包括政府高级官员、资产阶级政党的上层人物等。这些人一般出身于资产阶级，受过系统的资产阶级教育，掌握了“统治的科学和管理国家的艺术”，在西方被称为“政治精英”。他们大多拥有财团背景，代表着资产阶级中的某一派别或某些垄断集团的利益。

工人阶级的构成趋于复杂，现代雇佣工人阶级具有不同于二战前的构成特点：

(1) 体力劳动工人，即蓝领工人。随着科技革命的发展，工业生产中自动化和现代化设备的广泛采用，体力劳动工人的比重在总体上日益下降，且不再局限于传统的耗费体力的劳动者，而扩展到在生产自动线上从事单调的和节奏紧张的劳动的新型体力劳动者，即专业工人。

(2) 脑力劳动工人和脑体双重劳动工人。资本主义工业专业化、自动化、信息化的发展，对从事生产的工人的知识和技能提出了较高的要求。一部分工人在生产过程中不再从事简单的体力劳动，而是以监督者、调节者和操作者的身份参加生产过程，是当代资本主义社会中工人阶级的中坚力量，被西方马克思主义者称为“新工人阶级”。

(3) 普通工程师和技术员。普通工程师和技术员是受雇于资本家阶级的、没有生产资料、靠出卖自己的技能为生的劳动者。在企业中，他们虽然能够更多地使用自己的智力劳动，间接地参加生产过程，获得较好的就业条件和较高的工资收入，但是，他们没有任何经济特权，也没有任何管理特权，从事的只是常规性的、技术性的管理和监督工作。

(4) 普通职员和低级行政管理人员。当代资本主义社会产业结构的变化和发展，使得在第三产业中就业的普通职员和低级行政管理人员迅速增加，这些人有低级公务员、出纳、实验员、护士、小学教员等。他们是没有生产资料的、靠出卖自己的脑力劳动和体力劳动为生的、受雇主和高中级管理者指挥的、处于绝对服从地位的雇佣劳动者。

4) 经济调节机制和经济危机出现常态化的特点

第二次世界大战结束后，随着国家垄断资本主义的形成和发展，虽然市场机制依然在资源配置过程中发挥着基础性调节作用，但它并不是唯一的经济调节机制，资产阶级国家开始对经济进行全面干预。国家已经承担起了提供财产保护、增强国家经济竞争力、实现经济增长和充分就业、保持经济稳定、提高社会福利水平以及维护竞争秩序等重要职能。在经济调节机制变化的同时，经济危机形态也发生了变化，表现在：经济危机的四个阶段之间的差别有所减弱，各阶段的交替过程已不如过去那么明显；金融危机、债务危机频繁发生；危机突发性显著，强度大，传导迅速，波及面广；经济复苏缓慢。2008年美国次贷危机引发金融危机，迅速从局部发展到全球，从发达国家传导到新兴市场国家，从金融领域扩散到实体经济领域。

实体经济与金融资本主义之间的矛盾已经构成了结构性矛盾，主要表现在：一是二者之间存在着严重的不平衡，金融资本的“过大而不能倒”，使得危机后美、欧向市场注入大量流动性资本拯救金融机构，结果金融业被救活，股市开始回升，但实体经济并没有变好；二是涉及制度层面，美国“铸币”的特权，是由现行的美国主导的国际货币体制决定的，虽然金融危机后改革国际货币体制的呼声高涨，但是现阶段还没有新的制度取代它；三是政府扮演了双重角色，既是肇事者，又是问题的解决者。

5) 政治制度出现集中多元化的特点

首先，国家行政机构的权限不断加强。第二次世界大战后国家垄断资本主义的发展，使得资产阶级的政府在社会经济生活中的地位和作用不断加强，国家权力日益集中于政府首脑。其次，政治制度出现多元化的趋势，公民权利有所扩大。公民在法制范围内较广泛地通过个人的政治、法律行为，或以团体、组织、政党为单位，通过集体的政治、法律行为影响国家政策的制定和执行，以谋求自身利益。再次，重视并加强法制建设。第二次世界大战后资本主义国家普遍加强了法制建设，以便维护社会各阶级、阶层之间利益的协调，缓和矛盾和冲突，更好地发挥对经济生活的干预作用。在法制建设中，资本主义国家通过宪法和法律，使国家权力的行使、政权结构的布局以及国家权力结构中的各种权力主体的活动均纳入法制范围。最后，改良主义政党在政治舞台上的影响日益扩大，成为第二次世界大战后西方资本主义国家政治生活中十分引人注目的现象。

6) 当代资本主义的发展趋势

当代资本主义的发展表明资本主义向社会主义过渡是历史发展的必然趋势。当代发达资本主义国家通过采取发展国有经济、雇员持股、股份社会化、福利制度、工人参与企业管理、国家干预经济运行等措施，对资本主义生产关系的某些环节和经济运行、管理体制进行了一些调节、改良，从而在相当程度上促进了生产力的发展，暂时缓和了阶级矛盾和其他社会矛盾，保障了资本主义制度的相对稳定。然而，当代资本主义国家为缓解资本主义社会基本矛盾所做的种种调整，是在资本主义制度允许的范围内进行的，没有触动资本主义私有制的根基，没有改变工人阶级被剥削和奴役的雇佣地位，因而也就不可能从根本上克服资本主义的基本矛盾和由此产生的经济危机与社会矛盾。实践已经证明，无论资产阶级采取何种调整手段，都不能从根本上解决资本主义的基本矛盾，反而为社会主义代替资本主义提供了客观条件。

资本不断社会化的过程就是私有制向公有制的过渡过程。股份资本直接取得了社会资本的形式，是在资本主义生产方式本身范围内的扬弃，是对资本主义私有制的扬弃，应当被看作是由资本主义生产方式转化为联合的生产方式的过渡形式。而合作经济则是对资本主义私有制和雇佣劳动制度的“积极扬弃”，合作制经济的不断发展壮大表明“一种新的生产方式”已经在旧的生产方式中发展并形成起来；国家所有制经济更是国内资本社会化的最高形式，是为社会本身占有一切生产力做的最重要的物质准备。这些社会化的资本虽然还不具备完全的公有制的性质，但资本社会化程度的提高却显示了历史发展的总趋势，即资本主义正向着扬弃私有制、建立新的公有制的方向前进。

当代资本主义国家对经济政治生活的全面干预客观上产生了越来越多的社会主义因素。资本主义国家对经济的有计划的调节使资本主义经济正从无政府状态走向有序性状态；收入分配领域中实行高额累进税、最低工资限额以及“从摇篮到坟墓”的社会福利制度的广泛推行，一定程度上缩小了贫富差距，使某些国家呈现出“生产中的资本主义，分配中的社会主义”的景象，向着人民共同富裕的方向发展；职工民主管理制度的实施提高了工人阶级的地位，缩小了阶级差别；工农差别、城乡差别、脑体差别迅速缩小，甚至已经消失；资本主义国家社会化的管理机构和越来越多的国际经济组织的存在和发展，为全球共产主义的实现做着组织上的准备。

总之，当代资本主义的每一步发展，都增强了它的生存能力，同时也带来了越来越多的社会主义因素；当代资本主义的每一步调整，都是对资本主义制度的部分扬弃，都是在向社会主义靠近；当代资本主义的每一步前进，都意味着资本主义生产关系可调控余地的缩小。当代资本主义的发展表明资本主义的灭亡和社会主义的胜利的总体历史趋势是不可避免的。

二十二、经济全球化的实质是什么？

潘　纯

经济全球化是指在现代科技革命和生产力巨大发展的推动下，把世界的生产、贸易、金融等活动紧密地联系起来，使各个国家和地区之间的经济在运动中相互依存、融为一体的趋势。经济全球化是生产社会化和经济关系国际化发展的客观趋势，是经济关系国际化发展的新阶段。在这个发展进程中，新科技革命和生产的高度社会化为经济全球化提供了物质条件，国际贸易的发展为经济全球化提供了现实基础，国际金融的迅速发展成为经济全球化的推动力，国际上相互投资的发展加速了经济全球化的进程。经济全球化的实质应该包含两个方面的内容：一方面，它是人类生产力发展的必然结果和客观要求，是在科技革命的推动下世界范围内生产力发展的客观要求，是商品生产跨越国界发展的结果，它的存在也将推动生产力的发展；另一方面，经济全球化在现阶段的发展又是资本主义的全球化，它与资本主义生产关系向全球化扩展有密切的关联，是资本主义生产关系向全球扩展的产物。而一般认为经济全球化的实质更多的应该体现在第二方面，即体现在其生产关系方面。换句话说，经济全球化的实质是由于资本的扩张本性和增值需要而使世界各国和地区的经济相互融合，逐渐形成全球性的经济关系。

具体说来，经济全球化是生产力发展的必然结果和客观要求。科技革命的发展推动了生产力的大幅度提高，使社会分工日益深化，从而加快了全球范围生产力的增长。生产力的扩张要求世界各国和各地区以市场为纽带，在经济上不断地相互融合，逐渐形成相对统一的整体，并按照市场经济的要求，实现生产要素自由流动和合理配置。因此形成了贸易、生产与资本流动的全球化格局，同时在这一过程中经济全球化又进一步促进了全世界范围生产力的发展；促进了资本流动的国际化；促进了国际贸易的发展；促进了世界经济结构的新一轮调整。然而，就现状而言，经济全球化的进程又是在少数西方发达国家的大力推动下进行的，是和资本的全球扩张联系在一起的，因此经济全球化是资本主义全球发展的产物，是资本主义的全球化。

众所周知，资本主义的生产是剩余价值的生产，它具有一种不断扩张的本能——追逐剩余价值以满足资本增值的需要。正如马克思在《资本论》中所指出的："资本一方面要力求摧毁交往即交换的一切地方限制，夺取整个地球作为它的市场；另一方面，它又力求用时间去消灭空间，就是说，把商品从一个地方转移到另一个地方所花的时间缩短到最低限度。"因此，资本的本性要求摧毁一切地方限制，建立全球市场。在经济全球化过程中，全球性资本的流动，国际金融的互相渗透，跨国公司的强劲发展等经济层面的现象的主导者，或者说操纵控制权的，都是西方发达资本主义国家。经济全球化的实质是在发达资本主义国家主导下的全球化，这种主导作用主要表现在：经济全球化发展的信息技术基础掌握在发达国家之中，发达国家的跨国公司掌握全球经济网络，是经济全球化的主要载体；世界金融中心集中在发达国家，全球金融网络也主要掌握在发达国家手中，发达国家是全球经济自由化的主要推动者，是经济全球化"游戏规则"的制定者。因此，经济全球化是资本主义全球发展的产物，是世界资本主义化的过程。

西方资本主义国家通过从中心即资本主义发达国家本身，向外围即广大发展中国家的扩张，把众多国家纳入到中心的经济循环之中，客观上造成了世界各国的经济的相互依赖性更强和相互融合。由于中心国家占据着经济的优势地位，既而通过向外围国家转移淘汰的技术工艺，自身不断创新出新的产业等，实现了世界产业结构的调整，从而能够实现利益的最大化，最终目的能够实现对世界经济、政治、文化的霸权。因而经济全球化的实质是资本主义生产关系扩张的全球化，也可以说是国际垄断资本对全世界无产阶级和其他劳动人民剥削的过程，利润源源流向发达国家，收益最多的也是发达国家。在经济全球化过程中，整个世界都在资本主义化，发达国家把资本主义的制度、价值观念、生活方式推向全球，把资本主义的矛盾也扩展到全球，在全球范围内重现了资本主义的各种矛盾。资本主义市场经济的盲目性和自发性不可避免地引发全球性的经济金融风险和危机。一方面把资本主义经济政治发展的不平衡扩展到世界范围，另一方面世界上少数富裕国家的消费能力受到资本积累和扩大资本生产规模的限制。于是，当全球化的资本生产速度远远超过市场的形成速度，对产品需求的增长比不上产品的生产速度，资本生产的无限扩大与有限的需求之间产生了尖锐的矛盾。经济全球化进程促进了资本主义生产的快速发展，但人们的购买力并没有相应提高，甚至出现下降的趋势。经济全球化把私人的内部矛盾也引向了全世界。

从总体上来看，经济全球化作为生产力和生产关系相结合的全球化过程，其本身蕴涵在了资本主义无限扩张的进程中。资本主义对利润的追求和资本积累的根本目的决定了经济全球化实质上就是发达资本主义国家把资本主义的制度、价值观、文化信仰等推向世界。经济全球化同时也不可避免地把资本主义矛盾扩散到了全球。

二十三、社会主义如何进行自我发展和完善？

冉 聃

社会主义制度自我完善和发展的重要途径是改革，改革的最终目的是在社会主义制度下更好地发展社会生产力，充分发挥社会主义制度优越性，充分发挥我国政治制度对发展人民民主、保障国家统一和安全、促进经济社会发展的优越性。

社会主义改革的目的只能是社会主义制度的自我完善和自我发展，社会主义改革的价值取向就是为了更好地实现社会的公平正义，要坚持占人口最大多数的人民大众的利益至上，坚持共同富裕，要确保改革和发展的成果为全体社会成员特别是占人口大多数的工农大众共同享有。

社会主义的改革一方面是为了解放和发展生产力，另一方面是对利益格局的再调整，前者是想把蛋糕做得更大，后者是为了把蛋糕分的更为公平合理。分配原则是公平分配和共同富裕。社会主义制度无论怎么改，无论是经济体制改革还是政治改革，都必须坚持社会主义的基本方向和基本特征不发生改变，这应该是一个基本常识。

社会主义的改革是社会主义的自我完善，面向资本主义的改革是对社会主义制度的颠覆，也是对社会主义宪法的背叛。社会主义的改革是为了实现共同富裕和社会公平。

第一，从目的和功能上看，改革是为了解放和发展生产力。我国的社会主义基本制度虽然是适应生产力发展的，但是作为它的实现形式的是具体体制，如高度集中的计划经济体制越来越不适应我国生产力发展的客观要求，成为严重阻碍生产力进一步发展的障碍。因此，必须对它进行根本性改革。革命是解放生产力，改革的性质同过去的革命一样，也是为了解放生产力，使中国摆脱贫穷落后的状态。从这个意义上说，改革也是一场革命。

第二，从广度上看，改革是社会经济、政治、科技、教育、文化体制的全面改革。改革旧的经济体制，用适应现阶段生产力要求的市场经济体制取代计划经济体制，是改革的最基本内容。但是，改变不适应生产力发展的经济体制必然要受到旧的政治体制和其他体制的制约和影响，这就要求在进行经济体制改革的同时，必须相应地进行其他体制的配套改革，特别是政治体制改革。因此，我们目前所进行的改革是全局性、整体性的，表明它的革命性质。

第三，从深度上看，改革不是原有体制细枝末节的修补，而是对它的根本变革。原来高度集中的计划经济体制对生产力的严重不适应，已经不是个别“环节”、“方面”的问题，而是全局性、整体性的，因此对它进行细枝末节的修补已不能解决问题，必须进行根本性改变，用充满生机和活力的社会主义市场经济体制取代它。从社会制度的角度来讲，这种取代是一种量的变化，没有发生根本质变，是社会主义制度的自我完善和发展，但从具体体制的角度来讲，这种取代是一种质变，是一种革命性变革，实质是一场革命。当然，这种革命不是传统意义上的革命，不是改革社会主义的基本制度，而是在党的领导下对原有的经济体制和其他体制进行革命性变革。

改革、发展、稳定三者存在着不可分割的内在联系。发展是解决经济社会一切问题的关键，改革是经济社会发展的主要动力，稳定是改革发展的前提和保证，三者是内在统一的有机整体。站在新的历史起点上处理这三者之间的关系，其结合点就是实现好、维护好、发展好最广大人民群众的根本利益。

改革开放是强国之路。坚持以经济建设为中心，坚持发展才是硬道理，坚持发展是党执政兴国的第一要务，是我们党推进改革开放的重要历史经验，是经济、政治、文化、社会全面进步的根本要求。稳定压倒一切。保持社会稳定，是顺利实现经济社会发展目标的必要前提，也是确保人民群众安居乐业的基本条件。没有稳定，一切都无从谈起。在任何时候、任何条件下，稳定是实现人民群众根本利益的前提。

改革、发展、稳定三者内在统一的结合点就是最广大人民群众的根本利益，离开这个共同的立足点和政策措施的结合点，改革决策的科学性、改革政策的协调性、发展的全面性、稳定的长期性都将难以实现。只有抓住这个结合点，三者才能真正成为互为前提、内在统一的有机整体。

二十四、为什么社会主义革命可以在经济文化落后的国家进行?

郭兆红

马克思主义认为，社会主义必然取代资本主义是不可抗拒的社会发展规律。20 世纪的世界历史，是以社会主义革命在一国、多国的胜利，社会主义建设在一国、多国的开展为标志的，并且出现了这样的一种态势：社会主义革命在一些经济文化比较落后的国家取得胜利，而在经济文化发达的国家里却仍然保存着资本主义制度。

19 世纪马克思、恩格斯曾估计，社会主义将会首先在几个资本主义先进国家大体上同时取得胜利，然后在这些先进国家的示范影响和帮助之下，经济文化落后的国家可以不通过资本主义制度而走上社会主义的发展道路。他们在作这种估计的时候，也没有完全排除社会主义有从资本主义防线侧翼首先突破的可能性。

20 世纪初，当世界进入帝国主义时代后，列宁根据资本主义政治经济发展不平衡的规律，作出了社会主义可能首先在一个或几个国家取得胜利的科学论断，并且认为社会主义可能首先从帝国主义链条中薄弱的环节突破。列宁关于社会主义首先在帝国主义链条的薄弱环节突破的科学论断，被 1917 年俄国十月革命的实践所证实。

毛泽东根据中国国情，提出了关于新民主主义革命的一整套理论和政策，并领导殖民地半殖民地的中国，经过新民主主义革命，成功地走上了社会主义道路，使被十月革命所打开的资本主义防线的缺口进一步扩大。欧洲、亚洲、拉丁美洲的一系列国家也在第二次世界大战后相继建立了社会主义制度。

社会主义革命的前提，归根到底是经济因素，是生产力发展的水平，是物质基础成熟的程度。正如列宁在总结俄国十月革命的历史经验后指出，“没有一定程度的资本主义，我们是不会成功的”。同时，他又认为，“俄国无产阶级之所以走在前面，不是因为比其他国家的工人能干，不是因为比其他国家的工人高明，而仅仅因为俄国过去是经济不发达的国家之一。环境把俄国社会主义无产阶级队伍推到前面，并不是由于我们的功劳，而是由于俄国特别落后”。

社会主义革命可以在经济文化落后的国家进行，主要有以下几方面的原因：

(1) **各国经济、政治发展不平衡加剧的必然结果**。资本主义的扩张是全球性的，资本主义矛盾也在全球范围内存在。随着资本主义的发展，科学技术的巨大进步及其在生产中的广泛应用使一些后起的资本主义国家能在较短时间内赶上并超过老牌资本主义国家。这种发展的不平衡及其所带来的各国间政治经济实力对比的重大变化，与世界殖民地和势力范围划分的原有格局不可避免地产生了矛盾。当发达资本主义国家把国内矛盾转移到落后国家时，这些国家的危机就更加严重，更利于出现革命形势。发达资本主义国家往往以军事冲突和战争的方式重新瓜分世界，从而造成了资本主义链条中的薄弱环节，为无产阶级革命提供了极好的革命机会。

(2) **资本主义发展到帝国主义时代是各种矛盾激化的必然结果**。帝国主义对本国人民和殖民地国家的残酷压迫和疯狂掠夺，加剧了无产阶级与资产阶级、宗主国与殖民地之间的矛盾。这些矛盾与资本主义国家间的矛盾交织在一起，造成了革命不是在这里爆发就是在那里爆发的国际环境。在实践中，经济落后国家先后进行了以建立资产阶级民主共和国为目的的民族民主革命，但由于帝国主义不允许等诸多因素的影响，导致了这种努力大都以失败而告终，世界社会主义革命的时代已经来临。

(3) **经济落后国家具备了进行社会主义革命的条件**。经济落后国家不是“绝对落后”，而是相对于发达资本主义国家的“相对落后”。因而，不论是俄国还是中国，都有一定的现代工业和现代无产阶级。这些经济落后国家的无产阶级身受殖民主义、封建主义、资本主义等多重压迫剥削，因而比发达资本主义国家的无产阶级具有更强的革命性。马克思主义从西方向东方传播，给经济落后国家的无产阶级送来了新的思想武器。无产阶级更容易认清帝国主义和本国资产阶级的本质，革命力量更易于成熟和强大。在无产阶级政党的领导下，无产阶级反对帝国主义和本国反动统治阶级的斗争由自发走向自觉，认识到只有进行社会主义革命才是唯一的出路。生产力发展是革命的根本条件，但不是直接条件，并不等于直接的革命形势和革命主观力量的成熟。当革命的客观形势和主观条件在相对落后国家出现时，革命当然就在这些国家发生。西方国家由于没有直接的革命形势，没有那么尖锐的社会矛盾，特别是没有那么成熟的社会主体力量，因而革命就没有大规模发生，没有革命的成功。

二十五、如何看待“苏联模式”？

梅宗奇 张 瑶

所谓“苏联模式”，又叫“斯大林模式”，是指苏联在斯大林领导下、在社会主义现代化建设过程中所采取的道路、方针，以及与之相应形成的高度集中的政治经济体制。它具有以下主要特征：

在所有制方面，实行单一的公有制形式，并力图把集体所有制提高到全民所有制，试图在较短时期内实现从社会主义向共产主义的过渡。

在经济运行机制方面，实行高度集中的经济体制，以国家政权为核心，用行政命令甚至暴力手段管理经济，把一切经济活动置于国家的指令性计划之下，否定价值规律和市场机制的作用，排斥、限制商品和市场经济，只允许在消费品的生产和流通领域存在一定程度的商品交换，因而缺乏活力。

在政治体制方面，实行高度集权的领导体制，共产党领导一切，权力高度集中于党中央，从中央到地方的各级组织，大多数情况下是由领导人个人意志所操纵，直接发布政令，管理国家事务，这就造成了党政不分，以党代政，党内缺乏民主，民主集中制有名无实，官僚主义盛行，社会主义法制被严重践踏。

在思想文化体制方面，它通过国家行政命令手段对思想文化领域实行严格控制，不允许有任何理论创新。

对“苏联模式”的成败得失，我们应有一个正确的科学的评价：对“苏联模式”和苏共的得失，应持辩证分析的态度。

应该说在“苏联模式”中，其计划经济体制在一定时间内还是发挥过积极的作用，它使苏联在一定时期内能够集中全国有限的人力、物力和财力去发展生产，特别是重工业和军事工业，在短短的十年时间内迅速实现了国家的工业化，使苏联由一个落后的农业国变成世界上主要的工业国之一，成为世界上仅次于美国的第二超级大国，为苏联在第二次世界大战中战胜德国法西斯奠定了雄厚的物质基础。根据西方经济学家的计算，第二次世界大战战后20年间，在工业化国家中除了日本和联邦德国以及所有非市场经济国家，其他国家的国内生产总值增长速度都没有苏联快，增长持续时间也没有苏联长。

1949年新中国成立后，我国一度仿效“苏联模式”，实行了高度集中的计划经济体制，经济实现了快速增长，并在短短的十年内初步建成了一个比较完整的工业体系。这些都说明，计划经济在经济发展的一定阶段对经济发展曾经起过积极作用，计划经济中的一些调整经济的方法和手段对克服市场经济的弊端也仍然具有积极的效果。

当然，“苏联模式”所形成的政治经济体制的弊端是非常严重的。这个模式在经济制度上严重破坏了社会主义的人民民主集中制，劳动人民对资源和生产资料没有处置权，对劳动果实没有分配权，背离了共产党宣言和列宁的最初理想，它维护的是挂着共产党招牌的新官僚的利益。因此，它最终丧失了人民的支持，被人民所抛弃。

苏联人民在“苏联模式”下虽然取得了巨大的成就，但也为此付出了巨大代价。从20世纪60～70年代起，随着时代的发展，新科技革命风起云涌，“苏联模式”的弊端表现得越来越明显，越来越不适应时代的要求。特别是在勃列日涅夫时期，苏联的政治、经济体制变得越来越僵化，它不能根据客观形势的变化及时调整自己的发展战略，结果使国民经济走上畸形发展的道路，背上了沉重的包袱，最后经济发展陷入停滞状态。一些东欧国家在20世纪50～70年代曾进行过各种改革尝试，如南斯拉夫“自治社会主义”改革以及匈牙利、捷克和波兰的改革等，但由于各种主观和客观原因以及苏联的干涉，这些改革尝试都夭折了。20世纪80年代末，苏联在戈尔巴乔夫领导的改革中，又出现重大失误，先推行私有化，后搞民主化，只说空话，不干实事，具体路子也不对，忽视经济规律，经济迅速下降，最后发展到否定社会主义、共产党下台、苏联解体的结局。

“苏联模式”对于世界社会主义事业来说有过胜利的辉煌，也有失败的苦涩，对于它必须采取辩证分析的态度，反对历史虚无主义，这样才能正确汲取苏联解体的教训。总的来说“苏联模式”是一个弊大于利的模式，但它也为后来的社会主义事业提供了一面极好的镜子，使后来的社会主义者们能够不断引以为鉴，不断探索适合本国国情和时代特点的社会主义道路，中国特色社会主义的出现就是这种探索的成果。

二十六、如何认识社会主义初级阶段存在的剥削现象？

郭兆红

剥削现象，从一般意义上讲，是指社会上一部分人或集团凭借他们对生产资料的占有或垄断，无偿地占有那些没有或者缺少生产资料的人或集团的剩余劳动和剩余产品。

剥削现象存在的基础是私有制经济，而包括私有制经济在内的多种非公有制经济的存在和发展，是我国现阶段基本经济制度的重要组成部分。在公有制为主体的条件下，允许和鼓励非公有制经济发展，有利于建设中国特色社会主义。只要私营企业主遵守国家税收、劳动者权益、社会保障、安全生产、环境保护等各项法律法规，不损害劳动者的根本利益，其占有的剩余价值既是合理的，又是合法的。在国家法律规定的范围内，私营企业主从事生产经营活动的直接目的是为了获取剩余价值，但是，在他们增加利益的同时，也使国家得到了更多的积累，职工得到了更多的收入。

社会主义初级阶段存在剥削现象，但不存在剥削制度，也不会产生剥削阶级。允许剥削在一定范围内存在，是生产力发展的必然要求。新中国的建立特别是实现生产资料所有制的社会主义改造，消灭了剥削阶级和剥削制度，为我们最终消灭剥削迈出了决定性的一步。但是，由于生产力发展水平和我国的国情所决定，我国在社会主义初级阶段实行公有制为主体、多种所有制经济共同发展的基本经济制度，非公有制经济是我国社会主义市场经济的重要组成部分。由于非公有制经济的存在，剥削仍然在一定范围内存在。目前，在三资企业、私营企业等领域中，还存在雇佣劳动关系，存在着剥削的现象。

那么，我们应该怎样认识社会主义初级阶段存在的剥削现象呢？我们认为，需要把握以下几个观点：

社会主义包括其初级阶段不存在剥削制度，不会产生完整的剥削阶级。在资本主义社会，由于实行生产资料的资本家私人占有制，剥削制度占主导地位，整个社会就是一架剥削劳动者的机器，剥削无处不在，成为基本的经济制度。我国社会主义的基本经济制度以社会主义公有制和按劳分配为主体，只允许剥削在三资企业及私营企业等一些较小的范围内存在，加上国家政权在人民手里，虽然有少数剥削分子存在，但他们不可能形成一个公开的完整的阶级。那种允许剥削存在就会产生新的剥削阶级的担心是没有必要的。

允许剥削在一定范围内存在，是生产力发展的必然要求。我国还处于并将长期处于社会主义初级阶段，人口多、底子薄，社会生产力还比较落后。单靠国家有限的财力发展社会主义公有制经济，难以完全解决如此众多的人口的就业和生计问题。因此，引进外资，发展个体、私营经济，是建设有中国特色社会主义的必然选择。这样做，虽然在一定范围内出现了剥削，但是归根结底对社会主义有利，对人民有利，因为它能促进社会生产力的发展。

允许剥削在一定范围内存在，有利于更好地取信于民。在改革开放之初，我们党就宣布了一个“大政策”：允许一部分人先富起来。在这个政策的感召下，不少人通过自己的辛勤劳动和守法经营，逐步走上了富裕的道路。不少过去的个体商贩用自己积累的资金投资办企业，当起了老板，雇了一些工人，也就是说，有了一定的“剥削”。但是也正如邓小平同志所说的，“致富不是罪过”，而是党的富民政策威力的体现。这部分人的致富，有利于促进我国生产力的发展，有利于带动人民的共同富裕。因此，在对待私营经济的问题上，必须保持党的政策的严肃性、连续性和稳定性，不能因为看到剥削现象在一定范围内存在，就随意改变党的政策。

允许剥削是为了最终消灭剥削。彻底消灭人剥削人的现象，在中国建立没有剥削的共产主义的社会制度，是中国共产党人的最高纲领。共产主义是人类历史上空前伟大而艰巨的事业，要通过迂回曲折的道路才能实现。我们消灭了封建和资本主义的剥削制度，但为了促进社会主义初级阶段社会生产力的发展，我们又不得不在一定范围内允许剥削现象的存在。我们之所以允许剥削在一定范围内存在，是因为它在现阶段还能够促进生产力的发展，为最终消灭一切剥削创造条件。

二十七、为什么要加强马克思主义政党的先进性建设?

曹　昱

马克思主义政党的出现，在世界政党发展史上具有划时代的意义，它标志着工人阶级作为一个独立的、自为的阶级，从此登上了世界政治的历史舞台。马克思主义政党从诞生的那一天起就具有资产阶级政党无可比拟的先进性。先进性是马克思主义政党性质的集中体现；先进性是马克思主义政党的根本特征；先进性是中国共产党的根本性质，是党的生命，是党存在、发展、壮大的一个永恒要求；先进性建设既是党保持特征不变、性质不变、增强活力的根本举措，又是党在新时期执政能力建设的核心内容。党的组织、党的领导干部、每个共产党员都必须昭示并印证出党的先进性。

1. 时代呼唤马克思主义政党保持先进性

党的先进性建设以党的先进性为内容，政党的先进性特征表现为走在社会发展前列，带领社会前进并为全社会作出榜样和表率的一种性质、素养和能力。一个政党的先进性表现为该党所具有的、在组织的内在本质以及其他方面体现出来的、为社会公认的优秀之处和独特优势。一个具有先进性的政党，其先进的性质有诸多方面，先进的特征也有诸多内容，但这诸多的先进性质或特征并非平行并列，也非等量齐观。其中最重要的、直接关系到政党是否先进的那一种先进性，是最根本的先进性，是本质上的先进性。马克思主义政党先进性的本质即“站在时代前列”。“站在时代前列”是时代对马克思主义政党保持先进性的必然要求。这意味着马克思主义政党首先必须紧紧追随时代前进的步伐，密切注视时代风云的变换，在时代的大背景下搞好自身建设；其次，马克思主义政党必须认清历史和社会的发展趋势，适应时代要求，走在其他政治集团或社会团体的前列，带领广大民众前进；再次，马克思主义政党必须解放思想，勇于开拓进取，引导社会实践的发展方向，做时代的代言人和领导者；最后，马克思主义政党必须顺应时代大势，从时代的要求出发去组织号召民众，完成时代所提出的任务。可见，马克思主义政党唯有站在时代前列，才是先进的。

2. 执政能力建设要求不断加强马克思主义政党的先进性

马克思主义政党执政以后，要进一步巩固执政地位，就必须加强党的执政能力建设，提高党的执政水平。实践证明，执政能力的大小强弱是决定一个执政党命运的根本因素。首先，马克思主义政党作为执政能力的主体具有三个层次。一是作为最广泛的整体的共产党，作为工人阶级的先锋队，同时也作为全人民和民族的先锋队，是建设社会主义事业的领导核心，代表先进生产力的发展要求，代表先进文化的前进方向，代表最广大人民的根本利益。二是作为马克思主义政党的各级领导班子和领导干部。各级领导班子和领导干部是马克思主义政党组织的核心部分，是党的事业的骨干力量，是党执政政策的制定者、执政活动的组织者、执政使命的践行者。因此，各级党委和领导干部的能力强弱，直接决定着整个党的执政能力的高低，要加强党的执政能力建设。三是作为党的基层组织和广大党员。党的基层组织是党的全部工作的基础，党员是党的组织的基本细胞，是党的战斗力所在。基础不牢，地动山摇。执政能力建设要求马克思主义政党不断提高五种能力和五个方面。党的十六大提出的五种能力，即科学判断形势的能力；驾驭市场经济的能力；应对复杂局面的能力；依法执政的能力；总揽全局的能力。这五种能力既相互联系，又各有其极为丰富的内涵，构成了党的执政能力的基本方面。党的十六届四中全会着重强调的五个方面的能力，即驾驭社会主义市场经济的能力；发展社会主义民主政治的能力；建设社会主义先进文化的能力；构建社会主义和谐社会的能力；应对国际局势和处理国际事务的能力。这五个方面的能力要求我们的党不断研究新情况、解决新问题、创建新机制、增长新本领，全面加强和改进党的建设，使党的执政方略更加完善、执政体制更加健全、执政方式更加科学、执政基础更加巩固。五种能力的实现，主要依靠各级领导干部的自觉学习和积极实践。五个方面的能力的实现，不仅要依靠党员干部素质和能力的提高，更要靠以保持党同人民群众的血肉联系为核心，以建设高素质干部队伍为关键，以改革和完善党的领导体制和工作机制为重点，以加强党的基层组织和党员队伍建设为基础，全面加强和改进党的思想、组织、作风、制度等各方面建设来完成。要靠全党不断创新执政理念、完善执政方略、健全执政体制、改进执政方式、优化执政资源、改善执政环境来实现。最后，执政能力评价推动马克思主义政党保持先进性。一是看是否理顺了党、政权和社会的关系；二是看是否最广泛最充分地调动了一切积极因素；三是看是否推动了社会主义事业不断开创新的局面。这三个方面不是互相孤立的，而是辩证统一的。党、政权和社会的关系理顺了，必然会为最广泛最充分地调动一切积极因素创造良好的制度、不断开创新的局面提供条件。全面把握了三者之间的关系，就可以正确地判断马克思主义政党执政能力的强弱。

3. 历史责任与加强马克思主义政党的先进性相一致

马克思主义政党所负担的历史任务要求不断加强党的先进性建设。首先，马克思主义政党的先进性与党产生的历史条件和自身的属性相一致。办好中国的事情，关键在党。从党的历史任务上讲，中国共产党不仅担负着建设中国特色社会主义的任务，也担负着实现中华民族伟大复兴的历史使命。党的双重历史使命意味着，和其他政党相比，更需保持先进性。加强党的先进性建设是历史赋予的责任。开展马克思主义政党的先进性建设，就是要使党的理论、路线、方针、政策顺应时代发展的潮流和我国社会发展进步的要求，反映全国各民族人民的利益和愿望，使党组织不断提高创造力、凝聚力和战斗力，使党员不断提高自身素质，使党保持与时俱进的品质，始终走在时代前列，不断提高执政能力、巩固执政地位、完成执政使命，最终把党的先进性要求转化为全党的实际行动，贯彻到党的全部执政活动中，落实到发展先进生产力、发展民主政治、发展先进文化、构建和谐社会、实现最广大人民根本利益上来。其次，马克思主义政党的先进性与党的实践活动想一致，即通过主观的能动作用，把握社会发展规律，形成科学的理论指导，进而推动时代的发展变革。只有这样，党才能够引领时代进步的潮流，走在时代前列，肩负起时代赋予的使命。在实践中，党的先进性最终还要靠党员的先进性来体现。保持党的先进性，关键是要始终保持共产党员的先进性。没有党员的先进性，就没有党的先进性；只有党员的先进性得到保持和发扬，整个党的先进性才有坚实的基础。这就是加强党员先进性教育的目的所在。共产党员的先进性，是共产党员这一特定身份的人所具有的，而且是必须具有的，是共产党员不同于普通群众，并对普通群众发挥模范作用的一种基本的、重要的特征。共产党员的先进性，既是一种品质，又是一种行为，是品质和行为的统一。品质亦即品德素养。品质的优劣，是一个人为人处世的基础，也是评判一个人的基本依据。一个人只有品质优秀、素质优良，才能是先进的，才能成为人们学习和效仿的榜样。在品质的基础上，行为是共产党员先进性的外在展示。共产党员要发挥模范带头作用，说到底主要是靠共产党员的行为，即靠行动，靠实践，靠工作实效。行为最直观，也最现实，因而最为人们所瞩目，也最具有说服力和影响力。行为上的榜样作用和模范带动，是共产党员保持先进性最重要的指标。就共产党员在新的历史条件下保持先进性而言，品质必须优秀，行为必须模范。优秀的品质和模范的行为，涵盖了共产党员先进性的要义和主旨，揭示了共产党员先进性的精髓。

二十八、为什么说实现共产主义是一个长期的实践过程？

牛庆燕

在人类文明社会的几千年历史发展中，人们一直有着一个美好的愿望，就是生活在一个没有争斗，和谐相处，互相关心，互相关爱，互相帮助的大同社会。从“桃花源”到“乌托邦”，人们一直梦想着。直到物质文明的高度发展，特别是科学技术的突飞猛进，今天的地球已经完全变成了一个村落，这为共产主义理想奠定了物质基础。马克思的共产主义理论的提出，以及各国共产党人几十年的初步实践，使共产主义由梦想变为理想，并激励人们为之奋斗。共产主义是号召和引导人们，在现实的社会中建设一个真正的人间天堂，让全世界人类共同享受人间的美好生活，而绝不是极少数人的美好生活。那些为了共产主义事业，抛头颅洒热血，英勇奋斗的人们，才是真正的救世主。

因此共产主义是一种社会形态、一种社会制度、一种科学理论、一场运动、一种理想、一种信念，更是一种伟大的信仰。1848 年马克思《共产党宣言》发表，标志着共产主义的这一科学理论的诞生，人类社会从此进入了一个新的时代。人们根据这一科学的理论，为了无产阶级的利益，为了穷人的利益，为了全人类的利益，为了建立一个繁荣的、富裕的、美好的共产主义社会，开始了一场在全世界范围内伟大的、勇敢的、艰苦的、卓绝的、波澜壮阔的实践运动。1871 年的巴黎公社，1917 年的十月革命，1949 年社会主义中国的诞生，以及东欧、亚洲数十个社会主义国家的诞生，还有美洲的1959年的古巴革命，由此形成了一个强大的社会主义阵营。虽然这时的共产主义还只是一个雏形，虽然后来的共产主义运动遭遇一定的挫折，但并不代表失败，更不是共产主义的终结。因为共产主义是科学的，是符合人类社会发展规律的，是符合人们的美好愿望的。英勇的不屈不挠的伟大的中国共产党人，领导全国人民高举这面旗帜，带领中国人民努力奋斗着，人类正在走进一个新时代。人类社会向前发展是一种必然的趋势，不可能倒退，人们有理由相信，经过十几代甚至几十代人的努力奋斗，人类一定会进入共产主义的美好社会。

共产主义一定要实现，共产主义一定能够实现，但共产主义的实现是一个十分漫长而且充满艰难曲折的历史过程。从理论上讲，马克思主义所揭示的社会形态发展与更替的规律是一般的历史规律，是只有在漫长的历史过程中才能显现出来的规律性。“社会形态”是大跨度的历史概念，每一个社会形态的产生发展，都会经历一个很长的历史时期，而旧的社会形态走向没落并为新的社会形态所代替，也是一个长期的历史过程。从资本主义到共产主义的转变是一种根本的转变，它不仅仅是具体制度的更替，更是整个社会的根本改造，因而必然是一个长期而艰难的历史过程。

实现共产主义必须经历许多历史阶段。资本主义从兴盛走向衰落和灭亡需要相当长的历史时期；从资本主义到社会主义有一个过渡时期，这是一个充满矛盾和斗争的复杂历史过程；共产主义社会的第一阶段即社会主义社会是一个长期的历史过程，特别是从不发达的社会主义到发达的社会主义，更有一个长期发展的过程；最后，从发达的社会主义向共产主义的转变和过渡，也需要一定的历史时期。

（1）资本主义的灭亡和向社会主义的转变是一个长期的过程。

资本主义作为一个社会形态，其走向灭亡是一个长期的历史过程。当我们从理论上把握资本主义社会的历史暂时性时，可以一眼望到头，看到资本主义灭亡的结局，但从历史的实际进程和具体步骤来看，这个结局的最终呈现则是一个长期历史过程的结果。

马克思在谈到社会主义革命成功的条件时，一方面提出“在以交换价值为基础的资产阶级社会内部，产生出一些交往关系和生产关系，它们同时又是炸毁这个社会的地雷”，另一方面，他又强调，“如果我们在现在这样的社会中没有发现隐蔽地存在着无阶级社会所必需的物质生产条件和与之相适应的交往关系，那么一切炸毁的尝试都是唐•吉诃德的荒唐行为”。也就是说，不具备主观客观条件下的革命，是不可能成功和建立起共产主义新社会的。

在资本主义何时走向灭亡的问题上，没有人能够未卜先知。在19世纪后半期和20世纪前期，资本主义国家经历过严重的经济和社会危机，包括两次世界大战这样的灾难，并在与社会主义国家的竞争中伴随着巨大的压力。但资本主义并没有退出历史舞台，而是仍然有一定的发展空间。特别是第二次世界大战后，资本主义世界得到恢复和发展，一度呈现出繁荣的景象。进入21世纪，特别是2008年以来，资本主义世界又出现了严重的金融危机和社会危机，呈现出许多矛盾和冲突的景象。我们可以从中看到这些危机背后的资本主义本质和衰败的必然趋势，但至于现存资本主义何时走到尽头，谁也无法作出准确的判断。

在资本主义走向灭亡和社会主义革命取得胜利后，还有一个从资本主义向社会主义转变的时期。这是一个不以人的意志为转移、不能省略、不可随意缩短的过渡时期。而且，在完成资本主义向社会主义的转变以后，还要经历一个社会主义发展阶段，最后才能逐步走向共产主义。在任何国家，实现共产主义都不能超越社会主义发展阶段。现存的资本主义国家将来不论发达到何种程度，当其实现根本性制度变革的时候，也只能是首先进入共产主义社会的低级阶段即社会主义社会，而不可能直接达到共产主义社会的高级阶段。因为资本主义所能容纳的生产力毕竟是有限的，而且“刚刚从资本主义社会中产生出来的”社会，“在各方面，在经济、道德和精神方面都还带着它脱胎出来的那个旧社会的痕迹”。要消除这些旧社会的痕迹，实现新社会在自身基础上的发展，也需要经过一个很长的时期，即社会主义时期。

（2）社会主义社会的充分发展和最终向共产主义过渡需要很长的历史时期。

在全世界实现共产主义，首先将取决于社会主义国家的巩固和发展，取决于这些国家所经历的社会主义建设的历史进程。共产主义只有在社会主义社会充分发展和高度发达的基础上才能实现。社会物质财富的充分涌流，人的精神境界和道德品质的不断提高，共产主义新人的培养和成长等，都需要很长的历史时期。因而，社会主义的充分发展和共产主义的实现将是一个漫长的历史过程。

社会主义社会是一个很长的历史时期。邓小平指出：“社会主义是共产主义第一阶段，当然这是一个很长很长的历史阶段。”特别是为了给实现共产主义准备充分的物质基础，就需要社会主义社会有一个长期的发展过程。“要实现共产主义，一定要完成社会主义阶段的任务。社会主义的任务很多，但根本一条就是发展生产力，在发展生产力的基础上体现出优于资本主义，为实现共产主义创造物质基础。”社会主义社会在自身的发展中也会经历从低级到高级的发展阶段，在一切条件具备之后才能达到共产主义社会。

我国现在尚处在社会主义社会的初级阶段，对于整个社会主义时期究竟会有多长，究竟要经历哪些发展阶段，何时才能达到共产主义社会，还需要随着历史的发展进一步认识和探索。历史经验证明，对社会主义的长期性应有充分的估计，决不能超越阶段急于迈向共产主义，否则会欲速不达，带来严重的后果。历史经验也证明，在社会主义的发展过程中，还存在遭受严重挫折甚至发生资本主义复辟的可能性，对此必须始终保持头脑清醒。邓小平指出：“我们搞社会主义才几十年，还处在初级阶段。巩固和发展社会主义制度，还需要一个很长的历史阶段，需要我们几代人、十几代人，甚至几十代人坚持不懈地努力奋斗，决不能掉以轻心。”习近平告诫我们，共产主义绝不是“土豆烧牛肉”那么简单，不可能唾手可得、一蹴而就，但不能因为实现共产主义理想是一个漫长的过程，就可以认为那是虚无缥缈的海市蜃楼，就不去做一个忠诚的共产党员。

社会主义是共产主义的低级阶段，也是实现共产主义的必由之路。高级阶段是建立在低级阶段基础上的，没有低级阶段的发展，也不会有高级阶段的到来。为了最终实现共产主义，必须坚定不移地走社会主义道路。可以说，坚持社会主义道路，坚持社会主义制度，是我们在当代世界为共产主义事业作出的重要贡献。

二十九、世界社会主义运动的低潮是否说明了马克思主义的失败?

郭兆红

20 世纪 80 年代末 90 年代初，随着第一个社会主义国家苏联的解体以及东欧剧变，世界社会主义运动陷入低潮。这使马克思主义经历了一场前所未有的危机。马克思主义“失败”论、“破产”论、“过时”论一时甚嚣尘上。许多人对马克思主义和社会主义产生了怀疑，有人开始宣称“马克思主义失败了”“马克思主义死亡了”，一些原来号称马克思主义的信奉者也迫不及待地远离马克思、抛弃马克思主义。20 世纪苏联和东欧社会主义阵营发生的事件是否说明了马克思主义的失败?

苏东剧变的外部原因是帝国主义推行的和平演变战略。这个战略之所以能够成功实施，主要在于苏东 (苏联·东欧) 社会主义国家放弃了马克思主义。这些国家的执政党提出了“意识形态多元化”，放弃了马克思主义在意识形态领域的指导地位，结果导致非马克思主义和反马克思主义的思潮泛滥成灾，致使执政党思想混乱、组织涣散、失去战斗力，最后拱手让权。

从内部原因看，苏东剧变不是马克思主义的科学社会主义的失败，而是实行“斯大林主义僵化模式”的结果。这种模式导致了苏联、东欧等社会主义国家在建设社会主义实践中的诸多失误和弊病。例如，经济结构不合理，经济体制存在弊端，政治体制过于集中，社会主义民主发扬不够，出现了肃反扩大化，党的建设没有抓好，等等。苏东剧变只意味着苏联的专制的斯大林模式的失败，而不是社会主义的完全失败，苏东社会主义阵营所暴露出的问题和弊端也不能归之于马克思主义。因此，我们不能因为苏联极权主义的失败，就否定马克思主义存在的合理性，就轻言马克思主义已经寿终正寝。

虽然苏联解体和东欧剧变，对西方国家马克思主义的发展产生了极为严重的冲击，但是马克思主义并没有因此而“死亡”，相反，历经磨难，在走向新世纪的道路上，马克思主义在西方已经开始显露出它的新的光彩。20 世纪末，马克思出人意料地以绝对优势先后被西方媒体评为“千年风云人物”“最伟大的德国人”和“全球最伟大的哲学家”。马克思主义并没有像西方资产阶级学者预言的那样趋于消失，而是在欧美重新引起人们的关注。一系列大型的国际马克思主义和社会主义会议在世界各地召开，以与会组织和人员多、理论层次高，讨论问题广泛，青年研究者不断增多为显著特点。这一系列事实有力地说明了马克思主义并没有失败，也没有死亡。马克思主义的思想理论仍然吸引着尊重事实、追求进步、探究真理的人们。

另外，我们要看到，在苏联解体、东欧剧变、国际社会主义运动处于低潮的同时，在拥有世界近五分之一人口的中国，社会主义事业却取得了飞速发展。中国共产党领导全国各族人民建设有中国特色社会主义事业的指导思想就是中国化的马克思主义，即毛泽东思想和中国特色社会主义理论体系。这些理论成果是马克思主义在与中国革命、建设和改革实践相结合的过程中先后产生的。在中国化马克思主义理论成果指引下，中国不但取得了新民主主义革命和社会主义革命的伟大胜利，还取得了社会主义建设和改革的巨大成就。特别是改革开放三十多年来，中国社会发生了翻天覆地的变化，社会生产力空前发展，人民生活水平极大改善，综合国力日益增强，社会全面进步，中国由不发达的社会主义国家逐步变成繁荣昌盛的社会主义国家，社会主义制度的优越性初步显示出来。这些都充分显示了马克思主义的威力和强大的生命力。

总而言之，我们要以科学的态度对待马克思主义。国际社会主义运动的低潮并不是马克思主义的失败，而是偏离、违背甚至扭曲马克思主义的结果。马克思主义仍然生机勃勃地前进和发展着，它仍然是照亮人类前进道路的灯塔和引导人们实现社会理想的指南针。当然，马克思主义要保持活力，保持生命力，就必须与时俱进，不断创新，随着时代、实践和科学的发展而不断发展。

三十、中国特色社会主义进入了新时代。为了不辜负这个伟大的时代，当代大学生应该怎样正确认识共产主义远大理想与中国特色社会主义共同理想的关系，投身新时代中国特色社会主义事业？

牛庆燕

理想是指引人们奋斗方向的航标，是力量的源泉、智慧的摇篮、冲锋的战旗、斩棘的利剑，也是推动人们前进的强大精神动力。共产主义远大理想是建立在科学基础上的社会理想，是人类最伟大的社会理想。在坚持和发展中国特色社会主义的实践中，我们不但要坚定中国特色社会主义共同理想，而且要进一步树立共产主义远大理想。邓小平指出：“我们一定要经常教育我们的人民，尤其是我们的青年，要有理想。为什么我们过去能在非常困难的情况下奋斗出来，战胜千难万险使革命胜利呢？就是因为我们有理想，有马克思主义信念，有共产主义信念。我们干的是社会主义事业，最终目的是实现共产主义。”习近平指出：“实现共产主义是我们共产党人的最高理想，而这个最高理想是需要一代又一代人接力奋斗的。”

1. 共产主义远大理想与中国特色社会主义共同理想的关系

坚定社会主义和共产主义理想信念，必须正确认识共产主义远大理想与中国特色社会主义共同理想的关系。这对关系具有丰富的理论内涵，需要我们从时间、层次和范围三个维度去认识和把握。

首先，从时间上看，远大理想与共同理想的关系是最终理想与阶段性理想的关系。共产主义远大理想也就是我们的最终理想，它的实现需要许多代人的接续奋斗，在这个接续奋斗的过程中，会有一些阶段性的理想。只有通过实现一个一个的阶段性理想，才能最终实现共产主义远大理想。如果说最终理想只有一个，那么阶段性理想则可以有许多个，而究竟会有多少个以及会有怎样的阶段性理想，则取决于理想追求的历史起点的高低、奋斗过程的长短以及社会条件的影响。实现共产主义远大理想的过程就像万里长征，应该一步一个脚印、踏踏实实地向着未来迈进，因而必然包含着许多不同的历史阶段。中国特色社会主义共同理想，就是我们在追求和实现共产主义远大理想过程中的一个阶段性理想，是当前正在着力追求的阶段性理想或近期理想。经过几十年来的努力，这个理想正在逐步化为现实。

其次，从层次上看，远大理想与共同理想的关系是最高纲领与最低纲领的关系。我们党的最高理想和最终目标是实现共产主义，这也是我们党的最高行动纲领。但追求党的理想和实行党的纲领，必须从中国当下的实际出发，从实现最近的目标开始。我们党早在新民主主义革命时期，就区分了最高纲领与最低纲领，并阐明了二者的关系。尽管随着新中国的成立和发展，特别是随着改革开放以来中国特色社会主义取得伟大成就，我们当下所处的历史起点不同了，站在了新的历史起点上，但最高纲领与最低纲领的区分仍然是正确的。我们的最高理想和最高纲领没有变，而且也不会变，但在当前，坚定中国特色社会主义共同理想，进一步推进中国特色社会主义事业，就是我们党的最低纲领在当前的要求。习近平明确指出，“中国特色社会主义是党的最高纲领和基本纲领的统一。中国特色社会主义的基本纲领……是从我国正处于并将长期处于社会主义初级阶段的基本国情出发的，也没有脱离党的最高理想。我们既要坚定走中国特色社会主义道路的信念，也要胸怀共产主义的崇高理想”。

最后，从范围来看，远大理想与共同理想的关系也是全人类理想与全体中国人民理想的关系。共产主义远大理想体现的是全人类解放的共性，是面向全人类的。中国人民当然要树立远大理想，但这个理想不只属于中国人民，而是属于全人类。因此，从这个意义上讲，共产主义理想也是“共同理想”，而且是面向全人类的更大的共同理想。而中国特色社会主义共同理想，主要是面向中国人民和中华民族成员的，是全体中华儿女和中国人民的“共同理想”，无疑具有“共同”性，但与全人类相比，又体现了“中国特色”，体现了中国人民在社会主义和共产主义理想方面的个性特色。当我们讲要坚定中国特色社会主义共同理想的时候，不仅是指中国人民对社会主义理想的向往和追求，而且也包含着对“中国道路”的认同，即我们是通过中国自己的道路来追求社会主义理想和共产主义远大理想。这种中国特色和民族特色并没有否定理想的共同原则，而是把共同原则与国情民情相结合，使社会主义和共产主义理想展现出更丰富的色彩。

中国是一个历史悠久的东方大国，有自身特殊的国情，社会主义建设只能走一条中国特色的道路，当代大学生应该坚定共产主义远大理想，同时更应当确立中国特色社会主义共同理想。经过长期的探索，特别是经过改革开放以来的伟大实践，我们已经找到了中国特色社会主义这条正确道路，这是在中国共产党领导下，立足基本国情，以经济建设为中心，坚持四项基本原则，坚持改革开放，解放和发展社会生产力，建设社会主义市场经济、社会主义民主政治、社会主义先进文化、社会主义和谐社会、社会主义生态文明，促进人的全面发展，逐步实现全体人民共同富裕，建设富强民主文明和谐美丽的社会主义现代化强国，实现中华民族伟大复兴。中国特色社会主义共同理想，是中国革命、建设、改革事业的经验总结，是中华民族为了实现自身的伟大复兴作出的重大抉择。

中国特色社会主义道路也是中华民族最终走向共产主义的必由之路。只有沿着这条道路前进，中国的社会主义建设才能取得成功，社会主义制度的优越性才能得到充分的体现，社会主义社会才能在充分发展和高度发达的基础上，逐步迈向共产主义社会。“我们现在坚持和发展中国特色社会主义，就是向着最高理想所进行的实实在在的努力。”

总之，必须以马克思主义的辩证思维和历史思维把握和处理远大理想和共同理想的关系。没有远大理想的指引，就不会有共同理想的确立和坚持；没有共同理想的实现，远大理想就没有现实的基础。忘记远大理想而只顾眼前，就会失去前进的方向；离开现实工作而空谈远大理想，就会脱离实际。

2. 坚定理想信念，投身新时代中国特色社会主义事业

习近平指出 ：“青年是标志时代的最灵敏的晴雨表，时代的责任赋予青年，时代的光荣属于青年。”青年是祖国的未来、民族的希望。青年兴则国家兴，青年强则国家强。实现中华民族伟大复兴的中国梦，夺取新时代中国特色社会主义的伟大胜利，将全国各族人民的共同理想变为现实，需要一代又一代有志青年接续奋斗。青年一代的理想信念、精神状态、综合素质，是一个国家发展活力的重要体现，也是一个国家核心竞争力的重要因素。青年一代有理想、有本领、有担当，国家就有前途，民族就有希望。

一代青年有一代青年的历史际遇。当前，中国特色社会主义进入新时代。这个新时代，是承前启后、继往开来、在新的历史条件下继续夺取中国特色社会主义伟大胜利的时代，是决胜全面建成小康社会、进而全面建设社会主义现代化强国的时代，是全国各族人民团结奋斗、不断创造美好生活、逐步实现全体人民共同富裕的时代，是全体中华儿女勠力同心、奋力实现中华民族伟大复兴中国梦的时代，是我国日益走近世界舞台中央、不断为人类作出更大贡献的时代。这一崭新的时代，为当代青年特别是当代大学生提供了实施人生才华的极为有利的历史机遇。

新时代的青年，必须坚定理想信念。习近平指出 ：“青年时代树立正确的理想、坚定的信念十分紧要，不仅要树立，而且要在心中扎根，一辈子都能坚持为之奋斗。”理想信念是精神上的“钙”，是人的精神支柱和精神脊梁，是鼓舞人们前进和奋斗的强大精神动力。理想信念动摇是最危险的动摇，理想信念滑坡是最危险的滑坡。心中有信仰，脚下才会有力量。当代大学生要坚定理想信念，自觉做中国特色社会主义共同理想的坚定信仰者、忠诚实践者。为此，就要深入学习马克思主义基本原理及马克思主义中国化的理论成果，特别是学习习近平新时代中国特色社会主义思想，让真理武装我们的头脑，让真理指引我们的理想，让真理坚定我们的信仰。要坚持学而信、学而用、学而行，把学习成果转化为不可撼动的理想信念，转化为正确的世界观、人生观、价值观，用理想之光照亮奋斗之路，用信仰之力开创美好未来。

当代青年要积极投身新时代中国特色社会主义事业，以勇于担当的精神，做走在新时代前列的奋进者、开拓者、奉献者，以执着的信念、优良的品德、丰富的知识、过硬的本领，同人民群众一道，担负起历史赋予的重任，在实现中华民族伟大复兴中国梦的生动实践中放飞青春梦想，勇做担当中华民族伟大复兴大任的时代新人。

第四部分

毛泽东思想与中国特色社会主义理论体系概论

一、怎样理解“马克思主义中国化”与“中国化的马克思主义”？

王金玉

“马克思主义中国化”与“中国化的马克思主义”既作为科学命题也作为近现代中国社会实践和理论演进的历史现象，其产生和发展是由中国独特的社会历史条件所决定的，是中国近现代社会历史发展和时代特征相互作用的必然结果。

1. 如何理解“马克思主义中国化”

“马克思主义中国化”完整的提法最早由毛泽东在党的六届六中全会中提出。这一概念的提出是马克思主义普遍真理与中国特殊的社会历史问题相碰撞的必然结果，也标志着中国共产党人探索新的革命道路的理论自觉发展到一个新的阶段。中国的知识分子运用马克思主义作为指导中国革命和建设的科学理论，其根本目的是解决中国革命和建设的问题。这就必然要求马克思主义的理论与中国实际相结合。一方面，中国革命和建设需要马克思主义作为指导，没有马克思主义指导的实践是盲目的，中国人民有了多次失败实践的惨痛教训；另一方面，马克思主义必须同中国实际相结合，离开了中国实际空谈马克思主义是毫无意义的。

马克思主义中国化的实质是什么？普遍认为，马克思主义中国化就是马克思主义普遍原理与中国具体实际“相结合”。这里最关键的是如何理解“相结合”的问题，可以从以下几方面加以理解。

(1) 所谓“相结合”，体现在对马克思主义的理解上，是教条地理解马克思主义，还是从活生生的现实出发，从实践出发理解马克思主义。从现实出发理解的马克思主义是具体的马克思主义，而不是抽象的马克思主义。说马克思主义是具体的马克思主义，是因为马克思主义是改造世界的理论，其品格就是实践。因此，用来指导中国实践的马克思主义必然是具体的。这就决定了指导中国实践的马克思主义就形式而言必然具有民族形式和民族风格。就内容而言也必然体现中国特色。一句话，就是使马克思主义“中国化”。

(2) 所谓“相结合”，就是将马克思主义的基本原理同中国的具体社会历史条件结合起来，包括经济、政治和文化等具体发展情况。这一结合必然涉及马克思主义与中国具体社会经济政治状况和具体历史文化传统的关系问题。例如半殖民地半封建与社会主义的关系，马克思主义与中国历史文化传统的关系问题，这些问题至今还不能说是已经得到解决的问题。

(3) 如果从结合而不是抽象的角度理解马克思主义，体现在具体的运用之中，其必然结果是马克思主义基本原理与中国具体的革命和建设的实践的结合。由于中国革命和建设所处的社会历史条件与马克思、恩格斯所处的社会历史条件存在着巨大差异，马克思主义理论与中国的具体实际之间便因而也存在着巨大的差异。因此，其结合的过程既是一个创造性运用理论的过程，又是一个在实践的基础上不断地提炼新的理论的过程，也即“中国化的马克思主义”的产生过程，由此可见，“马克思主义中国化”与“中国化的马克思主义”统一于马克思主义基本原理与中国具体实际相结合的过程之中，是同一过程的两个不同方面。

将马克思主义与中国具体实践结合起来，无论是其逻辑结论还是实践结果，其必然要求就是理论与实践相结合，普遍真理与民族特色相结合。就是将马克思主义的立场、观点和方法运用到中国独特的社会历史情境中去，调查研究，实事求是。唯有如此，才能形成正确的方针和策略。毛泽东将理论与实践的结合作为共产党人区别于其他任何政党的显著标志之一。

这里涉及几个关系，如普遍性与特殊性、普遍原理与民族特色、时代特征等的关系。只有将马克思主义普遍原理与各国家或地区的文化传统结合起来，与时代特征结合起来，才能使马克思主义永远保持强大的生命力。

2. 如何理解“中国化的马克思主义”

“中国化的马克思主义”完整的提法最早是由刘少奇在党的七大上所作的关于修改党章的报告中提出来的，指的是毛泽东思想。今天，这一概念不仅指毛泽东思想，而且包括邓小平理论、“三个代表”重要思想、科学发展观等改革开放以来马克思主义普遍原理与中国具体实践相结合而形成的一系列重大理论成果，党的十七大将这些理论成果总称为“中国特色的社会主义理论体系”。

马克思主义中国化是将马克思主义普遍原理与中国具体实际相结合，而中国化的马克思主义则是这个结合所形成的马克思主义的新的理论形态，它与马克思主义普遍原理的关系是源与流的关系，普遍与特殊的关系。马克思主义的普遍原理是中国化马克思主义的共同理论基础，离开了这个基础，就谈不上坚持马克思主义，无论是毛泽东思想还是中国特色社会主义理论体系都是如此。但中国化马克思主义是中国的，是马克思主义基本原理与中国具体实际相结合的产物，无论是形式还是内容，中国化马克思主义都充满了中国风格和中国气派。中国化马克思主义的思想实质是“结合”和“创新”，是结合基础上的创新。两者之间的关系是源与流的关系，这同时也给马克思主义中国化以及中国化的马克思主义设定了界限，这个界限就是必须坚持马克思主义的基本立场、观点和方法，其根本就是唯物辩证法和无产阶级的立场。今天，我们谈坚持马克思主义，谈马克思主义的创新，其根本就是要在坚持这一立场和根本观点与方法的基础上的发展和创新。中国化的马克思主义也正是由于坚持了马克思主义的根本立场、观点和方法才成为中国的“马克思主义”。中国化的马克思主义既是马克思主义的，又是中国的。就它的基本原理说是马克思主义的，可是就它的实践经验和文化传统来说，又是中国的，是中国革命和社会主义建设、改革经验的结晶，是中华民族优秀思想和文化的结晶。离开了马克思主义基本原理，它就不是马克思主义；可离开了中国革命和社会主义建设及改革经验，离开了中国文化的优秀传统，它就不是中国的。因此，中国化的马克思主义是马克思主义的创造性发展，也是中国文化发展的新形态。

“马克思主义中国化”与“中国化的马克思主义”统一于中国革命和建设的历史过程。正如马克思主义中国化是一个历史过程，中国化马克思主义就其随实践变化而不断丰富发展而言，也是一个与时俱进、不断发展创新的过程。

二、如何理解实现中华民族伟大复兴的中国梦？

荆世杰

实现中华民族伟大复兴的中国梦，是中共十八大后习近平总书记在2012年11月29日参观国家博物馆《复兴之路》展览时提出来的。习近平同志指出，“实现中华民族的伟大复兴，就是中华民族近代以来最伟大的梦想”。这个说法一经提出，就在国内外产生巨大反响，成为激励中华儿女团结奋进、开辟未来的精神旗帜。其后，在十二届全国人大一次会议上，习近平同志全面阐述了中国梦的内涵：“实现中华民族伟大复兴的中国梦，就是要实现国家富强、民族振兴、人民幸福。”2017年10月，在中共十九大上，又将实现中华民族伟大复兴的中国梦写入党章。

中国梦承载的内涵十分丰富。从范畴维度看，包括了国家、民族、人民三个层面。从国家富强到民族复兴再到造福世界各国人民。中国梦考虑的不仅是小我而且是大我，不仅是中国的发展而且是世界的发展；不仅是中华民族的振兴而且是人类文明的进步。从内容维度看，中国梦不单单是“物质梦”，更多的是“文化梦”、“文明梦”。

中国梦从本质上而言是中华民族近代以来民族复兴梦想的延续与发展。这个无数仁人志士苦苦追求的民族复兴，既是中国人民单个具体梦想的凝练与提升，也是“国家梦”、“民族梦”、“政党梦”与“人民梦”的有机统一。从整体性维度与历史性归宿而言，实现共产主义远大理想是最伟大的“中国梦”。而全面建成小康社会与实现社会主义现代化则是“中国梦”在社会主义初级阶段这一历史条件下的具体性、阶段性目标。

实现中华民族伟大复兴凝聚了近代以来几代中国人的夙愿。中国是一个有着悠久历史的文明大国，在历史上曾长期走在世界前列。近代以后，由于西方列强的入侵和封建统治的腐败，逐渐成为半殖民地半封建社会，山河破碎，生灵涂炭，中华民族遭受了前所未有的苦难。面对苦难，中国人民没有屈服，而是挺起脊梁、奋起抗争，无数仁人志士“以爱国相砥砺，以救亡为己任”，拯救民族危难，虽然多数归于失败，但在历史上谱写了不朽的光辉诗篇。

中国共产党一经成立就义无反顾地肩负起实现中华民族伟大复兴的历史使命。它领导中国人民完成了新民主主义革命的胜利，彻底结束了旧中国半殖民地半封建社会的历史，彻底结束了旧中国一盘散沙的局面，彻底废除了列强加给中国的不平等条约和帝国主义在中国的一切特权，实现了中国从几千年封建专制政治向人民民主的伟大飞跃；它团结带领人民完成社会主义革命，确立社会主义基本制度，消灭一切剥削制度，推进社会主义建设。这一伟大历史贡献，其意义在于完成了中华民族有史以来最为广泛而深刻的社会变革，为当代中国一切发展进步奠定了根本政治前提和制度基础，为中国发展和富强、使中国人民生活富裕起来奠定了坚实的基础，实现了中华民族由近代不断衰落到根本扭转命运、持续走向繁荣富强的伟大飞跃；它团结带领人民进行改革开放新的伟大革命，极大地激发了广大人民群众的创造性，极大地解放和发展社会生产力，极大地增强社会发展活力，人民生活显著改善，综合国力显著增强，国际地位显著提高。这一伟大历史贡献，其意义在于开辟了中国特色社会主义道路，形成了中国特色社会主义理论体系，确立了中国特色社会主义制度，发展了中国特色社会主义文化，使中国大踏步赶上时代，实现了中国人民从站起来、富起来到强起来的伟大飞跃。

所以习近平总书记强调："现在，我们比历史上任何时期都更接近中华民族伟大复兴的目标，比历史上任何时期都更有信心、有能力实现这个目标。"在中国共产党的领导下，中华民族充满自信，日益走近世界舞台的中央，迎来了实现伟大复兴的光明前景。将实现中华民族伟大复兴的中国梦写入党章，进一步激励全党不忘初心、牢记使命，继续团结带领全国各族人民为早日实现这一目标而奋发努力。

中国梦是中华民族伟大复兴的梦想，是基于现实历史发展的需要而产生的，也是符合人类社会发展规律的必然逻辑选择，因而具有无可比拟的科学性与现实可能性。通过主体主观能动性的充分发挥，在一定条件下能够顺利实现。习近平同志指出，实现中国梦必须走中国道路、必须弘扬中国精神、必须凝聚中国力量。

(1) 实现中国梦必须坚持"中国道路"。

所谓"中国道路"，即是指中国特色社会主义道路。"中国道路"的形成是在长期的历史发展过程中，经过比较与选择之后做出的符合中国基本国情、符合历史发展规律、符合人民群众意愿的决策，其既是中国共产党成立以来九十余年发展历史的积淀，也是近代以来中国先进分子追求国家富强、民族振兴、人民幸福的伟大梦想的凝练与提升。毛泽东时代超脱了社会主义初级阶段这一基本国情，人为拔高中国的社会主义事业，急于迈向共产主义，为后世留下了深刻教训。而"中国道路"的确立，立足于社会主义初级阶段基本国情基础之上，是对在生产力相对落后条件下搞社会主义建设特殊性的充分考量。其坚持一切从实际出发，解放思想、实事求是，完成了对经典马克思主义理论关于社会主义建设模式的"突破性"发展，契合了中国的具体发展实际，为社会主义事业在中国的发展规划了合理的发展路径。可以说，"中国道路"的正确选择，在某种程度上是对改革开放前三十年历史经验的科学总结。正是在"中国道路"的正确指引下，中国经济建设取得了令世界瞩目的奇迹，综合国力稳步增加，人民生活水平不断提高，创造了一系列的"中国震撼"，从而在国际共产主义运动与社会主义运动处于低谷的情况下，成功捍卫了社会主义与共产主义的理论坚守。能否实现"三个必须"，关键在于对中国特色社会主义的认同。中国特色社会主义就是中国梦的实现路径。从社会主义初级阶段基本国情出发，通过走"中国道路"以不断夯实中国梦的物质基础，才能最终实现我们的伟大梦想。

（2）实现中国梦必须弘扬"中国精神"。

习近平总书记在第十二届全国人民代表大会第一次会议上的讲话中指出，所谓"中国精神"即是指"以爱国主义为核心的民族精神，以改革创新为核心的时代精神。这种精神是凝心聚力的兴国之魂、强国之魄。"实现中华民族伟大历史复兴必须依赖于全体中华儿女的团结拼搏，而在近代以来中华民族一次又一次面临亡国灭种的危难之际，凝聚民族共识的关键因素便是每个中华儿女血液中流淌着的爱国主义精神。当下，爱国主义精神的核心便在于热爱中华人民共和国，坚持中国特色社会主义的共同理想，坚持共产主义信念。在长期面对资本主义的挑战与和平竞争过程中，坚持对中国特色社会主义的理论自信、道路自信和制度自信，坚守社会主义操守的重要保障便在于培育深刻的爱国主义精神。

在新的历史条件下，进一步推进中国特色社会主义事业必须牢牢把握改革创新的时代精神。中国特色社会主义事业的胜利开辟，正是对马克思主义经典社会主义理论的创新与发展；中国特色社会主义事业也正是通过不断的改革与创新以实现自身的不断前进与发展。改革开放以来，凝聚全体中国人民进行社会主义建设的核心便在于改革创新的时代精神，在此过程中不断直面并解决新的时代问题的关键也正是改革创新的时代精神。正是在改革创新精神的指引下，中国特色社会主义事业实现了由“四位一体”向“五位一体”跃升的整体性跨越发展，科学解答了什么是社会主义、如何建设社会主义，建设什么样的党、如何建设党和实现什么样的发展、如何发展的时代问题，不断推进马克思主义中国化、时代化、大众化的理论步伐，为伟大中国梦的实现奠定了坚实的基础。

（3）实现中国梦必须凝聚“中国力量”。

所谓“中国力量”即是指中国人民群众万众一心、众志成城为实现共同梦想而努力奋斗的力量。中国梦从整体上而言是“集体梦”与“个人梦”的有机统一，无论是从集体抑或是个人角度而言，中国梦的实现都不可能脱离广大人民群众的艰苦奋斗。中国梦的实现必须依赖于脚踏实地的奋斗，是靠一步一个脚印干出来的，而不是停留于美梦的幻想之中便可实现。在实现中国梦的过程中，首当其冲的主体力量便是最为广大的人民群众，这也是历史唯物主义的群众史观决定的。

中国梦的实现任重而道远，需要全体中国人民凝聚共识、艰苦奋斗，在脚踏实地的扎实工作中通过不断实现若干细微的中国梦，以期最终趋向最伟大的中国梦。“实干兴邦、空谈误国”的道理，每个逐梦主体（国家、民族、政党和个人）都要铭记。

三、怎样深入解析中国特色社会主义道路、理论体系和制度之间的关系？

王金玉

胡锦涛在党的十八大报告中指出：“中国特色社会主义道路，中国特色社会主义理论体系，中国特色社会主义制度，是党和人民九十多年奋斗、创造、积累的根本成就，必须倍加珍惜、始终坚持、不断发展。”十八大报告还在对三者内涵和实质作出新的全面概括的基础上，深刻阐述了三者之间的关系。

1. 中国特色社会主义道路

中国特色社会主义道路简单来说就是在中国共产党领导下，立足基本国情，以经济建设为中心，坚持四项基本原则，坚持改革开放，解放和发展社会生产力，建设社会主义市场经济、社会主义民主政治、社会主义先进文化、社会主义和谐社会、社会主义生态文明，促进人的全面发展，逐步实现全体人民共同富裕，建设富强民主文明和谐的社会主义现代化国家。

具体来说，中国特色社会主义道路包括中国特色社会主义经济发展道路，就是坚持在社会主义条件下发展市场经济，不断解放和发展生产力；其科学内涵和基本特征是，坚持公有制为主体，多种所有制经济共同发展。中国特色社会主义政治发展道路，就是坚持在中国共产党领导下更好地保障和发展人民民主；其科学内涵和基本特征是，坚持共产党领导、人民当家作主、依法治国的有机统一。中国特色社会主义文化发展道路，就是坚持以马克思主义为指导发展社会主义先进文化；其科学内涵和基本特征是，发展面向现代化、面向世界、面向未来的，民族的科学的大众的社会主义文化。中国特色社会主义社会发展道路，就是在坚持以人为本的核心立场基础上创新社会体制，实现社会和谐发展；其科学内涵和基本特征是，加快形成党委领导、政府负责、社会协同、公众参与、法治保障的社会管理体制，加快形成政府主导、覆盖城乡、可持续的基本公共服务体系，加快形成政社分开、权责明确、依法自治的现代社会组织体制，加快形成源头治理、动态管理、应急处置相结合的社会管理机制。

中国特色社会主义生态发展道路，就是在尊重自然、顺应自然、保护自然的理念指导下建设社会主义生态文明；其科学内涵和基本特征是，着力建设资源节约型、环境友好型社会，努力建设美丽中国，实现中华民族永续发展。

中国特色社会主义道路是科学社会主义在当代中国的实践之路，既具有时代特征又具有中国特色。中国特色社会主义道路是在世界社会主义运动处于低潮时期奋力开拓、推动社会主义走向振兴的求索之路，是以建设初级阶段社会主义为发展的立足点、以完善和发展社会主义、实现共产主义为最终目标的社会发展之路。

2. 中国特色社会主义理论体系

中国特色社会主义理论体系就是包括邓小平理论、“三个代表”重要思想、科学发展观等在内的科学理论体系，这一理论体系在关于建设中国特色社会主义的思想路线、发展道路、发展阶段、发展战略、根本任务、发展动力、依靠力量、国际战略、领导力量、根本目的和完成祖国统一等一系列问题上有着独创性的重大理论阐述，系统回答了在中国这样一个十几亿人口的发展中大国如何摆脱贫困、加快实现现代化、巩固和发展社会主义的一系列重大理论问题。

中国特色社会主义理论体系是在改革开放的伟大实践中形成和发展的，改革开放既是形成这一理论体系的逻辑起点，又是推动这一理论体系不断丰富完善的强大动力。正是在改革开放实践中逐步形成了关于中国特色社会主义的新理念、新思想、新论断，以改革创新精神不断探索和回答建设什么样的社会主义、怎样建设社会主义，建设什么样的党、怎样建设党，实现什么样的发展、怎样发展等重大理论和实际问题，以全新的视野不断深化对共产党执政规律、社会主义建设规律、人类社会发展规律的认识，形成并不断发展中国特色社会主义理论体系。这表明，中国特色社会主义理论体系是一个在实践基础上与时俱进的理论创新过程。

3. 中国特色社会主义制度

中国特色社会主义制度是指新中国成立以来建立并不断丰富和完善的崭新的社会制度体系，是社会主义中国发展进步的根本制度保障。中国特色社会主义制度的本质是人民当家作主，这是通过与之相适应的一系列基本制度和具体制度来体现和实现的。中国特色社会主义制度，就是人民代表大会制度的根本政治制度，中国共产党领导的多党合作和政治协商制度、民族区域自治制度以及基层群众自治制度等基本政治制度，中国特色社会主义法律体系，公有制为主体、多种所有制经济共同发展的基本经济制度，以及建立在这些制度基础上的经济体制、政治体制、文化体制、社会体制等各项具体制度。坚定不移地发展人民民主，切实保证广大人民民主权利的实现，是坚持与发展中国特色社会主义制度的本质要求和根本保证。

我们要深刻认识和自觉把握中国特色社会主义制度的本质与优势。在国内外错综复杂的形势下，中国特色社会主义制度在经济全球化大潮和激烈国际竞争中显示了旺盛的生命力和巨大的优越性，其根本原因就在于这一社会制度符合中国国情、体现发展规律。我们要深刻认识和把握中国特色社会主义制度的特征，社会主义制度是“变”与“不变”辩证统一的过程。改革是社会主义制度的自我完善与发展，改革的过程是社会主义制度“变”与“不变”辩证统一的集中体现。中国特色社会主义制度鲜明体现了社会主义这种内在规律。中国共产党领导和推进改革开放的突出贡献在于，既坚持社会主义制度最基本的方面不动摇，又对制约社会主义制度优越性发挥的制度与体制弊端进行改革。同时不断扩大对外开放，大胆吸收和借鉴人类政治文明的有益成果，有力促进经济、政治、文化、社会、生态文明等各方面制度的成熟、定型。

中国特色社会主义道路，是实现我国社会主义现代化的必由之路，是创造人民美好生活的必由之路。中国特色社会主义理论体系是在改革开放的伟大实践中不断形成并指导改革实践不断取得伟大胜利的正确理论。中国特色社会主义制度集中体现了中国特色社会主义的特点和优势，符合中国国情，是中国发展进步的根本制度保障。中国特色社会主义道路、中国特色社会主义理论体系构成了中国特色社会主义既相互区别又不可分割的有机整体，统一于中国特色社会主义的伟大实践。坚持和发展中国特色社会主义的根本目标就是实现中华民族伟大复兴的中国梦，而中国特色社会主义道路是中国梦的实现途径，中国特色社会主义理论体系则是中国梦的理论基础，中国特色社会主义制度是中国梦实现的根本制度保障。

四、如何理解供给侧结构性改革？

王　祥

我国经济增速自2010年以来波动下行，经济运行呈现出不同以往的态势和特点。其中，供给和需求不平衡、不协调的矛盾及问题日益凸显，突出表现为供给侧对需求侧变化的适应性调整明显滞后。这就需要在适度扩大总需求的同时加快推进供给侧结构性改革，用改革的办法矫正供需结构错配和要素配置扭曲，减少无效和低端供给，扩大有效和中高端供给，促进要素流动和优化配置，实现更高水平的供需平衡。

1. 为什么要推进供给侧结构性改革

需求结构已发生明显变化。一是“住”“行”主导的需求结构发生阶段性变化。2013

年我国城镇常住人口户均达到1套房，2014年每千人汽车拥有量超过100辆。根据国际经验，这个阶段“住”“行”的市场需求会发生明显变化。2013年后，我国新开工房屋面积、住房销售面积先后出现负增长，汽车销售进入低增长阶段。二是需求结构加快转型升级。随着收入水平的提高和中等收入群体的扩大，居民对产品品质、质量和性能的要求明显提高，多样化、个性化、高端化需求与日俱增。三是服务需求在消费需求中的占比明显提高。随着恩格尔系数持续下降、居民受教育水平普遍提高和人口老龄化加快，旅游、养老、教育、医疗等服务需求快速增长。四是产业价值链提升对研发、设计、标准、供应链管理、营销网络、物流配送等生产性服务提出了更高要求。

供给侧明显不适应需求结构的变化。一是无效和低端供给过多。一些传统产业产能严重过剩，产能利用率偏低。2015年钢铁产量出现自2000年以来的首次下降，水泥产量出现自1990年以来的首次负增长。二是有效和中高端供给不足。供给侧调整明显滞后于需求结构升级，居民对高品质商品和服务的需求难以得到满足，出现到境外大量采购日常用品的现象，造成国内消费需求外流。三是体制机制束缚了供给结构调整。受传统体制机制约束等影响，供给侧调整表现出明显的黏性和迟滞，生产要素难以从无效需求领域向有效需求领域、从低端领域向中高端领域配置，新产品和新服务的供给潜力没有得到释放。

推进供给侧结构性改革是供需结构再平衡的内在要求。供需结构错配是我国当前经济运行中的突出矛盾，矛盾的主要方面在供给侧，主要表现为过剩产能处置缓慢，多样化、个性化、高端化需求难以得到满足，供给侧结构调整受到体制机制制约。需求管理政策重在解决总量问题，注重短期调控，难以从根本上解决供需结构性矛盾，也难以从根本上扭转经济潜在产出水平下行趋势。当前，只有加快化解过剩产能，处置“僵尸企业”，推进资产重组，培育战略性新兴产业和服务业，建立有利于供给侧结构调整的体制机制，才能实现更高水平的供需平衡，增强我国经济持续健康发展的内生动力。

2. 推进供给侧结构性改革的国际背景

全球低增长困境的症结在于结构性改革迟缓。2008年国际金融危机爆发以后，美国、欧盟、日本等主要经济体都采取了史无前例的量化宽松政策，通过直接购买资产和债券、降低利率甚至实行零利率或负利率等方式，大规模增加市场流动性，提升市场信心。但从实际效果看，全球经济复苏迟缓，市场需求持续低迷，大宗商品价格大幅回落，主要经济体全要素生产率增速放缓。可见，单一的需求刺激并没有取得预期效果，需求管理的短期政策虽在抵御危机冲击上发挥了一定作用，但中长期结构性问题并没有得到根本解决，增强经济增长动力还需要推进结构性改革。

国际分工格局重构对结构性改革提出紧迫要求。过去一个时期，欧美国家是主要的产成品消费市场，东亚国家是主要的生产基地，中东、拉美、非洲等地区是主要的能源原材料输出地。国际金融危机后，这种“大三角”分工格局悄然发生了变化。欧美国家信贷消费模式难以持续，转向推进再工业化战略，一些高端制造业出现回流；能源原材料生产国迫于新能源技术快速发展的压力，着力延伸产业链，提高产品附加值；人力资源丰富的国家凭借劳动力低成本优势，抢占劳动密集型产业的国际市场。全球分工格局加快调整，跨境资本重新配置，各主要经济体都力求通过结构性调整提升分工位势，争取更有利的分工地位。

加快结构性改革是打造我国国际竞争新优势的关键。改革开放以来特别是加入世界贸易组织后，我国对外开放水平不断提高，国际竞争力明显增强。凭借低成本优势和较强的产业配套能力，我国在全球贸易中的地位迅速上升。但也要看到，随着我国要素成本逐步提高，传统比较优势逐步减弱，而新的竞争优势尚未形成，面临“前有围堵、后有追兵”的双重挤压态势。这就要求我国从供给侧发力，加快产业结构转型升级，培育建立在新比较优势基础上的竞争优势。

3. 推进供给侧结构性改革要突出问题导向

(1) 着力减少无效和低端供给。产能过剩、库存过大是无效和低端供给的集中表现。2015 年底，我国钢铁产能利用率已降至 70% 左右，煤炭产能利用率还要更低一些，产能过剩问题十分突出；商品房待售面积达 7.2 亿平方米，创下历史新高，尤其是三四线城市库存压力很大。过剩产能和积压的库存沉淀了大量的厂房、土地、设备和劳动力等生产要素，使得要素无法从过剩领域流到有市场需求的领域、从低效率领域流到高效率领域，降低了资源配置效率。去产能、去库存是减少无效和低端供给、提高经济运行效率的根本举措。

(2) 着力扩大有效和中高端供给。有效和中高端供给不足是导致国内消费外流、消费潜力难以释放等问题的主要原因。2015 年我国居民出境超过 1.2 亿人次，境外消费达到 1.5 万亿元人民币，其中至少一半用于购物，而且购买的商品层次呈下移态势，从以往的高档奢侈品转向性价比高的日用消费品。这反映了我国供给体系和产品品质明显不适应市场需求变化，不适应居民消费结构升级的要求。必须通过供给侧结构性改革，提高供给的适应性和灵活性，提升有效供给能力。

(3) 着力推进体制机制改革。当前，行业准入限制阻碍了生产要素在行业间和行业内的自由流动；“玻璃门”“弹簧门”“旋转门”增大了民营企业进入障碍；金融市场不完善，降低了资金配置效率；市场诚信体系不健全、消费者权益得不到充分保护，致使消费者“用脚投票”，转向境外消费市场；知识产权保护不力，抑制了企业技术创新潜力的释放。推进供给侧结构性改革，可以打通要素流动和再配置的通道，使生产要素从无效需求领域流向有效需求领域、从低端领域流向中高端领域，进而提高要素配置效率。

4 推进供给侧结构性改革仍要做好需求管理

供给和需求是宏观经济管理的两个方面。供给和需求是对立统一的，保持总供给和总需求的动态平衡是经济增长的重要条件。供需不平衡、不协调、不匹配，会导致资源错配和结构扭曲，影响经济增长的可持续性。推进供给侧结构性改革并不意味着放弃需求管理。需求管理重在短期调控，重在引导市场预期。在国际金融市场动荡不定、国内面临经济下行压力的背景下，做好需求管理可以改善市场预期，增强人们对经济的信心，避免经济下行与市场悲观预期形成相互循环的放大效应。

供给侧结构性改革离不开需求管理的配合。充分发挥需求管理的“稳定器”作用，可以避免经济增速短期内快速下行激化各种矛盾和潜在风险，避免增大改革的难度和成本。当前，要把握好供给侧结构性改革的时间窗口，根据改革的总体部署、时序安排和推进节奏，拿捏好需求管理的尺度，营造稳定的宏观经济环境，为改革有序推进创造条件。

供给侧结构性改革也能发挥提振需求的作用。当前，供给侧结构性改革的主要任务是去产能、去库存、去杠杆、降成本、补短板，最终落脚点是实现更高水平的供需平衡。比如，房地产“去库存”政策中的保障房货币化，在棚户区改造中以货币化形式鼓励搬迁住户购买存量房以及降低商品房首付比例等，在去库存的同时将拉动装修和家电等相关消费。“补短板”可以通过对贫困地区和农村地区增加投入、改善基础设施和公共服务等来带动投资和消费需求增长。供给侧结构性改革还可以通过产品和服务创新提高产品品质和质量，吸引和创造更多的国内外需求。

推进供给侧结构性改革要立足当前、着眼长远，从化解当前突出矛盾入手。当前的产能过剩矛盾十分突出，部分行业出现周期性过剩和绝对性过剩的相互叠加，产品供给远大于需求，使得工业品价格持续回落，企业利润大幅下降，企业亏损面不断扩大。与此同时，三四线城市和部分二线城市商品房库存规模偏大的问题尤为突出，需要较长的消化周期。通过“去产能”，逐步化解工业领域的过剩产能，促进企业优胜劣汰，有利于工业品价格合理回归，扭转企业整体利润下滑的局面。通过“去库存”，减少资金无效占用，降低债务违约风险，保持房地产市场稳定，可以发挥房地产业体量大、关联度高、带动力强的作用，避免经济运行出现大的波动。

着力防范和化解风险。当前，我国企业的债务水平相对较高，特别是重化工和房地产领域债务高的企业，资金链紧张，违约风险上升。推进供给侧结构性改革，一方面可以通过处置“僵尸企业”和不良债务，加快资产重组，提高资产收益率，改善资产质量，避免潜在风险的积累；另一方面可以通过“降成本”，减轻企业负担，改善企业财务状况和偿债能力，降低银行贷款不良率上升的压力，引导资金更好地支持实体经济发展，增强实体企业的活力，提高国民经济整体效益。

重塑中长期增长动力。供给侧结构性改革不仅要做好“减法”，还要做好“加法”“乘法”和“除法”。做加法，就是要促进产业转型升级，培育新一代信息技术、新能源、生物医药、高端装备、智能制造和机器人等新兴产业，使新增长点汇聚成强大的增长动力。做乘法，就是要转向创新驱动，加大研发投入力度，加强知识产权保护，完善科技成果转化的激励机制，提高技术进步对经济增长的贡献率。做除法，就是要提高单位要素投入的产出率，通过加大人力资本投资、加强职业技术教育，提高劳动者技能和在劳动力市场的竞争能力，提高劳动生产率；通过能源资源价格形成机制改革，引入市场化交易机制，提高能源资源利用效率，增强经济的可持续增长能力。

认识新常态、适应新常态、引领新常态，是当前和今后一个时期我国经济发展的大逻辑，推动供给侧结构性改革是适应和引领新常态的战略行动，为新常态下“怎么干”指明了方向。我们要深入贯彻落实新发展理念，以五大政策支柱为依托，在适度扩大总需求的同时，着力深化供给侧结构性改革，推动实现“十三五”良好开局，保持中高速增长，迈向中高端水平，努力实现到2020年全面建成小康社会的第一个百年奋斗目标。

五、新形势下如何坚持和运用好毛泽东思想活的灵魂？

申长富

2013年12月26日上午，中共中央人民大会堂举行座谈会，纪念毛泽东同志诞辰120

周年。中共中央总书记、国家主席、中央军委主席习近平回顾了毛泽东同志一生的丰功伟绩，总结了以毛泽东同志为主要代表的中国共产党人对中国革命和建设作出的卓越贡献，指出，毛泽东思想活的灵魂是贯穿其中的立场、观点、方法，它们有三个基本方面，这就是实事求是、群众路线、独立自主。新形势下，我们要坚持和运用好毛泽东思想活的灵魂，把我们党建设好，把中国特色社会主义伟大事业继续推向前进。

1. 实事求是

实事求是是马克思主义的根本观点，是中国共产党人认识世界、改造世界的根本要求，是我们党的基本思想方法、工作方法、领导方法，不论过去、现在和将来，我们都要坚持一切从实际出发，理论联系实际，在实践中检验真理和发展真理。

毛泽东同志说:"'实事'就是客观存在着的一切事物，'是'就是客观事物的内部联系，即规律性，'求'就是我们去研究。"毛泽东同志还把实事求是形象地比喻为"有的放矢"。我们要坚持用马克思主义的"矢"去射中国革命、建设、改革的"的"。

坚持实事求是，就要深入实际了解事物的本来面貌。要透过现象看本质，从零乱的现象中发现事物内部存在的必然联系，从客观事物存在和发展的规律出发，在实践中按照客观规律办事。

坚持实事求是，就要清醒认识和正确把握我国仍处于并将长期处于社会主义初级阶段这个基本国情。我们推进改革发展、制定方针政策，都要牢牢立足社会主义初级阶段这个最大实际，都要充分体现这个基本国情的必然要求，坚持一切从这个基本国情出发。任何超越现实、超越阶段而急于求成的倾向都要努力避免，任何落后于实际、无视深刻变化着的客观事实而因循守旧、故步自封的观念和做法都要坚决纠正。

坚持实事求是，就要坚持为了人民利益坚持真理、修正错误。要有光明磊落、无私无畏、以事实为依据、敢于说出事实真相的勇气和正气，及时发现和纠正思想认识上的偏差、决策中的失误、工作中的缺点，及时发现和解决存在的各种矛盾和问题，使我们的思想和行动更加符合客观规律、符合时代要求、符合人民愿望。

坚持实事求是，就要不断推进实践基础上的理论创新。马克思主义基本原理是普遍真理，具有永恒的思想价值，但马克思主义经典著作并没有穷尽真理，而是不断为寻求真理和发展真理开辟道路。我们要及时总结党领导人民创造的新鲜经验，不断开辟马克思主义中国化新境界，让当代中国马克思主义放射出更加灿烂的真理光芒。

2. 群众路线

群众路线是我们党的生命线和根本工作路线，是我们党永葆青春活力和战斗力的重要传家宝，不论过去、现在和将来，我们都要坚持一切为了群众，一切依靠群众，从群众中来，到群众中去，把党的正确主张变为群众的自觉行动，把群众路线贯彻到治国理政全部活动之中。

群众路线是我们党的生命线和根本工作路线，是我们党永葆青春活力和战斗力的重要传家宝。不论过去、现在和将来，我们都要坚持一切为了群众，一切依靠群众，从群众中来，到群众中去，把党的正确主张变为群众的自觉行动，把群众路线贯彻到治国理政全部活动之中。

群众路线本质上体现的是马克思主义关于人民群众是历史的创造者这一基本原理。只有坚持这一基本原理，我们才能把握历史前进的基本规律。只有按历史规律办事，我们才能无往而不胜。

坚持群众路线，就要坚持人民是决定我们前途命运的根本力量。坚持人民主体地位，充分调动广大人民的积极性，始终是我们党立于不败之地的强大根基。在人民面前，我们永远是小学生，必须自觉拜人民为师，向能者求教，向智者问策；必须充分尊重人民所表达的意愿、所创造的经验、所拥有的权利、所发挥的作用。我们要珍惜人民给予的权力，用好人民给予的权力，自觉让人民监督权力，紧紧依靠人民创造历史伟业，使我们党的根基永远坚如磐石。

坚持群众路线，就要坚持全心全意为人民服务的根本宗旨。“政之所兴在顺民心，政之所废在逆民心。”全心全意为人民服务，是我们党一切行动的根本出发点和落脚点，是我们党区别于其他一切政党的根本标志。党的一切工作，必须以最广大人民根本利益为最高标准。

坚持群众路线，就要保持党同人民群众的血肉联系。我们党的最大政治优势是密切联系群众，党执政后的最大危险是脱离群众。毛泽东同志说：“我们共产党人好比种子，人民好比土地。我们到了一个地方，就要同那里的人民结合起来，在人民中间生根、开花。”要把群众观点、群众路线深深植根于全党同志思想中，真正落实到每个党员的行动上，下最大气力解决党内存在的问题特别是人民群众不满意的问题，使我们党永远赢得人民群众的信任和拥护。

坚持群众路线，就要真正让人民来评判我们的工作。“知政失者在草野。”任何政党的前途和命运最终都取决于人心向背。“人心就是力量。”我们党的党员人数，放在人民中间还是少数。我们党的宏伟奋斗目标，离开了人民支持就绝对无法实现。我们党的执政水平和执政成效都不是由自己说了算，必须而且只能由人民来评判。如果自诩高明、脱离了人民，或者凌驾于人民之上，就必将被人民所抛弃。任何政党都是如此，这是历史发展的铁律，古今中外概莫能外。

3. 独立自主

独立自主是我们党从中国实际出发、依靠党和人民力量进行革命、建设、改革的必然结论，不论过去、现在和将来，我们都要把国家和民族发展放在自己力量的基点上，坚持民族自尊心和自信心，坚定不移地走自己的路。

独立自主是中华民族的优良传统，是中国共产党、中华人民共和国立党立国的重要原则。在中国这样一个人口众多和经济文化落后的东方大国进行革命和建设的国情与使命，决定了我们只能走自己的路。

坚持独立自主，就要坚持中国的事情必须由中国人民自己作主张、自己来处理。世界上没有放之四海而皆准的具体发展模式，也没有一成不变的发展道路。历史条件的多样性，决定了各国选择发展道路的多样性。人类历史上，没有一个民族、没有一个国家可以通过依赖外部力量、跟在他人后面亦步亦趋实现强大和振兴。那样做的结果，不是必然遭遇失败，就是必然成为他人的附庸。

我们党在领导革命、建设、改革长期实践中，历来坚持独立自主开拓前进的道路，这种独立自主的探索和实践精神，这种坚持走自己的路的坚定信心和决心，是我们党全部理论和实践的立足点，也是党和人民的事业不断从胜利走向胜利的根本保证。

坚持独立自主，就要坚定不移地走中国特色社会主义道路，既不走封闭僵化的老路，也不走改旗易帜的邪路。我们要增强政治定力，增强道路自信、理论自信、制度自信。我们要根据形势任务发展变化，通过全面深化改革，不断拓展中国特色社会主义道路，不断丰富中国特色社会主义理论体系，不断完善中国特色社会主义制度。我们要虚心学习借鉴人类社会创造的一切文明成果，但我们不能数典忘祖，不能照抄照搬别国的发展模式，也绝不会接受任何外国颐指气使的说教。

坚持独立自主，就要坚持独立自主的和平外交政策，坚定不移地走和平发展的道路。我们要高举和平、发展、合作、共赢的旗帜，坚持在和平共处五项原则基础上同各国友好相处，在平等互利基础上积极开展同各国的交流合作，坚定不移维护世界和平、促进共同发展。

六、如何全面理解坚持社会主义市场经济的改革方向？

丁海虎

必须坚持社会主义市场经济改革方向是中国共产党十八届三中全会重申的社会主义市场经济体制的改革目标，是我们党在建设中国特色社会主义进程中的又一重大理论和实践推进，也是全面深化改革的基本遵循。

首先，社会主义市场经济是经济活力的源泉。曾经，粮票、布票、肥皂票见证了一个商品短缺的时代，我们落后于迅猛发展的外部世界。而今，市场机制催生蓬勃的生产力，开放的中国与世界深度交融，成就了中国道路举世瞩目的辉煌。围绕建立社会主义市场经济体制这个目标，推进经济体制以及其他各方面体制改革，我国成功实现了从高度集中的计划经济体制到充满活力的社会主义市场经济体制、从封闭半封闭到全方位开放的伟大历史转折，实现了人民生活从温饱到小康的历史性跨越，实现了经济总量跃居世界第二的历史性飞跃。将市场经济的种子播撒入社会主义的土壤，极大调动了亿万人民的积极性，极大促进了社会生产力的发展，极大增强了党和国家的生机活力。

20世纪90年代以来，经过二十多年实践，我国社会主义市场经济体制已经初步建立，但仍存在不少问题，主要是市场体系还不健全，市场发育还不充分，特别是政府和市场关系还没有理顺，市场在资源配置中的作用的有效发挥受到诸多制约，实现党的十八大提出的加快完善社会主义市场经济体制的战略任务，还需要付出艰苦的努力。

其次，坚持社会主义市场经济改革方向，核心是处理好政府和市场的关系问题。中共十八届三中全会提出，紧紧围绕使市场在资源配置中起决定性作用，深化经济体制改革，更好地发挥政府作用，是我们党在理论和实践上的又一重大推进。

从“基础性作用”到“决定性作用”，体现了市场决定资源配置的一般规律，必将对我国改革开放和经济社会发展发挥极为重要的作用。同时，也要看到“决定性作用”并非“全部作用”，我国实行的是社会主义市场经济体制，仍然要坚持发挥社会主义制度的优越性、发挥党和政府的积极作用。科学的宏观调控，有效的政府治理，是发挥体制优势的内在要求。划定政府与市场的边界，让“两只手”相得益彰。

再次，社会主义市场经济即社会主义制度下的市场经济。认识社会主义市场经济，要把握两点：其一，社会主义市场经济强调的是在社会主义制度下发展市场经济，而不是说市场经济本身还有社会主义与资本主义性质的区分；其二，市场决定资源配置是市场经济的内在要求，市场经济本质上就是市场决定资源配置的经济，发展社会主义市场经济，健全社会主义市场经济体制，必须遵循市场经济的内在要求，进一步完善社会主义市场经济的体制机制。

最后，生产关系决定一切社会关系。坚持社会主义市场经济改革方向，不仅是经济体制改革的基本遵循，也是全面深化改革的重要依托。使市场在资源配置中发挥决定性作用，主要涉及经济体制改革，但必然会影响到政治、文化、社会、生态文明和党的建设各个领域。一些体制机制，需要适应经济体制改革而改革，及时推进，相互协调，使各方面体制改革朝着完善社会主义市场经济体制这一方向协同推进，同时也要使各领域自身相关环节更好适应社会主义市场经济发展提出的新要求。

我国社会主义市场经济发展的方向必须服从社会主义发展的大目标。社会主义的根本目的是发展生产力，满足人民日益增长的物质和文化需要。社会主义国家将运用经济社会政策、经济法规、计划指导和必要的行政管理，创造良好的适合的环境并对市场经济运行进行调节，是社会主义市场经济发展服从社会主义发展的大目标，为人民生活的提高服务，为社会主义制度的巩固和发展服务。

七、如何理解中国特色社会主义进入新时代?

王金玉

党的十九大庄严宣告：“中国特色社会主义进入了新时代，这是我国发展新的历史方位。”我们应该主要从以下几方面来理解“中国特色社会主义进入了新时代”这一科学命题。

1.“新时代”的内涵

十九大报告用“五个时代”来概括“新时代”的内涵：中国特色社会主义新时代是承前启后、继往开来、在新的历史条件下继续夺取中国特色社会主义伟大胜利的时代；是决胜全面建成小康社会、进而全面建设社会主义现代化强国的时代；是全国各族人民团结奋斗、不断创造美好生活、逐步实现全体人民共同富裕的时代；是全体中华儿女勠力同心、奋力实现中华民族伟大复兴中国梦的时代；是我国日益走近世界舞台中央、不断为人类作出更大贡献的时代。

2. 历史意义

即十九大报告阐述的“三个意味”是：意味着近代以来久经磨难的中华民族迎来了从站起来、富起来到强起来的伟大飞跃，迎来了实现中华民族伟大复兴的光明前景；意味着科学社会主义在二十一世纪的中国焕发出强大生机活力，在世界上高高举起了中国特色社会主义伟大旗帜；意味着中国特色社会主义道路、理论、制度、文化不断发展、拓展了发展中国家走向现代化的途径，给世界上那些希望加快发展又希望保持自身独立性的国家和民族提供了全新选择，为解决人类问题贡献了中国智慧和中国方案。

3. 实践依据

第一，改革开放以及中国特色社会主义取得了巨大成就。我国改革开放所取得的巨大成就举世瞩目。特别是十八大以来，在世界经济复苏乏力、局部冲突和动荡频发、全球性问题加剧的国际背景下，我国改革开放和社会主义现代化建设取得了历史性的成就。十九大报告从十个方面加以概括，主要是：经济建设取得重大突破；全面深化改革取得重大突破；民主法治建设迈出重大步伐；思想文化建设取得重大进展；人民生活不断改善；生态文明建设成效显著；强军兴军开创新局面；港澳台工作取得新进展；全方位外交布局深入展开；全面从严治党成效卓著。

第二，我国社会主要矛盾发生了变化。改革开放之初，我国的主要矛盾是人民日益增长的物质文化需要同落后的社会生产之间的矛盾，而经过近四十年的改革开放，正如十九大报告已经表明的，中国特色社会主义现代化建设取得了全方位的巨大成就，社会主要矛盾也发生了转化，如十九大报告指出的，我国社会主要矛盾已经转化为人民日益增长的美好生活需要和不平衡不充分的发展之间的矛盾。这是一个关系全局的历史性变化。但同时又必须清楚，社会主要矛盾的变化并没有改变我国仍然处在社会主义初级阶段这一基本国情。我国仍然是世界上最大的发展中国家，社会主义初级阶段仍是最大的实际，党的基本路线仍然是我们党和国家的生命线、人民的幸福线。

第三，中国化马克思主义的理论创新实现了新飞跃，产生了习近平中国特色社会主义思想。十八大以来，国内外形势变化和我国各项事业发展都给我们提出了一个重大时代课题，这就是必须从理论和实践结合上系统回答新时代坚持和发展什么样的中国特色社会主义，怎样坚持和发展中国特色社会主义，包括新时代坚持和发展中国特色社会主义的总目标、总任务、总体布局、战略布局和发展方向、发展方式、发展动力、战略步骤、外部条件、政治保证等基本问题，并且要根据新的实践对经济、政治、法治、科技、文化、教育、民生、民族、宗教、社会、生态文明、国家安全、国防和军队、“一国两制”和祖国统一、统一战线、外交、党的建设等各方面作出理论分析和政策指导，以利于更好地坚持和发展中国特色社会主义。正是在这样的背景下，习近平中国特色社会主义思想应运而生。习近平中国特色社会主义思想作为中国化马克思主义的最新发展，是对马克思列宁主义、毛泽东思想、邓小平理论、“三个代表”重要思想、科学发展观的继承和发展，是马克思主义中国化最新成果，是党和人民实践经验和集体智慧的结晶，是中国特色社会主义理论体系的重要组成部分，是全党全国人民为实现中华民族伟大复兴而奋斗必须长期坚持和发展的行动指南。

4. 习近平新时代中国特色社会主义思想的主要内涵

习近平新时代中国特色社会主义思想的主要内涵即十九大报告阐述的八个明确：第一，明确坚持和发展中国特色社会主义总任务是实现社会主义现代化和中华民族伟大复兴，在全面建成小康社会的基础上分两步走，在本世纪中叶建成富强民主文明和谐美丽的社会主义现代化强国；第二，明确新时代我国社会主要矛盾是人民日益增长的美好生活需要和不平衡不充分的发展之间的矛盾；第三，明确中国特色社会主义事业总体布局是“五位一体”、战略布局是“四个全面”，强调坚定道路自信、理论自信、制度自信、文化自信；第四，明确全面深化改革总目标是完善和发展中国特色社会主义制度、推进国家治理体系和治理能力现代化；第五，明确全面推进依法治国总目标是建设中国特色社会主义法治体系、建设社会主义法治国家；第六，明确党在新时代的强军目标是建设一支听党指挥、能打胜仗、作风优良的人民军队，把人民军队建设成为世界一流军队；第七，明确中国特色大国外交要推动构建新型国际关系，推动构建人类命运共同体；第八，明确中国特色社会主义最本质的特征是中国共产党领导，中国特色社会主义制度的最大优势是中国共产党领导，党是最高政治领导力量，提出新时代党的建设总要求，突出政治建设在党的建设中的重要地位。

八、如何理解全面依法治国？

王金玉

全面依法治国是习近平中国特色社会主义思想的核心内容。党的十九大报告指出：“全面依法治国是中国特色社会主义的本质要求和重要保障。必须把党的领导贯穿落实到依法治国全过程和各方面，坚定不移地走中国特色社会主义法治道路，完善以宪法为核心的中国特色社会主义法律体系，建设中国特色社会主义法治体系，建设社会主义法治国家，发展中国特色社会主义法治理论，坚持依法治国、依法执政、依法行政、共同推进，坚持法治国家、法治政府、法治社会一体建设，坚持依法治国和以德治国相结合，依法治国和依规治党有机统一，深化司法体制改革，提高全民族法治素养和道德素质。”

依据党的十九大报告以及相关核心文件，应主要从三个方面把握全面以法治国的核心内涵：

1. 全面依法治国是中国特色社会主义的本质要求和重要保障

首先，作为现代民主化和法治化相统一的社会形态，中国特色社会主义与现代法治建设不可分割地联系在一起。我们党在领导开创中国特色社会主义历史进程中，从一开始就将加强法治建设提到关乎社会主义前途和命运的高度。在总结社会主义建设经验教训的基础上，将依法治国内在地融入中国特色社会主义理论与实践，成为中国特色社会主义的本质属性和基本范畴。全面依法治国对坚持和发展中国特色社会主义具有重要作用。其次，全面依法治国与中国特色社会主义之间存在着本质的、内在的联系。当前，国内外形势正在发生深刻、复杂的变化，我们面对的改革发展稳定任务之重前所未有，前景十分光明，挑战也十分严峻，人民群众对美好生活需要和国家长治久安的期望也达到前所未有的高度。在这样一个关键发展时期，依法治国在党和国家工作全局中的地位更加突出、作用更加重大。第三，必须坚持走中国特色社会主义法治道路。我们要建设的中国特色社会主义法治体系，本质上是中国特色社会主义制度的法律表现形式，中国特色社会主义制度是中国特色社会主义法治体系的根本制度基础，也是全面推进依法治国的根本制度保障；我们要发展的中国特色社会主义法治理论本质上是中国特色社会主义理论体系在法治问题上的理论成果，中国特色社会主义理论体系是马克思主义中国化的最新成果，是坚持和发展中国特色社会主义的行动指南，当然也是全面推进依法治国的行动指南。这就表明，中国特色社会主义法治道路本质上是中国特色社会主义道路在法治领域的具体体现，中国特色社会主义道路是中国特色社会主义法治道路的根本政治基础，也是全面推进依法治国的根本依据和重要遵循，规定和确保了全面依法治国、建设社会主义法治国家的制度属性和前进方向。

2. 正确处理党的领导与依法治国的关系

十九大报告要求必须把党的领导贯穿落实到依法治国全过程和各方面。党的十八届四中全会审议和通过的《中共中央关于全面推进依法治国若干重大问题的决定》阐明，全面推进依法治国必须以“坚持中国共产党的领导”为基本原则，提出“坚持依法治国首先要坚持依宪治国，坚持依法执政首先要坚持依宪执政”，回答了党的领导和依法治国关系这个法治建设的核心问题，为建设社会主义法治国家明确了基本方向、提供了根本遵循。《决议》强调，“党的领导和社会主义法治是一致的，社会主义法治必须坚持党的领导，党的领导必须依靠社会主义法治”。依法治国与坚持党的领导是一条不可动摇的根本原则，党的领导和依法治国之间是统一的、相辅相成的。应主要从三个方面来正确认识党的领导和依法治国的关系。第一，依法治国与党的领导是辩证统一的关系。一方面，依法治国是国家长治久安的重要保障，也是我国社会主义市场经济体制建立和发展的必然要求。实行依法治国离不开党的领导。我国宪法确立了中国共产党的领导地位。坚持党的领导，是建设社会主义法治国家的根本要求，是党和国家的根本所在、全国各族人民的利益所系，是全面推进依法治国的题中应有之义。只有在党的领导下依法治国、厉行法治，国家和社会生活法治化才能有序推进。在坚持党的领导的前提下实行依法治国，是社会主义法治与资本主义法治的本质区别。如果离开党的领导，依法治国就会迷失方向，就不可能保证依法治国的社会主义性质。坚持党的领导，是中国特色社会主义最本质的特征，是社会主义法治最根本的保证。另一方面，只有依法治国，才能体现党的宗旨，加强和完善党的领导，实现党的执政目标。党的领导和社会主义法治是一致的，社会主义法治必须坚持党的领导，党的领导必须依靠社会主义法治。把坚持党的领导、人民当家作主、依法治国有机统一起来，是我国法治与西方所谓“宪政”的根本区别，也是中国特色社会主义法治的优越性之所在。第二，依法治国与党的领导辩证统一的基石是最广大人民的利益。一方面，法是国家意志的体现，是统治阶级实现其利益的工具。在社会主义中国，法体现的就是人民政权的意志，维护和保障的就是广大人民群众的根本利益；另一方面，中国共产党代表的就是最广大人民群众的最根本利益，党的宗旨就是全心全意为人民服务，党带领全国各族人民进行革命、建设和改革的目的，就是为了让国家政权和国家法制充分体现人民的意志。所以说，依法治国和党的领导都是为了一个共同的目的——维护人民利益，体现人民意志。人民的利益与意志是依法治国与党的领导能够实现辩证统一的基石与连接点。第三，依法治国与党的领导辩证统一于全面改革开放的伟大实践之中。依法治国与党的领导的辩证统一，不仅是理论命题，而且是实践命题。党的十八大提出全面深化改革的总目标，就是全面完善和发展中国特色社会主义制度、推进国家治理体系和治理能力现代化。

此外，全面依法治国还必须处理好依法治国和以德治国、依法治国和依规治党的有机统一。

九、如何理解改革是中国的“第二次革命”？

乔永平

十一届三中全会以后，邓小平在拨乱反正过程中，发展了毛泽东关于社会主义社会基本矛盾的学说，指出必须通过改革同生产力不相适应的生产关系和上层建筑来解决生产力的发展问题，并且把改革同革命联系在一起，强调改革是社会主义制度的自我完善，在一定范围内也发生了某种程度的革命性变革，提出“改革是中国的第二次革命”的命题，从而在理论和实践上解决了社会主义发展的直接动力问题。

相对于推翻三座大山、建立社会主义制度的第一次革命而言，改革之所以是中国的第二次革命，是因为：

(1) 改革同革命一样，其性质都是为了解放生产力。邓小平指出，改革的性质同过去的革命一样，也是为了扫除发展社会生产力的障碍，使中国摆脱贫穷落后的状态。从这个意义上说，改革也可以叫做革命性的变革。新中国成立初期，我们建立了高度集中的计划经济体制和政治体制，它在外部封锁的条件下，对恢复国民经济和进行大规模社会主义经济建设，起了积极作用。但是，在新科技革命蓬勃发展、和平与发展逐渐成为时代主题的条件下，这一体制封闭性和僵化性的弊端日益显露，它压抑了地方、企业和群众的积极性、主动性和创造性，束缚了生产力的发展，阻碍了人民生活水平的进一步提高。正如邓小平曾尖锐指出的那样，社会主义国家经济发展缓慢，主要是体制僵化，要发展生产力，光靠过去的经济体制不能解决问题，出路在于改革。“革命是解放生产力，改革也是解放生产力。……社会主义基本制度确立以后，还要从根本上改变束缚生产力发展的经济体制，建立起充满生机和活力的社会主义经济体制，促进生产力的发展，这是改革，所以改革也是解放生产力。”

(2) 改革同革命一样，都是特定历史阶段社会发展的直接动力。邓小平对社会主义社会基本矛盾状况作过深刻的分析：过去，只讲在社会主义条件下发展生产力，没有讲还要通过改革解放生产力，不完全。应该把解放生产力和发展生产力两方面讲全了。过去之所以没有讲在社会主义条件下还要通过改革解放生产力，是因为我们把社会主义社会基本矛盾不适应的方面仅仅归结为新制度建立之初存在的不完善环节，或者是旧社会遗留的痕迹以及长期存在的阶级斗争。而邓小平揭示了社会主义自己建立起来的经济基础和上层建筑，在某种条件下它的某些环节、实现形式、具体制度和方法也可能“束缚”生产力的发展，因而在社会主义条件下还存在解放生产力的任务，于是得出了改革是社会主义社会发展的直接动力的结论。

(3) 改革同革命一样，其特点都具有根本性、广泛性、深刻性、复杂性和艰巨性。首先，革命是对旧制度的根本改造，而改革同样是对旧体制特别是计划经济体制的根本变革，而不是对原有经济体制的细枝末节做修修补补。其次，革命涉及经济基础和上层建筑的各个方面，而改革也是全面的系统工程，是全方位、多层面的，既包括经济体制，又包括政治、文化等方面的体制，既包括体制层面，又包括思想观念层面。再次，革命影响到人们社会生活的各个方面，而改革同样是一场深刻的社会变革，改革促进了生产力的发展，引起了经济生活、社会生活、工作方式和精神状态的一系列深刻变化。最后，改革是一个庞大的系统工程，它涉及经济、政治、文化和社会生活的各个领域及各个方面，这些方方面面的改革又相互联结，牵一发而动全身，任何一个方面的改革出现问题，都会影响到整个改革的成效。同时，改革实际上是对利益关系的调整，虽然改革从根本上说符合最广大人民群众的利益，但是在改革的进程中人们获益的程度和时间总是有所不同，因此，一定会出现各种各样的复杂情况和问题，一定会遇到重重障碍。改革的复杂性使得改革极具艰巨性，从这个意义上说改革犹如一场革命。

改革是一场革命，但它不是一个阶级推翻另一个阶级意义上的革命，不是也不允许否定和抛弃我们已经建立起来的社会主义基本制度，而是社会主义制度的自我完善，它同“第一次革命”有着重大的区别。

(1) **两次革命的条件不同**。“第一次革命”是人民大众处于被剥削被压迫的条件下，在社会基本矛盾激化到极点的情况下发生的；而“第二次革命”是在“第一次革命”建立起来的社会主义基本制度的基础上，在人民大众成为国家主人、中国共产党成为执政党的条件下进行的。

(2) **两次革命的内容和对象不同**。“第一次革命”是要根本改变旧的社会制度，新民主主义革命的对象是帝国主义、封建主义和官僚资本主义，社会主义改造的对象则是资产阶级；而“第二次革命”不是要改变社会主义制度，也不是对人的革命，而是对旧的束缚生产力发展的体制的革命，是政策的重新选择。

(3) **两次革命的形式和手段不同**。“第一次革命”是大规模急风暴雨式的群众阶级斗争，主要运用暴力手段；而“第二次革命”是在党的领导下有序地、有步骤地进行，既要依靠群众，但又不搞“群众运动”。

总之，我们的改革要达到的“总的目的是要有利于巩固社会主义制度，有利于巩固党的领导，有利于在党的领导和社会主义制度下发展生产力”。

邓小平在说明改革必要性的同时，特别强调要坚持改革的社会主义性质和方向。他多次指出，历史反复告诉我们，只有社会主义才能救中国，只有社会主义才能发展中国，改革必须坚持社会主义方向。他说：“世界上对我国的经济改革有两种评论。有些评论家认为改革会使中国放弃社会主义，另一些评论家则认为中国不会放弃社会主义。后一种看法比较有眼光。”

十、为何要构建人类命运共同体？

乔永平

构建“人类命运共同体”，是习近平总书记顺应时代潮流，在深刻分析国内外形势的基础上提出的新理念、新思想，是马克思主义中国化又一新的理论成果，是习近平新时代中国特色社会主义思想的重要组成部分。

2012年党的十八大报告第一次提出“人类命运共同体”的理念，报告指出：“合作共赢，就是要倡导人类命运共同体意识，在追求本国利益时兼顾他国合理关切，在谋求本国发展中促进各国共同发展，建立更加平等均衡的新型全球发展伙伴关系，同舟共济，权责共担，增进人类共同利益。”从而开启了中国人民对这一理念的探求之路。2015年，习近平在博鳌亚洲论坛开幕式上发表题为“迈向命运共同体，开创亚洲新未来”讲话，在第七十届联合国大会上发表题为“携手构建合作共赢新伙伴，同心打造人类命运共同体”的演讲，系统地阐述了人类命运共同体。在2017年的新年贺词中，习近平指出，“我真诚希望，国际社会携起手来，秉持人类命运共同体的理念，把我们这个星球建设得更加和平、更加繁荣”。2017年初，习近平在瑞士日内瓦总部出席“共商共筑人类命运共同体”高级别会议上，更为系统地阐述了人类命运共同体的理念，发出了构建这一新理念更为强烈的吁求。2018年党的十九大报告深刻总结了过去五年的经验，系统阐释了构建人类命运共同体的主张，并将其确定为习近平新时代中国特色社会主义思想的重要内容，提升为新时代中国对外工作的指导思想和行动方针。

构建“人类命运共同体”是我国外交政策顺应国际形势发展变化做出的新调整。20世纪50年代，根据当时的国际、国内环境和中国民主革命几十年的经验教训，中共中央和毛泽东提出新中国将奉行和平外交政策，其基本方针是“另起炉灶”、“打扫干净屋子再请客”和“一边倒”。这一时期，我国不仅与苏联、东欧及亚洲人民民主国家建立了外交关系，而且提出了“和平共处五项原则”和“求同存异”的外交方针，为中国与其他国家的友好发展奠定了基础。20世纪60年代，国际形势发生了巨大变化，苏联开始对外推行霸权主义政策，为反对苏联和美国两个大国的威胁，中共中央提出“两个拳头打人”的外交策略。20世纪70年代，针对形势的变化，中国政府也及时调整了对外战略，提出联美遏苏——“一条线，一大片”的外交战略，在毛泽东提出的“三个世界”的战略思想指导下，加强了同第三世界国家的团结与合作，改善了与西方国家的关系，中美、中日关系缓和。20世纪70年代末80年代初，美苏双方由于各自经济、军事实力的消长变化，出现了互有攻守的战略态势，与此同时，西欧、日本、第三世界国家的力量发展迅速。从维护世界和平、促进共同发展的需要出发，在深入总结历史经验的基础上，我国确立了全方位的外交政策，制定了全面对外开放的基本国策和“一国两制”的构想并坚持不结盟政策。20世纪90年代以来，我国更是顺应和平与发展的国际形势，坚持独立自主的外交政策，坚定不移地走和平与发展的道路。

构建人类命运共同体，是新时期中国在外交策略上坚持独立自主的和平外交政策，走和平发展道路的延续和创新。一方面，互联网的快速发展与普遍运用，生物技术、航空航天技术的突破发展，经济全球化条件下世界市场的进一步扩大等，各国之间逐渐成为相互依存、休戚与共的共同体，不管是大国还是小国，不管是发达国家还是发展中国家，都不可能离开世界这个共同体孤立发展，各国在政治、经济、文化等各方面的合作使世界成为一个“牵一发而动全身”的统一体，共同发展的事实已经成为不可逆转的历史潮流；另一方面，霸权主义、强权政治、国际金融危机、粮食安全、网络安全、能源安全等全球性问题依然存在，在这样的大背景下，各国为谋求本国利益与发展，国与国之间必然会有矛盾与冲突。习近平提出的“打造人类命运共同体”，就是着眼于时代大趋势，在求同存异的基础之上，始终以谋求全人类的共同发展为目标，坚持构建以合作共赢为核心的新型国际关系。

构建人类命运共同体是中国走向世界，增强国际地位和国际话语权的必然要求。习近平倡导构建“人类命运共同体”展现了中国的历史担当。随着中国国力不断增强，中国将在力所能及的范围内承担更多国际责任和义务，为人类和平与发展作出更大贡献。作为国际秩序的建设者和贡献者，中国积极参与全球治理，拓展中国在全球公域中的地位与作用。

着眼于构建“人类命运共同体”，习近平对当今世界最重要的议题都充分阐述了中国看法，发出了中国声音，涵盖政治、经济、安全、人文、全球治理、环境、发展、反恐、防扩散、维和、妇女、应对自然灾害等议题。这提升了中国的国际议事能力与参与塑造国际规则的能力，增强了中国政策的透明度和可预见性，赢得了国际赞誉。

十一、如何认识市场在资源配置中起决定性的作用？

孙建华

十八届三中全会通过的《中共中央关于全面深化改革若干重大问题的决定》中提出，要使市场在资源配置中起决定性作用，这不仅仅表明党对市场机制的认识前进了一大步，更重要的是为市场在社会主义市场体制下应该发挥的作用给予了准确的定位。

市场的基础性作用是在现代市场经济体制的双层构架下对市场作用的一种界定，即市场在微观经济运行的层面上发挥作用，政府则在宏观经济运行的层面上发挥作用。我国的社会主义市场经济体制尽管也要遵循市场经济运行的一般逻辑，但中国特色社会主义基本经济制度的公有制主体地位，决定了社会主义市场经济体制运行不仅仅要处理好市场与政府的这种双层关系，而且还要处理好市场与政府在资源配置中的关系。

1. 深化国有资产管理体制改革是市场起决定性作用的前提保障

使市场在资源配置中起决定性作用必须以改革国有资产管理体制为前提。自 1992 年确立社会主义市场经济体制改革目标后，市场经济不断发展，到目前为止，我国已有 95% 的商品和服务价格完全由市场供求关系决定。但一些重要的资源和生产要素仍由政府定价，如土地、资金、天然气、石油，等等。这些重要的资源和生产要素虽然在数量上不占优势，但在国民经济中却有着举足轻重的地位。改革这些资源和要素的价格决定机制尽管非常重要，但从中国特色社会主义的基本经济制度角度来理解这些资源和要素政府定价问题又有逻辑上的合理性。因为这些重要资源和生产要素都是国家占有或控制的，由政府来配置也在情理之中。当然，如果能够在国有资产管理体制上有所突破，那么使市场在资源配置中起决定性作用是完全可以实现的。

完善国有资产管理体制，以管理资本为主加强国有资产监管，改革国有资本授权经营体制，组建若干国有资本运营公司，支持有条件的国有企业改组为国有资本投资公司。这是改革资源和生产要素政府定价的制度保障。从对国有资产的管理到以管理资本为主对国有资产的监管，这为国有资产管理体制改革提供了一个新的视野。从资产管理到资本管理，意味着国有经济可以采取更灵活的实现形式，国家对国有经济的控制不一定采取资产控制的形式，通过资本股权控制不仅有利于增强国有经济活力，而且给市场配置资源让出了更大的空间。实现资产控制向资本股权控制转化，可以借助混合所有制经济。国有资本、集体资本、非公有制资本等交叉持股、相互融合的混合所有制经济，是基本经济制度的重要实现形式，有利于国有资本放大功能、保值增值、提高竞争力，有利于各种所有制资本取长补短、相互促进、共同发展。

2. 更好发挥政府作用是市场起决定性作用的条件保障

使市场在资源配置中起决定性作用，必须借助转变政府职能这一条件。这其中包含的基本关系就是处理好政府与市场的关系，使市场在资源配置中起决定性作用和更好发挥政府作用。处理好政府与市场的关系是完善社会主义市场经济体制改革的主要方向，也是一个难点。所谓难点，不仅因为我们的政府和市场关系要面对衔接好市场的微观调节和政府的宏观干预问题，而且还要摆正资源配置中政府和市场的地位。中国自1978年开始的经济体制改革，一方面是不断提高市场在资源配置中的作用；另一方面是逐步构建起一个宏观经济调控体系。无论是前者，还是后者，其推进的程度都离不开政府职能转变、更好地发挥政府作用这个条件。

在中国渐进式改革过程中，政府掌握着改革的节奏。这被实践证明是一条稳定而有效的改革道路。但由此也带来两个问题，一是如何给政府在社会主义市场经济体制中的作用最终定位；二是如何保证政府把应该交给市场的权利顺利地让渡出去。就前者来说，在现代经济中，政府针对市场机制的缺陷肩负起了许多责任，其中最为重要的是，提高效率、增进平等以及促进宏观经济的稳定和增长这三项职能。如此进行的市场与政府职能定位，所遵循的是从市场到政府的逻辑，或者说是市场运行对政府提出了要求。我国在改革后逐步建立的社会主义市场经济体制是用市场替代计划，计划的退出也就是政府要逐步放弃更多的权利。因此，社会主义市场经济体制下的政府定位意味着要放弃许多旧有的权利，这无疑增加了政府职能定位的难度，或者说增加了政府职能转变的难度。就后者来说，按照社会主义市场经济体制的要求，不断扩大市场在资源配置中的作用是改革的方向。但要保证改革的这一方向，政府必须不断地向市场让渡权利。因此，转变政府职能，并为市场在资源配置中真正起决定性作用提供一个有利的环境，就必须围绕打破利益固化集团来寻找转变政府职能的出路，其核心在于为政府职能进行科学定位：在宏观上，政府应该要健全宏观调控体系；在微观上，政府应该集中于公共服务、市场监管、社会管理、环境保护等职责。

3. 完善现代市场体系是市场起决定性作用的基础保障

使市场在资源配置中起决定性作用必须具备一个完备的现代市场体系。而一个完备的市场体系体现在市场主体的自由度、市场规则的透明度、市场决定价格的机制、市场的开放度上。

在我国经济体制改革的历程中，市场发挥作用的程度是伴随着市场体系的发展逐步提高的。在市场只是起着补充作用的时期，只有个别的商品市场。能够成为市场主体的只有农村改革后形成的农户和城市形成的个体经济。而且市场化改革的路径并不明显，建立市场规则、形成市场决定价格机制、扩大市场开放度都没有被提上议事日程。随着市场化改革的路径逐渐被确立，市场体系的建设开始加快，更多的经济主体被允许进入市场，可以进行交易的产品越来越多，生产要素市场也逐步建立，对外开放的程度不断加大。因此，这是一个市场以其较高的效率为自己开辟道路的阶段，也是一个人们在市场中有更大获利的阶段。市场的作用在这个阶段体现为不断扩张的趋势。然而，市场体系建设在逐渐为市场的作用奠定基础的过程中，也遇到了一些难以跨越的障碍。比如，民营企业要进入一些重要领域和行业的限制难以打破；市场监管在维护市场秩序方面严重滞后；一些重要商品或生产要素价格决定还掌握在政府手中；市场分割特别是城乡市场的分割还很明显。这些市场体系建设的难点，成为市场作用进一步扩大的严重约束。因此，如果要使市场在资源配置中起决定性作用，就必须改变市场体系的不规范、不完全、不统一的现状。

十二、如何理解市场经济与公有制的兼容性?

乔永平

公有制经济就是指生产资料归以社会主义国家为代表的全体人民或部分劳动者共同所有基础上的所有制经济。公有制经济是社会主义经济制度的基础。过去我们所理解的公有制经济主要就是国有经济和集体经济。现在看来这是片面的。根据十五大精神，公有制经济不仅包括单一的国有经济和集体经济，而且还包括混合所有制经济中的国有成分和集体成分。这是总结二十年来混合所有制经济发展得出的新结论。

市场经济，就是以市场机制为基础自动实现社会资源配置的社会化商品经济的一种主要方式，是社会化商品经济运行的基本形式，是社会化商品经济社会中的一种经济体制。

一段时间以来，人们通常在把市场经济看成是配置资源方式的同时，又将其等同于资本主义制度，这一观点在一些比较规范的经济辞书中反映得十分突出。如《简明不列颠百科全书》就把资本主义定义为“自由市场经济”，就是首次明确提出市场经济概念的米塞斯也认为，市场是资本主义制度的核心，是资本主义的本质，只有在资本主义条件下，它才是可行的；在社会主义条件下，它是不可能被“人为地”仿制的。从历史上看，发达的商品生产和现代市场经济确实与资本主义生产方式联系在一起，但这种历史的重合不能证明市场经济就是资本主义本身。

现代市场经济作为一种更为有效的资源配置方式，它与社会主义并不是相互否定的。社会主义与市场经济可以兼容的最基本根据在于它是社会主义国家推动生产力发展、实现现代化最有效的手段。

公有制与市场经济是能够相容的，这是因为：

(1) 市场经济是发达商品经济的表现形式，是由社会化商品生产所决定的一种经济管理体制或经济运行模式，与社会的基本经济制度之间并不存在内在的、本质的和必然的联系。市场经济作为资源配置的手段，是中性的，既可以被资本主义利用，也可以被社会主义利用。因而市场经济既可以同私有制相容，也可以同公有制相容。

(2) 公有制经济内部存在市场经济发展所需要的基本条件，企业成为具有独立利益的经济实体，这是商品流通、市场机制得以运行的基本前提条件。在公有制经济的内部也存在这一基本条件，全民所有制企业几乎成了具有各自独立的经济利益的市场经济的主体。

(3) 市场经济要求社会化大生产的程度较高，而公有制正是社会化大生产的必然产物。

但公有制特别是现阶段的全民所有制，采取国家所有制的形式，与市场经济存在着矛盾，主要表现在：

(1) 市场经济的规律在于注重私人的物质利益，满足个人需要，而公有制则要求最大限度地满足全民利益；

(2) 市场机制要求按要素分配，而社会主义则要求按劳分配；

(3) 市场经济必然导致优胜劣汰、两极分化，而社会主义本质要求实现共同富裕；

(4) 市场经济要求竞争就业，需要劳动力市场供大于求，失业必然存在，而社会主义要求人人就业。

此外，如何兼顾效益与公平问题，也是市场经济与公有制不兼容的矛盾表现。

市场经济与公有制有效兼容需要一个磨合过程。这需要重塑公有制的实现形式，培育现代市场经济体系。市场经济的优点在于，注重私人物质利益，通过价格调节市场，一方面有利于资源的优化配置，另一方面由于价值规律的作用，总有一部分劳动力无法与生产资料结合，一部分劳动产品无法实现价值，由此使整个社会充满竞争，从而带动社会生产力的发展。市场经济的优点能弥补公有制内容与计划体制矛盾的缺陷，因此，社会主义公有制选择市场经济，是其矛盾运动的必然结果。

十三、为什么必须坚持在发展中保障和改善民生？

王金玉

党的十九大报告指出，要坚持在发展中保障和改善民生。“增进民生福祉是发展的根本目的。必须多谋民生之利、多解民生之忧，在发展中补齐民生短板、促进社会公平正义，在幼有所育、学有所教、劳有所得、病有所医、老有所养、住有所居、弱有所扶上不断取得新进展，深入开展脱贫攻坚，保证全体人民在共建共享发展中有更多获得感，不断促进人的全面发展、全体人民共同富裕。建设平安中国，加强和创新社会治理，维护社会和谐稳定，确保国家长治久安、人民安居乐业。”可以从以下几方面来理解其深刻内涵和精神实质。

经济发展是民生改善的物质基础。经济发展是民生改善的物质基础，经济发展水平决定了保障和改善民生的客观实力与能力。“坚持在发展中保障和改善民生”是习近平新时代中国特色社会主义思想在实践层面提出的“14 个坚持”之一，是我国在今后长期发展中要贯彻落实的基本方略。所谓“在发展中”意味着改善民生是一项长期工程，没有终点，只有连续不断的全新起点。必须始终立足发展，把持续推进经济发展与改善民生有机统一起来，实现两者良性循环。

紧扣我国社会主要矛盾的变化，补齐短板，着力克服薄弱环节。十九大报告指出，中国特色社会主义进入了新时代，新时代我国社会主要矛盾已经转化为人民日益增长的美好生活需要和不平衡不充分的发展之间的矛盾。面对着这一关乎全局的重大历史性变化，未来对于民生建设领域的战略布局也就站在了一个全新的历史起点上，必然会带来民生建设在发展战略、发展重点上的全新布局，也就有了更多更高的新要求。社会主要矛盾的转化，集中体现为矛盾两个方面的内涵都发生了深刻变化。首先，从需求侧一方来看，从根本上说是社会的需求结构发生了变化，不断从低级化向高级化转变。人们在过去对于基本物质文化需要的基础上，提出了更高更新更丰富的要求，在民主法治、公平正义、美好环境等方面的需求在不断增长，也就是从温饱型低层次的硬需求转向发展型的高层次的软需求。其次，从供给侧一方来看，面对着诸多更高层次的需求，我们目前还存在着发展不平衡不充分的结构性问题。发展的不平衡体现在不同区域、不同行业、不同群体之间的发展不平衡。

这种群体之间巨大的收入差距无疑成为导致贫富差距的一个关键诱因，也是当下发展不平衡的重要体现。发展的不充分主要表现在整个社会总体发展程度还不够高。因此，未来要在不断做大“蛋糕”的同时更要分好“蛋糕”，着力解决好发展不平衡不充分问题，以便满足人民日益增长的美好生活需要，实现人的全面充分发展，社会的全面进步。

坚持“以人民为中心”的新发展理念，突显中国特色社会主义发展的价值维度。十九大报告指出，“全党必须牢记，为什么人的问题，是检验一个政党、一个政权性质的试金石。带领人民创造美好生活，是我们党始终不渝的奋斗目标。必须始终把人民利益摆在至高无上的地位，让改革发展成果更多更公平地惠及全体人民，朝着实现全体人民共同富裕不断迈进。”让改革和发展的成果惠及全体人民，增进民生福祉是发展的根本目的。改革开放近 40 年，各方面都取得了巨大的成就，但我国民生领域还有不少短板，脱贫攻坚任务艰巨，城乡区域发展和收入分配差距依然较大，群众在就业、教育、医疗、居住、养老等方面面临不少难题。只有多谋民生之利、多解民生之忧，在发展中补齐民生短板、促进社会公平正义，在幼有所育、学有所教、劳有所得、病有所医、老有所养、住有所居、弱有所扶上不断取得新进展，才能真正保证全体人民在共建共享发展中有更多获得感，不断促进人的全面发展和全体人民共同富裕。

建设更加公平和可持续的社会保障制度。党的十九大报告指出，“按照兜底线、织密网、建机制的要求，全面建成覆盖全民、城乡统筹、权责清晰、保障适度、可持续的多层次社会保障体系。”兜底线，就是要发挥社会政策的托底功能，切实保障群众基本生活需求，兜住民生保障底线，坚守社会稳定底线；织密网，就是要实现制度最广泛的覆盖，让人人都能享受基本社会保障；建机制，就是要持续深化改革，建立健全体制机制，不断提高社会保障法治化、制度化水平。首先，我国社会保障体系应该是多层次的，它主要由三个支柱构成：第一支柱是以国家为责任主体，包括缴费型社会保险制度与非缴费型社会救助制度，其作用是兜底、托底，提供“软着陆”缓冲机制或安全保护网。第二支柱则是以雇主为责任主体，包括补充养老、补充医保及其他雇员福利。第三支柱是以家庭为责任主体，包括个人养老储蓄与投资。三个支柱是一个有机整体，它体现的是社保责任在国家、单位和个人三方主体之间的分担机制。第一支柱是精神支柱，是必要保障、基本保障，而非“充分保障”，因此，它必须要有第二、第三支柱作为匹配支撑和重要补充。其次，社会保障体系必须覆盖全民、城乡统筹、权责清晰、保障适度、可持续，这是中国特色社会保障体系建设的基本定位。其中，“覆盖全民、城乡统筹”要求社会保险制度必须全覆盖、全民参保，实现应保尽保，打破城乡分割与制度分割，实现城乡一体化的制度安排，确保制度公平，社会福利均等化；“权责清晰、保障适度、可持续”则要求社保责任三方（国家、单位、个人）主体原则必须清晰，社会保障程度要适应国家经济发展水平要求，量力而行，并不断完善制度，关键是要让制度运行有效且可持续。

十四、如何建设美丽中国？

郭兆红

“美丽中国”是中国共产党在党的十八大报告中首次提出的执政概念，强调把生态文明建设放在突出地位，融入经济建设、政治建设、文化建设、社会建设各方面和全过程。

美丽中国，是环境之美、时代之美、生活之美、社会之美、百姓之美的总和。生态文明与美丽中国紧密相连，建设美丽中国，核心就是要按照生态文明要求，通过生态、经济、政治、文化及社会建设，实现生态良好、经济繁荣、政治和谐、人民幸福。2015 年 10 月召开的党的十八届五中全会上，“美丽中国”被纳入“十三五”规划。2017 年 10 月 18 日，习近平同志在党的十九大报告中指出，加快生态文明体制改革，建设美丽中国。党的十九大报告为建设美丽中国指明方向、作出部署。

努力建设“美丽中国”，是推进生态文明建设的实质和本质特征，也是对中国现代化建设提出的要求。习近平总书记指出，我们要建设的现代化是人与自然和谐共生的现代化，既要创造更多物质财富和精神财富以满足人民日益增长的美好生活需要，也要提供更多优质生态产品以满足人民日益增长的优美生态环境需要。必须坚持节约优先、保护优先、自然恢复为主的方针，形成节约资源和保护环境的空间格局、产业结构、生产方式、生活方式，还自然以宁静、和谐、美丽。

建设美丽中国，核心就是要按照生态文明要求，通过生态、经济、政治、文化及社会五位一体的建设，实现人民对“美好生活”的追求，实现民族伟大复兴的“中国梦”。习近平总书记在党的十九大报告中强调指出，必须树立和践行绿水青山就是金山银山的理念，坚持节约资源和保护环境的基本国策，像对待生命一样对待生态环境，统筹山水林田湖草系统治理，实行最严格的生态环境保护制度，形成绿色发展方式和生活方式，坚定地走生产发展、生活富裕、生态良好的文明发展道路，建设美丽中国，为人民创造良好生产生活环境，为全球生态安全作出贡献。

建设美丽中国有四大举措：

一是要推进绿色发展。加快建立绿色生产和消费的法律制度和政策导向，建立健全绿色低碳循环发展的经济体系。构建市场导向的绿色技术创新体系，发展绿色金融，壮大节能环保产业、清洁生产产业、清洁能源产业。推进能源生产和消费革命，构建清洁低碳、安全高效的能源体系。推进资源全面节约和循环利用，实施国家节水行动，降低能耗、物耗，实现生产系统和生活系统循环链接。倡导简约适度、绿色低碳的生活方式，反对奢侈浪费和不合理消费，开展创建节约型机关、绿色家庭、绿色学校、绿色社区和绿色出行等行动。

二是要着力解决突出环境问题。坚持全民共治、源头防治，持续实施大气污染防治行动，打赢蓝天保卫战。加快水污染防治，实施流域环境和近岸海域综合治理。强化土壤污染管控和修复，加强农业面源污染防治，开展农村人居环境整治行动。加强固体废弃物和垃圾处置。提高污染排放标准，强化排污者责任，健全环保信用评价、信息强制性披露、严惩重罚等制度。构建政府为主导、企业为主体、社会组织和公众共同参与的环境治理体系。积极参与全球环境治理，落实减排承诺。

三是要加大生态系统保护力度。实施重要生态系统保护和修复重大工程，优化生态安全屏障体系，构建生态廊道和生物多样性保护网络，提升生态系统质量和稳定性。完成生态保护红线、永久基本农田、城镇开发边界三条控制线划定工作。开展国土绿化行动，推进荒漠化、石漠化、水土流失综合治理，强化湿地保护和恢复，加强地质灾害防治。完善天然林保护制度，扩大退耕还林还草。严格保护耕地，扩大轮作休耕试点，健全耕地草原森林河流湖泊休养生息制度，建立市场化、多元化生态补偿机制。

四是要改革生态环境监管体制。加强对生态文明建设的总体设计和组织领导，设立国有自然资源资产管理和自然生态监管机构，完善生态环境管理制度，统一行使全民所有自然资源资产所有者职责，统一行使所有国土空间用途管制和生态保护修复职责，统一行使监管城乡各类污染排放和行政执法职责。构建国土空间开发保护制度，完善主体功能区配套政策，建立以国家公园为主体的自然保护地体系。坚决制止和惩处破坏生态环境行为。

习近平总书记强调，生态文明建设功在当代、利在千秋。要牢固树立社会主义生态文明观，推动形成人与自然和谐发展现代化建设新格局，为保护生态环境作出我们这代人的努力。

十五、如何看待我国目前存在的贫富差距问题？

王　祥

改革开放以来，中国持续多年的经济高速增长，使人民群众的生活水平得到了极大的提高，但贫富差距也逐渐拉大，中国已经迅速转变为贫富差距较为严重的国家。这种状况对中国社会造成了严重影响，因此，加快收入分配改革，缩小贫富差距刻不容缓。

1. 贫富差距与收入差距的关系

人们在讨论贫富差距时往往把它与收入差距混为一谈，这样不仅不利于正确认识贫富差距，还会带来诸多有害的后果。主要是夸大社会的贫富差距，强化社会上的仇富心理，得出杀富济贫是缩小贫富差距的结论及共同富裕永远都不可能实现等。其实贫富差距是指由于各个社会成员所处的具体社会政治、经济和文化方面的地位和环境不同，而形成的实际占有社会财富的差距。具体而言，贫富差距是居民社会系数的比值，居民社会系数是收入和支出的比值。经过数学变化后，贫富差距 = 收入差距 × 支出差距。如果收入差距用 I_0 表示，则 $I_0=I_2/I_1$，I_2 是高收入者的收入，I_1 是低收入者的收入，一般而言，$I_0>1$。支出差距用 P_0 表示，则 $P_0=P_1/P_2$，P_1 是低收入者的支出，P_2 是高收入者的支出，一般会有 $P_0<1$。则贫富差距 $=I_0/P_0(I_2/I_1)\times(P_1/P_2)$，且贫富差距总是小于收入差距。

由此可见，虽然收入差距构成了贫富差距的基础，但是收入差距并不直接就是贫富差距。收入差距大，贫富差距可以小；贫富差距大，收入差距一定大。收入差距是生产效率的指数，体现的是市场的公平，直接反映的是经济问题，间接反映的才是社会问题；贫富差距是社会进步的指数，体现的是社会公平，直接反映的是社会问题，间接反映的才是经济问题，这种直接和间接的性质差别，构成了收入差距和贫富差距的本质区别。

2. 目前我国贫富差距的特点

1) 贫富差距直逼危险区

经济学家们通常用基尼系数来表现一个国家和地区的财富分配状况，这是由 20 世纪意大利经济学家基尼根据洛伦兹曲线于 1992 年提出的一个反映分配平等程度的量化指标。按照联合国有关组织规定，若基尼系数低于 0.2，表示分配绝对平均；若基尼系数为 0.2 ～ 0.3，则表示比较平均；若为 0.3 ～ 0.4，则表示相对合理；若为 0.4 ～ 0.5，则表示收入差距较大；若为 0.5 以上，则表示收入差距悬殊。这个系数在 0 和 1 之间，数值越低，表明财富在社会成员之间的分配越均匀；反之，数值越高，则表明财富在社会成员之间的分配越不均匀。1978 年基尼系数为 0.21，1993 年首次突破 0.4 大关，达到 0.407，表明中国社会贫富差距已超越了国际公认的警戒线，2008 年达到最高的 0.491。近年来基尼系数有所下降，但仍处于高位，2012 年为 0.474。有专家认为，如果考虑非法和非正常收入，中国的基尼系数实际已进入危险区 (0.5 以上)。

2) 财富与贫穷积累加剧

中国财富的集中速度和集中程度在世界上是极其罕见的。2010 年新华社《国家财经周刊》报道，中国财富集中度远超过美国。美国是 5% 的人口掌握 60% 的财富，中国是 1% 的家庭掌握了 44.4% 的财富。美国财富集中用了近 300 年的时间，而中国仅用了 30 多年的时间。中国社会财富向高收入人群的集中度以年均 12.3% 的速度增长，是世界平均增速的两倍。

在财富加剧集中的同时，贫穷也在不断积累。一方面低收入人群占总收入的比重低，总人口中 20% 的最低收入人口占收入的份额仅为 4.7%。另一方面是更多人向低收入端聚集，形成了目前全国城市依然有几千万贫困人口、农村有 1.28 亿贫困人口的局面。

3) 贫富差距固化

从 20 世纪 80 年代开始到 90 年代中期，中国贫富状况处在一个不断变化的过程中，穷人可以通过不同的方式如教育 (上大学)、职业转换 (下海) 等摆脱贫困变成富人。但现在，穷人向富人转换的难度加大。另一方面就是贫富差距的代际传承，即上一代人的富裕和贫穷传递给下一代人。城市社会底层人群和农村底层人群已经成为贫穷代际传承的最主要群体。当前流行的“富二代”、“穷二代”就是贫富差距代际传承和贫富差距固化的最好体现。

3. 贫富差距形成的原因

1) 经济运行机制不健全，法制不完善

在我国由计划经济体制向市场经济体制转变的过程中，出现了计划经济和市场经济并存的暂时现象，在这种情况下，经济领域难以实行统一的规则，于是出现了各式各样钻空当、“搭便车”等不正常的寻租行为，相当一部分人利用法制上的漏洞和空白进行非法操作牟取利益，政府部门又缺乏有效监督与控制，导致部分政府官员、国有企业领导凭借手中的组织资源，以权谋私、贪污受贿，出现了灰色富有阶层和黑色富有阶层，这种富有阶层的出现致使社会财富分布不均，对贫富差距产生了一定的影响。

2) 税收制度不完善

我国税收制度不完善，集中表现在一是税种单一，在西方国家广泛开征的遗产税、赠予税我国迟迟没有开征；二是纳税主体不合理，目前我国所得税的纳税主体是工薪阶层。由于对于高收入群体缺乏合理的、必要的“限高”，导致了我国贫富差距的扩大。

3) 社会保障制度的不完善

除了合理的税收制度外，完善的社会保障制度也同样可以在一定程度上缓解贫富差距。然而，同经济发展幅度相比，我国的社会保障制度以及社会转移支付明显表现出严重的滞后。在这种情形下，农民、城镇的退休人员、城镇的失业人员及其亲属一方面由于得不到及时、足量的保障，最有可能成为贫困者，另一方面他们的教育、医疗、住房、养老支出也相应地增加，从而使整个社会的贫富差距不断拉大。

4) 不平等竞争的存在

经济领域中存在着许多不平等的竞争也是我国贫富差距存在的重要原因之一。不平等竞争表现在很多方面，最突出的是一些部门、行业甚至是一些个别的社会成员，能够通过垄断经营获得垄断高额利润，最终形成了不合理的收入差距。

4. 缩小贫富差距的对策

贫富差距并非都是不合理的。经济的发展和社会的进步导致的新型经济板块的出现，使得首先占领新的经济板块的人获得了新的收入，造成了社会成员在收入方面的距离加大，这是有它的历史合理性的。社会主义市场经济建立过程中，不同的社会群体获益程度是不同的，必然造成一定程度的贫富差距，这也是有其历史合理性的。但是，不合理的贫富差距正在因为权力介入市场、落后的社会保障制度而不断扩大。不合理的贫富差距将会阻碍改革的推进，危及社会安定，扭曲社会价值取向，我们需要遏制的是不合理的贫富差距。

1) 健全经济运行机制，加强法制建设

通过健全经济运行机制，加强法制建设，打击各种违法经营活动，对通过非法手段牟取利益的行为要严厉打击，防止部分人用非正常的手段投机钻营而致富，以法律的威慑力来打击非法收入，维护经济秩序，为公平分配创造条件，特别要加大对腐败行为的惩治力度，强化对掌握权力和掌握公共资源的公务人员和机构的监督与约束，遏制腐败，缓解收入分配领域的矛盾。

2) 完善税收制度

国家通过健全的税收制度，可以有效缓解贫富差距的问题。在成熟的市场经济国家里，无论是从绝对数量上还是从税率上来看，高收入群体比低收入群体都要缴纳更高的税收。要充分发挥税收的再分配作用，进一步完善个人所得税制度，开征遗产税、赠与税和奢侈消费税等。

3) 健全社会保障制度

通过健全社会保障制度，为低收入群体提供各种公共产品的服务，弥补贫富差距所带来的负面效应，加大教育制度、就业制度、户籍制度和养老保障制度改革，构建顺畅的社会流动机制，为低收入阶层提供有效的向上流动的机会。

4) 打破垄断，促进公平竞争

垄断行业的高度垄断主要依靠的是政府的经济管制提供的保护。要解决垄断行业职工收入过高的问题，政府应采取措施进一步深化改革，一是降低某些行业的市场准入程度，引入市场竞争机制，消除行政权力直接配置社会资源，通过公平竞争，形成平均利润和平均收入，缩小垄断行业和非垄断行业职工之间的收入差距；二是通过立法来限制、减少市场垄断特别是行政性垄断，消除垄断利润，为市场主体创造公平的竞争环境，使各行业处于平等地位。

十六、为什么必须发展社会主义民主政治？

王　祥

党的十七大报告指出：“人民民主是社会主义的生命。”这一科学论断把人民民主提高到关乎中国特色社会主义事业兴衰成败、关乎党和国家前途命运的高度来认识，深刻阐明了社会主义民主政治在中国特色社会主义总体布局中的战略地位，表明我们党对社会主义建设规律认识的深化。

(1) **发展社会主义民主政治是发展中国特色社会主义的内在要求**。人民当家做主是社会主义民主政治的本质和核心。我国是社会主义国家，国家的一切权力属于人民，全体人民在中国共产党的领导和组织下，平等地依法管理国家和社会事务，管理经济和文化事业，维护和实现人民群众的根本利益，实行民主选举、民主决策、民主管理和民主监督，保证人民依法享有广泛的权利和自由，尊重和保障人权。在我国，人民是社会主义民主的主体，全体社会主义劳动者、社会主义事业的建设者、拥护社会主义的爱国者和拥护祖国统一的爱国者，依法享有广泛的民主权利。民主是社会主义的本质特征。社会主义愈发展，民主也愈发展。发展社会主义民主政治是与发展中国特色社会主义相统一的战略任务，中国特色社会主义事业总体布局是经济建设、政治建设、文化建设、社会建设的“四位一体”。高举中国特色社会主义伟大旗帜不动摇，就必须坚持走中国特色社会主义民主政治发展道路不动摇。离开了中国特色社会主义民主政治的全面发展，社会主义市场经济、社会主义先进文化、社会主义和谐社会建设，就失去了可靠的政治保证。

(2) **发展社会主义民主政治是全面建设小康社会的重要目标**。全面建设小康社会是党和国家到2020年的奋斗目标，是全国各族人民的根本利益所在。全面建设小康社会的目标，是中国特色社会主义经济、政治、文化和社会全面发展的目标，是物质文明、政治文明、精神文明与和谐社会协调发展的目标。党的十七大适应国内外形势的新变化，顺应各族人民过上更好生活的新期待，把握经济社会发展趋势和规律，在十六大确立的全面建设小康社会目标的基础上对我国发展提出新的更高要求。特别把扩大社会主义民主，更好保障人民权益和社会公平正义，使公民政治参与有序扩大、基层民主制度更加完善，作为全面建设小康社会的重要目标摆在全党面前。这充分表明，发展社会主义民主政治不仅是与发展中国特色社会主义相统一的战略任务，而且是与全面建设小康社会相统一的奋斗目标。没有社会主义民主政治的大发展，就没有真正惠及十几亿人口的更高水平的小康社会。

(3) **发展社会主义民主政治是我们党始终不渝的奋斗目标**。实现人民民主，让人民当家做主，一直是我们党的奋斗目标。新民主主义革命的胜利、社会主义制度的建立，为当代中国一切发展进步奠定了根本政治前提和制度基础。党的十一届三中全会以来，党提出社会主义初级阶段的基本路线，明确地把建设富强、民主、文明、和谐的社会主义现代化国家作为党的奋斗目标，在深刻总结历史经验教训的基础上坚定地推进政治体制改革，建立了民主选举、民主决策、民主管理、民主监督的一系列具体制度，探索实行了包括村民自治、居民自治、企业民主管理、行业自治等在内的一系列基层民主制度，我国社会主义民主政治展现出更加旺盛的生命力。

(4) **发展人民民主是共产党执政的本质要求**。共产党执政就是领导和支持人民当家做主，最广泛地动员和组织人民群众依法管理国家和社会事务，管理经济和文化事业，维护和实现人民群众的根本利益。党只有坚持立党为公、执政为民，坚持科学执政、民主执政、依法执政，不断推进党内民主和人民民主，充分保障人民群众当家做主的权利，才能有效维护党的执政地位。能否有效地推进人民民主的发展是检验党的领导水平和执政能力的重要标准，是一个关系党的执政地位能否巩固和社会主义事业能否兴旺发达的重大问题。

(5) **发展社会主义民主政治是实现经济和社会又好又快发展、回应人民政治参与热情的客观需要**。首先，社会主义民主政治建设必须同促进经济又好又快发展相适应。以建立社会主义市场经济为取向的经济体制改革每前进一步，都为政治的发展提供了新的动力，同时也迫切要求政治体制改革与之相适应，迫切要求大力推进人民民主，进一步消除经济发展的体制性障碍。其次，社会主义民主政治建设必须同构建社会主义和谐社会相适应。构建社会主义和谐社会是在发展的基础上正确处理各种社会矛盾的历史过程和社会结果。社会主义民主政治建设同社会主义和谐社会建设二者是相互联系、内在统一的。这是因为，民主是奠定社会和谐的政治基石，是社会公平与正义的守护神，是社会安定有序的保险阀，是利益整合的政治平台，是激发社会活力的助推器。

(6) **发展社会主义民主政治是应对各种风险和挑战的迫切需要**。当今世界正处在大变革大调整之中。席卷全球的政治民主化浪潮使中西两种价值观念、政治文化、政治模式的冲突、比较、竞争和借鉴愈益深刻，而冷战后的世界民主化浪潮基本上是以西方民主的目标模式为主导的。一些西方政治学家认为，只有两党制、多党制或者三权分立那样的权力设置结构，才能真正促进民主发展，而对一党执政条件下能否发展民主表示了极大怀疑。如何既顺应时代潮流，又不照搬别国模式；既立足于中国国情，又吸收借鉴人类政治文明的有益成果，走中国特色社会主义民主政治之路，是摆在中国共产党面前的一项迫切任务。

因此，坚定不移地发展社会主义民主政治，是高举中国特色社会主义伟大旗帜，捍卫我国基本政治制度，从容应对各种风险和挑战的迫切需要。面对这样的挑战，十七大报告指出："在发展中国特色社会主义的历史进程中，中国共产党人和中国人民一定能够不断发展具有强大生命力的社会主义民主政治。"

十七、我国为什么绝不能照搬西方政治制度的模式？

乔永平　王　祥

确立和实行何种政治制度，对一个国家的经济发展、政局稳定、社会进步、人民幸福，具有极其重要的意义。世界是丰富多彩的，由于各国的历史传统、经济文化发展水平和社会制度不同，所采取的政治制度也会不同，没有也不可能有一个放之四海皆准的政治制度模式，没有也不可能存在统一适用于各国的"民主模式"。脱离我国的国情和历史文化传统，盲目照搬别国的政治制度模式，在实践中只会碰壁，遭受失败。

从我国来看，辛亥革命胜利后，封建君主专制制度被推翻，一些政治家和志士仁人希望通过效仿西方的多党制、议会制，来建立民主、共和的国家。在允许人们结社组党的情况下，一时间，各类政治团体蜂拥而起，出现了政党丛生、党派林立的局面，多时达 300 多个。但随着袁世凯刺杀宋教仁，解散国民党，取消国会，多党议会制很快以失败而告终。1927 年蒋介石执政后，则实行代表大地主、大资产阶级利益的一党专政，导致天怒人怨，随着他溃逃我国台湾省，宣告了一党专政的破产。

从国际上来看，冷战结束以后，世界上一些长期执政的大党、老党纷纷丧失政权，甚至一些国家发生分裂和社会动乱，许多是与没有坚持适合国情的政治制度有关。比如，20世纪80年代末90年代初，苏联和东欧一些社会主义国家纷纷实行西方的多党制，给东欧政治秩序带来巨大震荡，苏联一分为十五，南斯拉夫一分为六，捷克斯洛伐克一分二。在以美国为首的西方国家的压力下，非洲许多国家不顾本国国情，盲目照搬西方的多党制，一些国家的政党少则几十，多则上百，结果造成政党斗争、民族分裂和种族仇杀，多党制给非洲带来的不是民主，而是灾难。在半个多世纪的时间内，阿根廷政府更迭多达25次，经历了26次军人政变和数百次不成功的政变，国家政局经常处于动荡之中。其根本原因在于阿根廷在独立后，一味效仿西方实行多党竞争和议会民主，由于缺乏相应的政治传统和必要的社会条件，这种照搬来的多党制成了不同政治力量和政治派别进行权力角逐和利益争夺的工具，引发政局剧烈动荡，造成严重的社会、经济、政治危机。

在我国，人民代表大会制度、共产党领导的多党合作和政治协商制度等政治制度是中国共产党领导人民经过长期实践探索出来的，是马克思主义基本原理同中国政治发展实际相结合的产物，是中国共产党和中国人民政治经验和政治智慧的结晶。这一制度深深植根于中国土壤中，符合全体中国人民的意愿和根本利益，反映了人民当家做主的社会主义民主的本质，具有巨大的优越性和强大的生命力。60多年来，我国的政治制度为发扬社会主义民主，维护安定团结的政治局面，推动社会生产力的发展，确保最广大人民根本利益的最终实现，巩固党的领导地位和执政地位起到了非常重要的作用。因此，中国的政局要稳定，要实现社会主义现代化，就必须始终不渝地坚持和完善这个制度。当前，在国际敌对势力加紧利用西方的两党制、多党制和议会制对我国实施西化、分化的政治图谋，企图从根本上颠覆共产党的领导和社会主义制度的情况下，我们必须始终保持清醒的认识，增强政治敏锐性和政治鉴别力，充分认识我国政治制度的优越性，坚决抵制西方政治制度模式的消极影响，不断坚持和完善中国特色社会主义政治制度。

十八、如何认识、评价协商民主和选举民主?

曹顺山

选举民主和协商民主从性质上说是民主政治的两个基本环节，它们的关系是相辅相成而非相互冲突的。我们既不能以选举民主否定协商民主，也不能以协商民主取代选举民主。民主既是一种政治制度，也是一种政治过程，真正的民主应当体现在政治制度的各个方面和政治过程的各个环节。选举民主和协商民主是中国特色社会主义民主政治不可或缺的基本要素。

1. 关于选举民主的认识和评价

选举民主，即票决民主，最早脱胎于原始社会的氏族民主，经过古希腊的城邦民主到近现代社会代议民主的发展，最终形成了通过投票来对国家决策及重大社会事件进行决定的民主决策形式。选举民主分为两种形式：直接选举民主和间接选举民主。

直接选举民主就是选民通过直接选举投票选出国家代议机关代表和国家公职人员的选举，是有选举权的人直接参加选举行使选举权的方式。直接选举民主保证了每个选民都有机会选择自己最值得信赖的候选人，从而能够更直接地反映民意，体现选民的意志。直接选举民主也能够更好地调动公民参与管理国家事务的积极性，有利于加强选民与当选者的联系。然而，直接选举民主在实践过程中也存在着难度大、成本高等问题。这在一定程度上制约了直接选举在实践中的应用。在我国，直接选举民主一般应用于小范围和最基层的选举中，例如选举基层人大代表等。

间接选举民主是指在决定国家及社会重大事务和选举国家代议机关代表或国家公职人员时，由下一级国家代议机关或由选出的代表(或选举人)代表所有选民行使选举权。这是有选举权的人通过选出的代表进一步行使选举权利的选举方式，是解决“多数暴政”的需要。在间接选举民主的制度安排下，经过人民代表的表述，公众的声音会比由他们自己直接表达更符合公共利益。在我国，间接选举民主的应用较为广泛，尤其是在人民代表大会制度中，上级人民代表由下一级人民代表大会代表人民投票选出，并代表人民行使国家权力。

选举民主具有如下三个基本特征：

第一，人民通过选择代理人来实现集体决策，选择代理人的过程就是集体授权与委托的过程；

第二，对代理人的选择采取差额竞争的方式，这意味着人民不仅有选择某一代理人的平等权力和自由，同时也有不选某一代理人的平等权力和自由；

第三，选择机制的核心是一人一票，多数决定。

选举民主的主要优点在于：

(1) 选举民主有利于产生符合民意的最佳政权。

(2) 选举民主具有监督功能。这为选民监督权力行使者，或在一定条件下为更换权力行使者提供了重要途径。

(3) 选举民主具有稳定功能，为政权的和平更替与交接提供了制度保障。

(4) 选举民主还有纠错和矫正功能。选举民主通过定期选举的制度安排，使社会具有一种定期纠错和矫正功能，错误不易积累到极致。

然而，选举民主在实践过程中也存在着明显不足。例如，多数决定原则使选举民主容易成为少数人玩弄多数人的工具。选举民主在一定程度上会削弱公民的民主修养，使政治冷漠心理蔓延。在现代社会的现实生活中，对绝大多数人而言，选举只是每隔几年偶一为之的、旨在形式上赋予公共权威以合法性，保障政府尊重和支持个人追求的一种形式。人们可能根本不认识、不了解候选人。

2. 关于协商民主的认识和评价

协商民主是指社会各阶层或各团体就社会问题及国家重大决策的制定，在法律框架内进行符合程序的公开、平等、自由的交流、辩论及协商，使得决策理由更加理性、结果更加公平和符合各方的利益要求的社会治理形式。协商民主包括五个基本要素：协商主体、协商客体、协商场域、协商原则及协商结果等。其中，协商主体是指协商的参与者，通常情况下是指有公民资格的个体或有政治参与权的集体，即政治组织或政党。协商主体参与制定决策的协商过程，并进行平等自由的沟通协商。协商客体即协商内容，就是协商民主的对象及内容。协商场域即协商的范围，就是进行协商的场所、地域。协商原则就是进行民主协商必须遵循的基本原则，主要有平等性原则、公开性原则、程序性原则、理性原则、责任性原则等。协商结果是指民主协商的后果，一般来说会达成符合公共利益的共识。

在当代社会，协商民主作为一种非竞争性的民主形式日益成为大家关注的热点，是因为它比较切合中国的国情。一是协商民主本身对多元化背景下公民参与政治生活和决策科学化、民主化具有重要意义。协商民主采取对话、磋商、讨论、听证、交流、沟通、审议、辩论、争论等多种形式，使很多事务及问题通过内部的民主政治改革加以解决。这样的形式既重视多数人意见，又重视少数人意见；既关注决策结果，又关注决策过程；既保障民众参政，又保障民众利益；既扩展协商主体，又扩展协商渠道；既拓宽民主深度，又拓宽民主广度，从而使最终确定的决策和政策等能够真正符合大多数人的利益。协商民主是公民参与政治生活的重要渠道，是决策科学化、民主化不可或缺的环节，是实现民主的重要方式。二是可以有效弥补选举民主的不足。选举民主或代议民主一直是近代民主的基本形式或最重要因素，但选举民主或代议民主从其诞生的那一天起就存在着内在不足。对此，马克思和许多西方思想家、政治家都有过坦率而无情的揭示和批评。例如，仅选票不足以完全真实地代表民意，选票容易被金钱或利益所捆绑，不同利益集团的恶性竞争容易撕裂社会，代议民主降低行政效率、被选举人较少接触选民以及民主程序上的形式主义等。三是有利于传承和弘扬我国政治传统的合理因素。例如，在官员的选拔方面，我国传统政治有察举、科举、荐举，但没有选举。选举在中国只有一百多年的历史，所以在我国推行选举的困难特别大，而协商在官员与官员之间、官员与民众之间则有着千年传统。四是现实政治的需要。不断走向民主，是人类政治发展的普遍规律；建设一个富强、民主、文明、和谐的社会主义现代化国家，是我们的根本目标；更高地举起人民民主的旗帜，更加积极地推进民主政治建设，是我国政治发展的紧迫任务。政治协商制度，是我国的一种基本政治制度，也是一种极具中国特色的民主协商制度。我国现有的政治制度，为协商民主的发展提供了丰富的制度资源。

然而，协商民主自身也面临着困难与挑战。首先，协商理想和现存民主实践之间存在着巨大和似乎不可逾越的鸿沟。一个本质上小而慢的协商团体几乎很难治理庞大而复杂的社会。即使协商集会在决策中是可行的，也并不能保证参与者都拥有很高的社会责任感，会遵守规范性协商原则而不是为一己私利操纵制度。第二，来自差异民主论者的批判认为，协商民主并不是在多元社会中达成集体决策的公正方法。他们认为协商并不是一个中立程序，而是偏向带有某种文化特征的人群，使少数人处于不利的地位，歧视那些历史上的弱势群体，如穷人、少数民族、妇女等。第三，在精英政治和多元竞争性民主根深蒂固的西方社会，自由主义与社群主义并不能在所有人都同意的公共利益的“共同的善”这个问题上达成一致，这无疑极大地消蚀了协商的公共理性基础。须知协商是需要一般性前提的，但在充满差异的世界里，人们很难找到大家都能接受的中立前提。

总之，民主既是一种政治制度，也是一种政治过程，真正的民主应当体现在政治制度的各个方面和政治过程的各个环节。选举民主和协商民主是民主政治的两个基本环节，它们是一种互补的关系。选举民主和协商民主从性质上来说，是相辅相成的。我们不能以选举民主否定协商民主，也不能以协商民主取代选举民主。选举和协商，对中国特色的社会主义民主政治而言，都是不可或缺的基本要素。因此，进一步深化对选举民主和协商民主关系的认识，努力健全相关的制度程序，积极探索实现选举民主和协商民主优势互补的有效途径，使二者更好地服务于中国特色社会主义政治文明建设，让人民切实感受到民主带来的好处。这是深化民主政治体制改革的重大现实课题。

十九、如何理解和领会习近平新时代中国特色社会主义思想？

郭兆红

党的十九大概括和提出了习近平新时代中国特色社会主义思想，确立为党必须长期坚持的指导思想并写进党章，实现了党的指导思想的与时俱进。这是党的十九大最重大的理论创新、最重要的政治成果、最深远的历史贡献。十三届全国人大一次会议通过的宪法修正案，郑重地把习近平新时代中国特色社会主义思想载入宪法，实现了从党的指导思想向国家指导思想的转化，实现了国家指导思想的与时俱进。习近平新时代中国特色社会主义思想，是马克思主义中国化最新成果，是党和人民实践经验和集体智慧的结晶，是中国精神的时代精华，是国家政治生活和社会生活的根本指针。

习近平新时代中国特色社会主义思想，是在中国特色社会主义进入新时代、科学社会主义迈向新阶段、当今世界经历新变局、我们党面临执政新考验的历史条件下形成和发展起来的。这一思想是党和人民实践经验与集体智慧的结晶，习近平总书记是这一思想的主要创立者。这一思想运用马克思主义立场观点方法。聚焦新的时代主题，凝结新的思想精华，总结开创性独创性的实践经验，提出一系列新思想、新观点、新论断，构建起新的理论体系。这一思想内涵十分丰富，包括新时代坚持和发展中国特色社会主义的总目标、总任务、总体布局、战略布局和发展方向、发展方式、发展动力、战略步骤、外部条件、政治保证等方面的基本问题，并根据新的实践对经济、政治、法治、文化、教育、民生、民族、宗教、社会、生态文明、国家安全、国防和军队、“一国两制”和祖国统一、统一战线、外交、党的建设等各方面作出理论分析和政策指导。

坚持和发展中国特色社会主义，是习近平新时代中国特色社会主义思想的核心要义。党的十八大以来，习近平总书记不断深化对中国特色社会主义的认识和思考，提出了许多重大论断、重要思想。比如，强调正确认识改革开放前后“两个30年”的关系，从历史维度、政治高度阐明了社会主义在中国建设和发展的连续性、完整性；强调中国特色社会主义道路有“四个走出来”，将中国特色社会主义道路的开辟，从改革开放回溯到新中国成立以来，上溯到中国近代史乃至中华民族史，深刻揭示了中国特色社会主义的历史源流、民族基因和实践基础；强调中国共产党领导是中国特色社会主义的本质特征和最大制度优势；强调要坚持中国特色社会主义道路自信、理论自信、制度自信、文化自信，将“三个自信”扩展为“四个自信”；等等。这些重要论述丰富拓展了中国特色社会主义的内涵和外延，也为我们立足广袤国土、聚合磅礴之力走好自己的路，提供了更具实践广度、现实深度、历史厚度的思想理论支撑。

“八个明确”“十四个坚持”是习近平新时代中国特色社会主义思想的核心内容。“八个明确”是习近平总书记2017年10月18日在十九大报告中提出的理论，回答了新时代我们要坚持和发展什么样的中国特色社会主义，具体内容为：明确坚持和发展中国特色社会主义，总任务是实现社会主义现代化和中华民族伟大复兴，在全面建成小康社会的基础上，分两步走，在本世纪中叶建成富强、民主、文明、和谐、美丽的社会主义现代化强国；明确新时代我国社会主要矛盾是人民日益增长的美好生活需要和不平衡不充分的发展之间的矛盾，必须坚持以人民为中心的发展思想，不断促进人的全面发展、全体人民共同富裕；明确中国特色社会主义事业总体布局是“五位一体”、战略布局是“四个全面”，强调坚定道路自信、理论自信、制度自信、文化自信；明确全面深化改革总目标是完善和发展中国特色社会主义制度、推进国家治理体系和治理能力现代化；明确全面推进依法治国总目标是建设中国特色社会主义法治体系、建设社会主义法治国家；明确党在新时代的强军目标是建设一支听党指挥、能打胜仗、作风优良的人民军队，把人民军队建设成为世界一流军队；明确中国特色大国外交要推动构建新型国际关系，推动构建人类命运共同体；明确中国特色社会主义最本质的特征是中国共产党领导，中国特色社会主义制度的最大优势是中国共产党领导，党是最高政治领导力量，提出新时代党的建设总要求，突出政治建设在党的建设中的重要地位。“八个明确”是习近平中国特色社会主义思想最为核心关键的组成部分，是支撑这一思想的四梁八柱。

“十四个坚持”是习近平总书记于2017年10月18日在党的十九大报告中提出的新时代特色社会主义理论，回答了新时代怎样坚持和发展中国特色社会主义，具体内容为：坚持党对一切工作的领导；坚持以人民为中心；坚持全面深化改革；坚持新发展理念；坚持人民当家作主；坚持全面依法治国；坚持社会主义核心价值体系；坚持在发展中保障和改善民生；坚持人与自然和谐共生；坚持总体国家安全观；坚持党对人民军队的绝对领导；坚持“一国两制”和推进祖国统一；坚持推动构建人类命运共同体；坚持全面从严治党。“十四个坚持”是新时代坚持和发展中国特色社会主义的基本方略，这一基本方略涵盖坚持党的领导和“五位一体”总体布局、“四个全面”战略布局。涵盖国防和军队建设、维护国家安全、对外战略，是对党的治国理政重大方针、原则的最新概括，是实现“两个一百年”奋斗目标、实现中华民族伟大复兴中国梦的“路线图”和“方法论”。

习近平新时代中国特色社会主义思想是经过实践检验、富有伟大创造力的强大武器，是闪耀着理性光辉和人格魅力的科学理论，这一思想彰显着中国共产党人的坚定理想信念，充满着对马克思主义的坚定信仰，充满着对共产主义、社会主义的坚定信念；这一思想展现着坚持以人民为中心，坚持一切为了人民，一切依靠人民，坚持为人民谋幸福、为民族谋复兴，彰显了人民创造历史、人民是真正英雄的唯物史观，以人民为本、人民至上的价值取向，立党为公、执政为民的执政理念，展现着真挚的人民情怀；这一思想贯穿着高度的自觉自信，充满着对传承中华民族5000多年文明的自觉自信，对发扬党的优良传统的自觉自信，对坚持和发展中国特色社会主义的自觉自信，对我们正在做的事情的自觉自信，对党和国家事业光明前景的自觉自信；这一思想体现着鲜明的问题导向，深刻回答了新时代党和国家发展面临的一系列重大理论和现实问题，体现了中国共产党人求真务实的科学态度，展现了马克思主义勇于创新、奋发有为的精神风貌；这一思想充满着无畏担当精神，始终贯穿着对民族命运的担当、对人民幸福的担当、对管党治党的担当、对美好世界的担当，展现了当代中国共产党人的精神风范和崇高境界。

习近平新时代中国特色社会主义思想是对马克思列宁主义、毛泽东思想、邓小平理论、“三个代表”重要思想、科学发展观的继承和发展，是马克思主义中国化的最新成果，是党和人民实践经验和集体智慧的结晶，是中国特色社会主义理论体系的重要组成部分，是全党全国人民为实现中华民族伟大复兴而奋斗的行动指南，必须长期坚持并不断发展。学习贯彻习近平中国特色社会主义思想是当前全党全国的首要政治任务。全党要认真学习和深刻领会新时代中国特色社会主义思想的精神实质和丰富内涵，更加自觉地用这一思想武装头脑、指导实践、推动工作。

二十、中国共产党是如何解决民族问题的?

王　祥

我国自秦汉以来就是一个统一的多民族国家。民族方面的复杂国情决定了民族问题始终是我国革命和建设的一个重大问题。中国共产党从一成立就高度重视民族问题，特别是新中国建立 60 多年来，我们党在解决民族问题的理论发展和实践过程中，坚持了马列主义民族理论与多民族的中国实际相结合的原则，提出了以民族区域自治制度为主干的一系列解决我国民族问题的理论方针和政策。

1. 正确认识民族问题发展规律是解决民族问题的前提

民族和民族问题有其形成、发展和消亡的客观规律，正确认识这个规律并进而形成正确的民族理论和政策，民族问题便可以得到妥善处理。

(1) **必须对民族问题的长期性、复杂性和重要性保持清醒的认识**。社会主义时期是各民族进一步繁荣发展的时期。既然有民族存在，就必然会产生与之相关的各种民族问题。社会主义时期之所以长期存在民族问题并呈现出复杂性的主要原因在于：一是历史上遗留下来的民族隔阂、民族猜疑和民族不信任心理的残余影响；二是民族过程的长期性，民族特点、民族差别长期存在；三是民族问题与其他社会问题的交织性、渗透性决定了民族问题的复杂性；四是社会主义时期的阶级斗争还将在一定范围内长期存在，并在某种条件下激化，极少数民族分裂主义分子的分裂活动，也会反映到民族问题上来。

(2) **正确认识社会主义时期民族问题发展的两个历史趋势**。客观地考察社会主义社会国家生活和民族关系发展的历史和现状，我们就可以看到社会主义时期民族问题的两大趋势：一个趋势是少数民族在国家和先进民族的帮助下，社会经济文化得到迅速发展，民族个性得到充分发展，从而使得民族发展繁荣和民族自我意识增长；另一个趋势是随着现代化建设和市场经济的发展，各民族间的联系愈加密切，民族地区的封闭状态和民族壁垒被打破，正在形成全国统一的社会主义市场，民族和国家凝聚力日益增强，各民族谁也离不开谁的关系更加发展。对于社会主义来说，这两种趋势不仅是进步的，而且是一致的，因为民族间虽然局部利益不同，但根本利益是一致的。

2. 实行民族区域自治是解决民族问题的政治形式

民族区域自治是马列主义解决多民族国家民族问题的一项重要的原则，是具有复杂民族成分和极不相同的地理条件的多民族国家的一般原则。马克思主义经典作家们从原则上提出了这一命题，中国共产党人创造性地把它同中国实际结合起来，明确提出了国内各少数民族和汉族联合建立统一的多民族国家，用民族区域自治的形式解决民族问题。中国的民族区域自治理论与实践丰富和发展了马列主义民族理论宝库，具有鲜明的中国特色。

第一，坚持国家统一的原则。我国只有一个最高权力机关——全国人民代表大会，一个中央政府——国务院，一部宪法。国内所有省、自治区、直辖市都是中华人民共和国不可分离的部分。国家根据各民族的特点和需要，在少数民族聚居区实行民族区域自治。我国的民族区域自治，是统一国家内的民族地方自治。

第二，坚持自治形式灵活多样的原则。自治形式灵活多样，适应我国民族杂居的特点。我国的民族区域自治与苏联、南斯拉夫有很大的区别：不是单一的民族自治或地方自治，是民族自治与区域自治的有机结合，以民族聚居区为基础，以民族成分、区域界线、行政地位、经济发展为要素，从而使得自治形式具有极大的灵活性。

第三，坚持自治权利广泛性的原则。自治权是实现民族区域自治的核心。与苏联联邦制相比，我国的民族自治权利非常广泛，概括起来有：

一是自治机关有权制定自治条例和单行条例；

二是自治机关有权采取特殊政策和灵活措施，加速民族自治地方的建设；

三是自治机关有权对上级国家机关有不适合民族自治地方实际情况的决议、决定、命令和指示，报经上级国家机关批准后，可以变通执行或停止执行；

四是自治机关有管理地方财政的自治权；

五是自治机关可在国家的指导下自由地安排和管理地方性的经济建设；

六是有权自主地管理地方教育、科学、文化、卫生和体育事业等。

3. 发展民族经济是解决民族问题的根本途径

(1) **民族经济是国民经济的有机组成部分**。少数民族经济是整个国民经济的重要组成部分，发展民族经济，对发展整个国民经济有很大的互补性，如果没有少数民族的发展和繁荣，整个国民经济的发展势必受到严重的影响。

(2) **坚持改革开放和建立市场经济体制是发展民族经济的前提**。邓小平在总结中苏社会主义建设的经验教训基础上，反复强调，马克思主义的基本原则就是发展生产力，而要发展生产力，必须以经济建设为中心，发展商品经济，建立社会主义市场经济体制。

(3) **缩小民族地区与发达地区差距，发展民族经济**。国家的大力帮助和政策的优惠与民族地区自力更生发展自己相结合是缩小民族地区与发达地区差距、发展民族经济的基本方针。自力更生、艰苦奋斗是民族地区发展经济的根本出路。但由于民族地区底子薄、基础差，在各方面发展缓慢，国家必须帮助少数民族地区。

4. 尊重民族语言、风俗习惯和宗教信仰是解决民族问题的重要条件

(1) **各民族都有使用和发展其语言文字的自由**。新中国成立后，党在一系列文献中强调要尊重各民族语言文字、保障各民族都有使用和发展自己的语言文字的自由权利政策，从而发展了马列主义民族语言理论。其一，党承认并通过法律保障各民族语言平等和各民族有使用和发展本民族语言文字的权利；其二，党认为各民族语言在国家社会政治生活中享有平等的地位，既是民族语言平等的表现，又是一项重要的自治权利；其三，党提倡各

民族在自愿的基础上互相学习语言文字。这是我党民族语言理论的一大特色。

(2) **尊重少数民族风俗习惯**。我党认为，在各民族的相互交往中，一定要尊重少数民族风俗习惯。尊重少数民族风俗习惯的意义在于：其一，有利于保护各民族的民主权利和平等权利；其二，有利于发展和繁荣民族文化；其三，有利于维护民族团结和改善民族关系。尊重各民族风俗习惯是党的民族平等团结思想的重要组成部分，是党解决民族问题的一条重要原则。

(3) **保障少数民族宗教信仰自由的权利**。在我国，宗教信仰问题是少数民族地区一个非常重要的社会问题，近 20 个民族保持着全民信仰宗教的特点。

二十一、如何推动社会主义文化繁荣兴盛?

王　祥

党的十九大报告指出：要坚定文化自信，推动社会主义文化繁荣兴盛。报告用三句话作了提纲挈领的论述。

“文化是一个国家、一个民族的灵魂”。从文化结构上说，价值观是文化的核心内容，而规范，包括习惯规范、道德规范和法律规范则是文化的具体内容。因此，要振兴中华文化，需要首先大力培育和践行社会主义核心价值观。十九大报告指出，社会主义核心价值观是当代中国精神的集中体现，凝结着全体人民共同的价值追求。不仅如此，十九大报告还强调要深入挖掘中华优秀传统文化所蕴含的思想观念、人文精神、道德规范，结合时代要求继承创新，让中华文化展现出永久魅力和时代风采。

铸就中华民族的不朽灵魂还需要重视意识形态建设。十九大报告强调我们党要牢牢掌握意识形态工作领导权，因为意识形态决定文化前进方向和发展道路。所以，我们党必须推进马克思主义中国化、时代化、大众化，建设具有强大凝聚力和引领力的社会主义意识形态，使全体人民在理想信念、价值理念、道德观念上紧紧团结在一起。

“文化兴国运兴，文化强民族强。没有高度的文化自信，没有文化的繁荣兴盛，就没有中华民族伟大复兴”。当今世界的事实告诉我们，文化在综合国力竞争中的地位日益重要。谁占据了文化发展的制高点，谁就能够更好地在激烈的国际竞争中掌握主动权。文化不仅影响一个国家的决策和方向，还能构成软实力以支撑一个国家的发展壮大。文化是民族的灵魂，无论哪一个国家、哪一个民族，如果不珍惜自己的思想文化，丢掉了思想文化这个灵魂，这个国家、这个民族是立不起来的。因此，文化自信是实现中华民族伟大复兴中国梦的基础。“要坚持中国特色社会主义文化发展道路，激发全民族文化创新创造活力，建设社会主义文化强国”。建设社会主义文化强国，关键是增强全民族文化创造活力。爱因斯坦说过，探索真理比占有真理更为可贵。中国特色社会主义文化本身就是在探索真理的过程中不断继承和创新的结果。

要坚定文化自信，推动社会主义文化繁荣兴盛，就必须做到：

一是要牢牢掌握意识形态工作领导权。必须推进马克思主义中国化、时代化、大众化，建设具有强大凝聚力和引领力的社会主义意识形态，使全体人民在理想信念、价值理念、道德观念上紧紧团结在一起。要加强理论武装，推动新时代中国特色社会主义思想深入人心。深化马克思主义理论研究和建设，加快构建中国特色哲学社会科学体系，加强中国特色新型智库建设。高度重视传播手段建设和创新，提高新闻舆论传播力、引导力、影响力、公信力。加强互联网内容建设，建立网络综合治理体系，营造清朗的网络空间。落实意识形态工作责任制，加强阵地建设和管理，注意区分政治原则问题、思想认识问题、学术观点问题，旗帜鲜明地反对和抵制各种错误观点。

二是要培育和践行社会主义核心价值观。要以培养担当民族复兴大任的时代新人为着眼点，强化教育引导、实践养成、制度保障，发挥社会主义核心价值观对国民教育、精神文明创建、精神文化产品创作、生产、传播的引领作用，把社会主义核心价值观融入社会发展各方面，转化为人们的情感认同和行为习惯。坚持全民行动、干部带头，从家庭做起，从娃娃抓起。深入挖掘中华优秀传统文化蕴含的思想观念、人文精神、道德规范，结合时代要求继承创新，让中华文化展现出永久魅力和时代风采。

三是要加强思想道德建设。人民有信仰，国家有力量，民族有希望。要提高人民思想觉悟、道德水准、文明素养，提高全社会文明程度。广泛开展理想信念教育，深化中国特色社会主义和中国梦宣传教育，弘扬民族精神和时代精神，加强爱国主义、集体主义、社会主义教育，引导人们树立正确的历史观、民族观、国家观、文化观。深入实施公民道德建设工程，激励人们向上向善、孝老爱亲，忠于祖国、忠于人民。加强和改进思想政治工作，深化群众性精神文明创建活动。弘扬科学精神，普及科学知识，开展移风易俗、弘扬时代新风行动，抵制腐朽落后文化侵蚀。推进诚信建设和志愿服务制度化，强化社会责任意识、规则意识、奉献意识。

四是要繁荣发展社会主义文艺。要繁荣文艺创作，坚持思想精深、艺术精湛、制作精良相统一，加强现实题材创作，不断推出讴歌党、讴歌祖国、讴歌人民、讴歌英雄的精品力作。发扬学术民主、艺术民主，提升文艺原创力，推动文艺创新。倡导讲品位、讲格调、讲责任，抵制低俗、庸俗、媚俗。加强文艺队伍建设，造就一大批德艺双馨的名家大师，培育一大批高水平创作人才。

五是要推动文化事业和文化产业发展。满足人民过上美好生活的新期待，必须提供丰富的精神食粮。要深化文化体制改革，完善文化管理体制，加快构建把社会效益放在首位、社会效益和经济效益相统一的体制机制。完善公共文化服务体系，深入实施文化惠民工程，丰富群众性文化活动。加强文物保护利用和文化遗产保护传承。健全现代文化产业体系和市场体系，创新生产经营机制，完善文化经济政策，培育新型文化业态。广泛开展全民健身活动，加快推进体育强国建设，筹办好北京冬奥会、冬残奥会。加强中外人文交流，以我为主、兼收并蓄。推进国际传播能力建设，讲好中国故事，展现真实、立体、全面的中国，提高国家文化软实力。

二十二、如何理解坚定“四个自信”？

康玲玲

习近平总书记在庆祝中国共产党成立95周年大会上的重要讲话中，把“文化自信”与中国特色社会主义道路自信、理论自信、制度自信并列，并对文化自信的基本构成、重要地位和重大价值作出精辟论断。这是以习近平同志为核心的党中央治国理政的新理念新思想新战略的最新成果，是中国特色社会主义理论体系的重大创新，必将为开辟21世纪马克思主义新境界、提升中国文化的软实力产生重大而深远的影响。

中国特色社会主义道路是中国特色社会主义的实践表达，它规定了中国特色社会主义的发展方向和途径，明确了坚持和发展中国特色社会主义的根本遵循、基本内容和宏伟蓝图。这是我们在道路上获得自信的实践基础。中国特色社会主义道路既不是“传统的”，也不是“外来的”，更不是“西化的”，而是我们“独创的”，是我们党团结带领全国各族人民经过长期实践探索开辟出的一条正确道路，是植根国情、顺应潮流、符合民意的强国之路、富民之路、幸福之路。

中国特色社会主义理论体系是中国特色社会主义的理论表达，它是中国特色社会主义道路的经验总结、逻辑概括和思想升华。这是我们在理论上获得自信的精神源泉。党的十八大以来，以习近平同志为核心的党中央站在时代发展和战略全局的高度，在实践基础上勇于理论创新，形成了治国理政的新理念新思想新战略，深刻回答了我们要“进行什么样的国家治理”以及“怎样进行治理”等一系列重大理论和实践问题，这是中国特色社会主义理论体系的最新成果，是马克思主义中国化的最新成果，是指导我们进行具有许多新的历史特点的伟大斗争的鲜活的马克思主义。在当代中国，坚持中国特色社会主义理论体系，就是真正坚持马克思主义，我们必须坚定这样的理论自信。

中国特色社会主义制度是中国特色社会主义科学的制度表达，集中体现了鲜明的中国特色、明显的制度优势和强大的自我完善能力。这是我们在制度上获得自信的现实保障。中国特色社会主义制度，是对长期以来我们党推进社会主义制度自我完善和发展，在经济、政治、文化、社会、生态建设等各个领域形成的一整套相互衔接、相互联系的制度体系的高度概括。在新的历史条件下，坚持制度自信，必须立足于新的伟大实践，以改革开放和社会主义现代化建设的实际问题、以我们正在做的事情为中心，着眼于新的实践发展，充分尊重人民群众的伟大实践和创造，不断完善中国特色社会主义制度，为人类对更好社会制度的探索提供中国方案。

中国特色社会主义文化是中国特色社会主义的价值表达，集中反映了先进生产力发展规律及其文化成果，是源于人民大众实践又为人民大众服务的文化，是继承人类优秀精神成果的文化，具有科学性、时代性和民族性。这是我们在文化上获得自信的价值支撑。党的十八大以来，习近平总书记多次提到文化自信问题。在“七一”讲话中，习近平总书记首次把文化自信与道路自信、理论自信、制度自信并列，进一步阐释了文化自信的内涵。提出坚持“四个自信”，彰显了习近平总书记对文化自信的高度重视，标志着中国共产党人对文化功能和作用的认识达到了一个新的高度，标志着中华民族的文化自觉和自信站在了一个新的历史起点上。

第一，用马克思主义的历史思维、辩证思维进行历史比较和国际比较，确立坚定“四个自信”的历史依据和现实依据。习近平总书记指出：“当今世界，说哪个政党、哪个国家、哪个民族能够自信的话，那中国共产党、中华人民共和国、中华民族是最有理由自信的。”这是拿今天之中国和新中国成立以前的中国相比、同鸦片战争以后的中国相比得出的科学结论，也是在当今世界中国与世界各国的互动中进行国际比较得出的科学结论。列宁曾指出，在分析任何一个社会问题时，要把问题提到一定的历史范围之内。把问题提到一定历史范围之内，就要考察、把握事物基本的历史联系和历史实践，这样才能从历史和现实、理论和实践、国内和国际的结合上进行思考，揭示事物的本质及其发展规律。中国在1840年鸦片战争以后沦为半殖民地半封建社会，几乎所有帝国主义国家都参与了对中国的侵略和掠夺，数百个不平等条约从政治、经济、军事、文化各方面紧紧捆住了中国的手脚，使中国不断蒙受屈辱，不断走向贫困和衰落。实现中华民族伟大复兴是近代以来中华民族最伟大的梦想。但无数志士仁人的奋斗都失败了，并为此而抱恨终天。

第二，不断夯实“四个自信”的文化根基和理论根基，在自觉抵制错误思潮过程中，坚持和发展“四个自信”。习近平同志在庆祝中国共产党成立95周年大会上的讲话中指出：“马克思主义是我们立党立国的根本指导思想，背离或放弃马克思主义，我们党就会失去灵魂，迷失方向。”又说：“文化自信是更基础、更广泛、更深厚的自信。在5000多年文明发展中孕育的中华优秀传统文化，在党和人民伟大斗争中孕育的革命文化和社会主义先进文化，积淀着中华民族最深层的精神追求，代表着中华民族最独特的精神标识。”这就告诉我们，坚定文化自信内在地包含了要坚持正确的文化方向，坚持党的以马克思主义为指导思想的文化立场。中华优秀传统文化、革命文化和社会主义先进文化之间，不是相互割裂而是辩证连结的。优秀传统文化是中华文化发展的母体，革命文化、社会主义先进文化是在党和人民伟大斗争中对优秀传统文化的批判继承、改造发展。在马克思主义同中国实际相结合中产生的革命文化，是我们的红色文化基因和社会主义先进文化的直接源头。今天中华民族精神标识的内涵，就是在马克思主义指导下，融优秀传统文化、革命文化和社会主义先进文化于一体的独特的文化品格。我们提升“四个自信”必须高度重视理论的作用，加强马克思主义理论武装，树立正确的世界观和方法论。共产党人的世界观和方法论是辩证唯物主义和历史唯物主义。习近平总书记系列重要讲话就是凝聚着这一世界观、方法论运用于当代中国治国理政、管党治军的最新理论成果。学习习近平总书记系列重要讲话精神，坚持辩证唯物主义和历史唯物主义的方法论，联系党和国家的历史性变革和历史性成就，正确进行历史比较和国际比较，认清当今世界和当代中国发展大势，是提升“四个自信”的基本途径。

道路自信、理论自信、制度自信和文化自信是相互联系相互促进的有机整体，统一于中国特色社会主义的伟大实践。中国特色社会主义体现着合规律性和合目的性的统一，这是中国取得一系列成功的根本原因。伴随中国特色社会主义的实践发展，一定会使我们对道路自信更坚定、理论自信更科学、制度自信更完备，文化自信更自觉。

二十三、我国台湾问题的由来和实质是什么?

王　祥

1. 国民党败退台湾

1949年初，经过辽沈、平津、淮海三大战役，国民党军队有生力量被消灭过半，国民党统治面临彻底垮台的命运。面对艰难的形势，蒋介石采纳历史地理学家出身的张其昀的建议，决定把台湾作为今后的退身之所。他认为退居台湾，退可守，进可攻；台湾与大陆隔着一条海峡，凭借海峡天险和海军、空军力量，完全可以抗衡当时尚无海军、空军的共产党，以积聚力量，待国际形势发生于己有利的变化时，再反攻大陆。

1949年1月，蒋介石宣布下野，由李宗仁任代总统，可实际蒋还在掌控权力。1949年春，以李宗仁为首的南京国民政府正式派出代表与共产党在北平进行最后的和平谈判。由于蒋介石拒绝在《和平协定》上签字，和平谈判破裂。

1949 年 4 月，共产党发布“向全国进军的命令”，解放军以强大的攻势迅速解放了国民党统治区。1949 年 10 月 1 日，中华人民共和国成立，取代“中华民国政府”而成为中国的唯一合法政府。1949 年 12 月 7 日，国民党“国民政府”各部门从成都逃往台湾；12 月 10 日，蒋介石和儿子蒋经国，乘飞机从成都凤凰山机场飞往台湾。

2. 中国人民解放军积极准备解放台湾

随着国民党退居台湾，毛泽东和中央军委就开始筹划渡过台湾海峡，彻底歼灭国民党残余，解放台湾进而解放全中国的计划。1949 年 8 月至 1950 年 6 月，中国人民解放军解放了除金门、马祖以外的台湾外围的主要岛屿，并开始正式准备发起渡海攻台。

1950 年 6 月 25 日，朝鲜战争爆发，美军进入朝鲜，第七舰队驶向台湾海峡。中华人民共和国同时面临来自东北和东南两方面的军事威胁。同时，美国还加强了对侵越法军的支持，向越南派出了军事顾问团，中国南部边疆的形势也骤然紧张。从当时中国的实力来看，要同时在三条战线与美国作战显然存在极大困难。而且当时人民解放军尚无具有战斗力的海军和空军，要想短时间内突破美国第七舰队的封锁，进而解放台湾并不现实，于是，毛泽东和中共中央决定推迟渡海攻台。

3. 朝鲜战争前后美国对台政策的变化

随着国民党政权在军事上的彻底失败，世界上绝大多数的国家都认为国民党在台湾存在的时间不长了。当时，随国民党从大陆迁往台湾的外国使节寥寥无几，蒋介石外交空前孤立。蒋介石主要依靠的美国，态度也发生了明显的变化。

1950 年 1 月 5 日，杜鲁门总统发表声明称：“在1943 年 12 月 1 日的《开罗宣言》中，美、英、中三国元首申明他们的目的是使日本窃取的中国的领土，如台湾，归还中国。过去四年来，美国和其他盟国也都承认中国对该岛行使主权。美国对台湾或中国其他领土从无进行掠夺的野心，也不准备以武装部队干预中国现在的局势。美国政府不准备采取任何足以把美国卷入中国内战的行为。”1950 年 1 月 12 日，美国国务卿艾奇逊在全美新闻俱乐部发表题为《中国的危机》的演讲，公开称国民党不是在战场上被打倒的，而是被中国人民抛弃了。更重要的是，艾奇逊在描述美国的西太平洋安全防线时，所指是从阿留申群岛，经日本到菲律宾，并未包括台湾在内。这一政策宣言的含义非常明确：美国无意保护台湾。

1950 年 6 月朝鲜战争爆发后，美国政府从其远东战略利益考虑，改变了对台政策。为了阻止中国人民解放军攻打台湾，美方以协防的名义，直接出兵台湾。

1954 年 12 月 2 日，美国政府和台湾当局签订《共同防御条约》，正式确认了美台之间的互助同盟关系。这是美国干涉中国内政的严重事件。条约规定，如果缔约一方遭到武装“攻击”，另一方将“采取行动，以对付共同的危险”，其阻止中国人民解放自己的领土台湾的用心十分明显。同时，条约又规定国民党对大陆采取军事行动，必须征得美国政府的同意，实际上在于阻止国民党“反攻大陆”。这样，既阻止大陆解放台湾，又不准台湾进攻大陆，美国政府企图将两岸分裂的现状固定化、永久化，搞“两个中国”“一中一台”。此后，美国国会又于 1955 年 1 月通过所谓《台湾决议案》，“授权美国总统于其认为必要时使用美国武装力量确保台湾与澎湖列岛免受武装攻击”。根据此一决议案，美国第七舰队及航空母舰“中途岛号”于1955年1月28日驶入我国台湾海峡。

4. 台湾问题的实质与美国政府的责任

如前所述，1949年10月1日后，中华人民共和国政府已取代国民党的“中华民国政府”，成为中国的唯一合法政府和国际上的唯一合法代表，按照全世界公认的有关政府继承的国际法准则，理所当然地继承了原来的“中华民国政府”代表中国行使的包括对台湾省在内的全中国的主权。而国民党政权的少数残余势力退逃台湾，虽然还打着“中华民国政府”的旗号，但这个所谓的“中华民国”已经完全丧失其合法性。当时，中国人民已经将“解放台湾，完成祖国统一”提上议事日程，并着手准备。因此，台湾问题从本质上讲完全是中国的内政，应该由中国人民自己解决。

中华人民共和国成立后，美国政府原本可以从中国内战的泥潭中拔出来，但它没有这样做，而是对新中国采取了孤立、遏制的错误政策。它在中国人民积极准备解放台湾时，利用朝鲜战争爆发的机会，公然派遣第七舰队侵入台湾海峡，阻挠中国人民解放台湾的正义行动，武装干涉纯属中国内政的海峡两岸关系，并通过与台湾当局签订所谓《共同防御条约》，将中国领土台湾置于美国的“保护”之下。美国政府的政策，造成了台湾当局在其庇护下，与大陆对峙超过50年。台湾海峡地区局势因之长期紧张，台湾问题也由此成为中美两国间的重大争端。因此，台湾问题的产生，从本质上讲既是中国内战的遗留问题，也与美国势力的介入有密切关系。中国台湾问题长期得不到解决，美国政府负有重大责任。

二十四、中国为什么要坚持走和平发展道路?

王 祥

习近平在新加坡国立大学发表演讲时强调，和平发展思想是中华文化的内在基因，讲信修睦、协和万邦是中国周边外交的基本内涵。近代以来，外敌入侵、内部战乱曾给中国人民带来了巨大灾难。中国人民深知和平的宝贵，绝不会放弃维护和平的决心和愿望，绝不会把自身曾遭遇的苦难强加于他人。中国繁荣昌盛是趋势所在，但国强必霸不是历史定律。中国自古倡导“强不执弱，富不侮贫”，深知“国虽大，好战必亡”的道理。一些人渲染“中国威胁论”，这或者是对中国历史文化和现实政策不了解，或者是出于一种误解和偏见，或者是有着不可告人的目的。中国坚持走和平发展道路，坚持独立自主的和平外交政策，不是权宜之计，而是我们的战略选择和郑重承诺。

中国的和平发展道路是人类追求文明进步的一条全新道路，是中国现代化建设的必由之路，是中国政府和中国人民的郑重选择和庄严承诺。

——中国坚定不移地走和平发展道路，是基于中国国情的必然选择。1840年鸦片战争以后的100多年里，中国受尽了列强的欺辱。消除战争，实现和平，建设独立富强、民生幸福的国家，是近代以来中国人民孜孜以求的奋斗目标。今天的中国虽然取得了巨大的发展成就，但人口多，底子薄，发展不平衡，仍然是世界上最大的发展中国家。推动经济社会发展，不断改善人民生活始终是中国的中心任务。坚持走和平发展道路，是中国实现国家富强、人民幸福的必由之路。中国人民最需要、最珍爱和平的国际环境，愿尽自己所能，为推动各国共同发展作出积极贡献。

——中国坚定不移地走和平发展道路，是基于中国历史文化传统的必然选择。中华民族历来就是热爱和平的民族。中华文化是一种和平的文化。渴望和平、追求和谐，始终是中国人民的精神特征。600年前，中国明代著名航海家郑和率领当时世界上最强大的船队“七下西洋”，远涉亚非30多个国家和地区，带去的是茶叶、瓷器、丝绸、工艺，没有侵占别国一寸土地，带给世界的是和平与文明，充分反映了古代中国与有关国家和人民加强交流的诚意。立足当代，中国的发展不仅造福13亿中国人民，也给世界各国带来了巨大的市场和发展机遇。中国的发展有利于世界和平力量的增长。

——中国坚定不移地走和平发展道路，是基于当今世界发展潮流的必然选择。求和平、促发展、谋合作是世界各国人民的共同心愿，也是不可阻挡的历史潮流，特别是世界多极化和经济全球化趋势的深入发展，给世界和平与发展带来了新的机遇，争取较长时期的和平国际环境是可以实现的。同时，中国也清楚地看到，世界上仍存在诸多不稳定不确定的因素，人类还面临许多严峻挑战，但机遇大于挑战，只要世界各国共同努力，就能够逐步实现建设一个持久和平、共同繁荣的和谐世界的目标。长期以来，中国坚持奉行独立自主的和平外交政策，宗旨就是维护世界和平、促进共同发展。早在1974年邓小平就向全世界宣布，中国永远不称霸。改革开放以来，中国根据国际形势的变化趋势，坚持和平与发展是时代主题这一重大战略判断，多次公开阐明：中国过去不称霸，现在不称霸，将来强大了也不称霸。中国的发展不会对任何人构成威胁，只会给世界带来更多的发展机遇和更加广阔的市场。事实表明，中国经济的发展，正在成为亚太地区和世界经济增长的重要推动力量。维护世界和平，促进共同发展，已成为中国的国家意志。

中国走和平发展道路不仅符合中国人民的根本利益，而且符合世界人民的共同利益。中国人民的民族独立和解放事业取得胜利后，尽快发展相对落后的生产力，使之适应国民日益增长的物质文化需要，就成为中国社会长期面对的基本矛盾。在安全环境允许的情况下，聚精会神搞建设，一心一意谋发展，大力推进中国的现代化事业，就是中国人民的根本利益。中国作为一个负责任的大国，选择什么样的发展道路，不仅要从中国人民的根本利益出发，也要以世界人民的共同利益为依据。维护世界和平，促进共同发展，是世界人民的共同利益。中国选择和平发展的道路，将主要精力放在国内现代化建设事业上，对于世界和平与发展这两个根本性的问题都具有重要意义。尽管在中国和平发展的道路上仍然面临着许多困难和问题，但中国政府和中国人民走和平发展道路的决心是坚定不移的。中国的发展不会妨碍任何人，也不会威胁任何人，只会有利于世界的和平、稳定、繁荣。“中国威胁论”是错误的。中国今天要走和平发展道路，将来强大了也要走和平发展道路。

走和平发展道路，必须坚定不移高举和平、发展、合作、共赢的旗帜，恪守维护世界和平、促进共同发展的外交政策宗旨，坚持独立自主的和平外交政策。中国奉行不结盟政策，主张和平解决国际争端和热点问题，反对动辄诉诸武力或以武力相威胁，根据事情本身的是非曲直决定自己的立场和政策，秉持公道，伸张正义。作为国际社会的重要成员，中国始终是促进世界和平与发展的重要力量。通过对国际社会的巨大贡献，中国为自身赢得了良好发展环境，得到了巨大发展，同时也壮大了维护世界和平、促进共同发展的正义力量，已经并将继续为人类和平与发展的崇高事业作出越来越大的贡献。

走和平发展道路，必须坚决捍卫国家主权、安全、发展利益，决不屈服于任何外来压力。我国外交工作的中心任务，就是为全面建成小康社会、实现社会主义现代化创造有利国际环境和周边环境。和平发展的战略机遇不会凭空而来，必须靠我们的努力去争取和维护。我们不干涉别国内政，也绝不允许别国干涉我国内政；我们不侵占别国领土和主权，也绝不容许别国侵犯我国主权、安全、发展利益。

走和平发展道路，必须坚决反对各种形式的霸权主义和强权政治，永远不称霸，永远不搞扩张。和平发展，就是要打破“国强必霸”的传统逻辑，在中国强大起来的情况下，始终坚持防御性国防政策，不同任何国家搞军备竞赛，不走侵略扩张、争霸世界的老路。中国将坚持把中国人民利益同各国人民共同利益结合起来，以更加积极的姿态参与国际事务，发挥负责任大国建设性作用，反对新干涉主义，反对颠覆别国合法政权，团结国际社会一切可能团结的力量，共同应对全球性挑战，共创人类美好未来。

二十五、如何评价当代中国的国际地位?

王 祥

中国幅员辽阔，历来是一个大国。从历史上看，中国是东方文明的一颗璀璨明珠，素以泱泱大国著称；从地缘角度看，中国疆域辽阔，背倚欧亚大陆腹地，面向太平洋，具有广袤的领土和领海；从现有实力和发展潜力上看，中国是正在崛起中的最大的发展中国家，改革开放激发出了巨大的活力，如果能够长时期保持下去，对世界原有的力量结构和秩序规范将带来很大的冲击。这一切决定了中国无法不显其重要，中国是世界上为数不多的在经济、政治、文化、军事等不同领域具有综合实力或潜力的国家之一。

但自近代以来直至新中国成立，中国是一个久经内忧外患、贫穷落后、四分五裂的弱国。二战结束时，中国虽然作为四大战胜国之一，跻身于联合国安理会常任理事国行列中，但中国贫弱的本质并未因此改变。新中国成立后，中国近代以来积贫积弱的趋势得到扭转，国际地位逐步提升。但受国内政治运动的影响与国际环境的制约，直至改革开放前，中国的复兴之路十分曲折，国际地位的改善亦只能是有限的、局部的：其一，虽然初步建立起近代工业体系，并搞出了“两弹一星”，但受“大跃进”和“文革”等因素冲击，中国错过了20世纪六七十年代世界经济与科技发展的宝贵机遇，未能从根本上改变大而弱、大而穷的国家面貌与国际形象；其二，由于长期处在国际经济封锁大背景下，同时受计划经济体制和极“左”思潮影响，中国20世纪六七十年代处在一个自我封闭的体系中，与外界有限的交往主要局限在政治领域，对世界经济、科技、文化与社会的参与微不足道，总体上处在世界舞台的边缘地带；其三，除意识形态领域外，中国国际影响的辐射范围主要限于周边地缘政治，只能算一个地区性大国。20世纪70年代中国恢复在联合国及安理会的合法席位、中美联合对苏等事件，虽然加大了中国的国际影响，但中国作为地区性大国的特征并未因此改变。

经过30多年的改革开放，中国国际地位在三个方面发生了质的变化：一是中国从一个地区性大国逐渐变成一个新兴的世界大国，二是中国的国际角色已从主流国际体系的外部走向内部，三是中国正从世界舞台的边缘走向中心。

1. 中国由地区性大国变为新兴世界大国，是中国综合国力不断增强的必然结果

改革开放30多年来，中国抓住国际战略格局转型机遇期，充分利用经济全球化带来的便利条件，加快发展，取得举世瞩目的成绩。在过去30多年里，中国经济保持了约10%的年均增长率，这在世界主要经济体的发展史上实属罕见，在近代以来的人类历史上是一项空前的成就。这一成就缩短了中国在经济、社会、科技和人文等领域与发达国家的差距，推动中国由农业社会迅速步入工业化中期的发展阶段，让数亿中国人只用了一代人多一点的时间就摆脱了贫困，过上了小康和相对富裕的生活，使中国成为世界第二大经济体、第二大贸易国，拥有世界第一的外汇储备，连续十几年成为吸引外国直接投资最多的发展中国家。中国不仅被称为“世界工厂”，也正成为世界最大和最具吸引力的市场之一，与美国并列为世界经济增长两个最重要的发动机。中国改革开放30多年的巨大成就，给中国的对外交往提供了强大的物质基础，使中国的国际影响由个别领域向众多领域拓展，由地区范围向世界范围伸展，由浅层次向深层次发展。这是中国国际地位提高的显著特征之一。

2. 中国对外交往方式的深刻转变是中国国际地位提高的又一重要因素，使中国从国际体系外转到体系内

在过去30多年里，改革和开放一直是推动中国发展的双引擎。中国内部的改革使中国人解放了思想观念，更新了体制机制，改善了社会经济发展环境，为实施对外开放创造了必要条件，对外开放则为中国内部的改革、变革与创新提供了动力。所以改革与开放在过去30多年历来是相提并论、不可分离的一对概念。改革开放不仅给中国的发展注入勃勃生机，也使中国与世界的交往方式与合作关系产生本质变化。30多年来，中国经历了从局部开放到全方位开放，从“引进来”到“走出去”，从“有计划的商品经济”体系向与国际市场全面接轨的社会主义市场经济体系的深刻转变。中国致力于与国际社会构成利益共生体，广泛、深入地融入国际体系。中国参加了近300个国际条约，130多个国际组织；加入了包括亚太经合组织、“10+1”、“10+3”、上海合作组织等几乎所有周边区域性机制。如今中国在许多国际维和行动、国际人道主义救援行动、国际政治安全对话机制及国际科教、人文交流活动中，都扮演着重要的角色，发挥着越来越大的建设性作用。中国对外交往的扩大和对主流国际体系的深度参与，增进了中国与外界的相互沟通与了解，丰富了中国参与国际事务的经验，增强了中国的国际影响力。这是中国国际地位提高的显著特征之二。

3. 持续壮大的综合国力与对国际事务的广泛深度参与，共同推动中国从世界舞台的边缘地带走向中心地带

30多年来，中国正由世界舞台的边缘地带扎实有力地走向中心位置。一方面，中国的发展成就和不断上升的国际影响力令世界更加关注中国。“中国责任论”的兴起在一定意义上反映着这种关注。近年来，世界上涉及中国的话题越来越多、越来越热、涵盖的领域越来越广泛。世界在讨论世界格局、国际和地区安全形势、国际热点问题、国际军控与不扩散机制、价值观与文明冲突问题、气候变化、能源安全、金融形势、国际贸易等问题时，中国都是人们重点谈论的一个对象。中国已经成为世界事务中一个举足轻重的因素，抛开中国因素，世界上的许多问题都无从理解，更无从解决。另一方面，中国的声音在世界上正吸引越来越多的听众，中国的态度令世界更加重视。如今，当中国发表意见的时候，全世界几乎所有的国家都会注意倾听，而不会对中国的声音掉以轻心。在越来越多的国际场合，听中国人的意见甚至成了必不可少的一项重头戏。可以说，新中国的成立使中国人民从此站起来了，而30多年的改革开放则使中国人开始在世界上拥有了越来越多的话语权，使中国在政治、经济、社会等各个领域从世界舞台的边缘走向中心。这是过去30多年中国国际地位不断提高的第三个显著特征。

当今世界，随着国际交往的增多，国家的内部利益与外部利益的联系越来越密切，一个国家要想有效地实现其国家目标，就必须平衡和协调国内发展战略和对外战略。面对多变的国际国内政治经济环境，做到这一点显得尤其重要。从封闭到开放，加入世界的发展大潮，是我国推进现代化不可逾越的步骤，是时代的要求。然而中国不可能主要靠借助外力实现现代化。现实要求我们在融入到世界体系中去的同时，必须保持自己民族的自主性，否则就会失去立足世界的根本。中国的发展和进步应该首先将关注点更多地放在国内范围，不断改善国内经济政治结构，推动社会的改革。虽然中国的生存和发展问题很大程度上也体现在与外部的关系之中，国家安全受到来自外部的种种威胁，但比较而言，内部问题才是生存和发展的根据，外部问题在更多时候只是条件。也就是说，国内利益要重于外部利益，内部安全重于外部安全。一方面，当前中国获取外部利益的能力毕竟有限，国家利益的基本需求必须要在国内实现，有限的资源需要用来应付国内的矛盾和危机。另一方面，外部所有的威胁最终都必将通过发展和完善国家内部的社会结构才能有效化解。如果没有国家内部社会结构的严重失衡，没有纠缠不清的历史性矛盾，则外部力量很难肢解一个国家；如果没有内部经济体制的种种隐患，则国际投机资本也就难以寻找到机会；如果没有国家战略选择的严重失误，则外部势力也不可能从根本上动摇一个国家现代化的步伐。自强之外，无胜人之本。

新中国成立以来尤其是改革开放走过的历程已经足以说明，中国有能力以开放的姿态博采众长，也有能力发掘自身丰富的文化资源，并将两者较为有效地结合起来进行现代化建设。从20世纪80年代开始，中国经济在过去的30多年的时间里保持了较快的增长速度，并且克服了国内外诸多不利因素的影响，社会发展取得了空前的进步。只是面对空前激烈的国际竞争，需要中国对仍然比较落后的经济、政治和社会结构进行积极的调整，当前还远远不到松口气的时候。像中国这样幅员辽阔、人口众多的大国，处理好自己的事情是生存与发展的前提，也是发挥国际影响的先决条件。只要中国能够继续保持开放的、充满活力的发展态势，进一步提高综合国力，不断推动社会机制的良性运转，那么，中国所面临的一切矛盾，包括来自外部的对国家安全的威胁，也就都有了解决问题的最重要基础，同时也必将有助于中国在国际事务中发挥加积极有效的作用。

只有增强危机意识，振奋民族精神，以十倍的热情、百倍的努力，继续坚定不移地深化改革开放，加快经济建设，迅速提高综合国力，才是我们唯一的出路。总之，当今的中国还不是一个完全意义上的全球性大国，而是一个具有全球性影响的地区性大国。我们应正确认识自己的国际地位，保持清醒的头脑。既不能妄自菲薄，也不能过高地估计自己的实力。

中国是国际社会中负责任的一员。独立自主、自力更生地把国内事情办好，就是对世界稳定与发展负责；中国积极承担国际责任，力所能及地参与全球和地区热点问题的解决、参与国际体系的建设、参与推进发展议程；中国的发展成果惠及世界，中国好了，世界得利；中国始终坚持走和平发展道路，即使强大了，也不会走西方国家“国强必霸”的老路。

二十六、为什么必须坚持和加强党的全面领导?

王　祥

党的十九大报告中指出，“党政军民学，东西南北中，党是领导一切的。”坚持和加强党的全面领导，是我国进入新时代对党的领导的明确要求。

坚持和加强党的全面领导，是新时代对党的领导地位的进一步明晰。中国共产党是中国特色社会主义事业的领导核心，这是历史的选择、人民的选择。回顾历史，在波澜壮阔的历史进程中，中国共产党紧紧依靠人民，实现了三个伟大的历史飞跃：中国从几千年封建专制政治向人民民主的伟大飞跃；中华民族由不断衰落到根本扭转命运、持续走向繁荣富强的伟大飞跃；中国人民从站起来到富起来、强起来的伟大飞跃。中国的发展深刻体现了“中国特色社会主义最本质的特征是中国共产党的领导，中国特色社会主义制度的最大优势是中国共产党的领导，党是最高政治领导力量”。当前，要在全面建成小康社会基础上开启全面建设社会主义现代化强国的新征程，我们党就必须一如既往地勇于承担历史重任，根据时代的发展变化，自觉调整领导方式。

坚持和加强党的全面领导，是我国社会发展的现实需要。中国特色社会主义进入新时代，社会的主要矛盾已经发生了变化，这就需要加强党的全面领导，充分发挥党在社会发展过程中的领导作用。中国特色社会主义事业发展过程中需要党把控全局、定方向，以创新、绿色、协调、开放、共享的新发展理念来谋划发展，更好地解决人民日益增长的美好生活需要和不平衡不充分的发展之间的矛盾。社会发展过程中不可避免地会面临各种问题，这就需要不断提高党的领导能力，提高抵抗各类风险的能力，使得党在全面领导下实现团结各方力量的统筹功能，凝聚起同心共筑中国梦的磅礴力量，破除一切顽瘴痼疾，确保中国特色社会主义道路不为一切势力所动摇，落实党平衡利益诉求的协调功能，坚持以人民为中心，全面深化改革，稳步推进利益机制的调整，构建系统完备、科学规范、运行有效的制度体系，充分发挥我国社会主义制度优越性。

坚持和加强党的全面领导，必须把党的政治建设放在首位。抓住了党的政治建设，就抓住了党的建设的根和魂。近年来，党中央之所以持续推进全面从严治党，在严肃党内政治生活、强化党内监督、加强党内教育、整顿作风和反腐败斗争等方面采取了一系列重大举措，就是因为“政治问题，任何时候都是根本性的大问题。全面从严治党，必须注重政治上的要求，“干部在政治上出问题，对党的危害不亚于腐败问题，有的甚至比腐败问题更严重”。坚持党中央的权威和集中统一领导，树立政治意识、大局意识、核心意识、看齐意识，保证全党服从中央、坚持党中央的权威和集中统一领导，这是进行伟大斗争、建设伟大工程、推进伟大事业、实现伟大梦想的基本前提和根本保证。

坚持和加强党的全面领导，还须注重党的自身建设，才能更好发挥领导核心作用。“正人先正己”，中国共产党作为执政党，必须要加强自身建设。党内风清气正，各级领导干部才能更好地服务于中国特色社会主义事业建设过程。中国共产党自执政以来，面临着各种考验，一路走到今天，之所以能不断发展壮大，就是因为我们党能根据形势的变化，与时俱进地提升自身领导力以适应发展的需要。新时代党的建设总要求，明确了新时代党的建设目标，是要“把党建设成为始终走在时代前列、人民衷心拥护、勇于自我革命、经得起各种风浪考验、朝气蓬勃的马克思主义执政党”。只要敢于拿起手术刀来革除自身的病症、解决自身的问题，通过不断完善党的自身建设提升全面领导，我们党就一定能永葆执政党的生命力。

二十七、当代中国工人阶级还是不是领导阶级?

乔永平 王金玉

中国工人阶级无论是新民主主义革命和社会主义革命时期，还是社会主义建设时期都是作为领导阶级发挥作用的。然而，随着改革开放的逐步深入以及社会经济结构发生的巨大变化，工人阶级作为一个阶级本身也发生了明显的变化。一方面，工人阶级人数不断地增多，队伍不断地壮大；另一方面，工人阶级的内部结构也发生了明显的变化。如知识分子的比重增长，由农民工转变而来的产业工人队伍的扩大，非公有制经济组织中职工数量的增多、流动性增强等。此外，还有一个十分重要的变化就是，工人下岗失业的现象也较为普遍。总之，计划经济时代高度同质性的工人阶级群体如今随着改革开放的不断深化，出现了看起来相当不一致的职业群体以及由此产生的差别较大的利益群体。

应当说，改革开放后出现的一系列变化丝毫不能说明无产阶级的领导地位发生了变化，相反，我们党所领导的改革和社会主义现代化建设的全部活动与整个进程，都必须全心全意地依靠工人阶级，这在任何时候、任何情况下都不能动摇。

1. 中国工人阶级的领导地位是由我国的社会主义性质决定的

我国是一个由工人阶级的先锋队——共产党领导的社会主义国家，党的指导思想是马克思主义，这就决定了工人阶级作为领导阶级在国家中的地位，无产阶级始终是中国共产党最牢固的阶级基础，无论是革命还是今天的改革开放。中国共产党只有始终全心全意依靠工人阶级，维护好工人阶级和最广大人民群众的根本利益，不断巩固党的这一阶级基础，才能体现鲜明的无产阶级政治立场，永葆党的先进性。中国共产党领导的中国特色社会主义现代化建设所取得的举世瞩目的伟大成就充分地表明了我们党作为工人阶级先锋队的作用，也充分地展示了当代中国工人阶级作为改革的主体和强大推动力量所发挥的作用。

2. 中国工人阶级的领导地位是由工人阶级的特点和作用决定的

中国工人阶级是近代以来社会历史发展和社会化大生产的产物，是先进生产力和先进生产关系的代表，中国革命和建设的历史表明了中国工人阶级是顺应时代发展，与时俱进的先进阶级。正如毛泽东所指出的，人民民主专政需要工人阶级的领导，因为只有工人阶级最有远见，最大公无私，最富于革命的彻底性。

工人阶级的先进性及其领导地位在不同的时代有着不同的体现。在当代中国，由于工人阶级的结构发生了显著的变化，工人阶级的领导作用不仅表现在物质财富的创造上，而且表现在精神财富和先进文化的创造上，没有中国工人阶级的劳动和创造，就没有中国的工业化、信息化和现代化。中国工人阶级始终反映着我国社会发展特别是社会化大生产的发展趋势，代表着先进生产力的发展要求。在当今科技是第一生产力的时代，先进的生产力表现为以现代科技为龙头，带动经济迅速发展的生产力，这使得在高科技企业工作的劳动者成为工人阶级中最有创新力的一部分。知识分子成为工人阶级的有机组成部分，既表明了新形势下工人阶级内涵的不断丰富，是无产阶级作为一个先进阶级与时俱进的体现，也是当代知识分子自身作用的体现。在知识经济时代，引领科技、教育和文化发展的知识分子的作用突出体现了新的时代条件下工人阶级的领导地位。

中国工人阶级不仅是物质财富的创造者、先进文化的传播者，同时也是时代精神的引领者。在当代中国，与时俱进、开拓创新、团结合作、勇于奉献是我们的时代精神，而这既是工人阶级先进的思想观念和优秀品质的体现，也表明了工人阶级是领风气之先的先进阶级，是新形势下工人阶级领导地位的新的体现形式。作为时代精神体现的中国工人阶级的先进意识在建设有中国特色社会主义的今天，正同中华民族优秀传统文化以及一切优秀文化一道，汇聚成强大的思想潮流，共铸成强大的中国特色的社会主义文化，成为中国人民实现中华民族伟大复兴的巨大精神动力。

可见，工人阶级内部的变化并没有改变中国工人阶级作为国家主人翁的地位。相反，在科学技术成为第一生产力的今天，知识分子，尤其是科技人员在工人阶级比重中的扩大，恰恰突出了工人阶级是先进生产力的代表者，是社会主义现代化的主要建设者和社会物质财富和精神财富的主要创造者。中国工人阶级仍然是我们国家的领导阶级，其领导地位不仅是宪法赋予的，也是工人阶级自身能力扎扎实实的体现。

工人阶级内部出现的职业、收入、就业等方面的变化，是在根本利益一致的基础上的职业等方面的变化，而不是一种阶级分化。作为当代的工人阶级，无论是知识分子还是从农民转化而来的工人阶级，他们大都有着同一的政治主张，有着共同的经济基础（公有制）；有着共同的收入来源方式（劳动）；不同的只是职业不同和具体收入不同。虽然也有局部利益的差别，但这只是整体利益一致基础上的具体利益的差距，而正是不同的阶层之间的竞争和合作形成推动社会主义市场经济前进的强大合力。至于部分职工的下岗失业也从另一个方面说明了工人阶级是改革的主体，没有工人阶级的参与、支持和推动，就不可能有今天改革开放所取得的巨大的成就。当然，对于在改革中，由于技术、年龄、观念等原因已遭受或正面临下岗、失业等危机的部分工人，必须给予足够的正视和关心，因为，这不仅影响社会的稳定，也关系到我们党阶级基础的巩固问题，关系到工人阶级领导地位的巩固问题，从而直接关系到党和国家的性质问题。

此外，在讨论工人阶级的领导地位时，还必须注意工农联盟的问题，中国共产党作为工人阶级的先锋队与作为中华民族的先锋队的问题，但无论如何，工人阶级在共产党领导的社会主义国家中的领导地位是不可动摇的。

二十八、如何认识“四个全面”战略布局?

王 祥

2014年12月，习近平总书记在江苏调研时提出了“四个全面”战略布局，之后他又多次论述了“四个全面”战略布局的逻辑关系，指明了当前和今后一个时期党和国家工作的主攻方向。“四个全面”战略布局是习近平新时代中国特色社会主义思想的重要组成部分，是新一届中央领导集体最具标志性的思想理论符号，具有极为重大的理论和现实意义。

“四个全面”战略布局中的每一个“全面”都具有丰富内涵。全面建成小康社会，是我们党确定的第一个百年奋斗目标，也是实现中华民族伟大复兴的关键一步。国家“十三五”规划纲要系统描画了全面建成小康社会的目标要求与建设路径：经济保持中高速增长，创新驱动成效显著，发展协调性明显增强，人民生活水平和质量普遍提高，国民素质和社会文明程度显著提高，生态环境质量总体改善，各方面制度更加成熟更加定型。习近平总书记在党的十九大报告中进一步对决胜全面建成小康社会提出了新要求，他说：“要按照十六大、十七大、十八大提出的全面建成小康社会各项要求，紧扣我国社会主要矛盾变化，统筹推进经济建设、政治建设、文化建设、社会建设、生态文明建设，坚定实施科教兴国战略、人才强国战略、创新驱动发展战略、乡村振兴战略、区域协调发展战略、可持续发展战略、军民融合发展战略，突出抓重点、补短板、强弱项，特别是要坚决打好防范化解重大风险、精准脱贫、污染防治的攻坚战，使全面建成小康社会得到人民认可、经得起历史检验”；全面深化改革是“四个全面”战略布局中具有突破性和先导性的关键环节，是决定当代中国命运的关键一招。习近平总书记在党的十九大报告中指出，全面深化改革就是要坚持和完善中国特色社会主义制度，不断推进国家治理体系和治理能力现代化，坚决破除一切不合时宜的思想观念和体制机制弊端，突破利益固化的藩篱，吸收人类文明有益成果，构建系统完备、科学规范、运行有效的制度体系，充分发挥我国社会主义制度优越性；全面依法治国是中国特色社会主义的本质要求和重要保障，全面依法治国就是要把党的领导贯彻落实到依法治国全过程和各方面，坚定不移地走中国特色社会主义法治道路，完善以宪法为核心的中国特色社会主义法律体系，建设中国特色社会主义法治体系，建设社会主义法治国家，发展中国特色社会主义法治理论，坚持依法治国、依法执政、依法行政共同推进，坚持法治国家、法治政府、法治社会一体建设，坚持依法治国和以德治国相结合，依法治国和依规治党有机统一，深化司法体制改革，提高全民族法治素养和道德素质；“勇于自我革命，从严管党治党，是我们党最鲜明的品格，”全面从严治党就是要以党章为根本遵循，把党的政治建设摆在首位，思想建党和制度治党同向发力，统筹推进党的各项建设，抓住“关键少数”，坚持“三严三实”，坚持民主集中制，严肃党内政治生活，严明党的纪律，强化党内监督，发展积极健康的党内政治文化，全面净化党内政治生态，以零容忍态度惩治腐败，不断增强党自我净化、自我完善、自我革新、自我提高的能力，始终保持党同人民群众的血肉联系。

“四个全面”战略布局是具有内在逻辑关系的有机整体。在“四个全面”战略布局中，全面建成小康社会是战略目标，另三个“全面”则是战略举措。其中，全面深化改革，着眼解决我们面临的深层次矛盾和体制机制弊端，是增强中国特色社会主义生机活力、推动事业发展的强大动力。全面依法治国，着眼促进国家生活和社会生活的法治化、制度化、规范化，是实现党和国家长治久安的重要保障。全面从严治党，着眼保持党的先进性和纯洁性，锻造中国特色社会主义事业坚强领导核心，为全面建成小康社会、全面深化改革、全面依法治国提供根本保证。可见，“四个全面”之间是相辅相成、相互促进、相得益彰的有机统一体。习近平总书记强调，三大战略举措对实现全面建成小康社会战略目标一个都不能缺。不全面深化改革，发展就缺少动力，社会就没有活力。不全面依法治国，国家生活和社会生活就不能有序运行，就难以实现社会和谐稳定。不全面从严治党，党就做不到“打铁还需自身硬”，也就难以发挥好领导核心作用。

“四个全面”战略布局是战略思想与科学方法论的统一。“四个全面”战略布局体现了全面、联系的观点。“四个全面”战略布局对小康社会的要求是“全面建成”，对改革的要求是“全面深化”，对法治的要求是“全面推进”，对治党的要求是“全面从严”，然后又强调要把“四个全面”作为一个整体全面协调推进，彰显了系统思维、战略思维。“四个全面”战略布局体现了两点论与重点论的辩证统一。习近平总书记指出，“在任何工作中，我们既要讲两点论，又要讲重点论，没有主次，不加区别，眉毛胡子一把抓，是做不好工作的。”“四个全面”战略布局，既对全面建成小康社会作出全面部署，又强调“小康不小康，关键看老乡”；既对全面深化改革作出顶层设计，又强调突出抓好重要领域和关键环节的改革；既对全面依法治国作出系统部署，又强调以中国特色社会主义法治体系为总目标和总抓手；既对全面从严治党提出系列要求，又把党风廉政建设作为突破口，着力解决人民群众反映强烈的“四风”问题，着力解决不敢腐、不能腐、不想腐的问题。“四个全面”战略布局还体现了统筹兼顾、平衡发展、辨证施治、综合施策的总体性方法论，将战略思维与辩证思维、创新思维、历史思维、法治思维、底线思维融为一体，是对马克思主义立场观点方法的创造性运用，为我们提供了新时代中国特色社会主义建设的科学方法论。

“四个全面”战略布局在党中央治国理政战略谋划中发挥着总抓手的关键作用。“四个全面”总方略紧紧抓住党与国家事业发展中根本性、全局性、紧迫性的“四个”关键方面，进而有机耦合形成系统化战略布局，在党中央治国理政科学体系中占据关键地位，发挥统领作用。总依据、总布局、总任务、总方略，构成了党中央治国理政完整的体系。习近平总书记反复强调，我国仍处于并将长期处于社会主义初级阶段的基本国情没有变，这一总依据是“四个全面”战略布局的现实前提。“四个全面”战略布局是立足总依据推进总布局进而实现总任务的总抓手。“五位一体”总体布局明确了伟大事业的基本领域，构成中国特色社会主义建设全面推进的主体内容，而“四个全面”战略布局则明确了“五位一体”建设的发展目标、战略重点与根本保证，其中每一领域的建设都包含、贯彻并必须体现“四个全面”战略布局的要求。中国特色社会主义的总任务是实现社会主义现代化和中华民族伟大复兴，而“四个全面”战略布局的提出与协调推进，旨在把中国建成社会主义现代化强国，实现中华民族伟大复兴。

“四个全面”战略布局已成功指引中国特色社会主义进入新时代。习近平新时代中国特色社会主义思想是由一系列基本方略构成的科学体系。“四个全面”战略布局是这一科学体系的重要组成部分，是中国特色社会主义事业的战略布局。党的十八大以来，我们党以巨大的勇气和磅礴的气力，统筹推进“五大建设”，协调推进“四个全面”战略布局，推动党和国家事业发生历史性变革，引领中国特色社会主义发展走向新阶段，在经济建设、民主法治建设、思想文化建设、生态文明、全面从严治党等各方面都取得巨大成就，使党和国家事业气象更新，使党焕发出强大的凝聚力、创造力、生命力和战斗力。“四个全面”战略布局之所以能够成功指导实践，关键在于其科学性与人民性。“四个全面”战略布局从社会主义建设规律、人类社会发展规律及共产党执政规律的高度，科学地解决了中国特色社会主义的发展动力与战略支撑等一系列问题，而整体有机的战略部署、协同发力，则成功地促进了我国社会的全面进步与人的全面发展。“四个全面”战略布局坚持以人民为中心的根本立场，其最鲜明的品格就是人民性：全面建成小康社会惠及全体人民，全面深化改革成果人民共享，全面依法治国坚持人民主体，全面从严治党强化人民宗旨，赢得人民的衷心拥护。

“四个全面”战略布局必将引领新时代中国特色社会主义事业走向新胜利。当前我国正处于“两个一百年”奋斗目标的历史交汇期，要决胜全面建成小康社会，又要乘势而上开启全面建设社会主义现代化国家新征程。我们要高举习近平新时代中国特色社会主义思想的伟大旗帜，切实以“四个全面”战略布局的新要求新思想指导实践、推动工作。我们要以协调推进“四个全面”战略布局为总抓手总方略，紧扣我国社会主要矛盾转化的新特点，遵循由全面建成小康社会到基本实现现代化进而全面建成社会主义现代化强国的战略安排，共同谱写社会主义现代化新征程新华章，奋力夺取新时代中国特色社会主义的更大胜利。

二十九、如何理解全面从严治党？

薛贵平

从严治党是我们党的优良传统和宝贵经验，也是我们党无往不胜的一大法宝。中国革命、建设和改革的成功都得益于这一法宝。习近平总书记提出的“全面从严治党”，是在原有的“从严治党”前面加上了“全面”二字，更加突出了管党治党的艰巨性、复杂性和深刻性，更加彰显了管党治党的信心和决心，同时也更加明晰了管党治党范围的广度和措施的力度。

一方面，全面从严治党之“全面”体现的是管党治党范围的广度。“全面”要求管党治党要做到全覆盖、全方位、全过程、全周期。全覆盖就是中国共产党从中央到地方、到基层的所有组织，没有任何的特殊和例外，都要贯彻实施全面从严治党，实现全覆盖。全方位就是党的思想建设、组织建设、作风建设、反腐倡廉建设、制度建设“五位一体”、整体推进的党建格局。不能只注重某一方面而忽视某一方面，只强调某一方面而放松某一方面。全过程就是管党治党的每一项工作都要注重细节、注重过程，做到善始善终，不图形式，不走过场，坚决防止前热后冷、前紧后松，出现虎头蛇尾、半途而废的现象。要严格按照全面从严治党的工作部署，扎扎实实地走完每一个步骤、每一个程序。全周期就是全面从严治党这项工作将是长期的、无止境的。只有进行时，没有完成时，必须持之以恒，要搞好阶段与阶段之间的衔接，坚持长期开展、持续推进、确保实效。

另一方面，全面从严治党之“从严”体现的是管党治党措施的力度。“从严”要求管党治党要做到组织严密、纪律严明、管理严格、监督严肃。党的性质、党在国家和社会生活中所处的地位、党肩负的历史使命，要求我们治国必先治党，治党务必从严。越是改革开放，越是发展社会主义市场经济，越要从严治党。一是要严格按党章办事，按党的制度和规定办事。二是要对党员特别是党员领导干部严格要求，严格管理，严格监督。三是要在党内生活中讲党性，讲原则，开展积极的思想斗争，弘扬正气，反对歪风。四是要严格按照党章规定的标准发展党员，严肃处理不合格党员。五是要严格执行党的纪律，严守政治规矩，坚持在纪律和规矩面前人人平等。

总而言之，全面从严治党是保持中国共产党先进性、纯洁性的必然要求，是实现中华民族伟大复兴中国梦的政治保证，也是坚持党的执政地位、确保党始终成为中国特色社会主义事业坚强领导核心的决定条件。党要管党，才能管好党；从严治党，才能治好党。一个有着 8600 多万党员的执政大党，只有做到组织严密、纪律严明、管理严格、监督严肃，从关系人心向背和党的生死存亡的战略高度管党治党，不断解决人民群众反映强烈的党内突出问题，始终保持先进性和纯洁性，才能肩负起历史使命和人民重托，赢得人民群众的信任拥护。

三十、为什么要加强党的执政能力建设?

王　祥

我们党已经走过了 90 多年的光辉历程，在全国范围内执政也 60 多年，领导人民进行改革开放也已经 30 多年了。历史和现实充分证明，只有坚持共产党的领导和执政，中国才能实现社会主义现代化，中华民族才能实现伟大复兴。同时，历史和现实也充分证明，我们党的领导水平和执政能力是合格的，并且在实践中不断提高和增强。但是，我们又必须清醒地看到，新世纪新阶段新形势新任务，使党的领导和执政面临着巨大的考验和挑战。这种考验和挑战非同寻常，是历史性的考验，是时代的挑战。提高党的执政能力问题、巩固党的执政地位问题、维护党的执政安全问题，非常现实地摆在我们面前。

加强执政能力建设的重要性和紧迫性，从根本上说，就在于我们党面临着来自三个方面的严峻考验和挑战。

(1) 从党所肩负的艰巨任务和历史使命来看。我国社会主义现代化建设取得了历史性的伟大成就，举世瞩目。但离完成历史使命还距离遥远，任务十分艰巨。第一，我国正处于并将长期处于社会主义初级阶段的基础状况没有变，人民日益增长的物质文化需要同落后的社会生产这个主要矛盾没有变，发展的任务和压力仍然很重。第二，随着改革的深入，长期积累下来的深层次矛盾日益凸显，解决这些问题的难度越来越大。第三，在推动社会协调发展和保持社会稳定方面，面临新挑战。世界上一些国家市场经济发展的经验表明，在人均 GDP 从 1000 ～ 3000 美元的阶段，社会经济结构剧烈变化，利益矛盾不断增加，社会稳定问题非常突出。第四，随着经济改革的不断深入，必须在坚持四项基本原则的前提下，积极稳妥地推进政治体制改革。所有这些，都要求我们党增强理论创新的能力，增强驾驭社会主义市场经济、发展社会主义民主政治、坚持依法执政、建设和谐社会的能力。

(2) 从党所面对的国际环境和时代要求来看。尽管和平与发展仍是当今时代的主题，但整个世界处在极其复杂而深刻的变动之中，影响和平与发展的不确定、不稳定因素增多。这些复杂深刻的变化，主要表现在：

一是世界多极化的趋势虽然不可阻挡，但在曲折中发展。美国正处在新一轮战略扩张的势头上，竭力谋求长期的世界霸权，推行单边主义，鼓吹“新干涉主义”，实施先发制人的战略。

二是经济全球化趋势继续发展，而这个进程实际上由发达国家主导，对发展中国家来说，经济全球化是一把“双刃剑”。

三是现代科技进步日新月异，知识经济方兴未艾，全球范围内新一轮产业结构调整和产业转移步伐加快，对市场、人才、战略资源的争夺越来越激烈。

四是世界各国在经济、政治、外交、安全等方面既互相依存，又互相制约，各种矛盾和利益相互交织、相互作用，无论是合作还是斗争，在内容、方式和手段上都更加复杂多变。

五是社会主义和资本主义在意识形态领域的较量将长期存在，有时斗争会很激烈。

所有这一切，都要求我们党以马克思主义的宽广眼光观察和审视世界，增强科学判断形势和驾驭复杂国际局面的能力，在激烈的国际竞争中，从容应对，趋利避害，争取主动。

(3) 从党的自身状况来看。改革开放以来，党的各级组织是有战斗力的，在加强自身建设方面积累了丰富经验。但在新的历史条件下，党的建设在许多方面不适应新形势新任务的要求。比如，在思想政治建设方面，如何不断推进马克思主义理论创新，特别是使“三个代表”重要思想和科学发展观真正成为全党全国人民团结奋斗的共同思想基础，防止社会意识多样化对党在思想和行动上的高度统一带来冲击。又比如，在市场经济和改革开放条件下长期执政，一些党员领导干部严重脱离群众，理想信念动摇，世界观、人生观、价值观发生扭曲，乃至人民群众深恶痛绝的腐败问题，如何真正得到有效遏制和解决，这些都要求我们党不断加强自身建设的能力，提高和增强党员、干部的素质和本领。

从20世纪后期开始，世界上一些长期执政的党相继失去了执政地位。这些执政党的失败，情况不完全一样，原因也很复杂，但归根结底在于，违背执政规律，从而受到规律的惩罚。

这些执政党的失败，原因究竟在哪里呢？我们分析主要有下面五个方面的原因。

(1) 执政党的理论、纲领僵化，使党失去了赖以存在的思想基础。苏共执政长达74年，开始时生机勃勃，后来长期故步自封，思想理论僵化保守，严重脱离变化了的现实。再后来又从僵化跳到另一个极端，搞所谓“人道的民主的社会主义”，其后果，人所共知。一个执政党不以经济建设为中心，不致力于发展社会生产力，纲领和路线不以提高人民的生活水平为根本出发点，不可能受到人民的拥护。

(2) 重大发展战略失误，执政基础发生动摇。苏联共产党曾经紧密结合本国国情制定了发展战略，创造了经济发展的“奇迹”。但20世纪80年代后，面对经济全球化的迅猛发展，发展战略出现失误，结果激化了社会矛盾，引起人民的强烈不满和失望，最终失去执政党地位。

(3) 执政党逐步国家化、行政化、官僚化，严重脱离群众，失去了人民的支持。苏东国家在体制上高度集权，执政党的组织参与到政府和社会的具体事务中，不但相互扯皮，效率低下，而且腐败严重，党成为社会矛盾的焦点，党的权威急剧下降。

(4) 执政党没有活力和凝聚力。一些曾经长期执政的党，要么党内缺乏民主，要么党内民主蜕变成派系活动，蜕变成严重的人身依附关系，党内形成众多的既得利益集团，互相争斗，普通党员对党的前途和命运不关心，对党没有信心，老百姓对党失去信任。

(5) 执政党不能掌握和正确引导舆论。如苏东国家的执政党，改革前长期对意识形态和新闻媒体实行僵化的管理，使党的意识形态和舆论工具在群众心目中威信扫地。后来又搞所谓“公开性”和“多元化”，在意识形态上放任自流，结果导致思想和政治上的混乱，舆论工具成了自己垮台的催化剂。

中国共产党以马列主义、毛泽东思想、邓小平理论、“三个代表”和科学发展观重要思想为指导，能够与时俱进，这是巨大的政治优势。我们一定要汲取一些大党老党衰亡、垮台的历史经验教训，加强党的执政能力建设，把我们党建设成为思想上、政治上、组织上完全巩固，能够经受住各种风险考验，始终走在时代前列，领导全国人民建设中国特色社会主义的马克思主义政党。

附 录

2014—2018 年全国考研试题与参考答案

2014年全国硕士研究生入学考试思想政治理论课试题

一、单项选择题（1～16小题，每小题1分，共16分）

下列每题给出的四个选项中，只有一个选项是符合题目要求的。请在答题卡上将所选项的字母涂黑。

1. 爱迪生发明电灯之前做了两千多次试验。有个年轻记者曾经问他为什么遭遇这么多次失败。爱迪生回答："我一次都没有失败，我发明了电灯。这只是一段经历了两千步的历程"。爱迪生之所以说"我一次都没有失败"是因为他把每一次实验都看作（　　）。

A. 对事物规律的正确反映　　B. 整个实践过程中的一部分

C. 实践中可以忽略不计的偶然挫折　　D. 认识中所获得的相对真理

2. 俄国早期马克思主义理论家普列汉诺夫说，绝不会有人去组织一个"月食党"以促进或阻止月食的到来，但要进行社会革命就必须组织革命党。这是因为社会规律与自然规律有所不同，它是（　　）。

A. 通过人的有意识的活动实现的　　B. 由多数人的意志决定的

C. 比自然规律更易于认识的规律　　D. 不具有重复性的客观规律

3. 社会生产是连续不断进行的。这种连续不断重复的生产就是再生产，每次经济危机发生期间总有许多企业或因产品积压、或因订单缺乏等致使其无法继续进行再生产而被迫倒闭。那些因产品积压而倒闭的企业主要是由于无法实现其生产过程中的（　　）。

A. 实物补偿　　B. 价值补偿

C. 增殖补偿　　D. 劳动补偿

4. 与第二次世界大战前的资本主义相比，当代资本主义在许多方面已经并正在发生着深刻的变化，正确分析这些新变化发生的原因，有利于我们科学并全面地认识当代资本主义社会，导致当代资本主义新变化发生的根本推动力量是（　　）。

A. 工人阶级争取自身权利的斗争

B. 科学技术革命和生产力的发展

C. 改良主义政党对资本主义制度的改革

D. 社会主义制度的优越性对资本主义的影响

5. 1992年，党的十四大提出了我国经济体制改革的目标是建立社会主义市场经济体制，经过十四大到十八届三中全会20多年的实践，党对政府和市场的关系有了新的科学定位，提出要使市场在资源配置中起（　　）。

A. 决定性作用　　B. 基础性作用

C. 辅助性作用　　D. 补充性作用

6. 改革开放以来，人民代表大会制度建设和人民代表大会的工作得到不断推进。全国和地方各级人民代表大会的代表（　　）。

A. 按党派分配名额　　B. 按单位分配名额

C. 实行差额选举　　D. 实行等额选举

7．劳动、资本、技术、管理等生产要素是社会生产不可或缺的因素。在我国社会主义初级阶段，实行按生产要素分配的必要性和根据是(　　)。

A．我国社会存在着生产要素的多种所有制

B．按生产要素分配是按劳分配的补充

C．生产要素可以转化为生产力

D．生产要素是价值的源泉

8．文化强则中国强，建设社会主义文化强国是实现中华民族伟大复兴的必然要求。其关键是(　　)。

A．发展新型文化业态

B．提高全民族思想道德素质和科学文化素质

C．增强全民族文化创造活力

D．提高国家文化软实力

9．1915年9月，陈独秀在上海创办《青年杂志》，他在该刊发刊词中宣称："改造青年之思想，辅导青年之修养，为本志之天职。批评时政，非其旨也。"此时陈独秀把主要注意力倾注于思想变革的原因是(　　)。

A．他对资产阶级民主主义产生了怀疑　　B．他对政治问题不感兴趣

C．他认为批评时政不利于改造青年思想　　D．他认定改造国民性是政治变革的前提

10．1924年1月，中国国民党第一次全国代表大会在广州召开，大会通过的宣言对三民主义作出了新的解释。新三民主义成为第一次国共合作的政治基础，究其原因，是由于新三民主义的政纲(　　)。

A．把斗争的矛头直接指向北洋军阀

B．体现了联俄、联共、扶助农工三大革命政策

C．同中国共产党在民主革命阶段的纲领基本一致

D．把民主主义概括为"平均地权"

11．1930年11月毛泽东在《星星之火，可以燎原》一文中写道："我所说的中国革命高潮快要到来，绝不是如有些人所谓'有到来之可能'那样完全没有行动意义的，可望而不可即的一种空的东西。它是站在海岸遥望海中已经看得见桅杆尖头了的一只航船。它是立于高山之巅远看东方已见光芒四射喷薄欲出的一轮朝日。它是躁动于母腹中的快要成熟了的一个婴儿。"这段话是针对当时党内和红军中存在的(　　)。

A．"御敌于国门之外"的主张

B．"红旗到底打得多久"的疑问

C．"在全国范围内先争取群众后建设政权"的理论

D．"一省或数省的首先胜利"的设想

12．中共七大政治报告指出："房子是应该经常打扫的，不打扫就会积满灰尘；脸是应该经常洗的，不洗也就会灰尘满面。我们同志的思想，我们党的工作，也会沾染灰尘的，也应该打扫和洗涤。"这段话形象地反映了中国共产党在长期革命实践中所形成的(　　)。

A．艰苦奋斗的优良作风　　B．理论联系实际的优良作风

C．密切联系群众的优良作风　　D．批评与自我批评的优良作风

13．中国特色社会主义法治理念包含"依法治国、执法为民、公平正义、服务大局、

党的领导”五个方面的基本内涵，它们是相辅相成、不可分割的有机整体，构成了社会主义法治理念的完整理论体系。其中，公平正义是（　　）。

A．社会主义法治的本质要求　　B．社会主义法治的核心内容

C．社会主义法治的价值追求　　D．社会主义法治的重要使命

14．近年来，从“彭宇案”掀起的轩然大波，到“扶老被诬伤老，好人败诉赔钱”等事件的一再发生，使历来推崇“助人为乐”的国人遭遇了严重的道德考验。2013 年 8 月 1 日，《深圳特区救助人权益保护规定》的正式实施，填补了国内公民救助行为立法的空白。为此，有媒体撰文《“好人法”释放道德正能量》，认为该规定无疑会释放出挺好人、做好人的正能量，对社会的净化不无益处。法律之所以释放道德正能量，是因为（　　）。

A．法律是道德的基础　　B．法律是道德的前提

C．法律是道德的归宿　　D．法律是道德的支撑

15．党群关系，关乎党和国家的存亡大计。为了实现党的十八大确定的奋斗目标，中共中央部署并在全党开展了党的群众路线教育实践活动。这次活动的主要内容是（　　）。

A．保持共产党员先进性　　B．讲学习、讲政治、讲正气

C．建设学习型党组织　　D．为民务实清廉

16．2013 年 6 月，中国国家主席习近平与美国总统奥巴马在美国加州安纳伯格庄园会晤时，将中美新型大国关系的内涵概括为（　　）。

A．加强对话、增加互信、发展合作、管控分歧

B．不冲突、不对抗、相互尊重、合作共赢

C．共同发展、合作共赢、友好伙伴、相互尊重

D．相互尊重、平等互利、密切协作、相互支持

二、多项选择题（17 ～ 33 题，每小题 2 分，共 34 分）

下列每题给出的四个选项中，至少有两个选项是符合题目要求的。请在答题卡上将所选项的字母涂黑。多选或少选均不得分。

17．长江的年龄有多大？这里说的长江“年龄”，是指从青藏高原奔流而下注入东海的“贯通东流”水系的形成年代。如果说上游的沉积物从青藏高原、四川盆地顺延而下能到达下游，这就表明长江贯通了，这就是物源示踪。我国科学家采用这一方法，研究长江中下游盆地沉积物的来源，从而判别长江上游的物质何时到达下游，间接指示了长江贯通东流的时限。他们经过 10 多年的研究，提出长江贯通东流的时间距今 2300 多万年。这一研究成果从一个侧面显示出（　　）。

A．时间和空间是通过物质运动的变化表现出来的

B．时间和空间是标示物质运动的观念形式

C．时间和空间是有限的，物质运动是永恒的

D．时间和空间是物质运动的存在形式

18．作家史铁生在《奶奶的星星》中讲道，奶奶告诉他的故事与通常的说法不同：一般人说，地上死一个人，天上就熄灭一颗星星；而奶奶说，地上死一个人，天上又多了一个星星，人死了就会升到天空，变成星星给走夜道的人照个亮了。于是他“慢慢相信，每一个活过的人，都能给后人的路途上添些光亮，也许是一颗巨星，也许是一把火炬，也许只是一支含泪的烛光……”这对我们理解个人在社会历史中的作用的启示有（　　）。

A．杰出个人决定历史发展的走向

B．人人都是历史的创造者

C．历史是无数个人相互作用的合力的结果

D．每个人对社会发展都有或大或小的作用

19．1918 年，马寅初在一次演讲时，有一位老农问他:“马教授，请问什么是经济学？”马寅初笑着说：“我给这位朋友讲个故事吧：有个赶考的书生到旅店投宿，拿出十两银子，挑了该旅店标价十两银子的最好房间，店主立刻用这十两银子到隔壁的米店付了欠单，米店老板转身去屠夫处还了肉钱，屠夫马上去付清了赊欠的饲料款，饲料商赶紧到旅店还了房钱。就这样，十两银子又到了店主的手里。这时书生来说，房间不合适，要回银子就走了。你看，店主一文钱也没赚到，大家却把债务都还清了，所以，钱的流通越快越好，这就是经济学。”在这个故事中，货币所发挥的职能有(　　)。

A．流通手段　　B．价值尺度

C．支付手段　　D．贮藏手段

20．第二次世界大战结束以来，随着国家垄断资本主义的形成和发展，资产阶级国家对经济进行的干预明显加强，从而使得资本主义社会的经济调节机制发生了显著变化。与这种变化相适应，经济危机形态也发生了很大变化，其主要表现是(　　)。

A．经济危机通常由国家间的贸易失衡直接引发

B．经济危机各阶段的交替过程已不十分明显

C．经济危机更多地表现为金融危机的频繁发生

D．经济危机的破坏作用只局限于发达资本主义国家

21．1926—1927 年初，邓小平在莫斯科中山大学留学一年。此时正值列宁的新经济政策在莫斯科和整个苏联燎原般发展，国家经济全面开花，市场上商品丰富、品类繁多，商店、饭馆、咖啡馆随处可见。邓小平到中山大学第一天就收到了一大堆日用品，一日三餐也非常丰富。在此期间，邓小平还认真阅读和摘抄了苏联领导人关于新经济政策的许多论述。这一段经历对邓小平后来思考建设“有中国特色的社会主义”具有一定的启示。邓小平与列宁在如何建设社会主义的探索中有许多相通之处，主要有(　　)。

A．学习和利用资本主义的文明成果

B．把大力发展生产力、提高劳动生产率放在首要地位

C．在多种经济成分并存的条件下，利用商品、货币和市场发展经济

D．优先发展重工业，快速实现从农业国到工业国的转变

22．坚持和完善社会主义初级阶段基本经济制度必须毫不动摇地巩固和发展公有制经济，必须毫不动摇地鼓励支持、引导非公有制经济发展。这是因为，公有制经济和非公有制经济都是我国(　　)。

A．社会主义市场经济的重要组成部分　　B．社会主义经济的重要组成部分

C．经济社会发展的重要基础　　D．社会主义经济制度的基础

23．2013 年 9 月 7 日，国家主席习近平在哈萨克斯坦扎尔巴耶夫大学发表演讲并回答学生提问时说，“我们既要绿水青山，也要金山银山。宁要绿水青山，不要金山银山，而且绿水青山就是金山银山。”这段话生动地反映了生态文明建设与经济建设之间的关系即(　　)。

A．生态文明建设应与经济建设协调发展　　B．生态文明建设可以取代经济建设
C．生态环境是经济发展的重要基础　　D．生态优势可以转化为经济优势

24．2013年6月6日，《财富》全球论坛首次在中国西部内陆城市成都举行。这次论坛以“中国的新未来”为主题，集中讨论了中国西部发展对中国未来发展的重要意义。“优先推进西部大开发”是党的十八大提出的重大战略部署，把西部大开发放在区域发展总体战略的优先位置，是因为西部发展有利于(　　)。

A．增强西部地区的经济实力
B．缩小区域发展差距
C．扩大国有资本在西部地区社会总资产中的比重
D．形成优势互补，良性互动，协调有序的区域发展格局

25.《中共中央关于全面深化改革若干重大问题的决定》明确指出，限期实现行业协会商会与行政机关的真正脱钩，重点培育和优先发展行业协会商会类、科技类、公益慈善类、城乡社区服务类社会组织。发挥各类社会组织的积极作用，可以(　　)。

A．降低政府治理成本　　B．扩大政府管理权限
C．增强公民对社会的认同感　　D．提高社会治理水平

26．近年来，我国企业“走出去”的步伐明显加快。非金融类对外直接投资从2007年的248亿美元上升到2012年的772亿元，年均增长25.5%，跻身对外投资大国行列。我国企业“走出去”战略的重要意义是(　　)。

A．增强我国企业的国际化经营能力　　B．培育我国具有世界水平的跨国公司
C．充分利用国外资源　　D．拓展我国经济发展空间

27．1912年3月中华民国临时参议院颁布的《中华民国临时约法》是中国历史上第一部具有资产阶级共和国宪法性质的法典。毛泽东曾称赞它“带有革命性、民主性”。其“革命性、民主性”主要体现在(　　)。

A．它规定中华民国国民一律平等
B．它规定中华民国之主权属于国民全体
C．它不承认清政府与列强签订的一切不平等条约
D．它以根本大法的形式废除了封建君主专制制度

28．钓鱼岛及其附属岛屿是中国领土不可分割的一部分，中国最早发现、命名、利用和管辖钓鱼岛。1895年，清朝在甲午战争中战败，被迫与日本签署不平等的《马关条约》，割让“台湾全岛及所有附属各岛屿”。钓鱼岛等作为台湾“附属岛屿”一并被割让给日本。1941年12月，中国政府正式对日宣战，宣布废除中日之间的一切条约。日本投降后，依据有关国际文件规定，钓鱼岛作为台湾的附属岛屿应与台湾一并归还中国。这些文件是(　　)。

A．《波茨坦公告》　　B．《开罗宣言》
C．《日本投降书》　　D．《德黑兰宣言》

29．抗日战争结束后，中共为避免内战、实现和平建国，采取的主要措施有(　　)。

A．赴重庆与国民党当局进行谈判　　B．在国统区开辟第二战线
C．参加政协会议并维护政协协议　　D．在解放区开展土地改革运动

30．柏拉图说:“法律有一部分是为有美德的人制定的，如果他们愿意和平善良地生活，那么法律可以教会他们在与他人的交往中所要遵循的准则；法律也有一部分是为那些不接

受教诲的人制定的，这些人顽固不化，没有任何办法能使他们摆脱罪恶。”这段话所凸显的法律的规范作用是(　　)。

A．预测作用　　　　B．保障作用

C．强制作用　　　　D．教育作用

31．中华民族的爱国主义优良传统源远流长，内涵极为丰富。下列诗句中反映爱国主义优良传统的有(　　)。

A．四万万人齐下泪，天涯何处是神州　　　　B．寄意寒星荃不察，我以我血荐轩辕

C．位卑未敢忘忧国，事定犹须待阖棺　　　　D．苟利国家生死以，岂因祸福避趋之

32．2013 年 9 月 29 日，中国（上海）自由贸易试验区正式启动运作，36 家中外企业和金融机构获颁证照，首批入驻试验区。建设该试验区的主要任务是(　　)。

A．推动加快转变政府职能和行政体制改革

B．为全国深化改革和扩大开放探索新途径、积累新经验

C．促进转变经济增长方式和优化经济结构

D．推动构建更加公平合理的市场经济体制

33．应中国总理李克强的邀请，俄罗斯总理梅德韦杰夫、印度总理辛格和蒙古国总理阿勒坦呼亚格于 2013 年 10 月 22 日开始分别对中国进行正式访问。来自中国三个陆上邻国的领导人，在同一天开启中国之行。这样密集的双边访问在中国外交史上实属罕见。这一外交动向(　　)。

A．深化了中国与俄印蒙三国间的盟友关系

B．反映了中国周边外交行动的延续和加速

C．体现了中国经济发展的吸引力

D．顺应了互利共赢的时代潮流

三、**分析题**（34 ～ 38 小题，每小题 10 分，共 50 分）

要求结合所学知识分析材料并回答问题。将答案写在答题纸指定位置上。

34．结合材料回答问题：

巧用大循环，处理不再难

山东某地区采用循环经济的理念，将秸秆“吃干榨尽”，对秸秆利用进行了有益探索。

（一）秸秆种蘑菇

该地小麦种植面积为 60 万亩，按亩产 500 公斤计算，每年产生 30 万吨秸秆。虽然粉碎还田、压块做燃料、青储养殖等消化了大量秸秆，但一些农户为图方便，仍然偷偷焚烧秸秆，当地焚烧压力很大。

2009 年，该地通过招商引资引进了一家蘑菇种植企业，该企业以小麦秸秆加鸡粪为原料培育双孢菇，他们从当地收到的小麦秸秆不够用，还在周边 100 公里范围的县市区收集，鸡粪则由当地一家大型养鸡场提供。自蘑菇厂建起来后，蘑菇厂对秸秆的大量需要，让原本难以处理而成为“包袱”的秸秆摇身一变，不仅成为了香饽饽，而且还成为农民增收的渠道。

（二）延长产业链

然而，蘑菇厂每年产生约 6 万吨菌渣，四处堆积，臭气难闻，也引来周边群众的投诉。由此，蘑菇厂开始寻找下游菌渣处理企业，开展产业链条的招商引资。

山东某生物科技有限公司得知消息后主动前来，并把厂子建在该蘑菇厂旁边。他们将买来的菌渣加上猪粪，经过发酵制成了很好的有机复合肥。这不仅解决了菌渣问题，而且也附带解决了让周边养殖产业头疼的猪粪问题。该公司将生产出来的有机复合肥直接卖给周边的有机蔬菜种植基地、种植户以及果农等，由于减少了销售中间环节，价格合理，很受欢迎。该公司也因之而获利颇丰。

（三）“链接”到山林

秸秆经过种植蘑菇，变成了有机复合肥。最后拿到市场上销售，算是完成了一个标准的循环利用过程。然而，如果将有机复合肥集中用于生态修复工程，再次推动一个新的生态产业发展，岂不是更好？

该地又动起了脑筋，将秸秆利用产业与退耕还林工程对接。该地的山区丘陵面积占全市总面积的2/3，其中宜林荒山地有6万多亩。这些山地土壤贫瘠，含沙量大，农作物产量低，经济效益差。

在深入调研的基础上，该地从2011年开始，由市财政投入数亿元，实施为期5年的“自主退耕还林生态富民”工程，打算将这些山地改造成高产的大枣、大樱桃等经济果林，大力推进农林业转型。

而要发展高产高效的有机林果业，所面临的突出问题是有机肥从何而来？这时，秸秆等有机肥料又成了人们惦记的宝贝。为了种植出优质林果，当地农民在山地种植果林时，都开始垫秸秆、放菌渣有机复合肥等。大片经济果林的种植，不仅大大地改善了当地生态环境，从而实现了秸秆利用的循环，而且也大大地提高了农民收入。

摘编自《人民日报》（2013年6月22日）

（1）从唯物辩证法的角度分析“巧用大循环，处理不再难”中“巧”在何处？

（2）当你在生活中遇到难题和矛盾时，上述事例对你有何启示？

35．结合材料回答问题：

材料1：

1978年我国做出改革开放的战略决策时，美国《时代》杂志曾质疑说：“他们的目标几乎不可能按期实现，甚至不可能实现。”经过三十多年的改革开放，我国国内生产总值、外贸进出口总额均已达到世界第二位，经济总量占世界经济的份额提升到10%左右，对世界经济增长的贡献率年均超过20%。据世界银行统计，我国已经进入中高收入国家行列。

在物质文化生活得到提高之后，人民群众对未来的期待更高。过去施工建厂，首先考虑的是经济利益，今天引进项目，担心的却是环境污染；过去期盼吃饱穿暖，今天却追求吃得健康、安全；过去梦想有车有房，现在则忧虑PM2.5排放。城乡居民收入整体都有提高，但城乡区域发展和居民收入分配差距依然较大，近10年来中国基尼系数始终处于0.4以上，超出国际公认“警戒线”……这个经济飞速发展、财富不断积累的世界第二大经济体，在创造着“中国式奇迹”的同时，仍有一些“中国式难题”亟待破解。

改革开放是我们党的历史上的一次伟大觉醒，正是这个伟大觉醒孕育了新时期从理论到实践的伟大创作。习近平在党的十八大之后首次到地方调研就选择了广东，并向深圳莲花山顶的邓小平铜像敬献花篮。习近平表示，之所以到广东，就是要到在我国改革开放中得风气之先的地方，现场回顾我国改革开放的历史进程，将改革开放继续推向前进。我们来瞻仰邓小平铜像，就是要表明我们将坚定不移推进改革开放，奋力推进改革开放和现代化建设取得新进展、实现新突破、迈上新台阶。

摘编自《人民时报》（2012 年 3 月 22 日），新华网（2012 年 12 月 11 日）

材料 2：

1992 年，邓小平同志在南方谈话中说："不坚持社会主义，不改革开放，不发展经济，不改善人民生活，只能是死路一条。"回过头来看看，我们对邓小平同志这番话就有更深的理解了。所以我们讲，只有社会主义才能救中国，只有改革开放才能发展中国、发展社会主义、发展马克思主义。正是从历史经验和现实需要的高度，党的十八大以来，中央反复强调，改革开放是决定当代中国命运的关键一招，也是决定实现"两个一百年"奋斗目标、实现中华民族伟大复兴的关键一招。实践发展永无止境，解放思想永无止境，改革开放也永无止境。停顿和倒退没有出路，改革开放只有进行时，没有完成时。

摘自习近平《关于〈中共中央关于全面深化改革若干重大问题的决定〉的说明》

（1）如何看待改革开放进程中的"中国式奇迹"与"中国式难题"？

（2）运用社会基本矛盾原理分析为什么"改革开放只有进行时，没有完成时"？

36．结合材料回答问题：

材料 1：

1980 年 8 月，邓小平会见意大利记者奥琳埃娜·法拉奇。法拉奇问："天安门上的毛主席像，是否要永远保留下去？"邓小平回答说："永远要保留下去。过去毛主席像挂的太多，到处都挂，并不是一件严肃的事情，也并不能表明对毛主席的尊重。"邓小平又说："毛主席一生中大部分时间是做了非常好的事情的，他多次从危机中把党和国家挽救过来。没有毛主席，至少我们中国人民还要在黑暗中摸索更长的时间。毛主席最伟大的功绩是把马列主义的原理同中国革命的实际结合起来，指出了中国夺取革命胜利的道路。应该说，在六十年代以前或五十年代后期以前，他的许多思想给我们带来了胜利，他提出的一些根本的原理是非常正确的。"

摘自《邓小平文选》第二卷

材料 2：

2013 年 1 月 5 日，习近平在新进中央委员会的委员、候补委员学习贯彻的十八大精神研讨班开班式上发表重要讲话。他强调指出，我们党领导人民进行社会主义建设，有改革开放前和改革开放后两个时期，这是两个相互联系又有重大区别的时期。虽然这两个历史时期在进行社会主义建设的思想指导、方针政策、实际工作上有很大差别，但两者决不是彼此割裂的，更不是根本对立的。不能用改革开放后的历史时期否定改革开放前的历史时期，也不能用改革开放前的历史时期否定改革开放后的历史时期。要坚持实事求是的思想路线，分清主流和支流，坚持真理，修正错误，发扬经验，吸取教训，在这个基础上把党和人民的事业继续推向前进。

摘自《人民日报》（2013 年 1 月 6 日）

(1)1980 年，邓小平为什么强调天安门上的毛主席像"永远要保留下去"？

(2) 如何理解习近平总书记提出的"两个不能否定"的深刻内涵及其意义？

37．结合材料回答问题：

鹦哥岭是海南省陆地面积最大的自然保护区，区内分布着完整的垂直带谱，在我国热带雨林生态系统保存上独占鳌头。这里山高路远，条件艰苦，一直难以招聘到具有较高专业素质的工作人员。

（一）鹦哥岭来了大学生

自2007年起，先后有27名大学毕业生（2名博士、4名硕士、21名本科生）放弃大城市的优越生活，陆续从全国各地来到鹦哥岭保护区工作。山脚下一排破旧平房中的两间就是他们的家。“孩子们，这里的黎苗兄弟说是以种田为生，实际上就是种些橡胶，靠山吃山……你们来任务重啊！在关爱森林的同时还要想法帮这里的百姓致富！”老站长的一席话，像重锤一样敲击着大家。“我们不会让鹦哥岭失望的！”大家不约而同地喊出声。

（二）鹦哥岭有了“档案馆”

到底鹦哥岭有多少种动植物？这是摆在大学生们面前最直接的课题，也是鹦哥岭自然保护区要完成的首要工作。大学生们背着睡袋、锅碗瓢盆和监测仪上山了。他们聚精会神地做着记录，天黑了，架起锅，煮点米饭和着辣酱吃；实在太困了，支起帐篷，钻进去睡一觉……经过4年多的艰辛努力，鹦哥岭自然保护区终于有了自己的“档案馆”，记录到维管束植物2197种，脊椎动物431种，鹦哥岭树蛙等14种科学新种以及26个中国新纪录种等。

（三）鹦哥岭有了护林员

鹦哥岭周边有103个自然村，近2万村民。看到村民大片砍伐雨林种山兰、香蕉，作为环境保护者，大学生们痛心疾首。但习惯靠山吃山的当地老百姓说：“让我们放下砍刀，放下猎枪绝对不行！”大学生们克服阻力，用真诚和智慧动员招募了270名护林员，并与他们一起，用一个多月时间，走遍了209公里的界线，埋下了近400根桩和50多块界碑，为鹦哥岭保护区筑起了一道看得见的保护网。

（四）鹦哥岭有了农业示范田

鹦哥岭是海南的贫困山区，为帮助当地苗族百姓脱贫致富，大学生们特地去外地取经，在鹦哥岭通过试点后大面积推广“稻鸭共育”的方法，带动当地人致富，农户们在稻田骄傲地插上了“农业示范田”的牌子。接着大学生们又推广林下经济，在橡胶树下种菜、种瓜、养鸡，并帮助当地人建起了环保厕所，改造了猪圈，改善了居住的环境……当地百姓手里有了钱，靠上山砍树卖钱的人越来越少了。看到这一切，大学生们说：“我们感到由衷的幸福和快乐，也深切地感受到，这就是我们工作的意义和存在的价值。”

7年过去了，27名大学生一直坚守在鹦哥岭。他们甘于寂寞，乐于奉献，发现新物种，是敬业的科研工作者；引来环保理念，是先进理念的传播者；心系百姓喜忧，是黎苗族兄弟的贴心人！一份职业，背负三份责任。三个角色的完美融合，让我们看到了甘于寂寞的坚守力量和不甘于寂寞的奋斗精神，也让我们懂得了自己手中的笔，脚下的路、心中的秤要靠什么来指引。他们选择了一种有远见的生活方式。

每到毕业季，总有一些大学生发出“理想很丰满，现实很骨感”的感慨。究竟如何看待理想与现实的关系，鹦哥岭的大学生们用他们的实际行动给出了最响亮的回答。

摘编自《光明日报》（2012年4月9日，2013年6月7日）

（1）为什么说鹦哥岭的大学生选择的是“一种有远见的生活方式”？

（2）怎样看待“理想很丰满，现实很骨感”这种说法？

38. 结合材料回答问题：

材料 1：

航海家哥伦布完成了他的前无古人的探险活动后，向支持他探险的西班牙国王和王后汇报他的发现时说："地球是圆的。"他因为这一伟大的发现而名垂后世。但是，时隔500多年后，美国《纽约时报》中东事务专栏作家、普利策奖获得者托马斯·弗里德曼沿着哥伦布的航程，从美国乘飞机出发，经由法兰克福一直向东飞行，来到了印度的"硅谷"——班加罗尔，经过一段时间的观察，他有了一个破天荒的发现。他回到美国后，悄悄地对他的太太说了一句话："亲爱的，我发现这个世界是平的。"

"世界是平的"，并不是说地球已改变了他的物理形态，但这个论点的提出却有着划时代的意义。他揭示出当今世界正在发生的深刻而又令人激动的一个变化——全球化的趋势，他以高科技发展为动力，在地球各处勇往直前、势不可挡，世界也因此从一个球体变得平坦。

"世界是平的"，意味着在今天这样一个因信息技术而紧密、方便的互联世界中，全球市场、劳动力和产品都可以被整个世界共享，一切都有可能以最优效率和最低成本的方式实现。

"世界是平的"，改变着每一个人的工作方式、生活方式和思想方式，乃至于每一个人的生活方式。因此，生活在当今时代的每一个人，都面临着平坦的世界这样巨大的变化，我们将如何自处？看来，在这个世界里，要想脱颖而出，最重要的一点是不断强化自己的竞争力，首先要培养"学习如何学习"的能力——不断学习和教会自己处理旧事物和新事物的新方式。

摘编自《人民日报》(2007年7月26日)、《人民日报》(海外版)(2012年11月1日)

材料 2：

弗里德曼在《世界是平的》一书中，以丰富生动的语言描述了全球化带来的挑战和益处。其中的一段话颇令人回味："小时候父母常常说，儿子啊，乖乖把饭吃完，因为中国和印度的小孩没饭吃。现在，父母会对孩子说，女儿啊，乖乖把书念完，因为中国和印度的小孩正等着抢你的饭碗。"

摘编自【美】托马斯·弗里德曼《世界是平的》

(1) 在"世界变平"的时代，为什么每个人"要培养'学习如何学习'的能力"？

(2) 从"抢饭"到"抢饭碗"的变化说明了什么？

2014年全国硕士研究生入学考试思想政治理论课试题
参考答案

一、单项选择题答案

1. B 2. A 3. B 4. B 5. A 6. C 7. A 8. C
9. D 10. C 11. B 12. D 13. C 14. D 15. D 16. B

二、多项选择题答案

17. AD 18. CD 19. ABC 20. BC 21. ABC 22. AC
23. ACD 24. ABD 25. ACD 26. ABCD 27. ABD 28. ABC
29. ACD 30. CD 31. ABCD 32. ABCD 33. BCD

三、分析题答案要点

34.【答案要点】

（1）唯物辩证法认为，事物是普遍联系的，事物的普遍联系是通过中介实现的，事物的相互联系即相互作用构成事物的运动变化发展。本案例中，秸秆养菇——菌渣制肥——林果肥育——生态改善形成了环环相扣的产业链“大循环”，“巧”就巧在人们能敏锐地发现事物固有的联系，并能动地建立新的联系，进而利用这种联系来促进事物的良性发展。

（2）上述事例给我们的启示主要有：要从联系的观点看问题，把握事物的普遍联系；要从发展的观点看问题，从发展中找出路；要运用矛盾分析方法，找出解决矛盾的正确办法；要发挥主观能动性，勤于实践，勇于创新。（注：如果考生能围绕上述材料的主题，灵活运用唯物辩证法的基本原理和方法加以分析论述，言之有理，可酌情给分。）

35.【答案要点】

（1）“中国式奇迹”是党的十一届三中全会以来坚持不懈推进改革开放的结果。改革开放是一次新的伟大革命，极大地解放了生产力，激发了整个社会的活力。“中国式难题”是发展中的问题。许多深层次的矛盾和问题尚未得到根本解决，制约科学发展的体制机制障碍仍然很多，必须通过全面深化改革来解决。

（2）社会主义社会的基本矛盾仍然是生产关系和生产力之间、上层建筑和经济基础之间的矛盾。只有通过改革不断地调整生产关系、完善上层建筑，才能实现社会主义制度的自我完善和发展。在改革开放进程中，旧问题的解决和新问题的产生不断交替，停顿和倒退没有出路。改革开放是长期的、艰巨的、复杂的过程，必须以更大的政治勇气和智慧，坚定不移地推进改革开放。

36.【答案要点】

（1）改革开放后，社会上出现了一股否定毛泽东及毛泽东思想的思潮，正确评价毛泽东成为中国面临的重大政治问题。否定毛泽东必然导致对中国共产党的领导和社会主义制度的否定。毛泽东虽然在晚年犯了严重错误，但是就他的一生来看，他的功绩是第一位的，错误是第二位的，他为中华人民共和国的缔造和中国社会主义事业的发展，建立了永远不可磨灭的功勋。毛泽东思想是被实践证明了的关于中国革命和建设的正确的理论原则和经验总结，是党必须长期坚持的指导思想。

（2）改革开放前和改革开放后的两个时期本质上都是我们党领导人民进行社会主义建设的实践探索，两个时期都应该肯定。改革开放前的实践探索为改革开放后的实践探索提供了宝贵经验、理论准备、物质基础。改革开放后的实践探索是对改革开放前的实践探索的坚持、改革、发展。两个时期不能互相否定。“两个不能否定”有助于统一历史认识，坚定不移地走中国特色社会主义道路。

37.【答案要点】

（1）他们选择了甘于寂寞，乐于奉献的生活方式。他们不畏艰辛，淡泊名利，坚持个人与国家相结合，个人与群众相结合，当前与长远相结合，专业知识与社会实践相结合。一份职业，背负三份责任，从而实现了人生价值的最大化，找到了人生的远大目标。（注：考生围绕人生观和人生价值的主题加以分析，言之有理，亦可给分。）

（2）“理想很丰满，现实很骨感”的这一说法，反映了人生选择中所遇到的如何处理理想与现实关系的困惑。理想与现实既有联系又有区别，理想是圆满的，现实则是复杂的，理想源于现实又超越现实，现实是理想的基础，理想是未来的现实。坚定的信念是实现理想的重要条件，勇于实践、艰苦奋斗是实现理想的根本途径。

38.【答案要点】

（1）在全球化时代，世界正发生深刻变化，现代科技加速发展，国际分工和社会分工不断深化，人类的各种活动紧密联系在一起，各国各地区之间相互依存、相互开放。人们的生存方式发生了重大改变，既相互竞争又密不可分。每个人只有不断学习、不断创新，才能适应世界的急剧变化，在激烈的竞争中不断提升和完善自我。

（2）不断发展的中国、印度等新兴国家在世界范围内的影响越来越大；信息化时代的劳动力市场和工作方式发生了根本改变；以美国为代表的西方国家面对国际竞争的压力，担心自身优势地位丧失，竭力维护其经济、科技的主导地位；人才竞争在国际竞争中的作用越来越突出，世界各国更加重视科技发展和人才培养，促进了各国在竞争中共同发展。

2015年全国硕士研究生入学考试思想政治理论课试题

一、单项选择题（1～16小题，每小题1分，共16分）

下列每题给出的四个选项中，只有一个选项是符合题目要求的。

1．中国工程院院士袁隆平曾结合自己的科研经历，语重心长地对年轻人说："书本知识非常重要，电脑技术也很重要，但是书本、电脑里种不出水稻来的，只有在田里才能种出水稻来。"这表明（ ）。

A．实践是人类认识的基础和来源

B．实践水平的提高有赖于认识水平的提高

C．理论对实践的指导作用没有正确与错误之分

D．由实践到认识的第一次飞跃比认识到实践的第二次飞跃更加重要

2．社会存在决定社会意识，社会意识是社会存在的反映。社会意识具有相对独立性，即它在反映社会存在的同时，还有自己特有的发展形式和规律。社会意识相对独立性最突出的表现是（ ）。

A．社会意识与社会存在发展的不完全同步性

B．社会意识内部各种形式之间的相互作用和影响

C．社会意识各种形式各自具有其历史继承性

D．社会意识对社会存在具有能动的反作用

3．第二次世界大战以后，资本主义国家经历了第三次科技革命，机器大工业发展到自动化阶段。智能化工厂创造出了较高的生产效率，显露出巨大的竞争力。企业在"机器换人"中取得了一定的经济效益。这意味着率先使用机器人的个别企业（ ）。

A．资本技术构成的提高　　B．剩余价值来源的改变

C．所生产商品价值的提高　　D．获得更多的社会平均利润

4．马克思主义政党是科学社会主义与工人运动相结合的产物，是工人阶级的先锋队，这表明（ ）。

A．马克思主义政党即工人阶级本身

B．马克思主义政党以工人阶级为基础

C．马克思主义政党的阶级性是其先进性的根本前提

D．马克思主义政党的先进性决定了工人阶级的先进性

5．新中国的工业化是在苏联的影响下起步的。走中国工业化道路，是中国共产党初步探索我国社会主义建设道路的一个重要思想。当时所讲的工业化道路问题，主要是指（ ）。

A．中央和地方的关系问题

B．经济建设和国防建设的关系问题

C．沿海工业和内地工业的关系问题

D．重工业、轻工业和农业的发展关系问题

6．党的十三大召开前夕，邓小平强调指出："社会主义本身是共产主义的初阶段，而我们中国又处在社会主义的初级阶段，就是不发达的阶段。一切都要从这个实际出发，根据这个实际来制定规划。"这一论述（　　）。

A．首次提出了社会主义初级阶段的概念

B．首次系统阐述了社会主义初级阶段理论

C．首次对社会主义发展阶段进行了划分

D．首次把社会主义初级阶段作为事关全局的基本国情加以把握

7．城镇化是现代化的必由之路，解决好人的问题是推进城镇化的关键。当前，我国实现城镇化的首要任务是（　　）。

A．推进农业转移人口市民化　　B．使土地的城镇化优于人口的城镇化

C．实现"人的无差别发展"　　D．促进农村劳动力向非农产业转移

8．1997年7月1日，中国政府对香港恢复行使主权，香港特别行政区成立，香港特别行政区基本法开始实施。香港进入"一国两制"、"港人治港"、高度自治的历史新纪元。香港特别行政区的高度自治权是（　　）。

A．特别行政区的完全自治　　B．中央授权之外的剩余权力

C．中央授予的地方事务管理权　　D．特别行政区本身固有的权力

9．近代中国，一些爱国人士提出过工业救国、教育救国、科学救国等主张，并为此进行过努力，但这些主张并不能从根本上给濒临危亡的中国指明正确的出路，这是因为他们没有认识到（　　）。

A．争取民族独立和人民解放是实现民族复兴的前提

B．中国已经被卷入世界资本主义经济体系和世界市场中

C．资本主义制度已经过时

D．中国是一个经济政治发展不平衡的国家

10．毛泽东在谈到辛亥革命时指出，辛亥革命有它胜利的地方，也有它失败的地方，"辛亥革命把皇帝赶跑，这不是胜利了吗？说它失败，是说辛亥革命只把一个皇帝赶跑。"毛泽东这里所说的"只把一个皇帝赶跑"是指（　　）。

A. 没有推翻帝制　　B. 反帝反封建的革命任务没有完成

C. 袁世凯窃取了胜利果实　　D. 孙中山没有继续革命

11．1914年至1918年的第一次世界大战，是一场空前残酷的大屠杀。它改变了世界政治的格局，也改变了各帝国主义国家在中国的利益格局，对中国产生了巨大的影响。大战使中国的先进分子（　　）。

A．对中国传统文化产生怀疑　　B．对西方资产阶级民主主义产生怀疑

C．认识到必须优先改造国民性　　D．认识到工人阶级的重要作用

12．1929年12月下旬，红四军党的第九次代表大会在福建上杭县古田村召开，会议总结了红军创立以来的经验，通过了著名的古田会议决议，决议的中心思想是（　　）。

A．中国共产党必须服从共产国际的领导　　B．武装斗争是中国革命的主要形式

C．用无产阶级思想进行军队和党的建设　　D．在农村根据地广泛开展土地革命

13．习近平在欧美同学会成立100周年庆祝大会上的讲话中说："希望广大留学人员继承和发扬留学报国的光荣传统，做爱国主义的坚守者和传播者，秉持'先天下之忧而忧，

后天下之乐而乐’的人生理想，始终把国家富强、民族振兴、人民幸福作为努力志向，自觉使个人成功的果实结在爱国主义这棵常青树上。”个人成功的果实之所以应该结在爱国主义这棵常青树上，是因为爱国主义是（　　）。

A．个人实现人生价值的力量源泉　　B．人人实现人生价值的直接条件

C．个人成功的决定性因素　　D．个人成功的根本保障

14．钱学森曾经说过：“我作为一名中国的科技工作者，活着的目的就是为人民服务。如果人民最后对我的一生所做的工作表示满意的话，那才是最高的奖赏。”这说明评价人生价值的根本尺度是（　　）。

A．个体在社会中的地位

B．个体在社会中的影响

C．个体从社会获得的满足程度

D．个人对社会和他人的生存和发展的贡献

15．2014年4月15日，中共中央总书记、中央国家安全委员会主席习近平主持召开中央国家安全委员会第一次会议并发表重要讲话。他强调，面对传统安全威胁与非传统安全威胁交织的局面，要准确把握国家安全形式变化新特点新形势，坚持（　　）。

A．共同安全观　　B．亚洲安全观

C．地区集体安全观　　D．总体国家安全观

16．近年来，中东地区局势持续动荡，恐怖主义、分离主义愈加猖獗，教派矛盾不断升级。尤其是极端恐怖势力于2014年6月29日宣布成立“伊斯兰国”（ISIS），并宣称将建立地跨西亚北非的“哈里发帝国”，对该地区的秩序造成了重大冲击，并且给国家的全球战略带来了影响，这种影响表现为美国（　　）。

A．“中东收缩”战略提上议程　　B．“和平演变”战略归于失败

C．“重返亚太”战略收到牵制　　D．“北约东扩”战略被迫搁置

二、多项选择题（17～33题，每小题2分，共34分）

下列每题给出的四个选项中，至少有两个选项是符合题目要求的。请在答题卡上将所选项的字母涂黑。多选或少选均不得分。

17．母质、气候、生物、地形、时间是土壤形成的五大关键成土因素。母质是土壤形成物质基础的初始无机养分的最初来源。气候导致矿物的风化和合成，有机质的形成和积累，土壤中物质的迁移、分解和合成。生物包括植物、动物和微生物等，是促进土壤发生发展最活跃的因素。地形可以使物质在地表进行再分配，使土壤及母质在接受光、热、水等条件方面发生差异。时间是阐明土壤形成发展的历史动态过程，母质、气候、生物和地形等对成土过程的作用随着时间延续而加强。土壤的生产过程说明（　　）。

A．事物总是作为过程而存在

B．时间是物质运动的存在形式

C．事物的产生是多重因素相互作用的结果

D．事物的发展总是呈现出线性上升的态势

18．平衡是事物发展的一种状态，小到体操中人在平衡木上的行走、杂技中的骑车走钢丝、独轮车表演、直升机在空中的悬停，大到人类的生存、地球的运转、天体的运行，等等，都是保持平衡的一种状态，世间的万事万物，之所以能不停地运动、发展、前进，

一个重要原因就在于保持了平衡，要使“平衡”成为人们的“大智慧”，就要（　　）。

A．精确把握事物的度

B．准确掌握辩证否定的方式和方向

C．全面理解绝对运动和相对静止的辩证关系

D．善于协调事物内部各种因素的相互关系

19．马克思主义从必然性和偶然性的辩证统一中理解杰出人物的历史作用，认为（　　）。

A．杰出人物能够改变历史发展的基本方向

B．杰出人物的历史作用受到一定历史条件的制约

C．杰出人物们因其智慧性格因素对社会进程发生影响

D．杰出人物历史作用的形成和发挥与其服务人民群众的意愿密不可分

20．马克思指出：“资本主义积累不断地并且同它的能力和规模成比例地生产出相对的、即超过资本增殖的平均需要的，因而是过剩的或追加的工人人口。”“过剩的工人人口是积累或资本主义基础上的财富发展的必然产物，但是这种过剩人口反过来又成为资本主义积累的杠杆，甚至成为资本主义生产方式存在的一个条件。”上述论断表明（　　）。

A．资本主义积累必然导致工人人口的供给相对于资本的需要而过剩

B．资本主义社会过剩人口之所以是相对的，是因为它不为资本价值增殖所需要

C．资本主义生产周期性特征需要有相对过剩的人口规律与之相适应

D．资本主义积累使得资本主义社会的人口失业规模呈现越来越大的趋势

21．国家垄断资本主义是国家政权和私人垄断资本融合在一起的垄断资本主义。第二次世界大战结束以来，在国家垄断资本主义获得充分发展的同时，资本主义国家通过宏观调节和微观规制对生产、流通、分配和消费各个环节的干预也更加深入。其中，微观规制的类型主要有（　　）。

A．公众生活规制　　　　B．公共事业规制

C．社会经济规制　　　　D．反托拉斯法

22．2014年5月22日，习近平在上海召开的外国专家座谈会上指出，“要实行更加开放的人才政策，不唯地域引进人才，不求所有开发人才，不拘一格用好人才。”当前，我们之所以比历史上任何时期都更加强调重视人才、用好人才，是因为人才是（　　）。

A．国家竞争力的重要体现

B．先进生产力的集中体现

C．第一资源和国家战略资源

D．推进中国特色社会主义事业的关键因素

23．到2012年底，我国仍在耕地上从事农业生产经营的农民家庭约为1.9亿户，所经营的耕地面积占农村家庭承包耕地总面积的92.5%：仍实行由集体统一经营的村、组约有2000个；已发展起农业专业合作社68.9万个，入社成员5300多万户；各类农业产业化经营组织30余万个，带动的农户约为1.18亿户；约有2556万亩耕地由企业租赁经营，上述现象表明在我国农村（　　）。

A．农业经营主体呈现多样化趋势

B．土地的集体所有权性质已经发生变化

C．家庭承包经营仍然是最基本的经营形式

D．土地经营权的流转使农民失去了对土地的承包权

24．与十一届全国人民代表大会相比，十二届人代会在代表结构与组成上呈现“两升一降”的变化，来自一线的工人、农民代表401名，占代表总数的13.42%，提高了5.18个百分点；专业技术人员代表610名，占代表总数的20.42%，提高了1.2个百分点；党政领导干部代表1042名，占代表总数的34.88%，降低了6.93个百分点。提高基层人大代表特别是一线工人、农民、知识分子代表比例，降低党政领导干部代表比例，有利于（　　）。

A．保证人民群众直接参加国家管理

B．调动基层群众参政议政的积极性与主动性

C．推动人民群众最关心最直接最现实问题的解决

D．更为充分地发挥全国人大的民意反映与监督职能

25．国家统计局发布的最新数据显示，2014年前三季度我国GDP增长为7.4%，其中第三季度增长为7.3%，创下了2009年一季度以来的新低。总体上看，虽然经济增长有所放缓，但国民经济继续运行在合理区间，稳中有进的态势没有变，今后一个时期经济保持平稳较快发展的可能性仍然较大。这是一种趋势性的变化，是经济到了新的发展阶段表现出来的一种新常态。我国经济新常态的主要特点是（　　）。

A．经济结构不断优化升级

B．中国经济对世界市场的需求减弱

C．经济增长速度从高速增长转为中高速增长

D．经济发展动力从要素驱动、投资驱动转向创新驱动

26．人类社会发展的历史表明，对一个民族，一个国家来说，最持久、最深层次的力量是全社会共同认可的核心价值观。面对世界范围思想文化交流、交融、交锋形势下价值观的新态势，面对改革开放和发展社会主义市场经济条件下思想意识多元、多样、多变的新特点，积极培育和践行社会主义核心价值观，有利于（　　）。

A．巩固马克思主义在意识形态领域的指导地位

B．巩固全党全国人民团结奋斗的共同思想基础

C．促进人的全面发展和引领社会全面进步

D．集聚实现中华民族伟大复兴中国梦的强大正能量

27．甲午战争，对中国人民和中华民族具有特殊含义，在我国近代史上也具有特殊含义。1894年7月，日本发动甲午战争，清朝在战争中战败。这场战争对中国的影响主要有（　　）。

A．台湾被日本侵占

B．中国人开始有了普遍的民族觉醒意识

C．中国海关的行政权落入外国人手中

D．帝国主义列强掀起瓜分中国的狂潮

28．1946年1月10日，政治协商会议在重庆开幕，出席会议的有国民党、共产党、民主同盟、青年党和无党派人士的代表38人。会议通过了宪法草案、政府组织案、国民大会案、和平建国纲领、军事问题案五项协议。按照协议规定建立的政治体制相当于英国、法国的议会制和内阁制，不是新民主主义性质的，而且国民党在政府中占着明显的优势。对政协的上述协议，共产党赞同并决心严格履行，这是因为它有利于（　　）。

A．改变国共两党军事力量对比　　B．打破国民党一党独裁的局面

C．推进民主政治的发展和进步　　D．保障解放区政权的合法地位

29．1979 年，针对当时存在的是否还要坚持毛泽东思想的问题，邓小平指出“有些同志说，我们只拥护‘正确的毛泽东思想’，而不是拥护错误的毛泽东思想。这种说法也是有错误的。”“这种说法”之所以错误，是因为（　　）。

A．没有把毛泽东思想与毛泽东的思想区分开

B．没有把毛泽东思想与有中国特色社会主义理论区分开

C．没有把毛泽东与党的其他领导人对毛泽东思想的贡献区分开

D．没有把毛泽东晚年的错误与毛泽东思想的科学体系区分开

30．个人品德是通过社会道德教育和个人自觉的道德修养所形成的稳定的心理状态和行为习惯。它是个体对某种道德要求认同和践履的结果，集中体现了道德认知、道德情感、道德意志和道德行为的内在统一。这表明个人品德是（　　）。

A．在实践活动中锻炼而成的一种特殊品性

B．在实践活动中表现出来的行为的稳定倾向

C．个人行为的统一整体及知、情、意、行的综合体现

D．偶然的、短暂的道德行为现象

31．1763 年，老威廉·皮特在《论英国人个人居家安全的权利》的演讲中说：“即使最穷的人，在他的小屋里也能够对抗国王的权威。屋子可能很破旧，屋顶可能摇摇欲坠；风可以吹进这座房子，雨可以淋进这座房子，但是国王不能踏进这座房子，他的千军万马也不敢跨进这座破房子的门槛。”这段话后来被浓缩成“风能进，雨能进，国王不能进”。这凸显了权力与权利的关系是（　　）。

A．权力应当以权利为界限　　B．权力决定权利

C．权力优先于权利　　D．权力必须受到权利的制约

32．2014 年 2 月 27 日，十二届全国人大常委会第七次会议通过决定，将 9 月 3 日确定为中国人民抗日战争胜利纪念日，将 12 月 13 日确定为南京大屠杀死难者国家公祭日，设立这两个纪念日（　　）。

A．彰显了中国作为反法西斯主要战场的伟大作用

B．是对抗击日本帝国主义侵略付出巨大牺牲和作出巨大贡献的人们的敬重与缅怀

C．有助于向中国人民和世界各国人民传播历史事实的真相

D．是对南京大屠杀中大量死难同胞的告慰和尊重

33．2014 年 11 月 5 日至 11 日，亚太经济合作组织（APEC）第二十二次领导人非正式会议在北京召开。这是一次开创性的历史盛会，硕果累累，其中，《北京反腐败宣言》的通过尤为引人注目。该《宣言》通过的意义在于，各成员国（　　）。

A．杜绝了跨国腐败行为的发生

B．将形成携手打击跨境腐败的网络

C．加强了涉腐、涉案赃款跨境流动的信息共享

D．达成了就追逃、追赃开展执法合作的重要共识

三、分析题（34～38 小题，每小题 10 分，共 50 分）

要求结合所学知识分析材料回答问题。

34. 结合材料回答问题:

材料 1:

2014 年 11 月 19 日，首届世界互联网大会在浙江乌镇召开，习近平总书记在致大会的贺词中指出，互联网真正让世界变成了地球村，让国际社会越来越成为你中有我、我中有你的命运共同体。李克强总理 20 日下午在杭州会见出席大会的中外代表并同他们座谈，他表示，互联网是人类最伟大的发明之一，改变了人类世界的空间轴、时间轴和思想维度。中国接入互联网 20 年来，已发展成为世界互联网大国，不仅培育起一个巨大的市场，也促生了许多新技术、新产品、新业态、新模式，创造了上千万就业岗位，很多人特别是年轻人、大学生因此实现了事业梦、人生梦。

目前，全世界网民数量达到了 30 亿人，普及率达 40%，全球范围内实现了网络互联、信息互通。即使是世界上最偏僻的一角，只要接入互联网，就接入了人类这个大家庭。同住地球村的“居民”，借助互联网的力量极大地拉近了距离，互联经济已经成为世界经济发展速度最快、潜力最大、合作最活跃的领域之一，形成了世界网络大市场；一个短小的视频通过全世界网民的点击，可以一夜之间成为全球流行文化的宠儿；提供高速的移动通信和无线宽带服务，几乎已是各国旅游“设施”的标配。

当然，互联网发展过程中也产生了一系列问题，如网络信息安全、网络犯罪等，甚至对国家主权、安全、发展利益形成了新的挑战。互联网到底是阿里巴巴的宝库，还是潘多拉的魔盒？这取决于“命运共同体”如何认真应对，谋求共治。从这样的视野来看，已走过 20 年岁月的中国互联网，站在了大有可为的新起点上。

摘编自《人民日报》(2014 年 11 月 21 日)

材料 2:

中国互联网从 1994 年全功能接入国际互联网至今，实现了 20 年的高速发展，不仅在技术层面一再突破,而且带来了新的思维理念,有人把它概括为“互联网思维”。对何谓“互联网思维”目前还没有定论。然而，打破思维定势，主动革新自我是互联网思维不变的主题，意味着“便捷、互动、用户至上”等理念。这些理念让人们不断感受到互联网带来的变化与变革。

如果把沃尔玛等传统龙头企业比做大象，那么互联网上的小商户只能叫蚂蚁。数百万只蚂蚁聚合起来，吃掉大象并非没有可能。试想，如果没有互联网，任何一家传统商业企业要想把数百万个商家和近亿客户装进来是不可想象的。

既然去中心的互联网更有利于“蚂蚁”生存，“大象”要彻底摆脱危机，可能就要让自己某种程度上也变成“蚂蚁”，至少自身要具备“蚂蚁”的特性。道理很简单，在互联网环境下与灵活的“蚂蚁军团”作战，庞大的体量以及传统组织形式带来的大企业病，很可能让“大象”的优势转变为劣势。只有彻底改变基因，让“大象”内部产生无数个热衷创业的“蚂蚁”，这仗才有的打，毕竟，和蚂蚁打仗，大象有力用不上，但更庞大、更强大的蚁群则成为最后的胜者。

摘编自《人民日报》(2014 年 5 月 5 日、5 月 26 日等)

(1) 联系自身实际分析为什么“互联网是阿里巴巴的宝库，还是潘多拉的魔盒”取决于互联网的“命运共同体”？

(2) 怎样以辩证的思维方式认识和处理“蚂蚁”与“大象”的关系？

35. 结合材料回答问题:

让大猫小猫都有路走

计划经济时期全靠国家管理市场，市场边角被忽略，很多小商品没人去生产，有些新的市场需求也没人去注意。非公有制经济的特点是只要市场有需求，它就会去满足。要保证各种所有制经济依法平等使用生产要素，公平参与市场竞争，同等受到法律保护，就需要重视中小企业融资难的问题。经济学家成思危讲过这样一则寓言：著名科学家牛顿养了两只猫。一只大猫一只小猫。他在墙上开了两个洞，一个大洞，一个小洞。有人笑话他说，你还是大科学家呢，开一个洞就够了，小猫也可以走大洞嘛。牛顿说不对，如果两个猫同时要出去，那大洞肯定被大猫占住了，小猫就无路可走。要真正解决小微企业的问题，就要建立真正为小微企业服务的小型银行，让大银行服务大企业，小银行服务小企业。因为从商业角度说,大银行本身就嫌贫爱富,嫌小爱大。小微企业市场风险很大,交易成本也高。跟大企业签一个1亿元的合同，相当于跟小企业签20个500万的合同。现在居民和企业手中有大量存款，而小微企业却贷不到款。这就需要一条通道，这条通道就是社区银行等中小银行。发展民营的、小型的金融机构有利于解决好小微企业的融资困难。大企业是我国经济的脊梁，小微企业是血肉。没有大企业国民经济站不起来，但是如果小微企业垮了，那国民经济不成了骨头架子了吗？十八届三中全会以来，国务院陆续出台了关于大力扶持小微企业健康发展的多项政策，国务院常务会议也多次强调要加快发展民营银行等中小金融机构，为小微企业减负添力。2014年11月，李克强总理在浙江考察时再次对民营银行长期致力于服务小微企业给予了充分肯定。为小微企业打开直接融资大门，是开创性的制度安排。一大批有巨大市场潜力的小微企业将会成长为支撑中国经济转型升级的参天大树。

摘编自光明网（2013年11月15日）、新华网（2014年11月21日）

（1）现阶段我国发展社会主义市场经济为什么坚持“让大猫和小猫都有路走”？

（2）如何更好地发展非公有制在经济发展上的作用？

36. 结合材料回答问题:

1925年，郭沫若在一篇文章中讲述了这样一个故事：

十月十五日丁祭过后的第二天，孔子和他的得意门生颜回、子路、子贡三位在上海的文庙里吃着冷肉的时候，有四位年轻的大班抬了一乘朱红漆的四轿，一直闯进庙来，里面走出一位脸如螃蟹，胡须满腮的西洋人来，原来这位胡子螃蟹脸就是马克思。

孔子一见来的是马克思，他便禁不得惊喜着叫出:啊啊，有朋自远方来，不亦乐乎呀！你到敝庙来，有什么见教呢？

马克思说：我是特为领教而来，我们的主义已经传到你们中国，我希望在你们中国能够实现，但是近来有些人说，我的主义和你的思想不同，所以在你的思想普遍着的中国，我的主义是没有实现的可能性，因此我便来直接领教你：究竟你的思想是怎么样？和我的主义怎样不同？

孔子说：难得你今天亲自到了我这里来，太匆促了，不好请你演讲，至少请你作一番谈话罢。你的理想的世界是怎样的呢？

马克思说：我的理想的世界，是我们生存在这里面，万人要能和一人一样自由平等地发展他们的才能，人人都能各尽其力做事而不望报酬，人人都能得到生活的保障而无饥寒的忧虑，这就是我所谓“各尽所能，各取所需”的共产社会。

孔子说：你这个理想社会和我的大同世界竟是不谋而合，你请让我背一段我的旧文章给你听吧。“大道之行也，天下为公，选贤与能，讲信修睦；故人不独亲其亲，不独子其子，使老有所终，壮有所用，幼有所长，鳏寡孤独废疾者皆有所养，男有分，女有归；货恶其弃于地也不必藏于己；力恶其不出于身也不必为己；是故谋闭而不兴，盗窃乱贼而不作，故外户而不闭，是谓大同”，这不是和你的理想完全一致的吗？

马克思说我的理想和有些空想家的不同，我的理想不是虚构出来的，也并不是一步可以跳到的。我们先从历史上证明社会的产业有逐渐增值之可能，其次是逐渐增值的财产逐渐集中于少数人之手中，于是使社会生出贫乏病来，社会上的争斗便永无宁日。

孔子说：我从前也早就说过“不患寡而患不均，不患贫而患不安”的呀！

孔子的话还没有十分钟落脚，马克思早反对起来了：不对，不对！你和我的见解终究是两样，我是患寡且患不均，患贫且患不安的，你要晓得，寡了便不均起来，贫了便是不安的根本。所以我对于私产的集中虽是反对，对于产业的增值却不惟不敢反对，而且还极力提倡，所以我们一方面用莫大的力量去剥夺私人的财产，而同时也要以莫大的力量来增值社会的产业。

孔子说：尊重物质本是我们中国的传统思想，洪范八政食货为先，管子也说过“仓廪实而知礼节，衣食足而知荣辱”，我的思想乃至我国的传统思想，根本和你一样，总要先把产业提高起来，然后才来均分。

马克思到此才感叹起来：我没想到在两千年前，在遥远的东方，已经有了你这样的一个老同志！你我的见解是完全一致的，怎么有人曾说我的思想和你的不合，和你们中国的国情不合，不能施行于中国呢？

摘编自郭沫若《马克思进文庙》

（1）“马克思进文庙”的历史背景是什么？

（2）如何理解孔子与马克思对话中谈到的他们之间思想上的“不同”与“一致”？

37. 结合材料回答问题：

材料 1：

2014 年 10 月闭幕的十八届四中全会，是党在中央全会上第一次专题讨论依法治国的问题，体现了对法治的高度重视。会议结束后，微博上的各种评论，满是法治进步的渴望：“想要法治的果实，就要给它阳光雨露”，“期待法治进入与人民互动的 2.0 时代”，“法治不仅是宏大的，也是具体的；它关乎国家治理，更关乎百姓福祉”……

《韩非子》有句名言，“国无常强，无常弱，奉法者强则国强，奉法者弱则国弱。”尊奉法律，需要执政者、治理者发力，引导之，提倡之；遵守法律，需要全体公民给力，用法律要定纷止争，维护之，践行之。网络上，已经有人以普通人“小明”为例，演绎“四中全会与你我有啥关系”。有人说，法治于人就如同空气，你可能不会时时刻刻意识到它的存在，可一旦缺少就立刻窒息。的确，从出生到成长，从成家到立业，无不需要法治的护航，加强对财产权的保护，完善教育、医疗、食品安全等方面的法律法规，提高环境污染的违法成本……四中全会催动“法治的春天”，有着温暖人心的春意，当越来越多的人在法治的护佑下感受着畅快的呼吸，法治才能成为内心时时恪守的律令。

也不用回避，中国的法治还有很多问题，从“暂行 50 多年”的高温条例，到保护个人信息安全等方面尚无完善法律，中国的法治进程需要紧跟时代的步伐。四中全会从立法、司法、执法、守法等方面开出了药方，但最根本的是提升全社会对法治的信心与信任。正如党的十八届四中全会公报所说，法律的权威源自于人民内心的拥护和真诚信仰，这才是法治的力量所在，尊严所系。

摘编自《人民日报》(2014年10月24日)

材料2：

法制是人类为了征服自己，由人类自己立法进行自我管理，这远比征服自然困难得多。特别是约束公权力非有高度的觉悟、顽强的毅力和坚强的意志，难以成其事。任何国家法制的确立都不是在一盘散沙状态下随随便便建立起来的，而是必须有集中统一的领导和部署。

迄今为止，尚未有法治成功的国家是在群龙无首、四分五裂的状态下实现法治的。恰恰相反，就法治发达国家的经验来看，这些国家的法治之所以能够最终确立，都是自上而下、从官到民表现出对法治执着的追求，付出巨大的努力。在中国这样拥有13亿人口、情况极其复杂的大国建设法治，更需要有自上而下坚强统一的领导，要有统一的意志，坚决果断一体推行。正是基于这样的情况，十八届四中全会指出，全面推进依法治国，必须坚持党的领导。

摘编自《人民日报》(2014年10月29日)

(1) 如何理解"法治关乎国家治理，更关乎百姓福祉"？(6分)

(2) 为什么"全面推进依法治国，必须坚持党的领导"？(4分)

38. 结合材料回答问题：

1960年5月27日，毛泽东同志与来华访问的英国元帅蒙哥马利，围绕"50年以后中国的命运"有一段深刻的对话。

蒙哥马利说："历史的教训是，当一个国家非常强大的时候，就倾向于侵略。"毛泽东说，要向外侵略，就会被打回来……外国是外国人住的地方，别人不能去，没有权利也没有理由硬挤进去……如果去，就要被赶走，这是历史教训……如果我们占人家一寸土地，我们就是侵略者。

"蒙哥马利之问"折射的是一些西方人内心深处的"国强必霸"逻辑。然而，这样的逻辑与中国人千百年来的民族心理，完全不在一个"频道"上。正如习近平同志所说，"中华民族的血液中没有侵略他人、称霸世界的基因""中华文化崇尚和谐，中国'和'文化源远流长，蕴涵着天人合一的宇宙观、协和万邦的国际观、和而不同的社会观、人心和善的道德观"。

600多年前，郑和受命出使西洋，足迹遍及30多个国家和地区。明朝初期的中国，是综合国力位居世界前列的强国。但是，与地理大发现时期欧洲国家的殖民政策不同，郑和船队始终奉行"共享太平之福"的宗旨，尊重当地习惯，平等开展多边贸易，把中国在建筑、绘画、雕刻、服饰等领域的精湛技术带入亚非国家，促进了中外文化的双向交流和共同进步。作为"和平使者"，郑和下西洋的"和平之旅"永载史册。

明朝洪武年间，缅甸与百夷（今缅甸北部）交战，明太祖未发一兵，派李思聪、钱古训二人劝和。二人先奉劝缅甸"两国之民居处虽分，惟存关市之讥。是其和也，其或纷争不已，天将昭鉴福善祸淫"，又告诫百夷"莫如守全，以图绵长，不亦美乎"。双方均为道义所感悟，领会启动战端于人于己均不利，最终罢战息兵。历史是最好的老师。两则史料，从一个侧面反映出中国人崇和、尚和、护和的文化理念。事实上，小到修身养性、齐家交友，大到治国理政、邦交抚远，都离不开“和”的价值守则。对于中国人来说，以和为贵、与人为善，信守和平、和睦、和谐，是生活习惯，更是文化认同。可以说，没有“和”的滋养，就没有中华民族的强大凝聚力；没有“和”的润泽，就没有中华文明的生生不息。

孙中山先生离世前曾在日本演说，“东方的文化是王道，主张仁义道德，西方的文化是霸道，主张功利强权。讲仁义道德，是由正义公理来感化人；讲功利强权，是用洋枪大炮来压迫人。”近代中国遭受列强欺凌，无数仁人志士高喊“落后就要挨打”“振兴中华”，但只是为了获得免于被欺凌的自由，为了以平等的姿态屹立于世界民族之林。正如“和平学之父”约翰·加尔通所说，有些人总希望有一个暴力选择，但中国以自己特有的视角来观察现实，阴阳平衡、尊重智慧、众生平等理念被视为理所当然，和平关系的普遍原则以相互合作、平等互利为起点。不通晓中华文化“和”的精髓，不懂得中华民族经历的苦难，焉能体会到中国人对和平和睦的珍视？

拿破仑说，中国是一头沉睡的狮子，当这头睡狮醒来时，世界都会为之发抖。今年3月，习近平同志在法国巴黎向世界宣示，中国这头狮子已经醒了，但这是一只和平的、可亲的、文明的狮子。读懂了“和”文化是中国人千百年来流淌的血脉，就感受到了走向世界的中国那种无法改变的“和”的气度与内质。

摘编自《人民日报》(2010年12月22日，2014年5月20日)

(1) 毛泽东和蒙哥马利的“对话”反映了什么？

(2) 如何理解习近平所说的“中国这头狮子已经醒了，但这是只和平的、可亲的、文明的狮子”？

2015年全国硕士研究生入学考试思想政治理论课试题 参考答案

一、单项选择题答案

1. A　2. D　3. A　4. B　5. D　6. D　7. A　8. C

9. A　10. B　11. B　12. C　13. A　14. D　15. D　16. C

二、多项选择题答案

17. ABC　18. ACD　19. BCD　20. ABC　21. BCD

22. ACD　23. AC　24. BCD　25. ACD　26. ABCD

27. ABD　28. BCD　29. AD　30. ABC　31. AD

32. ABCD　33. BCD

三、分析题答案要点

34.【答案要点】

（1）科学技术是社会发展的重要动力。每一次科学技术革命，都不同程度地引起生产方式、生活方式和思维方式的变化。互联网像其他科学技术一样，是一把双刃剑，既可能通过促进经济和社会发展造福于人类，同时也可能在一定条件下对人类的生存和发展带来消极后果。科学技术作用的实现既受到一定客观条件，诸如社会制度、利益关系等因素的影响，也受到一定的主观条件如人们的观念和认识水平的影响。互联网把世界各国连接为你中有我、我中有你的“命运共同体”，需要各国的共治才能建立完善的国际互联网治理体系。作为一个网民，应该强化网络共同体意识，遵循网络法规和道德，自觉维护网络空间的秩序。

（2）辩证思维方式要求我们用联系、发展、全面的观点看问题，从对立中把握统一，从统一中把握对立。互联网时代的传统龙头企业（“大象”）和互联网上的小商户（“蚂蚁”）作为矛盾的双方，各有其优势和不足。“大象”和“蚂蚁”都要应势而变，培育“互联网思维”，改变原有生产经营模式，互相吸取对方的优点，在竞争中合作，在合作中竞争，在互联网构造的平台上共同发展。

35.【答案要点】

（1）公有制经济为主体、多种所有制经济共同发展是中国特色社会主义的基本经济制度。公有制经济和非公有制经济都是我国社会主义市场经济的重要组成部分，都是我国经济社会发展的重要基础。必须在巩固和发展公有制经济、坚持公有制主体地位、发挥国有经济主导作用的同时，毫不动摇地鼓励、支持、引导非公有制经济发展。

（2）充分发挥市场在资源配置中的决定性作用，使非公有制经济得到充分施展的空间。更好地发挥政府的作用，为非公有制经济的健康发展提供制度保障，激发非公有制经济的活力和创造力。

36.【答案要点】

（1）第一次世界大战和俄国十月革命后，马克思主义传入中国。随着马克思主义在中国广泛传播，中国出现了要不要马克思主义以及以什么主义改造中国的争论。马克思主义与各种反马克思主义和非马克思主义思想流派进行了斗争，进一步扩大了马克思主义思想阵地。中国先进分子经过反复比较，最终选择了马克思主义。

（2）马克思主义与以儒家为代表的中国传统文化是两种不同的文化，在一些具体主张上有差别，但两者并不是对立的，两者都为中国社会所需要；马克思主义与中国优秀传统文化在一些具体主张上有相通之处，这是先进的中国人接受马克思主义的重要思想基础；马克思主义必须和中国的具体实际相结合，马克思主义必须中国化。

37.【答案要点】

（1）法治是实现国家治理现代化的重要手段，良好的法治有助于维护国家的政治制度、经济制度和社会秩序。不仅如此，法治更关乎百姓的福祉。从坚持人民主体地位来讲，法治建设以保障人民根本权益为出发点和落脚点；从法治建设的各方面来讲，无论立法、执法、司法还是守法都与百姓息息相关；从人的一生福祉来讲，无不需要法治的护航。

（2）党的领导是中国特色社会主义最本质的特征，是社会主义法治最根本的保证。把党的领导贯彻到依法治国全过程和各方面，是我国社会主义法治建设的一条基本经验。坚持党的领导，是社会主义法治的根本要求，是党和国家的根本所在、命脉所在，是全国各族人民的利益所系、幸福所系，是全面推进依法治国的题中应有之义；党的领导和社会主义法治是一致的，社会主义法治必须坚持党的领导，党的领导必须依靠社会主义法治。

38.【答案要点】

（1）毛泽东与蒙哥马利的深刻“对话”，反映出东西方文化对历史发展规律的不同认识和判断。东西方文化的价值取向和追求有着深刻差别，西方一些人崇尚“国强必霸”，认为强大了必然会搞侵略，这是“铁律”。中国崇尚“以和为贵”，认为应相互尊重，侵略他人违背正义和公理。西方一些人对社会主义中国未来发展的担忧和戒备也反映了其根深蒂固的“中国威胁论”逻辑。

（2）新中国成立60多年来，特别是改革开放30多年以来，中国的综合国力迅速提升，成为仅次于美国的世界第二大经济体，国际影响力、国际地位和作用大大提高；中国高举和平、发展、合作的旗帜，始终不渝地奉行独立自主的和平外交政策；中国越发展，越要融入国际社会，中国的前途命运同世界的前途命运紧密地联系在一起，奉行互利共赢的开放战略，是中国发展的唯一出路和选择；中国和平发展道路的选择是由我们的历史传统和所面临的“世情”、“国情”所决定的；日益强大的中国是负责任的大国，世界也要读懂中国，中国给世界带来的是贡献和机遇不是威胁，是和平合作不是动荡，是文明进步不是倒退。

2016年全国硕士研究生入学考试思想政治理论课试题

一、单项选择题（1～16小题，每小题1分，共16分）

下列每题给出的四个选项中，只有一个选项是符合题目要求的。请在答题卡上将所选项的字母涂黑。

1.《百喻经》中有一则寓言：有一个愚人到别人家去做客，他嫌菜没有味道，主人就给他加了点盐。菜里加了盐以后，味道好极了，愚人就想："菜之所以鲜美，是因为有了盐，加一点点就如此鲜美，如果加更多的盐岂不是更加好吃？"回家以后，他把一把盐放进嘴里，结果又苦又咸，这则寓言给我们的启示是(　　)。

A．持续的量变会引起事物发生质的变化

B．在认识和处理问题时要掌握适度的原则

C．不可能通过一些现象而去认识某个事物的本质

D．在事物的发展过程中要时时注意事物的自我否定

2．有一种观点认为，"自由不在于幻想中摆脱自然规律而独立，而在于认知这些规律，从而能够有计划地使自然规律为一定的目的服务"。还有一种观点认为，"'自由'倒过来就是'由自'，因此'自由'等于'由自'，'由自'即是随心所欲"，这两种关于自由的观点(　　)。

A．前者是唯物辩证法的观点，后者是唯意志论的观点

B．前者是机械唯物主义的观点，后者是唯心主义的观点

C．前者是主观唯心主义的观点，后者是唯物辩证法的观点

D．前者是历史唯心主义的观点，后者是历史唯物主义的观点

3. 某资本家100万元创办企业从事生产，60万元用于固定资本，以购买机器设备等，40万元用于流动资本，以购买原材料和劳动力等（其中购买劳动力支付了10万元）。一轮生产结束后，该企业的总资本达到了120万元。那么，该企业的剩余价值率为(　　)。

A．20%　　　　B．50%

C．100%　　　　D．200%

4．20世纪70年代以来，西方资本主义国家的金融资本急剧膨胀，这一方面促进了资本主义的发展，另一方面也造成了经济过度虚拟化，致使金融危机频繁发生。西方资本主义金融资本快速发展壮大的重要制度条件是(　　)。

A．金融自由化与金融创新　　　　B．技术创新与大力发展互联网金融

C．全面私有化与放松金融监管　　　　D．去工业化与大力发展现代服务业

5. 毛泽东思想和中国特色社会主义理论体系是马克思主义中国化的两大理论成果。贯穿这两大理论成果始终，并体现在两大成果各个基本观点中的世界观和方法论的基础是(　　)。

A．群众路线　　　　B．独立自主

C．实事求是　　　　D．改革创新

6. 社会主义基本制度确立后，如何在中国这样一个经济文化比较落后的东方大国建设和巩固社会主义，是党面临的全新课题，1956 年 4 月，毛泽东作了《论十大关系》的报告，在初步总结我国社会主义建设经验的基础上，从十个方面论述了我国社会主义建设需要重点把握的重大关系。“十大关系”所围绕的基本方针是 (　　)。

A. 集中力量向科学进军

B. 调动一切积极因素为社会主义事业服务

C. 既反保守又反冒进，在综合平衡中稳步前进

D. 正确处理人民内部矛盾

7. 新世纪以来，我国经济和社会发展呈现出一系列新的阶段性特征，但是，这些新的阶段性特征的出现并没有改变我国仍处于社会主义初级阶段这一基本事实。这表明，社会主义初级阶段是 (　　)。

A. 科学社会主义基本原则与时代精神相结合的过程

B. 长期性与阶段性统一的动态发展过程

C. 先进社会制度与落后社会生产的矛盾运动过程

D. 社会性质与发展程度的有机统一过程

8. 西藏自治区成立五十年来，通过实行民族区域自治制度，从落后走向前进，从贫穷走向富裕，从封闭走向开放，社会制度实现了历史性的跨越。今天的西藏，社会稳定、经济发展、民生改善、生态向好，各方面成绩卓越。实践证明，民族区域自治制度是适合民族地区特点、具有中国特色的一项基本政治制度，民族区域自治的核心是 (　　)。

A. 凝聚力量、增进共识

B. 实现各民族平等、团结、合作和共同繁荣

C. 汉族离不开少数民族，少数民族离不开汉族

D. 保障少数民族当家作主、管理本民族本地方事务的权利

9. 1840 年鸦片战争以后，中国遭受西方列强“坚船利炮”的欺凌不断加深，中华民族面临生死存亡的形式也日益严峻，中国“睡狮”在西方列强的隆隆炮声中逐渐苏醒。促使中国人民的民族意识开始普遍觉醒的重大事件是 (　　)。

A. 中法战争　　B. 中日甲午战争

C. 八国联军侵华战争　　D. 日本全面侵华战争

10. 1843 年，魏源编成《海国图志》。他在书中写道:“是书何以作？曰:为以夷攻夷而作，为以夷款夷而作，为师夷长技以制夷而作。”魏源所说的夷之“长技”主要是指西方的 (　　)。

A. 民主和政治制度　　B. 教育和人才培养

C. 军事和科学技术　　D. 宗教和思想文化

11. 抗日战争是一场全民族反抗外敌入侵的正义战争。抗战初期，在华北战场上规模最大，最激烈的一次战役，也是国共两党军队合作抗日、配合最好的一次战役是 (　　)。

A. 忻口会战　　B. 长城抗战

C. 平津会战　　D. 台儿庄战役

12. 1946 年 5 月 4 日，中共中央发出《关于清算、减租及土地问题的指示》(史称《五四指示》)，决定将党在抗日战争时期实行的减租减息政策改变为 (　　)。

A.“没收一切土地”的政策　　B.“地主不分田，富农分坏田”的政策

C.“耕者有其田”的政策　　D.“保存富农经济”的政策

13. 爱国主义在不同的历史时期和文化背景有着不同的内涵和特点。在新民主主义革命时期，爱国主义主要表现为致力于推翻帝国主义、封建主义和官僚资本主义的反动统治，把黑暗的旧中国改造成光明的新中国。在现阶段，爱国主义主要表现为心系国家的前途和命运，献身于社会主义现代化事业，献身于祖国统一大业。这表明(　　)。

A. 爱国主义是客观的、具体的　　B. 爱国主义是历史的、具体的

C. 爱国主义是客观的、抽象的　　D. 爱国主义是主观的、现实的

14. 我国宪法将“国家尊重和保障人权”规定为一项基本原则。法律的重要使命就是充分尊重和保障人权，人权的法律保障包括宪法保障、立法保障、行政保护和司法保障。其中，宪法保障是(　　)。

A. 人权保障的前提和基础　　B. 人权保障的重要条件

C. 人权保障的关键环节　　D. 人权保障的最后防线

15. 2015年10月26日至29日，中国共产党第十八届中央委员会第五次全体会议在北京举行。全会审议通过了(　　)。

A.《中共中央关于全面深化改革若干重大问题的决定》

B.《中共中央关于建立社会主义市场经济体制若干问题和决定》

C.《中共中央关于制定国家经济和社会发展第十三个五年计划的建议》

D.《中共中央关于全面推进依法治国若干问题的决定》

16. 自2015年初开始，欧洲遭受了二战以来规模最大的难民危机。导致难民数量增长的根本原因在于(　　)。

A. 欧盟在难民问题上没有形成共同的应对策略

B. 中东地区战乱、冲突和动荡加剧

C. 美国等发达国家无力接收大量难民

D. 极端组织”伊斯兰国”疯狂驱逐当地民众

二、多项选择题（17～33题，每小题2分，共34分）

下列每题给出的四个选项中，至少有两个选项是符合题目要求的。请在答题卡上将所选项的字母涂黑。多选或少选均不得分。

17. 显微摄影是一门使用照相拍摄显微镜下一般用肉眼无法看清的标本的技术。肉眼中千篇一律的细沙，在显微镜下却是“一沙一世界”，有的晶莹剔透像宝石，有的金黄酥脆像饼干，即使是司空见惯的柴米油盐，在显微镜下也会展现神奇而充满魅力的另一面。显微镜下的“一沙一世界”表明(　　)。

A. 任何事物都具有无限多样的属性

B. 事物的本质随着人们认识的变化而改变

C. 人们可以通过制造和使用工具日益深化对客观世界的认识

D. 人们能够透过对个别事物的认识而达到对世界整体的把握

18. 唐朝诗人张若虚《春江花月夜》中，“人生代代无穷已，江月年年只相似”两句诗蕴含着时间一维性的哲理，下列诗句中蕴含相同哲理的是(　　)。

A. 闲云潭影日悠悠，物换星移几度秋　　B. 花开堪折直须折，莫待无花空折枝

C. 溪云初起日沉阁，山雨欲来风满楼　　D. 黑发不知勤学早，白首方悔读书迟

19．马克思说:“一切现实的危机的最终原因始终是:群众贫穷和群众的消费受到限制，而与此相对立，资本主义生产却竭力发展生产力，好像只有社会的绝对的消费能力才是生产力发展的界限。”这段论述表明( )。

A．社会的绝对的消费能力导致了经济危机的发生

B．经济危机的发生根本上在于资本主义的基本矛盾

C．资本积累与无限大生产也是经济危机发生的原因

D．经济危机的发生与群众的贫穷及其消费能力受到限制

20．20世纪80年代,随着冷战的结束,分割的世界经济体系也随之被打破,技术、资产、商品等真正实现了全球范围的流动，各国之间的经济联系日益密切，相互合作、相互依存大大加强，世界进入到经济全球化迅猛发展的新时代。促进经济全球化迅猛发展的因素有( )。

A．科学技术的进步和生产力的快速发展

B．出现了适宜于全球化的企业组织形式

C．企业不断进行的技术创新与管理创新

D．各国经济体制变革给出的有利制度条件

21．1516年,英国人托马斯•莫尔发表了《乌托邦》一书,标志着空想社会主义的诞生。1848年，马克思恩格斯发表了《共产党宣言》，标志着科学社会主义的产生，社会主义实现了从空想到科学的历史性飞跃。科学社会主义超越空想社会主义之处在于( )。

A．对资本主义进行了无情的批判

B．对未来社会进行了细致的描绘

C．揭示了资本主义必然灭亡的经济根源

D．找到了实现理想社会的现实道路

22．2015年10月16日，中国铁路总公司牵头组成的中国企业联合体，与印度尼西亚维卡公司牵头的印尼国企联合体正式签署组建中印尼合资公司协议，该公司将负责印度尼西亚雅加达至万隆高速铁路项目的建设和运营。中国高铁走出国门、走向世界。这表明我国( )。

A．参与国际竞争能力明显增强　　B．自主创新能力显著提高

C．国际投资合作水平日益提升　　D．传统产业结构调整得到根本性改变

23．在全面深化改革中，我国提出了一系列放活民间投资的普惠政策，如保障民企平等使用土地、减免税收，扩大民间投资在电网、电信、铁路等非竞争性领域的参与力度等。实施这些政策的目的是( )。

A．保证各种所有制经济依法平等使用生产要素

B．鼓励所有民企建立现代企业制度

C．保证各种所有制经济公开公平公正参与市场竞争

D．允许各种所有制经济实行企业员工持股

24．改革开放以来，党和国家实施大规模扶贫开发，使7亿农村贫困人口摆脱贫困，但是到2014年末，全国仍有7017万农村贫困人口。农村贫困人口脱贫是全面建设小康社会最艰巨的任务，为打赢脱贫攻坚战，党的十八届五中全会提出了精准扶贫、精准脱贫的基本方略，实施这一方略的主要举措有( )。

A．产业扶持　　B．转移就业
C．易地搬迁　　D．社保政策兜底

25．从2013年3月到2015年7月，李克强总理主持召开了101次国务院常务会议，其中有46次会议部署简政放权，取消和下放了800多项行政审批事项，他还用“大道至简，有权不可任性”、“用政府权力的‘减法’换取市场活力的‘乘法’”等生动深刻的话语回应了公众对简政放权的期待。简政放权旨在(　　)。

A．处理好政府与市场的关系，加快完善社会主义市场经济体制
B．减少审批环节，降低市场交易成本
C．激发市场主体内在活力和社会创造力
D．提高政府治理能力和治理水平

26．2015年召开的中央统战工作会议强调，我们党所处的历史方位、所面临的内外形势，所肩负的使命任务发生了重大变化。越是变化大，越是要把统一战线发展好、把统战工作开展好。统一战线作为党的一项长期方针，决不能动摇。中国共产党之所以高度重视统战动作，因为统一战线是(　　)。

A．夺取革命、建设和改革事业胜利的重要法宝
B．实现中华民族伟大复兴中国梦的重要法宝
C．中国共产党的一大政治优势
D．人民当家作主的根本保证

27．1898年的“百日维新”如昙花一现只经历103天就夭折了。谭嗣同在慷慨就义前仰天长叹:“有心杀贼，无力回天”。维新派“无力回天”的原因主要是(　　)。

A．他们提倡全面学习“西学”，彻底否定“中学”
B．他们遭到了以慈禧太后为首的强大的守旧势力的反击和镇压
C．他们惧怕人民群众，把改革的全部希望寄托在一个没有实权的皇帝身上
D．他们不敢触动封建主义的经济基础

28．1915年9月，陈独秀在上海创办了《青年杂志》(后改名为《新青年》)，吹响了新文化运动的号角。新文化运动高举民主和科学两面大旗，向封建主义思想文化发起了前所未有的猛烈冲击，新文化运动的历史意义表现在它(　　)。

A．是中国历史上一次前所未有的启蒙运动
B．在社会上掀起一股思想解放的潮流
C．为马克思主义在中国的传播创造了有利条件
D．彻底否定了孔学的历史作用

29．1992年初，在关乎中国改革开放和社会主义现代化建设前途命运的关键时刻，邓小平在视察武昌、深圳、珠海、上海等地时发表了重要谈话。谈话的主要内容有(　　)。

A．革命是解放生产力，改革也是解放生产力
B．不坚持社会主义，不改革开放，不发展经济，不改善人民生活，只能是死路一条
C．走社会主义道路，就是要逐步实现共同富裕
D．计划多一点还是市场多一点，不是社会主义与资本主义的本质区别

30．我国在建设社会主义法治国家的道路上不断探索，继2011年宣布中国特色社会主义法律体系已经形成以后，2014年又提出“建设中国特色社会主义法治体系”的目标。

从“法律体系”到“法治体系”的变化体现在（　　）。

A．法治体系不仅有法律规范体系，还包括法治实施体系、法治监督体系、法治保障体系和党内法规体系

B．法治体系强调科学立法、严格执法、公正司法、全民守法

C．法治体系既要有法律的制度，也要保证法律的落实

D．法治体系不仅仅是静态的法律文本，而且也是动态的法的实现过程

31．法律权利和法律义务的关系，就像一枚硬币的两面，密不可分。二者之间关系的正确表述是（　　）。

A．法律权利与法律义务是相互依存的关系

B．法律权利与法律义务是目的与手段的关系

C．法律权利与法律义务具有顺序性

D．法律权利与法律义务具有二重性

32．2015年11月7日，中共中央总书记、国家主席习近平同台湾地区领导人马英九在新加坡会面。这是1949年以来两岸领导人的首次会面，翻开了两岸关系历史性的一页，习近平就携手巩固两岸关系和平发展大格局、让中华民族子孙后代共享美好未来提出的意见是（　　）。

A．坚持两岸共同政治基础不动摇　　B．坚持巩固深化两岸关系和平发展

C．坚持为两岸同胞多谋福祉　　D．坚持同心实现中华民族伟大复兴

33．2015年11月30日，国际货币基金组织执行董事会批准人民币加入特别提款权(SDR)货币篮子，新的货币篮子将于2016年10月1日正式生效。人民币成为除美元、欧元、日元和英镑之外“入篮”的第五种货币。世界货币秩序16年来第一次发生改变。人民币“入篮”对世界经济的重大意义主要在于（　　）。

A．有助于增强SDR的代表性和吸引力，完善现行国际货币体系

B．中国的经济地位得到国际认可，全球经济格局发生积极变化

C．人民币短期内将成为在全球金融市场上使用水平最高的货币

D．有助于维护全球金融稳定和完善全球经济治理

三、分析题（34～38小题，每小题10分，共50分）

要求结合所学知识分析材料并回答问题，将答案写在答题纸指定位置上。

34．结合材料回答问题：

材料1：

要着力服务全面建成小康社会、全面深化改革、全面依法治国、全面从严治党的战略布局。“四个全面”的战略布局是从我国发展现实需要中得出来的，从人民群众的热切期待中得出来的，也是为推动解决我们面临的突出矛盾和问题提出来的。

摘自习近平《同党外人士共迎新春时的讲话》（2015年2月11日）

材料2：

辩证唯物主义是中国共产党人的世界观和方法论，我们党要团结带领人民协调推进全面建成小康社会、全面深化改革、全面依法治国、全面从严治党，实现“两个一百年”奋斗目标、实现中华民族伟大复兴的中国梦，必须不断接受马克思主义哲学智慧的滋养，更加自觉地坚持和运用辩证唯物主义世界观和方法论，增强辩证思维、战略思维能力，努力

提高解决我国改革发展基本问题的本领。

摘自习近平《在十八届中央政治局第二十次集体学习时的讲话》(2015年1月23日)

材料3:

全面建成小康社会是党的十八大提出来的，它是从党的十六大、十七大全面建设小康社会目标任务的基础上发展而来的。它们之间虽然只有一字之差，但内涵却发生了深刻的变化，外延大大拓展了。全面建设小康社会是正在进行时，全面建成小康社会则是将来完成时。全面深化改革是党的十八届三中全会所确定的主题，是三中全会对我国改革作出的战略部署。全面依法治国是党的十八届四中全会所确定的主题，是四中全会对我国法制建设提出的战略任务。全面从严治党是党的群众路线教育实践活动总结大会上，习近平总书记对教育实践活动以及对党的十八大以来党风廉政建设和反腐败斗争、党的各项工作所取得的成效、获得的经验、形成的成果进行的概括和总结，又是对今后党的建设进一步提出的新要求。

“四个全面”即是重大的战略布局,也是治国理政的重要战略思想。从哲学的高度来讲，“四个全面”是一个过程，不仅是因为它的提出和形成是一个过程，而是它的协调推进也将是一个过程。

摘编自《光明日报》(2015年4月1日)

(1)从认识的本质及其发展规律的视角,分析为什么说“‘四个全面’是一个过程”。(5分)

(2)“四个全面”重要战略思想体现了怎样的辩证思维?(5分)

35. 结合材料回答问题:

2015年1月1日,新环保法正式实施,2月底,环保部相关部门公开约谈L市主要领导,作为新环保法实施后第一个被约谈的城市，L市的污染经媒体曝光后引发全国关注，重压之下，L市对57家污染大户紧急停产整顿，对412家重点污染企业限期限产治理……铁腕治污立竿见影，PM2.5、PM10、二氧化硫、二氧化氮指标大幅下降，但环保风暴很快遭遇新的困境,L市经济基础薄弱,改革开放后,为加快发展,招商时铺设了一些“绿色通道”,不少企业缺乏环评手续。此次停产整顿，部分企业因无环评手续一时难以复产，企业关停后，工人失业又带来了新的社会问题，潜在的金融风险也渐成燃眉之势。环保风暴遇到现实和利益的严峻挑战。

对于L市力治污痛下猛药的做法，中央电视台、《人民日报》、《经济日报》、新华网、人民网、光明网、环保部官网及不少地方媒体纷纷跟进报道，发表评论，众多网友也争相发声。且看一些比较有代表性的观点:

A:用环境污染换来的经济发展，早晚得淘汰。重病需猛药，现在天蓝水绿，多好啊!

B:一个小地主的命，非要过比尔盖茨的生活，怎么可能!

C:政府要达标，企业要生存，百姓要环境，非常难!……决心不等于蛮干，环保和经济的平衡点找不好，再好的决定也会变成二次伤害。

D:休克式治霾太惊悚了，在如今经济持续低迷的背景下人为制造大面积失业和债务危机，简直是生态大跃进!

E:铁腕治污力度值得赞赏，但有些问题可以讨论，意识到方向有问题，是急刹车，还是有个滑行过程?L市这次是狠狠踩了一脚刹车，车停了，但乘客人仰马翻，有的摔得很重，有的勉强站着，还不知能站多久。

F：被关停企业满满的全是委屈，责任全部推给外界，以受害者姿态对自己不堪回首的过去却只字不提，今天的L市，是很多历史账严重的城市经济转型时期的一个缩影，历史欠账总是要还的。

……

一场空前的铁腕治污风暴，承受着截然不同的评价。一时间，L市又因治污被推上风口浪尖。但L市以前所未有的决心直面大气污染防治这场艰苦的硬仗，用环保倒逼企业转型升级，让千万市民看到了山青水绿，享受着洁净的空气。9月16日，环保部解除L市大气污染问题挂牌督办。

既让环境好转，又让经济同时得到发展，这可能是中国环境治理持续深入后各地亟需作答的选择题。

摘编自央视网（2015年7月3日）、新华网（2015年7月3日）、人民网（2015年7月6日、11月3日）

（1）从“铁腕治污”引发广泛讨论看，我们应如何认识发展同环境治理的关系？（6分）

（2）“铁腕治污”及其引发的讨论对于推动我国生态文明制度建设有何启示？（4分）

36．结合材料回答问题：

材料1：

1944年正值李自成领导的农民起义军进入北京推翻明王朝300周年。郭沫若毅然放下正在进行的先秦思想史研究，撰写《甲申三百年祭》。在这篇文章中，郭沫若深刻总结了李自成农民起义成功建立起大顺朝但旋即失败的历史教训。从3月19日起，这篇长文在重庆《新华日报》全文连载。文章发表后，引起社会各界的广泛关注。仅隔20天，毛泽东就在《学习和时局》的报告中指出；“我党历史上曾经有过几次表现了大的骄傲，都是吃了亏的……近日我们印了郭沫若论李自成的文章，也是叫同志们引以鉴戒，不要重犯胜利时骄傲的错误”。11月21日，毛泽东复信郭沫若：“你的《甲申三百年祭》，我们把它当做整风文件看待。小胜即骄傲，大胜更骄傲，一次又一次吃亏，如何避免此种毛病，实在值得注意。”

摘编自《〈甲申三百年祭〉风雨六十年》人民出版社2005年版

材料2：

1949年3月23日，毛泽东率中共中央机关离开西柏坡前往北平（北京）。临行前，他对周围的人说：“同志们，我们就要进北平了。我们进北平，可不是李自成进北平，他们进了北平就变了。我们共产党人进北平，是要继续革命，建设社会主义，直到实现共产主义。”他兴奋地对周恩来说：“今天是进京‘赶考’嘛。”周恩来说：“我们应当都能考试及格，不要退回来。”毛泽东说：“退回来就失败了。我们决不当李自成，我们都希望考个好成绩。”

摘编自金冲及主编：《毛泽东传1893—1949》中央文献出版社1993年版

材料3：

2013年7月11日至12日，习近平总书记来到革命圣地西柏坡，在同县乡村干部和群众座谈时指出：当年党中央离开西柏坡时，毛泽东同志说是“进京赶考”。“六十多年过去了，我们取得了巨大进步，中国人民站起来了，富起来了，但我们面临的挑战和问题依然严峻，应该说，党面临的‘赶考’远未结束。我们党要带领人民实现全面建成小康社会的奋斗目标，不断坚持和发展中国特色社会主义，就是这场考试的继续。所有领导干部和全体党员要继续把人民对我们党的‘考试’、把我们党正在经受和将要经受各种考验的‘考试’考好，努力交出优异的答卷。”

摘编自《习近平关于实现中华民族伟大复兴的中国梦论述摘编》
中央文献出版社 2013 年版

（1）1949 年春，为什么毛泽东把离开西柏坡前往北平比作“赶考”？（5 分）

（2）如何理解习近平所说的“党面临的‘赶考’远未结束”？（5 分）

37．结合材料回答问题：

材料 1:

中华民族历来有重家风、重家教、守家规的传统，好家风的事例可谓不胜枚举。

宋代的司马光,在给儿子司马康的家训《训俭示康》中说道:“平生衣取蔽寒,食取充腹;亦不敢服垢弊以矫俗于名，但顺吾性而已，众人皆以奢靡为荣，吾心独以俭素为美。”司马光教育儿子要以俭素为美，不要以奢靡为荣，说的是个人志向，批评的是奢靡风气，令人信服，在他的言传身教下，家族后人也都以贤德立身。

清代的郑板桥，自幼家贫，为官以后生活条件虽然得以改善，但从未将所得俸银留作自家使用，而是分给亲友，乡邻。他在一封家信中写道:“每一念及，真含泪欲落也，汝持俸钱南归，可挨家比户，逐一散给。”他还开列了族人及亲友、同窗的具体名单，将俸银全部分完。郑板桥这种乐善好施的行为直到晚年都没有改变，在他的周围产生了广泛的影响，更得到后世的赞赏。

周恩来一向视侄辈如己出，对他们要求非常严格，并约定了十条家规，如不能丢下工作专程来京看望他，只能在出差路过时才可以来;进京来看望他，一律住招待所，住宿费由他支付;一律到机关食堂排队就餐;不许动用公车;在任何场合都不能说出与自己的关系;不谋私利，不搞特殊化等。周恩来定下的家规，自己做到了，他的侄辈也做到了。

材料 2:

家风是一个人精神成长的重要源头，有什么样的家风，往往就有什么样的做人做事的态度，为人处世的风格。从一人的举手投足到行为处事，能折射出好家风对他的影响，会让人看到父母长辈在他成长中精心抚育的印记。可以说，好家风的传承过程，同样也是延续优良文明基因的过程。

随着社会的发展，家风也要与时俱进，将不利于文明进步不利于社会和谐的因素剔除，不断被赋予新的内容。鉴于此，国家通过倡导家风建设，培育和践行社会主义核心价值观，给社会注入暖暖的正能量。

正如习近平总书记所说，“家庭是社会的基本细胞，是人生的第一所学校。不论时代发生多大变化，不论生活格局发生多大变化，我们都要重视家庭建设，注重家庭、注重家教、注重家风”。家风这个源头清澈了，更有利于好的党风、政风、民风和社风的形成。

摘编自《光明日报》(2014 年 3 月 27 日、12 月 25 日，2015 年 2 月 18 日等)

（1）为什么说“好家风的传承过程，同样也是延续优良文明基因的过程”？（5 分）

（2）如何通过好家风的传承弘扬社会主义核心价值观？（5 分）

38. 阅读下列材料

材料1:

中国人民抗日战争和世界反法西斯战争，是正义和邪恶、光明和黑暗、进步和反动的大决战。在那场惨烈的战争中，中国人民抗日战争开始时间最早、持续时间最长。中国人民以巨大的民族牺牲支撑起了世界反法西斯的东方主战场，为世界反法西斯战争胜利作出了重大贡献。中国人民抗日战争也得到了国际社会的广泛支持，中国人民将永远铭记各国人民为中国抗战胜利作出的贡献！

战争是一面镜子，能够让人民更好认识和平的珍贵。今天，和平与发展已经成为时代主题，但世界仍很不太平，战争的达摩克利斯之剑仍然悬在人类头上，我们要以史为鉴，坚定维护和平的决心。

为了和平，我们要牢固树立人类命运共同体意识。偏见和歧视、仇恨和战争，只会带来灾难和痛苦，相互尊重、平等相处、和平发展、共同繁荣。才是人间正道。世界各国应该共同维护以联合国宪章宗旨和原则为核心的国际秩序和国际体系，积极构建以合作共赢为核心的新型国际关系，共同推进世界和平与发展的崇高事业。

摘自习近平:《在纪念中国人民抗日战争暨世界反法西斯战争胜利70周年大会上的讲话》(2015年9月3日)

材料2:

当习近平主席带着对世界前途命运的思考走上联合国讲台的时候，充满生机与希望的中国已经站在世界舞台的中央。在第七十届联合国大会一般性辩论会场，发展壮大的中国对全人类福祉的担当，赢得了世界的赞誉与支持。

开创未来，离不开对历史的敬畏。70年前，联合国诞生。奠定现代国际秩序基石、确立当代国际关系基本准则的联合国宪章，寄寓着先贤对和平的期盼，描绘出了战后世界的基本轮廓。中国作为世界反法西斯战争伟大胜利的主要贡献者之一，成为联合国创始会员国和安理会常任理事国。

今天，当世界格局加快演变，各国互相依存、休戚与共成为世界的基本特征时，人类社会又该以怎样的思考和行动跟上历史的步伐？面对这个根本性问题，习近平主席提出打造人类命运共同体。这一主张在21世纪的今天，继承了联合国宪章精神，符合国际社会的普遍需要，实现了对传统国际关系的超越与创新。

摘选自《人民日报》(2015年9月30日)

(1) 分析当今世界各国“共同维护以联合国宪章宗旨和原则为核心的国际秩序和国际体系”的重要性所在。(5分)

(2) 如何理解“打造人类命运共同体”的主张“继承了联合国宪章精神，符合国际社会的普遍需要”？(5分)

2016 年全国硕士研究生入学考试思想政治理论课试题
参考答案

一、单项选择题

1. B　2. A　3. D　4. A　5. C　6. B　7. B　8. D
9. B　10. C　11. A　12. C　13. B　14. A　15. C　16. B

二、多项选择题

17. ACD　18. ABD　19. BCD　20. ABD　21. CD　22. ABC
23. AC　24. ABCD　25. AC　26. ABC　27. BCD　28. ABC
29. ABCD　30. ABCD　31. ABD　32. ABCD　33. ABD

三、分析题答案要点

34.【答案要点】

(1) ① 认识的本质是在实践基础上主体对客体的能动反映。在认识过程中，需要经历两次飞跃，从感性认识发展到理性认识是认识过程中的第一次飞跃。从理性认识到实践的飞跃是认识过程中的第二次飞跃。② 认识过程具有反复性和无限性。认识的反复性是指，人们对于一个复杂事物的认识往往要经过由感性认识到理性认识、再由理性认识到实践的多次反复才能完成。认识发展的无限性是指，对于事物发展过程的推移来说，人类的认识是永无止境、无限发展的，它表现为“实践、认识、再实践、再认识”的无限循环。认识运动的反复性和无限性决定了主观和客观、认识和实践的统一是具体的和历史的统一。“四个全面”，即全面建成小康社会、全面深化改革、全面依法治国、全面从严治党。“四个全面”的战略布局是在中国特色社会主义建设的实践中形成的，从人民群众的热切期待中得出来的，也是为推动解决我们面临的突出矛盾和问题提出来的。说明认识是在实践基础上主体对客体的能动反映。

认识随着实践的发展而发展，认识过程是反复的、无限的，认识和实践做到了具体的历史的统一。“四个全面”是一个过程，不仅是因为它的提出和形成是一个过程，而且是因为它的协调推进也将是一个过程。

(2)“四个全面”，即全面建成小康社会、全面深化改革、全面依法治国、全面从严治党。全面建成小康社会是我们的战略目标，全面深化改革、全面依法治国、全面从严治党是三大战略举措。要努力做到“四个全面”相辅相成、相互促进、相得益彰。唯物辩证法坚持用联系的、发展的、全面的观点看世界，认为发展的根本原因在于事物的内部矛盾性。“四个全面”的战略构想在各个方面都体现了唯物辩证法的思想。

第一，体现了事物联系和发展的思想。联系和发展是唯物辩证法的总特征。联系是指事物内部各要素之间和事物之间相互影响、相互制约和相互作用的关系。“四个全面”不仅揭示了“建成小康社会”“深化改革”“依法治国”和“从严治党”之间的联系，也揭示出各自战略目标和举措之间的关系。发展是前进的上升的运动，发展的实质是新事物的产生和旧事物的灭亡。“四个全面”思想也体现了事物是发展变化的这一辩证思想。

第二，辩证法要求我们用整体的、全面的观点看问题。“四个全面”思想贯彻了唯物辩证法全面看问题的方法。“四个全面”中每一个全面都不是孤立的，是一个有机联系的整体。

第三，在唯物辩证法的方法论体系中，矛盾分析方法居于核心地位，是根本的认识方法，如要求人们做到“两点论”和“重点论”相结合等，“四个全面”思想也是矛盾分析方法的具体体现。这“四个全面”不是平行并列的，而是有重点的，全面建成小康社会是战略目标，而其他三个全面是实现战略目标的战略举措。

总之，“四个全面”战略思想是唯物辩证法思想的集中反映和深刻展现。

35.【答案要点】

（1）第一，环境污染是民生之患、民心之痛，必须以铁腕治理。从铁腕治污我们认识到生态文明建设的重要性和紧迫性。我国经济建设虽然取得了重大成就，但总体上看我国生态文明建设水平仍滞后于经济社会发展，资源约束趋紧、环境污染严重、生态系统退化、发展与人口资源环境之间的矛盾日益突出，已成为经济社会可持续发展的重大瓶颈制约。

第二，建设生态文明，是关系人民福祉、关乎民族未来的长远大计。

第三，加快推进生态文明建设是加快转变经济发展方式、提高发展质量和效益的内在要求。

第四，加快推进生态文明建设是坚持以人为本、促进社会和谐的必然选择。

第五，加快推进生态文明建设是全面建成小康社会、实现中华民族伟大复兴中国梦的时代抉择。

（2）走向生态文明新时代，建设美丽中国，是实现中华民族伟大复兴的中国梦的重要内容。“铁腕治污”及其引发的讨论对于推动我国生态文明制度建设的启示有：

第一，要完善经济社会发展考核评价体系。建立系统完整的生态文明制度体系，最重要的是要把资源消耗、环境损害、生态效益等体现生态文明建设状况的指标纳入经济社会发展评价体系，使之成为推进生态文明建设的重要导向和约束。

第二，划定生态保护红线，建立责任追究制度。生态红线就是国家生态安全的底线和生命线，这个红线不能突破，一旦突破必将危及生态安全、人民生产生活和国家可持续发展。要让生态红线的观念广为人知、根深蒂固。

第三，健全法律法规，完善生态环境保护管理制度。要加快“立改废”进程，尽快完善生态环境、土地、矿产、森林、草原等方面保护和管理的法律制度，要改革生态环境保护管理体制，建立和完善严格监管所有污染物排放的环境保护管理制度。

第四，中国将按照尊重自然、顺应自然、保护自然的理念，贯彻节约资源和保护环境的基本国策，进一步完善生态文明制度体系，把生态文明建设融入经济建设、政治建设、文化建设、社会建设各方面和全过程，从而为子孙后代留下天蓝、地绿、水清的生产生活环境。

36.【答案要点】

（1）第一，“赶考”意味着中国共产党面临“执政”和“建设”的重大任务。

第二，民主革命的遗留任务尚未完成。比如，土地改革在新解放区还没有推行；官僚资本主义还存在；全国性的各级人民政权还没有建立等。

第三，中国共产党将成为全国性执政党，面临执政的重大任务。中国共产党从一个地方性政党转变为全国性政党，如何执政对于中国共产党是一个重大的考验。

第四，全国性政权建立后，中国共产党将面临现代化建设的任务。近代以来，先进仁人志士为了中华民族的伟大复兴而奋斗，结果大多以失败宣告结束，中国共产党在全国性政党建立以后将为了实现这一目标而奋斗。

（2）第一，这说明我们党在执政60多年、现代化建设取得一定成绩的情况下，面临新的世情、党情和国情，迫切要求执政的中国共产党提高自身的执政能力和执政水平。

第二，中国共产党将继续发扬西柏坡精神，始终坚持和弘扬“两个务必”，即务必保持谦虚谨慎、不骄不躁的作风，务必保持艰苦奋斗的作风。

第三，在新的历史条件下，中国共产党面临“四大考验”和“四大危险”，因此，中国共产党必须在“四个全面”战略布局指导下，坚持思想建党与制度治党相结合，加强组织、纪律和作风建设，全面从严治党。

37.【答案要点】

(1) 家风是指一个家庭或家族的传统风尚或作风。良好的家风将对家庭成员的个人修养、品德操守等产生重要而积极的作用，家风不正，家庭成员的个人品行也容易出问题。家教是实现家庭美德与家风互动的中介环节，要通过注重家教来推动良好家风的传承和落实。良好的家风对整个社会风尚有着重要影响。中华民族自古以来就重视家庭、重视亲情。天伦之乐、尊老爱幼、贤妻良母、相夫教子、勤俭持家等，都体现了中国人的这种观念。

“国有国法，家有家规”，自古以来，家风是社会秩序构成的重要组成部分。家风的传承过程，同样也是延续文明基因的过程。家是最小国，国是千万家。传承、倡导好家风，就能营造清明和畅的政风、党风、民风，就能为国家发展、民族进步、社会和谐发挥“家”的更大正能量。家风和家教绝不是私人的，是中国人最切身的文化追求，是中华民族生生不息的丰富滋养。传承好优良的家风，其实就是传承中华民族千年光辉灿烂的文明之风。

(2) 社会主义核心价值观是富强、民主、文明、和谐，倡导自由、平等、公正、法治，倡导爱国、敬业、诚信、友善。家庭是社会的细胞，好家风是发展社会主义先进文化、培育社会主义核心价值观的深厚基础，拥有好的家风方可建设中华民族共有的精神家园。好的家风是社会主义核心价值观建设的重要条件。

培育和践行社会主义核心价值观，家庭家风是重要抓手，重在从身边事做起，从小事做起。我们都要重视家庭建设，注重家庭、注重家教、注重家风，紧密结合培育和弘扬社会主义核心价值观，发扬光大中华民族传统家庭美德，促进家庭和睦，促进亲人相亲相爱，促进下一代健康成长，促进老年人老有所养，使千千万万个家庭成为国家发展、民族进步、社会和谐的重要基点。

只有发扬光大中华民族传统家风美德，才能让社会主义核心价值观在家庭中生根。一个国家、一个民族正是有了家风这样的微观载体，其核心价值观才能更加具体、鲜活。

38.【答案要点】

（1）第一，联合国宪章的宗旨是维护国际和平安全，促进国际合作，原则是各主权国家一律平等。但是，非传统安全和发展问题，霸权国家的挑战，联合国自身存在的问题等都影响着联合国权威性的发挥。因此，当今世界维护以联合国宪章宗旨为核心的国际秩序和国际体系极其重要。

第二，当今世界面临着霸权主义、地区冲突和各种非传统安全的威胁，只有发挥联合国的作用，才能维护地区稳定，才能维护世界和平，才能解决各种非传统安全的威胁。

第三，当今世界贫富悬殊，南北差距扩大问题依然严重存在，世界各国只有继承和弘扬联合国宪章宗旨和原则，构建以合作共赢为核心的新型国际关系，才能消除贫富悬殊，减少南北差距，打造人类命运共同体。

（2）第一，和平、发展、公平、正义、民主、自由，是全人类的共同价值，也是联合国的崇高目标，是国际社会的普遍要求。

第二，当今世界，各国相互联系、依存的程度空前扩大。人类生活在同一个地球村里，生活在历史和现实交汇的同一个时空里，越来越成为你中有我、我中有你的命运共同体。

第三，倡导命运共同体意识、打造人类命运共同体符合人类社会的发展趋向，强调在追求本国利益时兼顾他国合理利益，在谋求本国发展中促进各国共同发展，同舟共济、权责共担、增进人类整体利益。

第四，构建合作共赢的新型国际关系是打造人类命运共同体的必然选择。我们要建立平等相待、互谅互让的伙伴关系；营造公平正义、共建共享的安全格局；谋求开放创新、包容互鉴的发展前景；促进和而不同、兼收并蓄的文化交流；构筑尊崇自然、绿色发展的生态体系。

第五，打造人类命运共同体继承了联合国宪章的精神，符合了国际社会的普遍要求。

2017年全国硕士研究生入学考试思想政治理论课试题

一、单项选择题（1~16小题，每小题1分，共16分）

下列每题给出的四个选项中，只有一个选项是符合题目要求的。请在答题卡上将所选项的字母涂黑。

1．某地区进入供暖季后常常出现雾霾，而一旦出现大风天气或等到春暖花开后，雾霾就会散去或减少，从该地区较长时间的数据变化看，经过人们努力治霾，污染物排放总量在持续走低；但在某些时段，环境空气质量污染指数会迅速攀升，甚至“爆表”。这种看似“矛盾”的现象凸显了大气污染防治的一大特点：天帮忙很重要，但人努力才是根本。“人努力”与“天帮忙”之间的关系对我们正确处理主观能动性和客观规律之间辩证关系的启示是（　）。

A．尊重事物的客观规律是正确发挥主观能动性的前提

B．人类有意识的思想活动是掌握客观规律的根本前提

C．认识活动是客观规律性与主观能动性相统一的基础

D．尚未认识的外在自然规律对人的实践活动起着至关重要的作用

2．有人认为，既然人的意识是对客观外部世界的反映，那么人脑里的“鬼”、“神”意识就是对外在世界上鬼、神真实存在的反映。这种观念的错误在于（　）。

A．夸大意识的能动作用　　B．把意识看成是物质的产物

C．认为意识是对存在的直观反映　　D．混淆了人类意识自然演化的阶段

3．某企业投资汽车生产，生产一辆汽车所耗费的生产资料价值为15万元，支付给工人的工资为5万元，假定市场的平均利润率为10%，那么，在自由竞争条件下，该汽车的生产价格是（　）。

A．20万元　　B．20.5万元

C．21.5万元　　D．22万元

4．从历史发展的角度看，资本主义生产资料所有制是不断演进和变化的。当今资本主义社会居主导地位的资本所有制形式是（　）。

A．私人资本所有制　　B．法人资本所有制

C．私人股份资本所有制　　D．垄断资本私人所有制

5．从中华人民共和国成立到社会主义改造基本完成，是我国从新民主主义到社会主义的过渡时期，这一时期，个体经济向社会主义集体经济过渡的形式是（　）。

A．国营经济　　B．私人资本主义经济

C．合作社经济　　D．国家资本主义经济

6．2016年是“十三五”规划开局之年，也是推进供给侧结构性改革的攻坚之年。推进供给侧结构性改革是适应我国经济发展新常态的重大决策，其根本目的是（　）。

A．加快政府职能转变

B．提高供给质量满足需要

C．深化价格、财税、金融、社保等领域基础性改革

D．推进“去产能、去库存、去杠杆、降成本、补短板”

7．协调推进“四个全面”战略布局，是党的十八大以来党中央从实现“两个一百年”奋斗目标、实现中华民族伟大复兴的中国梦的战略高度，统筹国内国际两个大局，把握我国发展新特征确定的治国理政新方略。在“四个全面”战略布局中居于引领地位的是（ ）。

A．全面从严治党　　B．全面深化改革

C．全面依法治国　　D．全面建成小康社会

8．随着工业化、城镇化的深入推进，大量农民转向非农产业，我国农村土地流转现象日益普遍。农业经营方式发生深刻变化，截至2016年6月，全国家庭承包经营耕地流转已超过30%，流转土地4.6亿亩。当前，为解决拥有土地承包经营权的人不再种地、种地的人又没有相应权利这一突出问题，我国在深化农村改革方面作出的重大制度创新是（ ）。

A．实行农村集体经营性建设用地入市

B．实行农村家庭联产承包责任制

C．实行农村土地所有权、承包权、经营权分置

D．实行农村耕地保护制度

9．帝国主义侵略中国的最终目的，是要瓜分中国、灭亡中国。1895年中国在甲午战争中战败后，列强掀起了瓜分中国的狂潮，这集中表现在（ ）。

A．竞相租借港湾和划分势力范围

B．外国资本在中国近代工业中争夺垄断地位

C．设立完全由外国人直接控制和统治的租界

D．从侵占中国周边邻国发展到蚕食中国边疆地区

10．第一次世界大战，德国战败，1918年12月，陈独秀在《每周评论》中说，大战结果是“公理战胜强权”，并把美国总统威尔逊称作是“现在世界上第一个好人”，然而，陈独秀在1919年5月4日出版的《每周评论》中的一篇文章中又写道：“什么公理，什么永久和平，什么威尔逊总统十四条宣言，都成了一文不值的空话”。导致陈独秀的认识发生变化的直接原因是（ ）。

A．中国巴黎和会外交失败

B．日本对德国宣战，出兵山东

C．苏俄宣布废除以前同中国签订的一切不平等条约

D．美国不愿放弃在华种种特权

11．毛泽东思想是马克思主义中国化的第一大理论成果，是在中国革命和建设的实践中逐步形成和发展起来的，在土地革命和解放战争后期和抗日战争时期，毛泽东思想得到了多方面展开而达到成熟，其标志是（ ）。

A．农村包围城市、武装夺取政权理论的科学概论

B．新民主主义理论的系统阐释

C．人民民主专政理论的完整论述

D．思想政治工作和文化工作理论的系统提出

12．1947年6月底，根据中共中央的决策和部署，刘伯承、邓小平率领的晋冀鲁豫野战军主力，实施中央突破，千里跃进大别山；陈毅、粟裕指挥的华东野战军主力为东路，

挺进苏鲁豫皖地区；陈赓、谢富治指挥的晋冀鲁豫野战军一部为西路，挺进豫西，三路大军相互策应，机动歼敌，迫使国民党军队处于被动地位，这表明（ ）。

A．人民解放军在数量上已经超过国民党军队

B．人民解放战争战略进攻的序幕由此展开

C．人民解放军同国民党军队进行战略决战的时机已经成熟

D．人民解放战争进入战略相持阶段

13．信念是认识、情感和意志的有机统一体，是人们在一定的认识基础上确立的对某种思想或事物的坚定不移并身体力行的心理状态和精神状态，信念是人们追求理想目标的强大动力，决定事业的成败。信念有不同的层次和类型，其中（ ）。

A．高层次的信念决定低层次的信念

B．低层次的信念代表了一个人的基本信仰

C．相同社会环境中生活的人们的信念始终一致

D．各种信念没有科学与非科学之分

14．社会主义核心价值观，为人们确定和实现人生价值提供了基本遵循。人生价值评价主要是看一个人的人生活动是否符合社会的客观规律，其评价的根本尺度是（ ）。

A．历史标准 B．政治标准

C．经济标准 D．文化标准

15．自 2016 年 5 月 20 日台湾地区新领导人就职以来，两岸制度化沟通和协调中断。其根本原因在于（ ）。

A．台湾在美国测试新的导弹防御系统

B．台湾当局减少了赴台旅游大陆游客的配额

C．美国高规格“礼遇”台湾当局领导人过境

D．台湾当局没有明确承认“九二共识”及其核心意涵

16．第二次世界大战后，中东经历了长期和频繁的战争与冲突，是世界最动荡的地区，被称为“火药库”。2016 年 11 月 29 日，联合国举行“声援巴勒斯坦人民国际日”纪念大会，中国国家主席习近平向大会致贺电，表示中国作为联合国安理会常任理事国，愿同国际社会一道，为早日实现中东全面、公正、和平作出不懈努力。中东问题的核心是（ ）。

A．巴勒斯坦问题　　B．教派冲突问题

C．恐怖主义问题　　D．伊朗核问题

二、多项选择题（17~33 题，每小题 2 分，共 34 分）

下列每题给出的四个选项中，至少有两个选项是符合题目要求的。请在答题卡上将所选项的字母涂黑。多选或少选均不得分。

17．生物学史，可以说是显微镜的发展史。17 世纪中叶，英国科学家使用诞生不久的显微镜观察软木塞，发现了植物细胞，开启了近现代生物学的大门。此后，显微镜的放大能力和成像质量不断提升，人类对细胞的认知也随之深刻和全面。20 世纪中叶，科学家们利用 X 射线晶体学发现了 DNA（脱氧核糖核酸）双螺旋结构，人类的观察极限从亚细胞结构推向了分子结构。我国科学家的重要科研成果“剪接体的高分辨率三维结构”的背后，也站着一个默默无闻的英雄——冷冻电子显微镜。显微镜在生物科学发现中的作用表明（ ）。

A．实践主体、客体和中介三者的有机统一构成实践的基本结构

B．实践的主体和客体正是依靠中介系统才能够相互作用

C．人类认识水平的提高与实践条件的进步有着直接的关系

D．探索未知世界的科学实验是人类最基本的实践活动

18．唯物史观在坚持人民群众是历史的创造者这一基本前提下，高度重视个人在历史上的作用。历史人物是一定历史事件的主要倡导者、组织领导者或思想理论、科学文化的重要代表人物。下列关于历史人物历史作用的正确认识是（　）。

A．历史人物不论发挥什么样的作用都不能决定和改变历史发展的总进程和总方向

B．历史人物会因其智慧、性格等因素对社会进程发生影响

C．具有进步意义的历史人物往往能够首先发现或提出历史进程中新的历史任务

D．历史人物对历史发展的作用都是积极的

19．马克思指出，所谓资本原始积累，“只不过是生产者和生产资料分离的历史过程。这个过程所以表现为‘原始的’，因为它形成资本以及与之相适应的生产方式的前史。”资本原始积累的主要途径有（　）。

A．用资本手段获取市场暴利　　B．用剥削手段榨取剩余价值

C．用野蛮手段进行殖民掠夺　　D．用暴力手段剥夺农民土地

20．当今世界正处在新科技革命和产业革命的交汇点，以机器人技术为代表的科技产业发展十分迅速。机器人在生产过程中的广泛使用，使资本有机构成不断提高。然而就一般意义而言，资本有机构成的提高实际上是（　）。

A．一个社会增长财富和消除贫困的根本途径

B．不以人的意志为转移的一般趋势

C．社会产生相对过剩人口的一个重要原因

D．由资本的本性决定的

21．1921年3月，俄共（布）召开十大，决定从战时共产主义政策过渡到新经济政策。在实施新经济政策期间，列宁对苏维埃俄国如何建设社会主义进行了深刻的理论思考，提出了许多精辟的论述，其主要内容包括（　）。

A．允许多种经济成分并存，可以利用商品、货币和市场发展经济

B．把大力发展生产力、提高劳动生产率放在首要地位

C．把建设社会主义作为一个长期探索、不断实践的过程

D．可以利用资本主义来建设社会主义

22．在庆祝中国共产党成立95周年大会上，习近平总书记强调指出：“坚持不忘初心、继续前进，要坚持党的基本路线不动摇，不断把中国特色社会主义伟大事业推向前进。”改革开放以来，党和国家领导人一再强调要毫不动摇地坚持党的基本路线，这主要是因为，实践已经证明党的基本路线是（　）。

A．思想路线的核心　　B．兴国、立国、强国的重大法宝

C．实现科学发展的政治保证　　D．党和国家的生命线、人民的幸福线

23．“一带一路”倡议提出三年来，已经有100多个国家和国际组织参与其中，我国同沿线30多个国家签署共建合作协议，与20多个国家开展了国际产能合作，一批有影响的标志性项目逐步落地。截止2016年7月，我国对“一带一路”相关国家的投资累计已

达511亿美元，占同期对外直接投资总额的12%；与沿线国家新签承包工程合同1.25万份，累计合同额2790亿美元。我国推进“一带一路”建设旨在（　）。

A．统筹国内国际两个大局

B．打造开放、包容、均衡、普惠的区域经济合作架构

C．促进沿线各国共同繁荣

D．探索国际合作及全球治理新模式

24．2016年7月以来，中央陆续派出环保督查组进驻各地进行现场督查，掀起了一场新的治污问责风暴，环保督察，从环保部门牵头到中央主导，从以查企业为主转变为“查督并举，以督为主”，这是我国环境监督模式的重大变革和完善生态文明制度体系的重要举措。建立环保督查工作机制有利于（　）。

A．处理好政府与市场的关系　　B．强化领导责任和监管责任

C．落实环境保护主体责任　　D．完善领导干部目标责任考核制度

25．党的十八届五中全会提出“创新、协调、绿色、开放、共享”的新发展理念，把创新作为引领发展的第一动力。在这一新发展理念的指导下，2016年5月党中央和国务院颁布了《国家创新驱动发展战略纲要》，把创新作为引领发展的第一动力是（　）。

A．提高核心竞争力的必然选择

B．构建和谐世界的内在要求

C．引领经济发展新常态的根本之策

D．分析世界发展历程和总结我国改革开放实践得出的结论

26．严肃党内政治生活是我们党的优良传统和政治优势，也是全面从严治党的基础，党的十八届六中全会通过了《关于新形势下党内政治生活的若干准则》和《中国共产党党内监督条例》，提出了新形势下加强和规范党内政治生活的新要求，其主要内容是（　）。

A．着力维护党中央权威、保证党的团结统一、保持党的先进性和纯洁性

B．着力增强党自我净化、自我完善、自我革新、自我提高能力

C．着力提高党的领导水平和执政水平、增强拒腐防变和抵御风险能力

D．着力增强政治生活的政治性、时代性、原则性、战斗性

27．在半殖民半封建社会的条件下，中国不可能在独立的基础上与外国发生经济往来。资本－帝国主义列强同中国发生经济关系，不是为了推动中国经济的发展，而是为了控制中国的经济。列强控制中国经济的方式有（　）。

A．控制中国的交通运输业　　B．在中国设立银行

C．控制中国的关税和盐税　　D．在中国设立出版机构宣传西学

28．孙中山先生是伟大的民族英雄、伟大的爱国主义者、中国民主革命的伟大先躯，一生以革命为己任，立志救国救民，为中华民族作出了彪炳史册的贡献。孙中山先生的伟大表现在（　）。

A．坚定维护民主共和国制度和国家完整统一

B．发动了推翻北洋军阀统治为目标的北伐战争

C．重新解释三民主义并提出了联俄、联共、扶助农工三大政策

D．领导了辛亥革命

29．1978年12月18日到22日，党的十一届三中全会在北京召开，会议的主要任务

是确定把全党工作重点转移到社会主义现代化建设上来，这次全会是新中国成立以来党的历史上具有深远意义的伟大转折，全会结束了粉碎“国人帮”后两年党和国家工作在徘徊中前进的局面，标志着中国共产党（ ）。

A．揭开了社会主义改革开放的序幕

B．开始了在思想、政治、组织等领域的全面拨乱反正

C．形成了以邓小平为核心的党的中央领导集体

D．重新确立了马克思主义的思想路线、政治路线、组织路线

30. 我国法律文化有悠久的历史和传承，据《说文解字》阐释，汉语中“法”的古体是“灋”。“灋，刑也，平之如水，从水；廌，所以触不直者去之，从去。”在古代，“法”主要表现为“刑”或“刑律”，“刑”既有刑戮、罪罚之意，也有规范之意；“廌”也称“獬豸”，是神话中的独角兽，它公正不阿，善断是非曲直。上述材料表明在传统文化中人们对法律的理解和诉求是（ ）。

A．法律寄托着惩恶扬善、匡扶正义的价值追求

B．法律体现了君权神授的思想

C．法律富含着公平如水、正义神圣的深刻意蕴

D．法律具有至高无上的地位

31．公共生活中个人权利与他人权利发生冲突在所难免，比如学生宿舍里有人看书，有人休息，有人要听音乐……对解决权利冲突要有正确的认识，虽然每个人都有行使个人权利的自由，但也要尊重他人的权利。这是因为（ ）。

A．不尊重他人权利，就有可能丧失自己的权利

B．尊重他人权利既是一项法律义务，也是一项道德义务

C．权利实现的内在动力是人们彼此之间对各自权利的相互尊重

D．尊重他人权利是公民权利意识的重要内容

32．中国人民解放军战区成立大会与2016年2月1日在北京隆重举行。中共中央总书记、国家主席、中央军委主席习近平向东部战区、南部战区、西部战区、北部战区、中部战区授予军旗并发布训令。建立五大战区及组建战区联合作战指挥机构是（ ）。

A．全面实施改革强军战略的标志性举措

B．构建我军联合作战体系的历史性选择

C．加强国际军事合作与交流的重大步骤

D．为实现中国梦强军梦作出的战略决策

33．2016年6月23日，英国举行脱离欧盟全民公投，脱欧阵营以51.9%对留欧阵营48.1%的微弱得票优势胜出，英国成为首个投票脱离欧盟的国家，为欧洲一体化进程带来变化。导致英国“脱欧”的因素主要有（ ）。

A．英国不愿受欧盟某些监管规则束缚

B．英国始终反对欧洲一体化

C．欧洲遭遇史上最大难民潮冲击

D．英国“疑欧主义”传统

三、分析题（34~38题，每小题10分，共50分）

要求结合所学知识分析材料并回答问题，将答案写在答题纸指定位置上。

34．结合材料回答问题：

2016年3月，世界围棋冠军李世石与谷歌围棋人工智能程序AlphaGo（阿尔法围棋）的人机大战吸引了全世界的目光。AlphaGo最终以4:1击败李世石，此次AlphaGo的胜利被业界认为是人工智能发展史上的一个重要的里程碑。

人工智能一般被认为是通过模拟、延伸和扩展人类智能，产生具有类人智能的计算系统。经过半个多世纪的努力，人类在人工智能技术的诸多领城取得了一连串重要突破。1968年，斯坦福大学的计算机科学家设计出了第一个专家系统；1982年，加州理工学院物理学家提出了新的神经网络模型；1997年，I BM“深蓝”电脑战胜国际象棋世界冠军卡斯帕罗夫;2011年，IBM超级计算机“沃森”在美国电视答题节目中战胜两位人类冠军；2013年，机器在人脸识别上超过人类；仅一年后，机器人在物体识别上也获胜……未来人工智能继续超越人类的可能性很高。

在人工智能应用前景充满无限可能的情况下，其潜在风险也引发了广泛讨论。2016年2月，在美国加州发生了一起无人驾驶汽车因躲避路上障碍物而撞上公交车的交通事故，这凸显出人工智能设备在应对人类社会各种场景时面临的挑战。人们还担心人工智能技术成熟后的问题，比如将机器人用于战争是否会带来像核武器一样的后果。

有学者表示，人机对弈是人类思考自身作用的契机，人工智能的目的是帮助人类，创造出比李世石更优秀的棋手应该是人类的胜利。也有学者认为，在面对复杂的伦理问题时，人工智能技术可能会陷入不可预知的选择困境。著名物理学家霍金也发出警告：“我不认为人工智能的进步一定会是良性的。”

德国人工智能研究所柏林分所所长汉斯·乌斯克莱特强调说，人工智能的研究方向不是要取代人类，而是要与人类互补，增强人类的能力。人工智能不会取代人类，因为只有人类才具有创造力和目标，而机器只关注如何解决眼前遇到的问题。要让人工智能避免地犯下道德层面的错误，关键在于人类自己。在美国《连线》杂志创始主编凯文·凯利看来，每个发明都不可避免带来新问题，但同时也会带来新的解决方案。解决这些问题的方式不是减少技术的使用，而是通过改进技术来提供解决方案。他认为，即使新的科技发明带来的49%是问题，但它首先带来了51%的好处。这正是人类进步的动力。

从这个意义上讲，“阿尔法围棋”和李世石无论谁胜谁败，人类都是最后的赢家。总之，用好人工智能，关键还在人类自身。

摘编自《人民日报》(2016年4月12日)、《参考消息》(2016年6月30日)

（1）从真理和价值辩证关系的视角看，为什么人们对人工智能技术会产生多种多样的看法和评价？（4分）

（2）如何理解“用好人工智能，关键还在人类自身”？（6分）

35．结合材料回答问题：

1984年6月24日，《人民日报》头版刊登的一封反映福建宁德地区福鼎县磻溪镇赤溪村扶贫状况的读者来信，引发社会的关注和中央的重视，当年9月，党中央国务院发出关于帮助贫困地区尽快改变面貌的通知，拉开了新时期扶贫开发的序幕。赤溪村因此被称作“中国扶贫第一村”。时隔32年之后，2016年2月1日，赤溪村作为新时期扶贫开发“宁德模式”的典范亮相“人民日报”头版，再次引发关注。

当年，赤溪14个自然村散落在9平方公里的大山里，山高路险鸟迹稀，要跳出“贫困的陷阱”殊为不易，最初的办法是“输血”，由政府和社会筹措资金送钱送物，但这种救济式扶贫治标不治本，到上世纪80年代末，整个赤溪贫困率仍在90%以上。

针对当地贫困状况，时任宁德地委书记的习近平同志多次强调，弱鸟可望先飞，至贫可能先富……首先要看我们头脑里有无这种意识，“必须探索一条因地制宜发展经济的路子”。他非常富有前瞻性指出：“抓山也能致富，把山管住，坚持10年、15年、20年，我们的山上就是‘银行’了。”

在宁德地委强力推动下，赤溪村打响了以转变观念为突破口的“换血”攻坚战——“挪穷窝”，用移民搬迁的方式把分散的14个自然村集中起来，通路、通电，搬迁成功了，生活环境改善了，新问题又来了：挪了穷窝，靠着人均不足1亩的土地，如何拔掉穷根，走一条自我致富之路？赤溪村两委干部再次帮助群众转变观念，因地制宜培育旅游特色优势产业。今天，生态旅游已成为赤溪人致富的主导产业。2015年全村人均纯收入达1.3万多元，其中45%以上来自旅游业。

三十多年来，赤溪村干部群众在党的扶贫政策支持下，在社会各方的大力帮扶下，从“输血”帮扶到“换血”搬迁再到“造血”开发，走出了一条适合自身特点的扶贫脱贫之路，把一个远近闻名的贫困村建成了小康村。2016年2月19日，习近平总书记同赤溪村干部群众进行在线交流时指出：“中国扶贫第一村”这个评价是很高的，滴水穿石，久久为功，弱鸟先飞，你们的实践印证了现在的扶贫方针，就是精准扶贫。”

赤溪村矢志不渝推进扶贫开发、脱贫致富的艰辛历程，正是中国特色扶贫开发探索之路的一个缩影。改革开放以来，我们党成功走出一条中国特色扶贫开发道路，使七亿多贫困人口成功脱贫，为全面建成小康社会打下了坚实的基础。当前，我国脱贫攻坚已进入冲刺阶段。习近平总书记指出“全面建成小康社会关键是把经济社会‘短板’尽快补齐”，而“农村贫困人口脱贫是最突出的短板”，脱贫攻坚战的冲锋号已吹响。我们要立下愚公移山志，咬定目标、苦干实干，坚决打赢脱贫攻坚战。

——摘编自人民网（2016年2月1日、11月9日）、新华网（2016年7月25日）、央视网（2016年8月6日）等

（1）如何理解农村贫困人口脱贫是我国全面建成小康社会“最突出的短板”？（5分）

（2）赤溪村脱贫致富之路对当前我国实施精准扶贫，打赢脱贫攻坚战有何启示？（5分）

36．结合材料回答问题：

从1934年10月至1936年10月，红军第一、第二、第四方面军和第二十五军进行了伟大的长征，我们党领导红军，以非凡的智慧和大无畏的英雄气概，战胜千难万险，付出巨大牺牲，胜利完成震撼世界、彪炳史册的长征，宣告了国民党反动派消灭中国共产党和红军的图谋彻底失败，宣告了中国共产党和红军肩负着民族希望胜利实现了北上抗日的战略转移，实现了中国共产党和中国革命事业从挫折走向胜利的伟大转折，开启了中国共产党为实现民族独立、人民解放而斗争的新的伟大进军。

长征途中，英雄的红军，血战湘江，四渡赤水，巧渡金沙江，强渡大渡河，飞夺泸定桥，鏖战独树镇，勇克包座，转战乌蒙山，击退上百万穷凶恶极的追兵阻敌，征服空气稀薄的冰山雪岭，穿越渺无人烟的沼泽草地，纵横十余省，长驱二万五千里。

长征途中，党中央召开的遵义会议，是我们党历史上一个生死攸关的转折点，这次会议确立了毛泽东同志在红军和党中央的领导地位，开始确立了以毛泽东同志为主要代表的马克思主义正确路线在党中央的领导地位，开始形成以毛泽东同志为核心的党的第一代中

央领导集体，这是我们党和革命事业转危为安、不断打开新局面最重要的保证。

长征途中，我们党通过艰苦卓绝的实践探索，成功把解决生存危机同拯救民族危亡联系在一起，把长征的大方向同建立抗日前进阵地联系在一起，实现了国内革命战争向抗日民族战争的转变，为夺取中国人民抗日战争胜利、进而夺取新民主主义革命胜利打下了坚实基础。

长征的胜利，不仅保存了革命力量，而且使我们党找到了中国革命力量生存发展新的落脚点，找到了中国革命事业胜利前进新的出发点。从长征的终点出发，我们党领导中国人民展开了中国革命波澜壮阔的新画卷。

历史是不断向前的，要达到理想的彼岸，就要沿着我们确定的道路不断前进，每一代人有每一代人的长征路，每一代人都要走好自己的长征路。今天，我们这一代人的长征，就是要实现“两个一百年”奋斗目标、实现中华民族伟大复兴的中国梦。

实现伟大的理想，没有平坦的大道可走。夺取坚持和发展中国特色社会主义伟大事业新发展，夺取推进党的建设新的伟大工程新成效，夺取具有许多新的历史特点的伟大的斗争新胜利，我们还有许多“雪山”、“草地”需要跨越，还有许多“娄山关”、“腊子口”需要征服，一切贪图安逸、不愿继续艰苦奋斗的想法都是要不得的，一切骄傲自满、不愿继续开拓前进的想法都是要不得的。

长征永远在路上，一个不记得来路的民族，是没有出路的民族，不论我们的事业发展到哪一步，不论我们取得了多大的成就，我们都要大力弘扬伟大长征精神，在新的长征路上继续奋勇前进。

摘自习近平《在纪念红军长征胜利80周年大会上的讲话》

（1）为什么说长征的胜利既是“中国革命力量生存发展新的落脚点”，也是“中国革命事业胜利前进新的出发点”？（6分）

（2）如何理解“长征永远在路上”？（4分）

37. 结合材料回答问题：

2015年五一劳动节前夕，央视新闻频道播出了《大国工匠》系列节目，讲述了8个工匠“八双劳动的手”所缔造的“神话”。节目播出之后，很快引起社会热议，在不到十天的时间里，相关话题的微博阅读量就超过了3560万次。人们发现，走入镜头的工匠们，他们文化不同，年龄有别，但他们拥有一个共同的闪光点——立足于本职工作，敬业奉献，数十年如一日地追求着职业技能的极致化，靠着传承和钻研，凭着专注和坚守，创造了一个又一个“中国制造”的奇迹。在2016年“两会”上，国务院总理李克强在《政府工作报告》中提出要积极培育“工匠精神”。“工匠精神”第一次正式写入政府工作报告。

“工匠精神”是一种职业精神。工匠们对所从事的事业的爱心和忠心，令人高山仰止。中国航天科技集团一院火箭总装厂高级技师高凤林，36年一直从事火箭的“心脏”——发动机焊接工作，以国为重、扎根一线，是发动机焊接第一人，面对很多企业试图高薪聘请不为所动，他说：“每每看到自己生产的发动机把卫星送到太空，就有一种成功后的自豪感，这种自豪感用金钱买不到。”这也代表了大国工匠们的心声。

“工匠精神”是一种工作态度。在工匠们的心目中，制作出来的产品没有最好，只有更好。高凤林在36年的工作中，攻克了200多项技术难关，经他的手焊接了140多发火箭的发动机，焊接的焊缝总长度达到了12万多米，没有出现过一次质量问题。他先后获得过部院科技进步一等奖、国家科技进步二等奖、2014年纽伦堡国际发明展览会金奖等

30多种奖励，而这没有一丝不苟的工作态度显然是无法做到的。

随着时代的发展，工匠的工作或许会逐渐被机器所取代，但是“工匠精神”却不可能被代替。我国作为一个拥有“四大发明”的发明古国，具有历史悠久而技术高超的手工业，薪火相传的能共巧匠们留下了数不胜数的传世佳作。我们今天弘扬“工匠精神”，不仅是对传统工匠技艺的留恋，而且是对一切职业的道德呼唤。“工匠精神”，不仅仅是制造业的需要，也不仅仅是企业家的需要，它代表了一个时代的气质，是我们每一个人的事业追求与人生态度。

摘编自《中国青年报》（2015年5月11日）、央视网（2016年4月22日、10月9日）等

（1）“工匠精神”的实质是什么？（5分）

（2）为什么说弘扬“工匠精神”是“对一切职业的道德呼唤”？（5分）

38．请结合材料回答问题：

2016年，世界将期待的目光聚集在了中国杭州。9月4日至5日，二十国集团（G20）领导人峰会在这里隆重举行，中国国家主席习近平主持会议并致开幕词。本届峰会的主题是“构造创新、活力、联动、包容的世界经济”。作为今年中国最重要的主场外交，也是近年来中国主办的级别最高、规模最大、影响最深远的国际峰会，除了G20成员，还有8个嘉宾国领导人以及7个国际组织负责人与会。人们希望中国智慧能为长期疲软的世界经济准确把脉，找到病根，开出标本兼治，综合施策的良方。

中国一直是G20积极的参与者、建设者、贡献者，今年肩负起G20峰会主席国的重任，跃变为全方位的协调者和强有力的主导者。本届峰会尚未开幕，习近平主席就和奥巴马总统先后向联合国秘书长潘基文交存了中国和美国关于气候变化的《巴黎协定》批准文书，不仅提前向峰会送上一份“大礼”，也为会议定下了以建设性伙伴关系处理各项议题的基调。

在中国的精心组织和与会各方的共同努力下，杭州峰会取得了丰硕的成果：发表了《二十国集团领导人杭州峰会公报》，就推动世界经济增长达成许多重要共识；聚焦创新、结构性改革、新工业革命、数字经济等新方式，制定并通过了《二十国集团创新增长蓝图》、《二十国集团深化结构性改革议程》、《2016年二十国集团创新行动计划》、《二十国集团新工业革命行动计划》、《二十国集团落实2030年可持续发展议程行动计划》等28份成果文件，明确了世界经济的前进方向和具体行动计划，以期为世界经济开辟新道路、拓展新疆界；第一次把发展问题置于全球宏观政策框架突出位置，第一次就落实联合国2030年可持续发展议程制定行动计划，第一次集体支持非洲和最不发达国家工业化，在二十国集团历史上具有重要开创性意义；强调二十国集团成员虽然国情不同、发展阶段不同、面临的现实挑战不同，但推动经济增长的愿望相同，应对危机挑战的利益相同，各方应该“彼此包容、守望相助”，“坚定前行、共抵彼岸”。习近平主席特地用“桥”来比喻二十国集团，称其为“友谊之桥”“合作之桥”和“未来之桥”。

中国在本次峰会上发挥的巨大作用，得到与会国家和国际组织领导人的高度认可。联合国秘书长潘基文高度赞赏杭州峰会，称中国作为G20轮值主席国，作出了杰出贡献；尤其是推动峰会在“说易行难”的可持续发展议题上制定行动计划，更是历史性的贡献，向世界展示出卓越领导力。

摘编自《人民日报》（2016年9月4日、9月5日、9月6日）

（1）结合当前国际环境，分析二十国集团领导人杭州峰会主题的现实意义。（6分）

（2）习近平主席用“桥”比喻二十国集团，体现出中国怎样的外交理念与世界情怀？（4分）

2017年全国硕士研究生入学考试思想政治理论课试题

参考答案

一、单项选择题

1. A　2. C　3. D　4. B　5. C　6. B　7. D　8. C
9. A　10. A　11. B　12. B　13. A　14. A　15. D　16. A

二、多项选择题

17. ABC　18. ABC　19. CD　20. BCD　21. ABCD　22. BCD
23. ABCD　24. BCD　25. ACD　26. ABCD　27. ABC　28. ACD
29. ABCD　30. AC　31. ABCD　32. ABD　33. ACD

三、分析题答案要点

34.【答案要　点】

(1) 人们日常生活中面临的“是不是”与“该不该”的问题就是真理与价值的关系问题。人工智能技术的发展是一个客观的过程，有着自身的内在技术动力和社会动因。在对人工智能技术的评价中，首先要尊重客观事实，这里涉及的是主观符合客观的真理问题。(2分) 由于人工智能技术与人类生活息息相关，就会存在着因主体及其需要不同而产生的价值问题。人们之所以对人工智能技术产生不一样的看法和评价，这其中就与价值评价的主体性、多维性和社会历史性等特点有关。在对人工智能的评价中，我们要处理好真理与价值的关系，实现两者的辩证统一。(2分)

(2) 人工智能技术和其他科学技术一样，都是人类文明进步和创新的成果。在人工智能等技术运用中，应始终坚持使科学技术为人类社会的健康发展服务，让科技为人类造福。(2分) 但是，科学技术的发展是一把“双刃剑”，在促进经济和社会发展造福于人类的同时，也会出现一些消极现象和后果。科学技术的作用既受到一定客观条件如社会制度、利益关系的影响，也受到一定主观条件如人们的观念和认识水平的影响。(2分) 科学技术在运用于社会时所遇到的问题，往往是因为人们对自然规律和人与自然的关系认识不够，缺乏对科学技术消极后果强有力的控制手段所造成的。无论何种科学技术都是人类自身认识和实践活动的产物，如何运用主要取决于人类自己。(2分)

35.【答案要点】

(1) 农村贫困人口脱贫，是协调发展和共享发展的基本要求，也是全面建成小康社会最艰巨的任务。全面建成小康社会，更重要、更难做到的是“全面”，而没有全民小康，就没有全面小康。农村贫困人口全部脱贫是全面小康的一个标志性指标，已成为决定全面建成小康社会成败的关键。(3分) 消除贫困、改善民生、逐步实现共同富裕，是社会主义的本质要求，是我们党的重要使命。小康不小康，关键看老乡，关键看贫困老乡能不能脱贫。如果贫困地区长期贫困，就体现不出我国社会主义制度的优越性。(2分)

(2) 实施精准扶贫、打好脱贫攻坚战，不仅要解决好“谁来扶”、“扶持谁”的问题，在党和政府的领导下，确保把真正的贫困人口、贫困程度、致贫原因搞清楚，找对“穷根”，明确把向。（2 分）更重要的是解决好“如何扶”的问题，扶贫重在扶志，要不断解放思想、转变观念、创新扶贫方式，因地制宜、精准发力、科学扶贫。（3 分）

36.【答案要点】

（1）第五次反“围剿”失败后，中国革命面临着方向和道路的抉择。长征的胜利，保存了革命的火种。红军长征胜利到陕北后，中国共产党领导的革命力量有了新的战略基地，因此它是中国革命力量生存发展新的落脚点。（3 分）另一方面，长征途中开始形成以毛泽东同志为核心的党的第一代中央领导集体，实现了北上抗日的战略方针。长征一结束，中国革命的新局面就开始了，因此它也是中国革命事业胜利前进新的出发点。（3 分）

（2）长征的胜利，只是中国革命的一个新起点。每一代人有每一代人的长征。我们这一代人的长征，就是要实现“两个一百年”奋斗目标、实现中华民族伟大复兴的中国梦。（2 分）在新长征路上，还有许多困难需要克服。走好新时期的长征路，实现民族复兴的中国梦，必须继续发扬长征精神。（2 分）

37.【答案要点】

（1）所谓“工匠精神”就是立足本职工作、热爱本职工作的爱岗敬业精神，是锲而不舍、专心专注、精益求精的严谨工作态度。（3 分）“工匠精神”是我们世代传承的精神财富，任何领域任何时代都需要，工匠的工作可以被取代，但“工匠精神”却不可能被超越。（2 分）

（2）职业生活是人类社会生活中最普遍、最基本的活动方式，需要道德规范的指引和约束。“工匠精神”所内含的道德要求，不仅适用于工匠，也适用于一切从业者。（2 分）从国家层面倡导“工匠精神”，也是加强职业道德建设的需要。就是在经济社会快速发展时期，使认真、敬业、执着、创新成为更多人的职业追求；弘扬“工匠精神”，就是倡导全社会人人都做“工匠精神”的践行者。（3 分）

38.【答案要点】

（1）受 2008 年金融危机影响，全球经济增长持续低迷；贸易保护主义蔓延；全球化进程遭遇严重挫折；传统安全与非传统安全交织；G20 成员领导人更迭频繁。（2 分）“创新”是探寻发展的动力源泉；“活力”是疏通发展血脉；“联动”是解决发展的路径问题；“包容”是夯实共赢基础，彰显道义责任。（2 分）为世界经济准确把脉并为其复苏与发展开出标本兼治的“药方”；从根本上促进世界经济持续健康增长。（2 分）

（2）作为 G20 杭州峰会的全方位协调者和强有力的主导者，中国向世界递交了一份优秀答卷；向国际社会传递出了一个重要信号，即二十国集团不应只关注二十国自己的事情，也应该关心和顾及全世界、特别是广大发展中国家和人民的需求；（2 分）展现出中国坚持走和平发展道路、尊重世界的多样性，促进各种文明和谐发展、谋求共同繁荣的决心；中国将为世界发展贡献出更多的中国智慧、中国方案、中国力量；推动国际经济秩序向着更加公正、公平、合理的方向发展。（2 分）

2018年全国硕士研究生入学考试思想政治理论课试题

一、单项选择题（1~16小题，每小题1分，共16分）

下列每题给出的四个选项中，只有一个选项是符合题目要求的。请在答题卡上将所选项的字母涂黑。

1. 马克思主义的产生具有深刻的社会根源、阶级基础和思想渊源。其创始人马克思1818年5月5日出生在德国特利尔城的一个律师家庭，恩格斯1820年11月28日出生在德国巴门市的一个工厂主家庭，他们放弃了舒适安逸的生活，毅然选择了充满荆棘坎坷的革命道路，创立了科学社会主义。马克思、恩格斯之所以能够创立科学社会主义，主要是因为（　）。

A．他们拥有优良的家庭背景和教育经历　B．他们对时代有着超越常人的认知能力

C．社会历史条件和个人努力的相互作用　D．德国是当时最为发达的资本主义国家

2．“马者所以命形也；白者所以命色也。命色者非命形也，故曰白马非马。”从唯物辩证法的观点看，“白马非马”这一命题的错误在于（　）。

A．模糊了事物本质和现象之间的联系　B．割裂了事物共性和个性之间的联系

C．混淆了事物内容和形式之间的区别　D．颠倒了事物形态和功能之间的关系

3．坚持以人民为中心，就必须坚持人民主体地位，坚持立党为公、执政为民，践行全心全意为人民服务的根本宗旨，把党的群众路线贯彻到治国理政全部活动之中，把人民对美好生活的向往作为奋斗的目标。“坚持以人民为中心”的理论基础是唯物史观关于（　）。

A．人民群众是历史的创造者的原理

B．人的本质是一切社会关系的总和的原理

C．人民群众的活动受到社会历史条件制约的原理

D．总体的人在总体的历史过程中的主体地位的原理

4．《资本论》（德文版）第一卷于1867年9月在汉堡出版，其影响力历经150年风雨而不衰，至今对我们分析、理解现实经济问题依然具有很强的指导意义。马克思主义政治经济学的理论十分丰富，其中“理解政治经济学的枢纽”的理论是（　）。

A．商品二因素理论　B．价值规律理论

C．劳动二重性理论　D．剩余价值理论

5．经济建设是全党的中心工作，坚持以经济建设为中心不动摇，就必须坚持以经济体制改革为重点不动摇。当前，我国深化经济体制改革的重点是（　）。

A．完善产权制度和要素市场化配置

B．扩大优质增量供给，实现供需动态平衡

C．加快培育国际经济合作和竞争新优势

D．建立更加有效的区域协调发展新机制

6．实行人民民主，保证人民当家作主，实现形式是丰富多样的。经过长期探索，我国在通过依法选举让人民的代表来参与国家生活和社会生活管理的同时，找到了一种保证人

民在日常政治生活中有广泛持续深入参与权利的特有民主形式，这一特有民主形式是（ ）。

A. 谈判民主　B. 协商民主　C. 票决民主　D. 竞争性民主

7. 党的十八大以来，我国大力实施创新驱动发展战略，加块创新型国家建设步伐，成果丰硕，天宫、蛟龙、天眼、悟空、墨子、大飞机等重大科技成果相继问世。我国实施创新驱动发展战略所坚持的方针是（ ）。

A. 集中力量、重点突破、实现跨越式发展

B. 企业为主体、市场为导向，产学研相结合

C. 自主创新、重点跨越、支撑发展、引领未来

D. 原始创新、集成创新、引进消化吸收再创新

8. 解决台湾问题、实现祖国完全统一，是全体中华儿女共同愿望，是中华民族根本利益所在。党的十八大以来，在以习近平同志为核心的党中央坚强领导下，在两岸同胞共同努力下，两岸关系取得了重要的积极成果。两岸关系和平发展的政治基础是（ ）。

A. 坚持"九二共识"，反对"台独"

B. 相互尊重，求同存异

C. 增强两岸同胞的民族认同、文化认同、国家认同

D. 深化两岸利益融合，共创两岸互利双赢，增进两岸同胞福祉

9. 近代中国半殖民地半封建社会的矛盾，呈现出错综复杂的状况。其中，贯穿整个中国殖民地半封建社会的始终，并对中国近代社会的发展变化起着决定性作用的最主要的矛盾是（ ）。

A. 农民阶级和地主阶级的矛盾　B. 无产阶级和资产阶级的矛盾

C. 封建主义和人民大众的矛盾　D. 帝国主义和中华民族的矛盾

10. 19世纪60年代到90年代，清朝统治阶级内部的洋务派兴办近代企业，建立新式海陆军，创办新式学堂，派遣留学生。洋务派兴办洋务新政的主要目的是（ ）。

A. 发展资本主义　B. 维护封建统治　C. 对抗顽固派　D. 迎合帝国主义

11. 中国共产党在领导人民革命的过程中，积累了丰富的经验，锻造出了有效的克敌制胜的武器。武装斗争就是中国共产党在中国革命中战胜敌人的重要法宝之一，其实质是（ ）。

A. 工人阶级领导的农民战争　B. 资产阶级领导的反封建战争

C. 工农联合的反军阀战争　D. 无产阶级领导的反帝国主义战争

12. 20世纪40年代前期，为了提高广大党员的思想理论水平，增强党的凝聚力和战斗力，中国共产党在全党范围内开展了一场整风运动。这场整风运动最主要的任务是（ ）。

A. 反对主观主义以整顿学风　B. 反对宗派主义以整顿党风

C. 反对党八股以整顿文风　D. 反对享乐主义以整顿作风

13. 社会公德是指人们在公共生活和社会交往中应该遵守的行为准则，是维护公共利益、公共秩序、社会和谐稳定的起码道德要求。社会公德最基本的要求是（ ）。

A. 文明礼貌　B. 助人为乐　C. 爱护公物　D. 遵纪守法

14. 习近平总书记在《关于＜中共中央关于全面推进依法治国若干重大问题的决定＞的说明》中引用英国哲学家培根的一段话："一次不公正的审判，其恶果甚至超过十次犯罪。因为犯罪是无视法律——好比污染了水流，而不公正的审判则毁坏法律——好比污染了水源。"这说明公正司法的重要性。公正司法是（ ）。

A．社会公正的唯一标准　　B．社会公正的最终目标

C．维护社会公平正义的最后一道防线　　D．维护社会公平正义的决定因素

15．2017 年中央一号文件继续聚焦“三农”工作，提出新的历史阶段我国农业农村工作的主线是（　）。

A．改善农业生态环境　　B．发展农村新产业新业态

C．确保国家粮食安全　　D．深入推进农业供给侧结构性改革

16．2017 年 12 月 1 日，中国共产党与世界政党高层对话会在北京开幕，来自 120 多个国家近 300 个政党和政治组织的领导人分享治党治国经验，共商合作发展大计。本次对话会的主题是（　）。

A．中国改革：执政党的角色

B．构建人类命运共同体、共同建设美好世界：政党的责任

C．从严治党：执政党的使命

D．为完善全球经济治理贡献政党智慧和力量

二、多项选择题（17~33 题，每小题 2 分，共 34 分）

下列每题给出的四个选项中，至少有两个选项是符合题目要求的。请在答题卡上将所选项的字母涂黑。多选或少选均不得分。

17．2017 年 6 月，我国科学家利用“墨子号”量子科学实验卫星在国际上率先成功实现了千公里级的星地双向量子纠缠分发。“量子纠缠”就是两个（或多个）粒子共同组成的量子状态，无论粒子之间相隔多远，测量其中一个粒子必然会影响其他粒子，“量子纠缠”现象虽然未被完全认知，但它仍然能够说明（　）。

A．物质世界联系的客观性和普遍性　　B．事物联系的主观性和偶然性

C．事物联系的复杂性和多样性　　D．世界的真正统一性在于它的物质性

18．社会形态的更替具有客观性和必然性，但这并不否定人们历史活动的能动性，并不排斥人们在遵循社会发展规律的基础上，对于某种社会形态的历史选择性。人们历史活动的能动性和选择性主要体现在（　）。

A．社会发展的客观必然性为人们的历史选择提供了基础、范围和可能性空间

B．社会形态更替的过程是主体能动性与客观规律性相统一的过程

C．人们的历史选择性归根结底是人民群众的选择性

D．社会发展的客观过程由每一个参与历史活动的个人的主观意志所决定

19．为了追逐最大化的利润，资本家总是想方设法地进行资本积累，而资本积累的源泉是剩余价值。一般而言，资本积累规模的大小取决于（　）。

A．资本家对工人的剥削程度　　B．劳动生产率的高低

C．资本家垫付资本的大小　　D．所用资本与所费资本之间的差额

20．与第二次世界大战之前的资本主义相比，当代资本主义生产关系中的社会阶层、阶级结构发生了许多新的变化，主要表现在（　）。

A．高级职业经理成为资本主义社会大公司经营活动的实际控制者

B．资本家由从前的直接生产经营者变成了以剪息票为生的食利者

C．职工持股和参与决策使得劳动者成为资本家集团的重要力量

D．知识型和服务型劳动者数量随科技革命不断深入而持续地增加

21．列宁指出："一切民族都将走向社会主义，这是不可避免的，但是一切民族的走法却不会完全一样，在民主的这种或那种形式上，在无产阶级专政的这种或那种形态上，在社会生活各方面的社会主义改造的速度上，每个民族都会有自己的特点。"这一论述从历史唯物主义的高度揭示了各民族发展道路的多样性的内涵。下列关于社会主义发展道路多样性特点的正确观点有（ ）。

A．各国生产力发展状况和社会发展阶段决定了社会主义发展道路具有不同的特点

B．历史文化传统的差异性是造成不同国家社会主义发展道路多样性的重要条件

C．各国民族因素和地理环境的不同是造成社会主义发展道路多样性的决定因素

D．时代和实践的不断发展是造成社会主义发展道路多样性的现实原因

22．从现在到2020年，是全面建成小康社会的决胜期，也是确保实现第一个百年目标、为第二个百年目标打好基础的关键阶段。面对各种严峻复杂的挑战，如期全面建成小康社会必须打好的攻坚战有（ ）。

A．精准脱贫　　B．污染防治　　C．产业结构调整　　D．防范化解重大风险

23．积极发展混合所有制经济，是完善我国基本经济制度的重要途径。2017年9月11日，我国首条由民营资本控股的高铁——杭绍台高铁项目在浙江杭州签约。该项目预计总投资超过400亿元人民币，其中民营联合体占比51%，中国铁路总公司占比15%，各级地方政府合计占比34%。本项目坚持风险分担、利益共享原则，构建政府和社会资本都能接受的投资回报机制。这是我国发展混合所有制经济的一个典型案例。发展混合所有制经济有利于（ ）。

A．各种所有制企业公平参与市场竞争

B．各种所有制资本取长补短、互相促进、共同发展

C．发挥国有资本的带动力和影响力

D．改善企业股权结构和公司治理结构

24．维护河湖健康生命，实现河湖功能永续利用，需要进一步加强河湖管理保护工作，落实属地责任，健全长效机制，2016年11月28日，中共中央办公厅、国务院办公厅联合印发《关于全面推行河长制的意见》。2017年11月20日召开的中央全面深化改革领导小组会议审议通过了《关于在湖泊实施湖长制的指导意见》。全面推行河长制、湖长制是建设生态文明制度体系的重要举措。我国生态文明制度体系建设主要包括（ ）。

A．完善经济社会发展考核评价体系　　B．完善生态环境损害责任终身追究制度

C．完善生态环境保护管理制度　　D．完善部门职责分散交叉的环保监督体系

25．党的十九大提出以党的政治建设为统领，全面推进党的政治建设、思想建设、组织建设、作风建设、纪律建设，把制度建设贯穿其中，并特别强调把党的政治建设放在首位。之所以要把党的政治建设摆在首位，是因为（ ）。

A．政治属性是政党的第一属性

B．坚定政治立场是党的根本宗旨

C．政治建设是党的根本性建设，决定党的建设方向和效果

D．旗帜鲜明讲政治是我们党作为马克思主义政党的根本要求

26．全面提高对外开放水平，需要实施更为主动的开放战略。近年来，我国坚持引进来和走出去并重，全面开放进一步深化。据统计，2016年中国企业对外直接投资1832亿美元，

连续两年位列世界第二；中国境外企业销售额1.5万亿美元，向所在国缴纳税费400亿美元，雇佣外方员工150万人；我国高技术服务业实际使用外资超过955亿元人民币，同比增长86%，在全球引资东道主中排名第三位，高附加值以及服务行业的外国直接投资流入量持续增长。这表明（　）。

A．我国国际投资合作水平进一步提高

B．我国防范经济风险和外部冲击的能力已经形成

C．我国吸引外资的结构和质量正在不断优化

D．我国对外直接投资已经完全转向高端

27．忠诚于党、听党指挥是我军的光荣传统。1929年12月下旬，红四军党的第九次代表大会在福建上杭县古田村召开。这次会议史称古田会议。会议通过的毛泽东起草的决议案，确立了思想建党、政治建军的原则，规定红军是一个执行革命的政治任务的武装集团，必须（　）。

A．绝对服从共产党的领导　　B．担负打仗、筹款和做群众工作的任务

C．加强政治工作　　D．实行全国军事的总动员

28．抗日民主根据地是认真贯彻和实现中国共产党全面抗战路线、坚持抗战和争取胜利的坚强阵地。中国共产党高度重视抗日民主根据地的政权建设，其主要举措有（　）。

A．抗日民主政府在工作人员分配上实行“三三制”原则

B．各级抗日民主政权机构领导人通过人民选举产生

C．实行工农兵代表大会制度

D．在少数民族聚居地区试行民族区域自治

29．从1953年开始，在过渡时期总路线的指引下，中国共产党领导人民开始进行有计划的社会主义建设和有系统的社会主义改造。当时中国之所以要着力进行和可能进行社会主义改造，主要是因为（　）。

A．社会主义性质的国营经济力量相对来说比较强大

B．资本主义经济力量弱小，发展困难

C．对个体农业进行社会主义改造，是实现国家工业化的一个必要条件

D．资本主义国家的封锁和遏制，社会主义国家的同情和援助

30．“天下之事，不难于立法，而难于法之必行。”法律的生命力在于实施，法律的权威也在于实行，守法是法律实施和实现的基本途径。对守法的正确理解是（　）。

A．守法的主体是一切组织和个人

B．守法是行使法定的权利，履行法定的义务

C．守法意味着一切组织和个人严格依法办事的活动和状态

D．守法是遵守宪法和法律

31．我国民法通则、合同法、物权法中，都有要求民事主体在进行民事活动时应当尊重社会公德，不得损害公共利益和经济秩序的内容，已经具有“公序良俗”的含义。2017年10月1日起施行的民法总则明确规定“民事主体从事民事活动，不得违反法律，不得违背公序良俗”，从民法基本原则的高度确立了禁止违反公序良俗的原则。这一规定体现了（　）。

A．依法治国和以德治国的有机统一　　B．对传统民法上的公序良俗原则的继承和发展

C．法律为道德建设提供制度保障　　D．道德为法律提供价值基础

32．2017年4月1日，中共中央、国务院发布通知，决定设立河北雄安新区，这是以习近平同志为核心的党中央作出的一项重大的历史性战略选择，是千年大计、国家大事。雄安新区的设立有利于（ ）。

A．探索人口经济密集地区优化开发新模式　B．调整优化京津冀城市布局和空间结构

C．探索沿海和内地对外开放新模式　D．集中疏解北京的非首都功能

33．2017年9月5日，新兴市场国家与发展中国家对话会在金砖国家领导人厦门会晤期间举行。金砖国家领导人和受邀的埃及、几内亚、墨西哥、塔吉克斯坦、泰国五国领导人出席会议，开启了“金砖＋”合作模式，其重大意义在于（ ）。

A. 破解了南北对话的僵局　B．对南南合作形成了有机补充

C. 进一步推动了全球治理体系的改善　D．全面提升了金砖机制的代表性和影响力

三、**分析题**（34~38题，每小题10分，共50分）

要求结合所学知识分析所给材料并回答问题，将答案写在答题纸指定位置上。

34．结合材料回答问题：

材料1

任何过程如果有多数矛盾存在的话，其中必定有一种是主要的，起着领导的、决定的作用，其他则处于次要和服从的地位。因此，研究任何过程，如果是存在着两个以上矛盾的复杂过程的话，就要用全力找出它的主要矛盾。捉住了这个主要矛盾，一切问题就迎刃而解了。

……

矛盾着的两方面中，必有一方面是主要的，其他方面是次要的。其主要的方面，即所谓矛盾起主要作用的方面。事物的性质主要是由取得支配地位的矛盾的主要方面所规定的。

……

对于矛盾的各种不平衡情况的研究，对于主要的矛盾和非主要的矛盾、主要的矛盾方面和非主要的矛盾方面的研究，成为革命政党正确地决定其政治上和军事上的战略战术方针的重要方法之一，是一切共产党人都应当注意的。

摘自《毛泽东选集》第一卷

材料2

中国特色社会主义进入新时代，我国社会主要矛盾已经转化为人民日益增长的美好生活需要和不平衡不充分的发展之间的矛盾。我国稳定解决了十几亿人的温饱问题，总体上实现了小康，不久将全面建成小康社会，人民美好生活需要日益广泛，不仅对物质文化生活提出了更高要求，而且在民主、法治、公平、正义、安全、环境等方面的要求日益增长。同时，我国社会生产力水平总体上显著提高，社会生产能力在很多方面进入世界前列，更加突出的问题是发展不平衡不充分，这已经成为满足人民日益增长的美好生活需要的主要制约因素。

必须认识到，我国社会主要矛盾的变化是关系全局的历史性变化，对党和国家工作提出了许多新要求。我们要在继续推动发展的基础上，着力解决好发展不平衡不充分问题，大力提升发展质量和效益，更好满足人民在经济、政治、文化、社会、生态等方面日益增长的需要，更好推动人的全面发展、社会全面进步。

……

发展是解决我国一切问题的基础和关键，发展必须是科学发展，必须坚定不移贯彻创新、协调、绿色、开放、共享的发展理念。

摘自习近平《决胜全面建成小康社会 夺取新时代中国特色社会主义伟大胜利——在中国共产党第十九次全国代表大会上的报告》

(1) 如何理解“捉住了这个主要矛盾，一切问题就迎刃而解了”？（5分）

(2) 根据矛盾主要方面在事物发展中的地位和作用原理，说明为什么“发展是解决我国一切问题的基础和关键”。(5分)

35. 结合材料回答问题：

习近平同志在向党的十九大作报告时指出：“经过长期努力，中国特色社会主义进入了新时代，这是我国发展新的历史方位。”进入新时代，最鲜明的历史坐标，就是中华民族迎来了从站起来、富起来到强起来的伟大飞跃。2017年10月25日，在中共十九届一中全会上，习近平同志再次当选中共中央总书记，体现了全党的意愿。

新时代标示新方位。党的十八大以来的5年，以习近平同志为核心的党中央科学把握当今世界和当代中国发展大势，顺应实践要求和人民愿望，举旗定向、运筹帷幄，统揽伟大斗争、伟大工程、伟大事业、伟大梦想，统筹推进“五位一体”总体布局，协调推进“四个全面”战略布局,以巨大的政治勇气和强烈的责任担当,提出一系列新理念新思想新战略，出台一系列重大方针政策，推出一系列重大举措，推进一系列重大工作，解决了许多长期想解决而没有解决的难题，办成了许多过去想办而没有办成的大事，推动党和国家事业发生深刻的历史性变革。5年来，我国经济建设取得重大成就，全面深化改革取得重大突破，民主法治建设迈出重大步伐，思想文化建设取得重大进展，人民生活不断改善，生态文明建设成效显著，强军兴军开创新局面，港澳台工作取得新进展，全方位外交布局深入展开，全面从严治党成效卓著。5年来的成就是全方位的、开创性的。5年来的变革是深层次的、根本性的，表明中国特色社会主义已进入新的发展阶段。

新时代聚焦新目标。党的十九大上承“三步走”战略目标，下启全面建设社会主义现代化国家新征程，既对全面建成小康社会作出新部署，又提出了从2020年到本世纪中叶分两步走全面建设社会主义现代化国家的新目标，明确了新时代中国特色社会主义发展的战略安排——从全面建成小康社会到基本实现现代化,再到全面建成社会主义现代化强国。十九大到二十大的5年，正处在实现“两个一百年”奋斗目标的历史交汇期，第一个百年奋斗目标要实现，第二个百年奋斗目标要开篇。

新时代催生新思想。党的十八大以来，以习近平同志为主要代表的中国共产党人，顺应时代发展，围绕重大时代课题，创立了习近平新时代中国特色社会主义思想。这一思想的主要创立者是习近平同志。在领导全党全国推进党和国家事业的实践中，习近平同志提出了一系列具有开创性意义的新理念新思想新战略，为新时代中国特色社会主义思想的创立发挥了决定性作用，作出了决定性贡献。习近平新时代中国特色社会主义思想是马克思主义中国化的最新成果，其内涵十分丰富。党的十九大报告用“8个明确”概括了这一思想的主要内容。为贯彻落实这一思想，报告提出新时代坚持和发展中国特色社会主义的基本方略，并概括为“14个坚持”。“8个明确”的基本内容，”14个坚持”的基本方略，构成了系统完整的科学理论体系。党的十九大把习近平新时代中国特色社会主义思想写入新修订的党章，上升为全党统一意志，确立为党必期长期坚持的指导思想。这是党的指导思想又一次与时俱进，是党的十九大的一个历史性贡献。

摘编自人民网（2017 年 10 月 24 日、11 月 3 日、11 月 6 日）、新华网（2017 年 10 月 24 日、11 月 17 日）

（1）如何理解“中国特色社会主义进入了新时代”？（5 分）

（2）为什么说习近平新时代中国特色社会主义思想是马克思主义中国化的最新成果？（5 分）

36. 结合材料回答问题：

材料 1

从 1840 年的鸦片战争到 1919 年的五四运动的前夜，共计 70 多年中，中国人没有什么思想武器可以抗御帝国主义。旧的顽固的封建主义的思想武器打了败仗，抵不住，宣告破产了。不得已，中国人被迫从帝国主义的老家即西方资产阶级革命时代的武器库中学来了进化论、天赋人权论和资产阶级共和国等项思想武器和政治方案，组织过政党，举行过革命，以为可以外御列强，内建民国。但是这些东西也和封建主义的思想武器一样，软弱得很，又是抵不住，败下阵来，宣告破产了。

十月革命一声巨响，给中国送来了马克思列宁主义。中国先进知识分子从马克思列宁主义的科学真理中看到了解决中国问题的出路。在近代以后中国社会的剧烈运动中，在中国人民反抗封建统治和外来侵略的激烈斗争中，在马克思列宁主义同中国工人运动的结合过程中，1921 年中国共产党应运而生。从此，中国人民谋求民族独立、人民解放和国家富强、人民幸福的斗争就有了主心骨，中国人民就从精神上由被动变为主动。

摘自《毛泽东选集》第四卷、习近平《决胜全面建成小康社会夺取新时代中国特色社会主义伟大胜利——在中国共产党第十九次全国代表大会上的报告》

材料 2

2017 年 10 月 18 日，中国共产党第十九次全国代表大会在北京隆重举行。大会的主题是：不忘初心，牢记使命，高举中国特色社会主义伟大旗帜，决胜全面建成小康社会，夺取新时代中国特色社会主义伟大胜利，为实现中华民族伟大复兴的中国梦不懈奋斗。习近平同志代表第十八届中央委员会向大会作报告，指出：“不忘初心，方得始终”。中国共产党人的初心和使命，就是为中国人民谋幸福，为中华民族谋复兴。这个初心和使命是激励中国共产党人不断前进的根本动力。

10 月 31 日，十九大闭幕仅一周，习近平总书记带领中共中央政治局常委专门从北京前往上海和浙江嘉兴，瞻仰上海中共一大会址和浙江嘉兴南湖红船。在瞻仰中共一大会议原址时，习近平动情地说，毛泽东同志称这里是中国共产党的“产床”，这个比喻很形象，我看这里也是我们中国共产党人的精神家园。在参观南湖革命纪念馆时，习近平说，在浙江工作期间，我曾经把“红船精神”概括为开天辟地、敢为人先的首创精神，坚定理想、百折不挠的奋斗精神，立党为公、忠诚为民的奉献精神。我们要结合时代特点大力弘扬“红船精神”。参观结束时，习近平同志发表了重要讲话，指出，上海党的一大会址、嘉兴南湖红船是我们党梦想起航的地方。我们党从这里诞生，从这里出征，从这里走向全国执政。这里是我们党的根脉。习近平同志强调，“其作始也简，其将毕也必巨。”96 年来，我们党团结带领人民取得了举世瞩目的伟大成就，这值得我们骄傲和自豪。同时，事业发展永无止境，共产党人的初心永远不能改变。唯有不忘初心，方可告慰历史、告慰先辈，方可赢得民心、赢得时代，方可善作善成、一往无前。

摘编自《人民日报》(2017年11月1日)

(1) 为什么说中国共产党是“应运而生”？(4分)

(2) 中国共产党为什么能由“简”而“巨”，团结带领人民取得举世瞩目的伟大成就？(6分)

37. 结合材料回答问题：

材料1

2017年11月17日，在全国精神文明建设表彰大会上，习近平总书记请老人坐在自己身边的暖心举动，感动了全国人民，同时也让大家记住了这位93岁高龄的中国核潜艇之父——黄旭华。

1937年，日本开始了全面侵华，黄旭华随同学在向内地转移途中，看到无数城市在日军的轰炸下化为了废墟。年少的黄旭华默默思考：国家太弱就会任人欺凌、宰割！我要学习航空、造船，将来制造飞机捍卫我们的蓝天，制造军舰抵御外国的侵略。凭着这个信念他考入大学学习舰船技术。

由此把他自己的专业志向与国家需要紧紧结合在一起。从20世纪50年代起，他隐姓埋名30多年，自力更生、艰苦奋斗、孜孜不倦地战斗在核潜艇研制一线。1970年，我国第一艘鱼雷攻击型核潜艇终于顺利下水试航，中国也由此成为世界上第五个拥有核动力潜艇的国家。如今，已是90多岁高龄的黄旭华仍然每天准时出现在研究所，在他身上好像蕴涵着无穷的力量，永远不知疲倦，而这一力量正是源自他年轻时确立的正确的理想信念。他说；“研制核潜艇是我的梦想，一辈子从事自己热爱的事业，我很幸福。”黄旭华为我国第一代核潜艇从无到有、第二代核潜艇的跨越发展和第三代核潜艇的探索赶超作出了卓越贡献，被誉为“中国核潜艇之父”。

摘编自《人民日报》(2017年7月30日)、《光明日报》(2017年11月26日)

材料2

2017年5月24日，习近平总书记在对黄大年同志先进事迹作出重要指示时强调，黄大年同志秉持科技报国理想，把为祖国富强、民族振兴、人民幸福贡献力量作为毕生追求，为我国教育科研事业作出了突出贡献，他的先进事迹感人肺腑，我们要以黄大年同志为榜样，从自己做起，从本职岗位做起，为实现中华民族伟大复兴的中国梦贡献智慧和力量。

黄大年是我国著名的地球物理学家、国家“千人计划”专家。2017年1月8日因病去世，年仅58岁。黄大年青年时期就立下“振兴中华，乃我辈之责”的宏大志向。他17岁考到地质队工作，成为一名物探操作员；1977年考入大学，从此与地球物理结下一生的缘分。1992年被选送至国外大学攻读博士学位，临出国前，他说，“等着我，我一定会把国外的先进技术带回来”，“我是国家培养出来的，我的归宿在中国”。2009年，黄大年放弃国外优越的生活和科研条件，回到了告别多年的母校。回国7年多，他作为国家多个技术攻关项目的首席专家，带领科技团队只争朝夕、顽强拼搏，取得了一系列重大的科技成果，填补了多项国内技术空白，部分成果达到国际领先水平。他秉持“祖国的需要就是最高需要”的人生信条，为实现科技强国梦殚精竭虑，直到生命最后一刻。他常说，“中国要由大国变成强国，需要有一批‘科研疯子’，这其中能有我，余生足矣！”

黄大年的一生从“物探操作员”到“地球物理学家”，变的是称呼，不变的是他对理想信念的不懈追求。

摘编自《人民日报》（2017年7月13日）、《光明日报》（2017年7月24日）

（1）为什么说青年时期确立正确的理想信念能够为人的一生提供“无穷的力量”？（6分）

（2）青年如何在实现中国梦的实践中放飞自己的青春梦想？（4分）

38．结合材料回答问题：

材料1

2008年国际金融危机以来，经济增长动能不足，贫富分化日益严重，地区热点问题此起彼伏，恐怖主义、网络安全、重大传染性疾病、气候变化等非传统安全威胁持续蔓延，世界面临的不稳定性不确定性突出。一些人把世界乱象归咎于经济全球化，以致民粹主义、孤立主义和贸易保护主义等逆经济全球化思潮涌动。曾经的经济全球化“推手”美国，不仅反对多边贸易体系，而且主张以“美国主义”替代“全球主义”；曾经的区域一体化“标杆”欧盟，不仅遭遇英国“脱欧”，而且其他几个老牌发达国家接连上演“投票箱大戏”……曾被人们当成“阿里巴巴的山洞”的经济全球化，历时久远，促成了贸易大繁荣、投资大便利、人员大流动、技术大发展，现在何以又被不少人视为“潘多拉的盒子”？处于质疑声中的经济全球化将何去何从，成为各方关注的焦点。而如何引导经济全球化释放出更多正面效应，则是对大国智慧与责任担当的考验。

摘编自《经济日报》（2017年5月12日）

材料2

中国是经济全球化的积极参与者和推动者，“一带一路”倡议即是最好佐证。“一带一路”倡仪提出四年多来，习近平主席在多个场合强调，“‘一带一路’以打造人类命运共同体和利益共同体为合作目标，‘一带一路’不是中国一家的独奏，而是沿线国家的合唱”。这不仅使“一带一路”共商、共建、共享的理念深入人心，而且取得超过预期的成果。全球100多个国家和国际组织积极响应；50多个国家和国际组织同中国签署合作协议；“一带一路”倡议先后被载入联合国大会、联合国安理会的重要决议。2014年至2016年，中国同“一带一路”沿线国家贸易总额超过3万亿美元；中国对“一带一路”沿线国家投资累计超过500亿美元；中国企业在20多个国家建设56个经贸合作区，为有关国家创造近11亿美元税收和18万个就业岗位。

2017年5月14日，举世瞩目的“一带一路”国际合作高峰论坛在北京隆重开幕，30位国家元首、政府首脑和联合国、世界银行、国际货币基金组织三大国际机构负责人以及130多个国家的约1500名各界贵宾出席。习近平主席在开幕式上的演讲中表示：中国将加大对“一带一路”建设基金的支持，将向参与“一带一路”建设的发展中国家和国际组织提供更多的资金援助……中国正以十足的诚意和坚定的行动，落实着“一带一路”倡议，为经济全球化注入强劲动力。

联合国秘书长古特雷斯表示，习近平主席提出的“一带一路”倡议，为世界发展带来了中国方案，有助于推动经济全球化更加平衡、包容、和谐发展，对于通过国际合作解决当今世界面临的诸多挑战具有重大意义。

摘编自《习近平谈治国理政》第二卷、《人民日报》（2017年4月11日）

（1）为何要为引导经济全球化释放出更多“正面效应”？（5分）

（2）如何理解“‘一带一路’不是中国一家的独奏，而是沿线国家的合唱”？（5分）

2018年全国硕士研究生入学考试思想政治理论课试题

参考答案

一、单项选择题

1. C　2. B　3. A　4. C　5. A　6. B　7. C　8. A
9. D　10. B　11. A　12. A　13. D　14. C　15. D　16. B

二、多项选择题

17. ACD　18. ABC　19. ABCD　20. ABD　21. ABD　22. ABD
23. ABCD　24. ABC　25. ACD　26. AC　27. ABC　28. ABD
29. ABCD　30. ABCD　31. ABCD　32. ABD　33. BCD

三、分析题答案要点

34.【答案要点】

（1）在事物复杂的矛盾体系及其发展过程中，主要矛盾处于支配地位，对事物发展起决定作用，规定和影响着其他矛盾的存在及其发展。事物矛盾的性质和地位不同，决定了解决矛盾方法的差异。抓住了事物的主要矛盾，就能够找到解决问题的方法，妥善解决主要矛盾，并促进其他矛盾的解决。分析和解决事物发展过程的矛盾，既要把握主要矛盾，又要把握次要矛盾，坚持“两点论”和“重点论”的统一。

（2）事物的性质主要地是由取得支配地位的矛盾的主要方面所规定的。抓住了事物主要矛盾的主要方面，就抓住了解决事物矛盾的关键。发展不平衡不充分的问题，已经成为满足人民日益增长的美好生活需要的主要制约因素，这是新时代我国社会主要矛盾的主要方面。解决新时代我国社会主要矛盾，需要着力解决好发展不平衡不充分问题，在继续推动发展的基础上，更好满足人民在经济、政治、文化、社会、生态等方面日益增长的需要。

35.【答案要点】

（1）中国特色社会主义进入了新时代这一重大判断具有充分的时代依据、理论依据和实践依据，即中国特色社会主义进入了新的发展阶段，我国社会主要矛盾发生了新变化，奋斗目标有了新要求，面临的国际环境发生了新变化。中国特色社会主义进入新时代，在中华人民共和国发展史上、中华民族发展史上、世界社会主义发展史上和人类社会发展史上具有重大意义。

（2）习近平新时代中国特色社会主义思想以全新视野深化对共产党执政规律、社会主义建设规律、人类社会发展规律的认识，为发展马克思主义作出了原创性贡献；从理论和实践结合上系统回答了新时代坚持和发展什么样的中国特色社会主义、怎样坚持和发展中国特色社会主义这个重大时代课题，为中国特色社会主义注入了新的科学内涵；是对马克思列宁主义、毛泽东思想、邓小平理论、“三个代表”重要思想、科学发展观的继承和发展，是马克思主义基本原理同中国具体实际相结合的又一次飞跃。

36.【答案要点】

（1）中国共产党是中国近现代历史发展的必然产物，是马克思列宁主义与中国工人运动相结合的产物。旧式的资产阶级革命运动不能挽救民族危机，中国必须寻找一条新的道路。第一次世界大战和俄国十月革命之后，马克思列宁主义在中国得到广泛传播。马克思主义与中国工人运动相结合，中国共产党应运而生。

（2）中国共产党是中国人民可以信赖的组织者和领导者，是中国革命坚强的领导力量。中国共产党的成立，使中国革命有了科学的指导思想，拥有着马克思主义这个最先进的思想武器。党所提出的纲领和奋斗目标，代表着中国社会发展的正确方向，代表着中国无产阶级和其他广大劳动人民的根本利益。中国共产党从诞生时起，就充满着生机和活力，预示着中国的光明和希望。中国共产党始终坚持“红船精神”，开天辟地、敢为人先，坚定理想、百折不挠，立党为公、忠诚为民，不断为中国人民谋幸福，为中华民族谋复兴。因此，在96年的奋斗探索中，中国共产党带领人民找到了一条适合中国国情的中国特色社会主义道路，将继续延续举世瞩目的伟大成就。

37.【答案要点】

（1）理想信念具有指引人生发展方向、提供人生发展动力、确立人生价值标准的重大作用。对于青年人来说，更早确立正确的理想信念，就能够在正确的理想信念的引导下不断学习、提升、前进，为人的一生提供强大的动力作用。所以说，青年时期确立正确的理想信念能够为人的一生提供“无穷的力量”。

（2）中国梦是历史的、现实的，也是未来的，更是青年一代的。中华民族伟大复兴的中国梦终将在一代又一代青年的接力奋斗中变为现实。在实现中国梦的过程中广大青年要坚定理想信念，志存高远，脚踏实地，攻坚克难，勇做时代的弄潮儿，在实现中国梦的生动实践中不懈奋斗，书写人生华章。

38.【答案要点】

（1）合作是全球化、信息化时代的主旋律，也是每一个参与主体借力发展的强劲引擎。积极参与各种一体化合作机制成为各个国家和地区加快自身发展的重要选择。对于发达国家而言，需要在全球贸易中寻找新的增长动力；对于后发国家而言，借助合作红利弥补发展短板是加速发展和后发赶超的关键因素。通过共建合作机制深化合作，世界各国能够为加强各项合作增强凝聚共识、强化意志、引导行动、保障落实，加强发展战略、发展模式和发展经验的交流、比较和借鉴，提高各自发展潜能，促进战略优化，资源共享和共赢发展，提升自身乃至区域各国的整体竞争力。因此，必须引导经济全球化释放出更多“正面效应”。

（2）中国是经济全球化的积极参与者和推动者。“一带一路”倡议推动了世界各国同舟共济、攻坚克难，推动世界经济走出低迷、迎来新一轮强劲增长；顺应了世界多极化、经济全球化、文化多样化、社会信息化的潮流，谋求开放创新、包容互惠的发展前景；呼应了互联互通、合作共赢的时代强音，不断深化伙伴关系，实现联动发展。“一带一路”倡议在新的历史条件下促进了中国全方位对外开放和全面提高开放型经济水平，实现中华民族伟大复兴的中国梦与世界各国人民的梦相融相通，这将为构建人类命运共同体提供有力的实践支撑。因此，“‘一带一路’不是中国一家的独奏，而是沿线国家的合唱”。

后 记

本书是2017年教育部高校示范马克思主义学院和优秀教学科研团队建设项目(17JDSZK115)的阶段性成果之一,是2018年度江苏高校哲学社会研究重点项目(2018SJZDI026):基于生态哲学的高质量发展“江苏方案”研究以及2018年南京林业大学教学成果培育工程一期项目的研究成果之一。

自实施2005年高校思想政治理论新课程体系以来，一方面，我们深感在经济市场化、思想多元化的背景下，用中国特色的马克思主义理论教育武装当代大学生，使他们树立起牢固的社会主义理想信念，并自觉地为改革开放和现代化建设服务的极端重要性；另一方面，教学专业化、就业市场化的强大压力，使学生对思想政治理论课的学习兴趣受到严重影响；同时，大学生对教学和现实中诸多重要而复杂的问题又往往疑惑不解。我们在大学党政领导的高度重视和资助下，成立了由曹顺仙负责，先后有刘海龙、乔永平、胡华强、荆世杰、薛桂波、郭兆红、牛庆燕、王金玉等参加的大学生思想政治理论课疑点、难点热点问题研究课题组，从2007年起在全校开展问卷调查，同时收集、整理了近年来兄弟院校在讲授思想政治理论课过程中总结的疑点、难点、热点问题，依靠集体的智慧和力量，组织教研攻关，编写修订了本书。

此次再版的动因有三点：首先，基于新时代中国特色社会主义思想的“三进”要求和2018年高校思想政治理论课4门必修课因教材修订而带来的教学重点、难点和疑点的变化；其次，教育部高校思想政治理论课指导委员会于2014年上半年发布了《关于征集高校思想政治理论课重点难点问题解答的通知》，其中部分选题不仅是当下师生高度关注的重点难点而且也是持续关注的热点问题；第三，师生们在高校示范马克思主义学院建设和不断推进马克思主义中国化最新理论成果进教材、进课堂、进头脑的“三进”过程中深化了对一些原有选题的认识。因此，此次修订覆盖全书。同时，为适应高等教育提升内涵质量、培养高次层人才的需要，附加了2014—2018年研究生入学考试真题及答案。

此次再版任务由南京林业大学马克思主义学院教学科研团队成员担当，主要工作由曹顺仙、牛庆燕、郭兆红、胡华强、薛桂波等老师负责，由曹顺仙负责全书的审稿和定稿。

本书选题在借鉴教育部高校思想政治理论课指导委员会发布的重点难点选题的同时，保持了既有的特色，即坚持以学生视角为出发点，通过对大学生所进行的问卷调查凝练问题，每门课精选约30个专题,全书覆盖四门思想政治理论课。本着在改进中加强、在创新中提升的原则,本书的选编坚持密切联系思想政治理论课教育教学改革的新要求,密切联系大学生关注的重点、难点、热点及疑点，具有较强的现实针对性。同时，在编写过程中，我们力求选题有热度，内容有温度，解读不失理论深度。因此，本书可以作为大学生学习思想政治理论必修课的辅助读物，也可作为党政机关干部学习思想政治理论的参考材料。值得一提的是，本书作为重要的考研辅导书正日益被同学们认可。

最后，特别感谢广大读者的厚爱，使我们拥有一次再版的机会和信心！感谢南京林业大学校党政领导和相关部门对本研究的大力支持！感谢王国聘教授在百忙中抽出时间为本书作序！

由于我们对思想政治理论的学习和研究还不够深入，加之时间仓促，书中不妥之处难免存在，欢迎读者批评指正。

编 者

2019年5月